Ultiem bewijs

Eerste druk mei 2019
Vijfde druk, eerste in deze uitgave, mei 2020

Oorspronkelijke titel *Absolute Proof*
Oorspronkelijke uitgever Macmillan, imprint van Pan Macmillan, Londen
Copyright © 2018 Really Scary Books/Peter James
The right of Peter James to be identified as the author of this work has been asserted by him in accordance with the Copyright, Designs and Patents Act 1988
Copyright © 2019, 2020 voor deze uitgave Uitgeverij De Fontein, Utrecht
Vertaling Lia Belt
Omslagontwerp Studio Jan de Boer, Utrecht
Omslagbeeld PlainPicture/Daniel Allan (bovenste) en PlainPicture/Bias (onderste)
Opmaak binnenwerk ZetSpiegel, Best
ISBN 978 90 261 5271 9
ISBN e-book 978 90 261 4663 3
ISBN luisterboek 978 90 261 4977 1
NUR 332

www.uitgeverijdefontein.nl

Uitgeverij De Fontein vindt het belangrijk om op milieuvriendelijke en verantwoorde wijze met natuurlijke bronnen om te gaan. Bij de productie van het papieren boek van deze titel is daarom gebruikgemaakt van papier waarvan het zeker is dat de productie niet tot bosvernietiging heeft geleid.

Alle personen in dit boek zijn door de auteur bedacht. Enige gelijkenis met bestaande – overleden of nog in leven zijnde – personen berust op puur toeval.
Alle rechten voorbehouden. Niets uit deze uitgave mag worden verveelvoudigd en/of openbaar gemaakt door middel van druk, fotokopie, microfilm, elektronisch, door geluidsopname- of weergaveapparatuur, of op enige andere wijze, zonder voorafgaande schriftelijke toestemming van de uitgever.

Opgedragen aan Harry Nixon R.I.P.

I

Januari 2005

De bar in het centrum van LA was een sjofele tent, maar dat paste wel bij Mike Delaneys stemming. Er was nog één vrije kruk, tussen een stel van middelbare leeftijd dat elkaar zat af te likken en een chagrijnig kijkende dronkenlap die in een houthakkershemd, spijkerbroek en werklaarzen over een glas bourbon heen gebogen zat.

Delaney hees zijn achterwerk op het gebarsten leren kussen, ving de blik van de barman en bestelde een biertje. Aan de muur boven de bar hing een wazig televisiescherm waarop een footballwedstrijd bezig was; het ding stond keihard, terwijl geen mens ernaar keek.

De dronkenlap tuurde naar hem met ogen als bloeddoorlopen mosselen. 'Ken ik jou niet ergens van?' vroeg hij met dubbele tong. 'Jij bent toch die vent van tv? Van een poosje geleden? Dat ben jij toch?'

De barman zette een biertje voor Delaney neer. 'Betaal je cash of moet ik een rekening openen?'

'Een rekening, alsjeblieft.'

'Heb je een creditcard?'

Zo'n soort plek was dit.

Hij haalde zijn AmEx-kaart uit zijn gerafelde portefeuille en legde hem op de bar. De barman schoof hem er handig af.

'Mickey Magic, toch?' drong de dronken vent aan. 'Dat was jij, op tv.'

'Herinner je je dat programma nog?'

'Ja, man. Het was ruk.'

'Bedankt.'

'Nee, ik meen het. Hoelang is dat geleden? Tien jaar?'

'Zoiets.'

'Ja.' De man dronk zijn glas leeg. 'Je was waardeloos. Niet zo gek dat het is geschrapt, hè?'

Delaney nam een grote slok bier en negeerde hem. Niet alleen zijn programma was geschrapt; zijn agent had hem een uur geleden ook laten vallen.

'Weet je wat het is, man?' had Al Siegel vanuit zijn chique kantoor op Wilshire gezegd toen Delaney hem aan de telefoon had. 'Je moet beseffen dat je een dinosaurus bent. Ik had al moeite om iets voor je te krijgen voordat je doorsloeg. Je carrière is voorbij. Leg je erbij neer. Je bent bijna zestig. Ga met pensioen, verhuis naar Palm Springs, ga golfen of zo, weet je? Hé, ik krijg een ander telefoontje dat ik moet aannemen. Luister, het spijt me, maar zo staat het ervoor. Zijn we klaar?'

Zo staat het ervoor. En tjonge, of Mike Delaney dat wist. Met je veertigste was je al *over the hill* hier in Tinsel Town. Als hij nu naar zijn oude stamtent ging, The Magic Castle, waren daar nauwelijks nog goochelaars van boven de dertig. De laatste gig die zijn agent voor hem had geregeld, op het feest van een belangrijke filmster in Bel Air, had hij verpest. Hij had een goocheltruc verkloot, was de draad kwijtgeraakt en had vervolgens de arrogante kerel die hem had uitgelachen bijna op zijn gezicht getimmerd.

'Snap je wat ik bedoel?' drong de dronken man aan. 'Je moet toegeven dat je shit was.' Hij tuurde weer opzij. 'En weet je wat, je ziet er ook shit uit.'

Hij voelde zich ook shit.

De dronken vent knipte met zijn vingers naar de barman. 'Nog een Jim Beam, dubbel, met ijs.' Hij keek naar Delaneys glas. 'Bier, huh? Een mietendrankje.'

'O ja?'

De barman zette het glas, tot de rand toe gevuld met whisky en ijsklontjes, voor de dronken man neer.

De man hief het glas. 'Je zou eens een echte borrel moeten proberen, meneer de Waardeloze Goochelaar. Proost.' Hij nam een grote slok, maar spuugde die bijna meteen weer uit. 'Jezus!' schreeuwde hij tegen de barman. 'Wat heb je me verdomme gegeven? Ik had Jim Beam besteld. Dit is geen whisky, het is bier, verdomme!'

De barman, een lange, somber uitziende man van in de zeventig die er al een eeuwigheid werkte, schudde zijn hoofd. 'Sorry, maar dat heb je mis. Misschien heb je genoeg gehad?'

'Dit is bier, godverdomme! Probeer je me te vergiftigen of zo?'

De barman pakte de halflege whiskyfles en liet hem die zien. 'Hier komt het uit.'

'O ja? Nou, schenk dan nog eens in.'

Verstoord pakte de barman een schoon glas en schonk in uit de Jim Beamfles. Tot zijn verbazing ontstond er een schuimkraag in het glas, die omhoogkwam en over de rand bruiste.

Mike Delaney glimlachte in zichzelf en zei niets.

2

April 2005

De vrijdagochtend van Ross Hunter begon met de kater waarvan hij zichzelf had beloofd dat hij die niet zou krijgen. Net zoals hij zichzelf vorige week had beloofd, en de week ervoor. En die daarvoor. Het was elke vrijdagochtend hetzelfde liedje sinds hij anderhalf jaar geleden als junior verslaggever bij *The Argus* was gaan werken.

Maar hij had nog geen idee hoe anders deze dag zou zijn.

Ross, bijna drieëntwintig, was lang en fit, met kortgeknipt donker haar en een knap maar serieus gezicht, alsof hij altijd alles analyseerde; wat meestal ook zo was. Alleen niet nu.

Met een gevoel alsof er een bijl in zijn schedel zat kon hij amper nadenken. Hij stapte duf uit bed, geeuwde en liep naar de badkamer op zoek naar paracetamol, vloekend omdat hij zichzelf dit weer had aangedaan. Elke donderdagavond sprak hij af om één drankje te gaan doen met zijn collega's, alleen maar vanuit sociaal oogpunt. Elke donderdagavond verliet hij uiteindelijk veel te laat de Coach House-pub in het centrum van Brighton en liep zwalkend naar huis.

Een deel van de reden daarvoor was een jonge misdaadverslaggeefster bij de krant, Imogen Carter. Hij zag haar ontzettend zitten, maar zij leek meer belangstelling te hebben voor een van de redacteuren. En ze kon veel beter tegen drank dan alle anderen. Maar hij had wel het gevoel dat ze hem stukje bij beetje begon op te merken en elke keer wat meer met hem begon te flirten.

Bedankt voor alweer een lekkere kater, Imo, en omdat ik je mocht nakijken toen je arm in arm met die eikel van een Kevin Fletcher naar de taxistandplaats hobbelde.

Ross, die pas was afgestudeerd aan de School of Journalism van Goldsmiths en zeer ambitieus was, verheugde zich elke morgen op zijn werk op de redactie, waar hij als junior verslaggever op van alles en nog wat kon worden afgestuurd. Een verkeersongeval, wiegendood, brand, een rechtszaak, een liefdadigheidsevenement of zoiets saais als de open dag van een school; hij zag het allemaal als middelen om zijn vak te leren en zich te bekwamen bij een goede, gerespecteerde plaatselijke krant.

Hopelijk zouden even sporten en dan een lange, heuvelopwaartse fietstocht naar zijn werk zijn hoofd weer helder maken. Terwijl hij zijn joggingpak aantrok en zijn gympen strikte luisterde hij naar het nieuws van Radio Sussex op zijn wekkerradio en hoopte hij op een groot, belangrijk verhaal. Het soort verhaal waarmee hij op een dag naam kon maken en zijn droom kon vervullen: een voorpagina-artikel in een landelijke krant.

Nadat hij de aspirines had ingenomen met wat water ging hij naar de kitchenette van zijn tochtige flat op de tweede verdieping van een gebouw achter Portland Road. De vage kookgeuren van gisteravond, afkomstig van het Indiase afhaalrestaurant twee verdiepingen lager, hielpen niet bepaald tegen de misselijkheid waarmee zijn barstende hoofdpijn gepaard ging. Na een paar happen banaan voelde hij zich iets beter. Hij dronk wat appelsap en staarde naar de post-it die hij voor zichzelf op het aanrecht had geplakt: *Verjaardagskaart pa.* Hij zou er vandaag ergens een moeten halen.

Hij ging naar beneden, liep langs zijn fiets die op slot stond in de gang en stapte de duisternis en motregen in.

Na tien minuten stevig hardlopen kwam hij even na zeven uur 's morgens in de sportschool aan, waar een geur van zweet en schoonmaakmiddelen hing. Er waren al een paar mensen in de zaal aanwezig. De meesten waren bezig op de loopbanden, crosstrainers en spinfietsen of met gewichten en sit-ups, en een aantal had sessies met een personal trainer. De bonkende beat van Queen was te luid voor Ross' hoofd toen hij op een crosstrainer stapte en het display aanzette voor zijn programma van twintig minuten.

Terwijl hij zijn tempo opvoerde en naar zijn stijgende hartslag keek – 110... 120... 130... – schrok hij zich rot toen hij plotseling zijn broer Ricky zijn naam hoorde schreeuwen. Heel hard, heel dichtbij, alsof zijn broer pal achter hem stond.

Maar dat kon helemaal niet. Ricky woonde in Manchester, meer dan vierhonderd kilometer verderop, waar hij als trainee-hotelmanager werkte. Ze belden elkaar niet vaak, maar Ricky had hem gistermiddag nog gemaild om te overleggen over een cadeau voor hun vaders zestigste verjaardag volgende week.

Een tel later voelde het alsof er een stroomstoot van de handvatten van de crosstrainer door zijn armen schoot. Hij kon zich niet meer bewegen. Zijn voeten hielden stil. Zijn hoofd begon te tollen alsof hij in een achtbaan zat. Met een steek van paniek vroeg hij zich af of hij soms flauwviel door een gebrek aan suiker.

Of had hij een hartaanval?

Alles draaide om hem heen, een zee van grijze machines die tot vage strepen vervormden.

Hij werd een lange, donkere tunnel in gezogen. Zijn hele lichaam tolde nu wild en hij hield zich wanhopig vast aan de handvatten van de machine. In de verte zag hij een lichtje dat met de seconde helderder en intenser werd. Beelden flitsten langs. Een embryo. Een baby. Het gezicht van zijn moeder. Het gezicht van zijn vader. Een bal die werd gegooid. Een schoolbord met een leraar ervoor die tegen hem schreeuwde. Zijn leven, besefte hij. Hij zag zijn leven langsflitsen.

Ik ga dood.

Seconden later werd hij omhuld door het felle licht aan het eind van de tunnel. Het was warm, verblindend, en hij dreef op een luchtbed op een vlakke oceaan. Hij zag het gezicht van zijn broer vlak boven hem zweven.

'Zit het oké, Ross? Is het oké tussen ons?'

Ricky. Aan wie hij al zo lang als hij zich kon herinneren een hekel had. Door hoe Ricky eruitzag, hoe hij praatte, hoe hij lachte, hoe hij at. En hij wist waarom: Ricky was zijn eeneiige tweelingbroer. Elke keer als Ross hem zag, was het net alsof hij in een spiegel keek.

Er hoorde liefde te zijn tussen tweelingen. Een speciale, onverbreekbare band. Maar hij had die nooit gevoeld.

Alleen maar een intense afkeer.

Dat kwam vooral doordat zijn ouders Ricky altijd hadden voorgetrokken, al had Ricky dat nooit ingezien.

Zodra Ross oud genoeg was om het huis uit te gaan, was hij ontsnapt en zo ver mogelijk bij Ricky vandaan gegaan. Een andere universiteit, een andere stad. Hij had zelfs op een bepaald moment overwogen zijn naam te veranderen.

Nu zweefde zijn broer weg, werd geleidelijk aan opgenomen in het witte licht, maar hij draaide zich met uitgestoken armen naar hem toe, schijnbaar wanhopig proberend zijn handen te pakken. Maar hij bewoog te snel, als een zwemmer die achteruit werd gesleurd door een getijdenstroom.

Ricky riep met iets van wanhoop in zijn stem: 'Het is oké tussen ons, Ross? Ja?'

'Het is oké,' antwoordde hij.

Het licht slokte zijn broer op. En verblindde hem toen.

Gezichten keken op hem neer. Het licht was veranderd. Hij rook zweet, vloerbedekking, ongewassen haar. Hoorde bonkende muziek. Zijn hart ging tekeer.

Iemand knielde bij hem neer. 'Gaat het wel?'

Ross staarde onthutst om zich heen. Met een steek van paniek vroeg hij zich af of hij dood was.

Helpende handen trokken hem overeind, dirigeerden hem naar een bankje en ondersteunden hem toen hij ging zitten.

Een gespierde man, een van de personal trainers, stak een bekertje water naar hem uit. 'Hier, drink op.'

Ross schudde zijn hoofd om het helder te krijgen.

'Misschien heb je het een beetje overdreven op de machine?' vroeg een stem.

'Nee, nee, ik...' Hij zweeg. In verwarring.

'Moet ik een dokter bellen?' vroeg iemand anders.

Hij schudde zijn hoofd weer. 'Nee, het gaat wel. Echt. Het gaat best. Misschien heb ik suiker nodig of zo.'

'Blijf nog een poosje zitten, tot je zeker weet dat alles goed is.'

Iemand hield hem een lepel honing voor, en hij stak hem in zijn mond.

'Ben je diabeet?' vroeg een stem; een van de personeelsleden, die bezorgd naar hem keek.

'Nee, nee, dat is het niet.'

Het duurde tien minuten voordat hij het gevoel had te kunnen staan zonder zich ergens aan te hoeven vasthouden. Korte tijd later, nadat hij iedereen ervan had overtuigd dat het goed met hem ging, verliet hij de sportschool en liep verdoofd naar huis, zonder iets te merken van de regen of de kou of wat dan ook. Hij stapte door de voordeur naar binnen en liep naar boven. Hij was uitgeput; de trap voelde aan als een berg.

Hij had tegen de mensen op de sportschool gezegd dat het goed met hem ging, maar zo voelde hij zich helemaal niet. Hij voelde zich verschrikkelijk. Terwijl hij zijn flat binnenging hoorde hij zijn ringtone en voelde hij zijn telefoon trillen in zijn zak. Hij haalde het toestel eruit en keek naar het nummer op het schermpje, maar herkende het niet.

'Hallo?'

Hij hoorde een huilerige vrouwenstem. 'Ross? O god, Ross?'

Het was Sindy, Ricky's vriendin.

'Hoi,' zei hij, nog steeds erg ontdaan. 'Sindy? Wat... Wat is er?'

Ze begon te huilen. Het duurde een paar seconden voordat ze zichzelf weer in de hand had. 'Ricky.'

'Wat?'

'De politie is hier net geweest. Ricky ging vanmorgen hardlopen in het park en er is een boom op hem gevallen. Een halfuur geleden. Een boom. Hij is geplet. O god, Ross, o god, hij is dood!'

3

Juli 2009

Na jaren van constante bombardementen en gevechten in de stadsstraten stonden er geen hotels meer overeind in Lashkar Gah, en het personeel was ofwel vermoord door de taliban of lang geleden al gevlucht. Uit veiligheidsoverwegingen, omdat veel journalisten waren ontvoerd en soms zelfs terechtgesteld, was het bestempeld tot verboden gebied. De leden van de internationale pers die er toch heen gingen werden ondergebracht in een tent binnen de witte muren van een compound aan de rand van de stad, de basis van de militaire coalitie voor de provincie Helmand.

Alle journalisten was aangeraden om zo min mogelijk op te vallen. Om een baard te laten staan, beige kleding te dragen, niet in hun eentje rond te wandelen en vooral niet zonder begeleiding hun perskaart te dragen, want dat zou hen markeren als ontvoeringsdoelwit. Het is hier hels, had Ross Hunter kort na aankomst naar zijn vrouw ge-sms't. Of eigenlijk had hij dat geprobeerd. Het had meer dan een dag van herhaaldelijk proberen gekost voordat het berichtje eindelijk verstuurd was. Anders dan voor de andere, doorgewinterde verslaggevers was dit zijn eerste ervaring in een oorlogsgebied, en op dit moment, doorlopend bang, nam hij zich vast voor dat het ook zijn laatste zou zijn. Een groot deel van de dag ging de zon verborgen achter de dichte rook van artillerie en brandende gebouwen. In de lucht hing een walm van ontbindende lijken, riolen en explosieven, en de oproep tot het gebed van de muezzin die vijfmaal per dag klonk werd grotendeels overstemd door het constante gedreun van helikopters.

Ross zat op zijn bed in de slaapzaal, krabbend in zijn baard, die verschrikkelijk jeukte, en probeerde zijn nieuwste stuk voor *The Sunday Times* in te sturen vanaf zijn laptop met een onlineverbinding via zijn satelliettelefoon. Wat hem nog ongemakkelijker maakte was dat hij zich een beetje een bedrieger voelde. Een jaar eerder had hij een lovend stuk geschreven over een oud schoolvriendje, van wie hij had ontdekt dat hij beide ogen en zijn rechterhand was kwijtgeraakt in een oorlogsgebied, maar die het toch voor elkaar had gekregen om zijn leven weer op te bouwen, te trouwen, kinderen te krijgen en te gaan skiën. In dat artikel schreef Ross over de ongeziene moed van de Britse gevechtstroepen.

Het artikel had een enthousiaste reactie opgeroepen van de hoge heren in het leger, die hem hadden uitgenodigd om zelf een oorlogsgebied te bekijken en de soldaten te ontmoeten. Maar het had ook een stroom aan e-mails opgeleverd van soldaten uit alle rangen, sommigen met hun echte naam erbij, maar ook veel anoniem. Er zaten vele horrorverhalen bij over de Britse regering die de troepen in de steek liet, en over de vele onnodige sterfgevallen die voortkwamen uit inferieur materiaal of zelfs het totale gebrek eraan vanwege budgetbesparingen.

The Sunday Times had de benodigde documenten geregeld en betaalde de verplichte driedaagse Hostile Environment-training in Hertfordshire voor Ross. Hij was hierheen gevlogen in een militair transportvliegtuig, een C-130 Hercules, via een omweg. Zijn enige verzoek aan zijn krant was dat ze niets al te negatiefs plaatsten tot hij veilig weer thuis was. Hij wilde de mensen die daar voor zijn veiligheid moesten zorgen liever niet tegen zich in het harnas jagen.

Hij ontdekte al snel dat er veel was om over te schrijven. Een heel exposé over de behandeling van Britse troepen door hun eigen regering. Britse soldaten kregen geweren die haperden, pantserwagens die hen niet afdoende beschermden tegen landmijnen, en er was een totaal gebrek aan slagveldbakens om slachtoffers door zogenaamd 'eigen vuur' te voorkomen.

In dit laatste artikel citeerde Ross, op verzoek van de man anoniem, een hoge militaire commandant die hun equipment vergeleek met hopeloos achterhaalde mobiele telefoons. En om het nog erger te maken was er weinig sympathie, steun of nazorg voor de verschrikkelijk gewonde en vaak blijvend gehandicapte soldaten nadat ze weer thuiskwamen. Ross concentreerde zich en probeerde het hier constante achtergrondgeluid te negeren: knallende granaten in de verte – en soms onrustbarend dichtbij –, ratelend geweervuur en af en toe een ontploffende bom.

De meeste buitenlandse correspondenten leken elkaar te kennen als oude vrienden, inclusief de fotograaf die aan hem was gekoppeld, waardoor hij zich een buitenstaander voelde. Een paar mannen zaten te pokeren met aftandse kaarten onder een sloom draaiende plafondventilator die de hete, vochtige lucht in beweging zette zonder een briesje te veroorzaken of ook maar iets aan de temperatuur te veranderen. Ross voelde zich klam en plakkerig en verlangde naar een koude douche, hoewel hij die een paar uur geleden nog had genomen. De afgelopen twee weken had hij amper geslapen; hij voelde zich doorlopend uitgeput en misselijk van angst.

Maar belangrijker dan al het andere op dit moment, terwijl hij zat te typen, was zijn woede. Woede over de verkrachtingen en moorden die de taliban op vrouwen en kinderen hadden gepleegd. Woede over wat hij had gezien in het huis waar hij gisteren met de soldaten naar binnen was gegaan, waar een oude man aan een provisorische strop had gehangen, met het naakte lichaam van een jonge vrouw met doorgesneden keel op de vloer. Ze hadden een vrouw horen huilen en vonden de echtgenote van de man; ze had zich in een kast boven verstopt. Ze bleef alleen maar steeds één woord herhalen. Een Afghaanse soldaat had het voor Ross vertaald.

Waarom?

Waar was God? Vond hij het leuk om naar deze slachting te kijken?

Hier in Afghanistan, waar Ross elke dag de ene na de andere gruweldaad zag, had hij echt het idee dat God een heel ziek gevoel voor humor had. Dat hij deze hele wereld alleen maar had gemaakt voor zijn eigen perverse plezier. Om te kijken welke nieuwe lagen van menselijkheid hij nu weer eens van de mensen die hij had gemaakt zou wegpellen.

Liggend op zijn bed in de kleine uurtjes, nooit zeker wetend of er geen granaat op de perstent zou belanden die hem en de anderen aan stukken zou blazen, had Ross zijn koptelefoon opgezet. Hij luisterde naar muziek in een poging de geluiden buiten te sluiten. Imogen, met wie hij twee jaar eerder was getrouwd, had een paar playlists voor hem gemaakt met enkele van zijn favorieten: Maroon 5, The Fray, Kaiser Chiefs, en countrymuziek van David Allan Coe, Willie Nelson en Patsy Cline.

Op de avond voor de aanval had hij haar ge-sms't, zoals hij elke avond deed.

> Ik hou zo veel van je, mop. Zou niet willen dat je hier was, want hiér wens ik niemand toe. Aan jou denken helpt me elke dag en elke nacht door. Heb dat boek over oorlogsdichters geprobeerd te lezen dat je me had gegeven, maar te droevig. Vooral die met 'mocht ik sterven, denk dan alleen dit over mij'. Want toen ging hij inderdaad dood. Ik droom ervan om weer bij je te zijn. Heb een paar vreselijke dingen gezien. Hoe kunnen mensen dit toch doen? Hou van je. XX

Tot zijn opluchting, want het lukte zelden, werd het sms'je bij zijn eerste poging al verstuurd.

De volgende morgen was een datum die Ross altijd zou bijblijven. Vrijdag 17 juli. De coalitietroepen roken eindelijk de overwinning. De taliban trokken zich terug. Twee patrouilles werden naar een deel van de stad gestuurd waaruit de taliban de vorige dag waren verdreven. De verslaggevers hoorden tijdens de briefing dat er een goede kans bestond om nog meer wreedheden van de taliban te zien en te fotograferen, maar er werd ook gewaarschuwd dat er nog steeds gevaar bestond van scherpschutters.

Ross had het erover gehad met de fotograaf, Ben Haines, een geinponem en onvermoeibare veteraan die al meerdere oorlogsgebieden had bezocht. Ze hadden besloten dat het met twintig ISAF-soldaten van de VN, een paar plaatselijke soldaten en gidsen om hen en andere internationale verslaggevers te beschermen een relatief klein risico was. Het was allemaal nieuw voor Ross en het zou goed voor zijn carrière zijn om wat echte actie mee te maken.

Om zeven uur 's morgens liepen ze door de verwoeste stad, met de stank van ontbindend menselijk vlees in de lucht en laagvliegende helikopters die deden denken aan enorme kakkerlakken. Ross en Haines droegen helmen, militaire overalls en kogelwerende vesten onder hun mantels, met op de voor- en achterkant heel duidelijk de tekst PERS. Overal rondom zagen ze gebleekte muren met kogelgaten, gebombardeerde ruïnes en agressieve graffiti.

Het gebeurde zonder enige waarschuwing, toen ze vanuit de bescherming van een smalle steeg de centrale markt op liepen. Een maalstroom van geweervuur die van alle kanten tegelijk leek te komen.

Een hinderlaag.

Ross bleef een paar tellen als aan de grond genageld staan, even alleen nog nieuwsgierig in plaats van bang. Totdat een raket in een wolk van hersenweefsel en bloed de bovenste helft van de schedel van een plaatselijke bewoner die pal voor hem stond blies. Een eindje verderop ontplofte een granaat. Ross voelde de luchtdruk en zag soldaten, journalisten en fotografen tegen de grond gaan. Er volgde meteen nog een klap. Een afgerukt hoofd rolde over de stoffige grond, met de mond en ogen wijd open van ongeloof.

Ben, die ineengedoken met zijn camera bleef filmen, schreeuwde plotseling van pijn en begon als een krankzinnige derwisj over de grond te rollen.

Gek van angst zag Ross overal waar hij keek uitbarstingen van geweervuur. Vanaf de daken van de lage gebouwen. Uit de ramen. Pal rechts van hem was een hoog bankgebouw, ooit door een bom geraakt, waarvan de voordeur ontbrak. Te midden van het luide geknal, terwijl zand en steensplinters opsprongen door kogelinslagen, rende hij naar de ingang. Hij holde het donkere bankgebouw in en keek in blinde doodsangst om zich heen.

Achter hem ging het geweervuur door.

Hij bleef staan en keek om.

Recht in de ogen van Ben Haines, die op de grond lag met een plas bloed bij zijn zij. Hij probeerde naar zijn camera te kruipen die een eindje voor hem lag, maar het lukte hem niet.

'Ross! Help! Help me! Help alsjeblieft! In godsnaam, help me!' schreeuwde Ben met een stem vol pijn en wanhoop.

Overal rondom lagen soldaten, verslaggevers en fotografen. Sommigen bewogen zich niet meer, anderen kronkelden of kropen over de grond.

Er klonk weer een luid salvo. Een aantal mensen stopte met bewegen.

'Ross!' schreeuwde Haines. 'O god, help me!'

Ross rende naar hem toe, zigzaggend zoals hem was geleerd, zonder zich iets aan te trekken van het gevaar, vastbesloten zijn vriend te helpen, hem op de een of andere manier in veiligheid te brengen. Maar toen hij nog maar een paar meter van de fotograaf verwijderd was, hoorde hij het geratel van een machinegeweer. Haines trilde als een lappenpop. Er verschenen scheuren in zijn kleren. Zijn helm werd ergens door geraakt en vloog van zijn hoofd. Een fractie van een seconde later werd er een stukje van de bovenkant van zijn schedel weggeschoten en viel hij voorover in het stof.

Ross draaide zich in shock en afgrijzen om en rende terug naar de ingang van het gebouw. Hij hoorde nog meer schoten, nog meer geknal van kogels, en een streep zand voor hem sprong omhoog. Er knalde iets tegen zijn helm. Er ging een scherpe pijnscheut door zijn rechtervoet, en net toen hij bij de ingang was, voelde hij een klap als van een hamer tegen zijn hoofd en duikelde hij naar voren. De stenen vloer kwam hem tegemoet. Raakte hem hard in het gezicht.

Hij moest opstaan.

Hij moest.

Hij zag gedaanten met de hoofddoeken van talibanstrijders naar hem toe komen rennen, met knetterende AK-47's.

Overal om hem heen knalden kogels.

Hij vluchtte verder het gebouw in, duikend en zigzaggend, rennend voor zijn leven. Langs bureaus met computers, bedekt met stof en stukjes puin. Hij sprong over een loket heen en dook aan de andere kant in elkaar. Wachtend. Zijn rechtervoet voelde alsof er een metalen pin doorheen was gestoken en zijn hoofd bonsde. Hij was zijn helm kwijt.

Hij hoorde nog een korte, luide uitbarsting van geweervuur ergens buiten, gevolgd door abrupte, wonderbaarlijke stilte.

Geen naderende voetstappen.

Hij voelde zich duizelig van opluchting. Hij keek op. Het plafond leek boven hem te draaien. Hij wankelde. Het voelde alsof al het bloed uit zijn hoofd wegliep. Hij ging weer met zijn gezicht tegen de vloer, maar voelde het niet. Hij bleef stil liggen.

Enige tijd later, hij wist niet hoeveel, werd hij wakker van gepiep. In het bijna-donker staarde Ross recht in de ogen van een rat zo groot als een konijn.

'Rot op!' beet hij het beest toe.

De rat rende het donker in.

In de verte klonk een enorme ontploffing.

Nog een autobom?

Met een bonzend hoofd en een gortdroge mond en keel, wanhopig verlangend naar wat water, ging hij op zijn knieën zitten en luisterde. Dacht terug. Het loket waar hij overheen was gesprongen. Totale stilte nu. Toen hij probeerde te gaan staan, deed zijn rechtervoet helse pijn. Er zat geronnen bloed aan zijn laars. Hij streek met zijn hand door zijn haar en voelde iets kleverigs. Toen hij naar zijn hand keek, zag hij dat daar ook bloed aan zat.

Het kwam allemaal weer bij hem terug, en hij huiverde.

Ik leef nog.

Langzaam, behoedzaam, stond hij op en keek over de rand van de balie. In de verte hoorde hij de oproep voor het gebed. Er was vaag daglicht te zien buiten de deur waardoor hij was binnengekomen.

Hij keek op zijn horloge. Halfzeven 's avonds. Jezus, het was net zeven uur 's morgens geweest toen... toen...

Hij strompelde naar de deur en gluurde naar buiten. Overal lichamen, sommige van coalitiesoldaten, sommige van leden van de pers en een paar talibanstrijders, allemaal op de stoffige grond. Degene naar wie hij keek was de fotograaf die deze afgelopen, verschrikkelijke maand zijn vriend was geweest.

Ben Haines.

Er zwermden al vliegen om de lichamen heen.

Ross wilde net naar voren stappen toen hij stemmen hoorde.

Hij verstijfde.

De stemmen werden luider, kwamen dichterbij.

Hij rende terug naar binnen, langs de lege werkplekken van personeel naar achteren. Duwde een deur open en zag een stenen trap naar beneden. Hij deed de deur achter zich dicht en zag stalen grendels. Snel schoof hij ze voor de deur en rende de trap af. Eén verdieping, en toen nog een. Naar beneden. De hitte was hier minder bedrukkend. Hij zag een kluis waarvan de deur, met enorme draaiknoppen erop, een stukje open stond.

Het kostte hem een paar seconden om de twintig centimeter dikke stalen deur ver genoeg open te krijgen om naar binnen te glippen, en toen zocht hij met de zaklantaarn-app op zijn telefoon naar een grendel aan de binnenkant, maar die was er niet. Hij trok de deur maar gewoon zo ver mogelijk dicht.

Hij bleef stil staan en zette uit voorzorg zijn telefoon op de stille stand, hoewel hij al zag dat hier geen bereik was.

Zijn hart ging zo tekeer dat het gebons het enige was wat hij hoorde. Bij de smalle spleet tussen de deur en het kozijn luisterde hij of hij boven beweging hoorde. Misschien gebons op de deur, twee verdiepingen hoger, die hij had afgesloten.

Hij hoorde niets.

Hevig trillend keek hij naar het schermpje van zijn telefoon. Imogen had nog niet op zijn laatste berichtje geantwoord. Was het niet doorgekomen?

Het verschrikkelijke geluid van de fotograaf die om hulp schreeuwde galmde nog door zijn hoofd. De meelijwekkende aanblik van hoe de man had liggen kronkelen. Probeerde te kruipen. De bovenkant van zijn schedel die eraf vloog.

Ross moest vechten om niet over te geven van walging en angst.

Hij ging op de harde, kale vloer in de lege kluis zitten. Zijn hoofd bonsde en de pijn in zijn voet was verzengend. Bovendien had hij ontzettende dorst; hij had al niets meer gedronken sinds ze die ochtend waren vertrokken.

Voorzichtig trok hij zijn laars en sok uit en inspecteerde zijn voet met het lampje van zijn telefoon. Er zat een rafelig, bloederig gat bovenin, een paar centimeter achter zijn tenen, en een nog groter gat onderin, waar de kogel er weer uit moest zijn gekomen. Hij betastte zijn hoofd en voelde een lichte deuk, een soort groef boven zijn rechterslaap.

Twee keer beschoten?

Er moesten ergens in het gebouw toiletten zijn, en een keuken of iets waar hij water en misschien een EHBO-trommel kon vinden. Maar dat zou hij later doen, als hij dacht dat het veilig was om zijn schuilplaats te verlaten.

Hij rolde zich op op de vloer en viel in slaap.

Tien minuten later werd hij gewekt doordat er iets over zijn gezicht kroop.

4

Juli 2009

Ga ik hier dood? Alleen met de ratten?

Hij droomde over water en eten. Simpel eten. Gekookte eieren, gepofte appels, patatjes, cheeseburgers, augurken, tomatenketchup.

Toen hij wakker werd, was het donker. De accu van zijn telefoon was leeg. Het enige wat hij nu nog had om zich mee te oriënteren was zijn horloge. De wijzerplaat lichtte op als hij een knopje aan de zijkant indrukte. Hij voelde zich koortsig.

Hij dacht aan zijn broer. Ricky. Dacht doorlopend aan hem met steken van schuldgevoel en spijt. Kort nadat Ricky was overleden, was Ross op een bruiloft een oude schoolvriend tegengekomen, Jim Banting. Jim vertelde hem dat Ricky had geweten dat Ross hem niet mocht, maar dat hij nooit had begrepen waarom.

Zittend in het donker tussen de ratten, met niets anders te doen dan nadenken, peinsde hij over Ricky, vol spijt om hoe hij zijn broer had behandeld. Intussen spookte het beeld van Ben Haines die buiten lag door zijn hoofd. Rottend in de hitte. Dat had hij kunnen zijn. Of misschien, als hij anders had gehandeld, had hij Ben op de een of andere manier kunnen redden.

Gisteravond was hij de trap op geslopen en had de deur ontgrendeld. Toen hij stemmen hoorde die Arabisch spraken was hij in paniek weer naar beneden gerend, waarbij hij was vergeten de deur weer af te sluiten. Hij had zo'n ontzettende dorst dat zijn tong aanvoelde als een vreemd voorwerp in zijn mond en zijn lippen pijnlijk aan elkaar vastplakten. Zijn hoofd voelde nu beter, maar in de vage gloed van zijn horloge zag hij pus op zijn voet. De wond begon te ontsteken. Als hij hem niet liet behandelen, zou hij bloedvergiftiging krijgen en hier sterven, alleen. Hij moest proberen wat eerstehulpmateriaal te vinden, en snel.

Toen voelde hij een scherpe pijn in zijn rechterhand. Deed zijn ogen open. Zag rode oogjes in het donker.

Een rat had hem gebeten.

'Weg!' Hij maaide woest naar het beest en stond wankel en duizelig op.

Zijn rechtervoet voelde alsof hij in brand stond.

'Rot op!' schreeuwde hij tegen de rat.

Boven hoorde hij een geluid.

Voetstappen.

Hij verstijfde.

Shit. Hij had hardop geroepen en zichzelf verraden.

De voetstappen kwamen dichterbij. De trap af. Stap voor stap. Schuifel. Schuifel.

Almaar dichterbij.

Schuifel. Schuifel.

Nog dichterbij.

Hij drukte zich plat tegen de muur.

Dichterbij.

Schuifel. Schuifel.

Hij dacht na. Hij zou die smeerlap verrassen. Boven op hem springen.

Dichterbij.

Hij hoorde een zachte grom. Iemand trok aan de zware deur. Die bewoog. Ging open.

Ross trilde van angst.

En toen klonk de stem van een kind; timide, buitenlands. 'Hallo?'

Ross drukte weer op het knopje van zijn horloge. En zag een kleine jongen. Donker haar met zo veel stof erin dat het grijs leek, zijn kleren lompen. Hij staarde zwijgend naar Ross.

'Niks aan de hand, knul,' zei Ross.

'Engels?'

'Uh-huh.'

'Taliban weg. Weg,' zei de jongen. Hij draaide zich om en verdween.

Ross hoorde hem de trap op hollen.

Hij wachtte nog even voordat hij volgde, behoedzaam, niet zeker wetend of het geen valstrik was, maar het kon hem bijna niet meer schelen. Hij had wanhopig behoefte aan water. Eten. Boven was het licht. Hij zag de jongen door de deur naar buiten rennen, met zijn armen in de lucht. Aarzelend, in de schaduwen blijvend, hier en daar onhandig tegen meubelstukken botsend, volgde Ross hem. Toen gluurde hij naar buiten.

De lijken waren weggehaald. Bloedvlekken lagen te bakken in de zon. De stad was bijna stil, voor het eerst sinds hij hier was aangekomen. Even later hoorde hij het brullen van een motor en een metalig gerommel. Een tank rolde het plein op. Hij herkende hem: een Challenger 2. Een van de weinige fatsoenlijke stukken materieel die de overheid de troepen had meegegeven.

Ross rende wankel naar buiten en zwaaide met zijn zakdoek.

De tank stopte voor hem, het luik aan de voorkant ging open en het hoofd van een man verscheen. 'Heb je een lift nodig, maat?' vroeg de man met een Cockney-accent.

'Kom je in de buurt van Londen?'

'Stap maar in. Ik zal de meter aanzetten.'

Ross wankelde naar de tank toe, maar hij had niet de kracht om aan boord te klimmen. Twee bemanningsleden stapten uit om hem te helpen.

'Ben je van de pers?' vroeg de man. Hij had een kaalgeschoren hoofd en op zijn rechterarm een tattoo van een schedel met een adelaar erboven.

'Uh-huh,' zei Ross hijgend.

'Welke krant?'

'*The Sunday Times*.'

'Ik lees al heel lang geen kranten meer. Het is allemaal troep. Een en al gelul, vind je ook niet?'

Ross glimlachte. Hij had geen kracht meer om te vechten.

'Die redacteuren zouden eens hierheen moeten komen, snap je wat ik bedoel? Al deze shit eens in het echt zien.'

'Heb je water?' smeekte Ross.

5

Juli 2009

Tien dagen later, waarvan hij er vier had doorgebracht in een Amerikaans legerhospitaal in Afghanistan en de rest wachtte op een vlucht naar huis, kwam Ross eindelijk weer in Engeland aan. Het troepentransport landde een dag eerder dan gepland op RAF Brize Norton in Oxfordshire. Ross besloot Imogen te verrassen, die hem morgen pas verwachtte.

Toen hij vroeg in de middag in de motregen op het station van Brighton aankwam nam hij een taxi. Hij liet de chauffeur een tussenstop maken bij een bloemenwinkel om een enorm boeket te kopen, en toen bij een slijterij, waar hij Imogens lievelingschampagne kocht: een fles Veuve Clicquot.

Even na drie uur 's middags stopte de taxi dicht bij de Seven Dials voor het hoge, ietwat verlopen gebouw met op de bovenste verdieping hun appartement. Hij betaalde de chauffeur en gaf hem een fooi, stapte uit met zijn reistas, de fles en de bloemen en strompelde naar de voordeur. In de gezamenlijke hal rook hij de bekende vochtige geur en hoorde hij een irritant luide muziekbeat die dwars door de deur van het appartement op de begane grond kwam.

Het voelde vreemd om thuis te zijn. Bijna surrealistisch. Alsof de afgelopen paar weken alleen maar een nare droom waren geweest. Maar het litteken op zijn hoofd en zijn pijnlijke voet herinnerden hem aan de realiteit. En de verschrikkingen die hij voor zich zag elke keer als hij zijn ogen sloot.

Hij keek op zijn horloge. Imogen, die de website runde van een onlinemagazine in Brighton, zou pas over een paar uur thuiskomen. Dat gaf hem de tijd om te douchen en zich te scheren, de champagne te koelen en de bloemen in een vaas te zetten. Hij verheugde zich er ontzettend op om haar weer te zien. Om haar in zijn armen te nemen, allemaal geruststellend normaal. Om met haar te vrijen – god, het was al zo lang geleden – en gewoon met haar te praten, haar te vertellen over de nachtmerries die hij had doorstaan en hoe de gedachte aan haar hem erdoorheen had geholpen. Misschien zouden ze dan vanavond ergens curry gaan eten; ze waren allebei dol op Indiaas eten, en hij smachtte naar de normaliteit van een restaurant.

Hij ging de drie trappen op naar boven, stak zijn sleutel in het slot en deed de deur open. Terwijl hij hun gang vol boeken in stapte, hoorde hij muziek van The Fray, een van de bands in zijn playlists, en dat verbaasde hem. Was ze thuis?

In de woonkamer zag hij op de salontafel een halflege fles wijn en twee halflege glazen staan. Er hing een pilotenjack over de leuning van de bank.

Hij fronste zijn voorhoofd.

De muziek kwam van ergens anders in het appartement.

'Imogen? Schat?' riep hij, maar zijn stem haperde en hij kreeg een plotseling kil gevoel in zijn buik.

Hij zette zijn tas, de fles en de bloemen neer en liep vanuit de woonkamer door de gang. De muziek werd luider toen hij de slaapkamerdeur naderde. En hij hoorde nog een ander geluid. Een soort gekreun. Hij bleef nog even aarzelend staan voordat hij de deur openduwde.

En zag zijn vrouw spiernaakt, met een uitdrukking van extase op haar gezicht, haar haar naar achteren gegooid en wiebelende kleine, ronde borsten, op een naakte kerel met een baard zitten.

Toen zag Imogen hem.

6

7,5 jaar later
Woensdag 1 februari

De oude man liep langzaam, trillend, in het donker tegen de steile heuvel in Somerset op, bezwaard door de last die hij in zijn hart meedroeg. Het gewicht van de hele menselijke geschiedenis. De eeuwige strijd tussen goed en kwaad. De liefde en toorn van God. De spotternij van Satan.

Zich niet bewust van de nachtkijker die op hem gericht was, liep hij voorzichtig over het glibberige gras, alleen geleid door de zwakke straal van zijn kleine zaklantaarn, de gps-coördinaten op zijn telefoon en de missie in zijn hart.

Het lot.

Zijn voeten waren nat in zijn doorweekte instappers en een bitterkoude wind blies door zijn dunne overjas; de kilte kleefde aan zijn rug als een kompres van koude bladeren. Hij had een schep en een metaaldetector bij zich.

Het was drie uur 's nachts.

Wolkenflarden joegen boven hem langs de hemel, af en toe doorboord door schachten ijskoud licht van de volle maan. Telkens als dat gebeurde zag hij een eindje naar rechts de donkere schaduw van de ruïnetoren op de heuveltop. De nacht had een bovennatuurlijke sfeer. De wolken voelden aan als het reiseffect in een oude Hollywoodfilm. Zoals die scène waarin Cary Grant en Grace Kelly in een cabrio reden terwijl het landschap ogenschijnlijk op hoge snelheid aan hen voorbijtrok, maar hun haar bleef al die tijd onberispelijk zitten.

Vannacht zou hij helemaal niet aan oude films moeten denken, maar aan slechts één ding.

Het lot.

Vannacht, hier, was het begin van de reis. Hij was broos en wist niet hoeveel tijd hij nog op deze aarde had. Hij had zo lang op de Oproep gewacht dat hij was gaan twijfelen of die ooit nog zou komen. En toen hij uiteindelijk kwam, was het op Zijn ondoorgrondelijke manier gebeurd.

Er was iemand van wie hij had gehoord dat die hem kon helpen, maar hij kon die persoon niet vinden; nog niet. En omdat hij nog maar weinig tijd had, had hij besloten om dit alleen te gaan doen.

De lucht leek statisch geladen; hij voelde de tinteling op zijn huid, als van kippenvel. De wind zat vol fluisteringen die hij niet kon ontcijferen.

Hij rook het zoete gras. Ergens vlakbij hoorde hij een verschrikkelijk gepiep. Een vos die een konijn had gevangen, dacht hij. Het gepiep werd steeds deerniswekkender, en uiteindelijk stopte het.

Hij vergeleek de constant veranderende coördinaten op zijn telefoon met de getallen op het stukje papier in zijn borstzakje. Dichterbij. Dichterbij.

Hij was er bijna.

Hij kwam tot stilstand, hijgend en zwetend ondanks de bittere kou. Het was een vermoeiende rit van tweeënhalf uur geweest om hier te komen, gevolgd door een lange wandeling langs de omtrek op zoek naar een plek waar hij over het hek kon klimmen. Hij was zijn handschoenen vergeten, maar het was te ver teruglopen naar de auto om ze te halen.

Hij pakte het stukje papier en bekeek de coördinaten in zijn zorgvuldige handschrift nog een keer.

51°08′40″N 2°41′55″W

Hij was er dichtbij.

Hij voelde een uitbarsting van energie. Deed een paar passen naar links, en toen nog een paar, verder heuvelopwaarts.

Nog dichterbij!

Even later waren de getallen op de kompas-app op zijn telefoon hetzelfde.

51°08′40″N 2°41′55″W

Hij was er. Dit was de plek. En op dat moment trokken de wolkenflarden voor de maan weg en kwam er een manestraal omlaag. Iemand daarboven wees hem de weg. Dit was het teken.

Zijn lot!

Koortsachtig begon hij te graven, met de schep zo strak mogelijk tussen zijn verstijfde, reumatische vingers geklemd. Hij stak hem in de grond, zette zijn voet erop, duwde hem omlaag en wrikte de eerste schep aarde omhoog. Een paar pieren kronkelden. Hij haalde de schep een stukje naar achteren en stak hem weer in de grond.

Toen danste er ineens vanuit het niets een helder licht om hem heen. Niet de maan, deze keer, maar de straal van een krachtige zaklantaarn. Twee zaklantaarns. En hij hoorde een stem. Een kwade mannenstem.

'Hé! Jij!'

Hij draaide zich om. Even werd hij verblind door het licht recht in zijn gezicht. Knipperend met zijn ogen scheen hij met zijn zwakkere zaklantaarn terug. Het licht viel eerst op een jonge politieman in uniform en toen op de man van middelbare leeftijd in een parka die naast hem stond.

'Het is hier,' antwoordde hij. 'Precies waar ik nu graaf. Recht onder mijn voeten!'

'Waar denk je dat je mee bezig bent? Ben je gek?'

'Ik red de wereld.'

'Je beschadigt privéterrein.'

'Luister, luister alsjeblieft.'

'Nee, jij moet luisteren,' zei de man in de parka. 'Je bevindt je op verboden terrein. Wie heeft je verdomme toestemming gegeven om midden in de nacht hier de grond te gaan omspitten?'

'God,' antwoordde de oude man simpelweg.

7

Donderdag 16 februari

Op een houten deur in de gang van het St Hugh's Charterhouse-klooster, vijfentwintig kilometer ten noorden van Brighton op het platteland van Sussex, hing een Latijns citaat:

MIHI ENIM VIVERE CHRISTUS EST, ET MORI LUCRUM.

Wat betekende: *Leven is Christus, en sterven is winst.*

Achter die deur, in de privacy van zijn spartaanse cel, zat broeder Angus aan zijn bureau te lezen. Hij leidde al jaren een solitair bestaan en besteedde vele uren per dag, zeven dagen per week, op zijn knieën in zijn piepkleine bidnis.

Maar de afgelopen maanden was hij steeds vaker zijn cel uit gegaan en door de kloostergangen naar de enorme librije met eiken lambrisering gelopen. Bij elk bezoek daar zocht hij systematisch naar relevante boeken te midden van de duizenden in leer gebonden titels – vele daarvan nog van vóór de drukpers – en nam er zo veel als hij kon dragen mee terug naar zijn cel.

Elke monnik hier kon, als hij dat wilde, in zijn cel blijven en die nooit verlaten. Eten werd elke morgen door een van de broeders door het luikje naast de deur geschoven. Maar broeder Angus was een diep verontrust man. En hij had niemand met wie hij zijn zorgen kon delen. Pas over een paar dagen mocht hij weer spreken – slechts één uur lang – tijdens de zondagse wandeling.

Volgende maand zou hij drieënzestig worden, en hij wist niet hoeveel langer hij zijn Heer nog zou dienen. Niet lang, daarvan was hij overtuigd. Misschien zou hij vanwege zijn ziekte niet eens meer een volgende winter meemaken. Misschien niet eens meer een volgende zomer. Tot voor kort was hij tevreden geweest met het leven dat hem was gegeven, hoewel dat niet altijd zo was geweest. Als kind van de jaren zestig had hij ooit het wilde leven ten volle geleefd. Hij was met zijn studie gestopt en was gitarist geworden in een metalband, Satan's Creed. Vele jaren lang had hij een leven van alcohol, drugs en rock-'n-roll geleid op tournee, vooral in Duitsland, met optredens in clubs en de openlucht, en eindeloos seks gehad met groupies.

Totdat hij op een dag het licht had gezien.

Meerdere lichten, in feite. De penlights van artsen die in zijn ogen tuurden nadat hij een enorme overdosis had genomen van een cocktail van spul die hij zich niet eens meer herinnerde. Operatielampen. En toen het helderste licht van alle. Het licht dat hem riep.

Een Grieks-orthodoxe verpleegkundige in de Noord-Londense kliniek waar hij was afgekickt, wat zijn leven had gered, vertelde hem over haar broer die monnik was in een kloostergemeente op het heilige schiereiland Oros Athos. Angus had zich altijd aangetrokken gevoeld tot Griekenland, en iets in de spiritualiteit van de Grieks-orthodoxe religie sprak hem aan. Hij bekeerde zich. Met de hulp van de broer van de verpleegkundige kreeg hij een visum om het klooster te bezoeken.

Hij ging erheen voor vijf dagen en bleef vijf jaar, en hij vond een diepe spiritualiteit in het strenge regime van gebed, werk, stilte en weinig slaap. Totdat op een dag God hem terugriep naar Horsham in Sussex, Engeland. Zijn oude moeder leed aan alzheimer en had hem nodig.

Hij verpleegde haar zeven jaar lang, totdat ze overleed. Hij had zich voorgenomen om terug te gaan naar Oros Athos, toen op een dag, kort na haar begrafenis, hij toevallig langs de poorten van het St Hugh's Charterhouse-klooster reed en het licht weer zag, feller dan ooit. Hij keerde, reed naar binnen en schonk zijn auto aan de prior, met de mededeling dat hij de opbrengst van de verkoop kon gebruiken voor het onderhoud van het gebouw.

Daar was hij sindsdien gebleven. En nu zou hij ook nooit meer weggaan. Dit was zijn thuis, of in elk geval zijn tijdelijke thuis totdat...

Totdat hij echt thuiskwam.

Misschien.

St Hugh's was gebouwd in een welvarende periode van de orde, als toevluchtsoord voor Franse monniken die vluchtten voor de Revolutie. Maar er waren nooit veel Franse monniken heen gekomen. Net als zo veel van dergelijke plekken in recente eeuwen was het gebouwd om meer dan tweehonderd monniken te huisvesten, maar nieuwe broeders waren schaars, en terwijl de ouderen stierven waren ze steeds moeilijker te vervangen. Momenteel woonden er slechts drieëntwintig monniken, onder wie de prior en zijn ondergeschikte, en de meesten kwamen van elders in de wereld. De stilte werd niet alleen strikt gehandhaafd, ze werd ook van nature afgedwongen. Van de drieëntwintig monniken spraken er zeventien elk een andere taal. Het klooster, dat net als veel andere tegenwoordig kampte met een tekort aan monniken, verwelkomde broeders van alle ordes.

Maar weinigen die er kwamen bleven lang, omdat de discipline en routine hun te zwaar vielen. De aanbevolen bedtijd was acht uur 's avonds, aangezien ze om tien voor twaalf 's nachts weer op moesten voor de volgende gebedssessie, die ze mochten houden in hun eigen bidnis of in de gemeenschappelijke kapel onder toezicht van de prior.

Broeder Angus' cel was ongebruikelijk ruim naar kloosterlijke maatstaven. Hij had twee verdiepingen en een ommuurd tuintje waar hij zijn eigen groenten kon kweken. Beneden was zijn privékapelletje, waar een afbeelding van Jezus aan de muur hing, boven een beeldje van de maagd Maria op een provisorisch voetstuk gemaakt van een boomstam. Naast de smalle gang was een ruimte met een werkbank en het gerei dat hij nodig had voor het onderhoud van zijn cel en zijn tuintje.

Boven had hij twee kleine kamers. De ene bevatte zijn brits en een houten bureau met stoel, en de andere was de bidnis. Er hing een turquoise warmwaterkruik aan een haakje naast zijn wastafeltje en er stond een klein houtfornuis dat in de lange wintermaanden zijn enige warmtebron was. Hij moest het fornuis nu eigenlijk ook aansteken, want hij rilde doordat zijn pij met kap te weinig bescherming bood tegen de bijtend koude tochtvlagen. Maar hij ging te zeer op in het ontcijferen van het Oudengels van het boek dat hij momenteel las.

Van achter het bureau met zijn stapel bibliotheekboeken, de Bijbel, gebedenboeken en een gebedsrooster bood het raam over de tuinmuur uitzicht op de vredige begraafplaats omringd door gotische kloostergangen. Rijen eenvoudige houten kruisen markeerden de anonieme graven van de broeders die hem waren voorgegaan. Op een dag, binnenkort, zou zijn aardse lichaam daar ook liggen. Maar waar zou zijn geest dan zijn?

Dat was een vraag die tot voor kort nooit een probleem was geweest. Maar hij had er meermaals met de prior over gesproken, en elke keer was hij minder overtuigd geweest door diens geruststellingen. Hoe meer hij las en analyseerde, hoe meer zijn geloof op de proef werd gesteld. Stel, begon hij steeds vaker te denken, dat er helemaal niets was.

Stel dat hij al die jaren had besteed – vergooid – aan gebeden gericht aan niets.

Daarom speurde hij nu de bladzijden van dit boek af, hopend dat God hem naar een alinea zou sturen die hem antwoorden zou verschaffen. Dat was dringend nodig. Hij kende de buitenwereld niet meer. Er was zo veel veranderd sinds hij voor het eerst een heilige orde had betreden. Ook al was hij ertussenuit geweest om zijn moeder te verplegen, hij was op zijn hoede gebleven voor technologie. De buitenwereld was enorm veranderd in de afgelopen decennia. Hij gebruikte zelden een telefoon, hoewel hij vaardiger begon te worden op internet.

Hij was bang geweest dat hij binnenkort zou uitsterven, niets meer zou zijn dan rottende botten onder een anoniem kruis, net als allen die hier ooit samen met hem en voor hem hadden gewoond.

Maar toen, nog maar een paar maanden geleden, had hij een boodschap ontvangen. De mogelijke gevolgen daarvan hadden hem nog banger gemaakt, omdat de boodschap zo onduidelijk was.

Er gebeurde iets. Een religieuze onrust in de wereld verergerde en polariseerde op een manier die al eeuwen niet meer was voorgekomen. God gaf hem elke nacht in zijn slaap tekenen en boodschappen. Instructies over online gaan, doorgaan. Maar in plaats van helderheid voelde hij steeds meer verwarring.

Er waren dagen – soms weken – waarin alle boodschappen en tekenen door elkaar heen liepen, en dus was hij van religieuze teksten overgestapt op wetenschappelijke. De meeste monniken hier leefden zonder moderne technologie, maar broeder Angus bestudeerde nu enkele van de meer lateraal denkende exponenten ervan. Eén in het bijzonder, die hij aandachtig las, was een Amerikaanse man, professor Danny Hillis, de ontwikkelaar van de parallelle processor en medeoprichter van het bedrijf Thinking Machines Corporation. Het motto van het bedrijf was: *We bouwen een machine die trots op ons zal zijn.*

En sommige woorden van de uitvinder raakten een snaar bij hem.

Broeder Angus had een speech gelezen die Hillis halverwege de jaren negentig had gegeven en die hem was bijgebleven: 'Op de zoektocht van de mens naar God denk ik niet per se dat we Hem zullen vinden in de krochten van een gotische kathedraal. Ik denk eerder dat we Hem zullen vinden in cyberspace; technologie is misschien de manier om die radiofrequentie te openen.'

Angus had de toorn van de prior geriskeerd – en mogelijk verbanning van St Hugh's – door te proberen hem over te halen elke monnik een computer met internettoegang te geven, in plaats van alleen de gedateerde en trage gemeenschappelijke pc in de librije, maar de prior wilde daar niets van weten. Hij had het afgedaan met de reactie: 'God vertelt ieder van ons alles wat we weten moeten. De dag dat we daar niet meer op vertrouwen is de dag dat we geen monnik meer zouden moeten zijn. Misschien heb je last van een geloofscrisis, broeder Angus? Vergeet niet, alles wat ooit is geweest, is nog steeds. Het is te vinden in God. Zoek en je zult vinden. Vraag het Hem en Hij zal het je vertellen.'

In zijn gebeden had broeder Angus het Hem elke dag met meer en meer drang gevraagd. De boodschap die hij kreeg was dat er iets ging gebeuren, en snel. Iets wat even fundamenteel was voor de christelijke wereld als de Komst van Christus.

Een Wederkomst van Christus?

Of een Grote Bedrieger?

8

Donderdag 16 februari

Ross Hunter nam bijna niet op. Het display van zijn vaste telefoon meldde: GEEN NUMMER. Waarschijnlijk weer een van die callcenters die tegenwoordig de gesel van ieders leven waren. Hij had een deadline. Hij was bezig met een artikel over zes voetballers uit de Premier League die betrokken waren bij belastingontduiking middels filmproducties, en zijn redacteur Natalie McCourt van het Insight-katern van *The Sunday Times* had het om vier uur vanmiddag nodig; over precies twintig minuten.

Montmorency, hun donkergrijze labradoodle die op de vloer bij het bureau lag, leek momenteel met twee deadlines te worstelen. Zou hij dat bot waar hij irritant luidruchtig aan knaagde op krijgen voordat zijn baasje met hem ging wandelen? En zouden ze nog gaan wandelen voordat het donker werd?

In de dagen erna zou Ross zich vaak afvragen waaróm hij eigenlijk de telefoon had opgenomen. Maar hij vermoedde dat zelfs al had hij dat niet gedaan, de man bijna zeker zou hebben teruggebeld. Ross was tegenwoordig behoorlijk bekend en wist wel beter dan telefoontjes te negeren. Zijn eerste grote doorbraak, jaren geleden als jonge verslaggever bij de Brightonse krant *The Argus*, was ook na zo'n onverwacht telefoontje gekomen. Het had hem naar een verhaal geleid over een seksschandaal, en uiteindelijk had een plaatselijk parlementslid daardoor moeten opstappen.

'Ross Hunter,' meldde hij zich, starend naar de donker wordende straat vanuit zijn werkkamer op de zolder van het huis in Patcham. Zijn vrouw Imogen en hij waren na die vreselijke middag, toen hij uit Afghanistan thuis was gekomen en haar in bed had aangetroffen met een andere man, hierheen verhuisd in een poging opnieuw te beginnen.

Ze had hem om vergiffenis gesmeekt. Zei dat ze bang was geweest om van het ministerie van Buitenlandse Zaken te horen dat hij vermist of mogelijk dood was en dat ze troost had gezocht bij een oude vriend. Wanhopig om iets van normaliteit terug te krijgen had Ross haar verklaring geloofd en haar vergeven. Daarna had hij ontdekt dat ze had gelogen en dat die verhouding al veel langer aan de gang was. Hun relatie was nooit meer helemaal hetzelfde geweest. Het was net alsof je stukken van een gebroken glas aan elkaar probeerde te lijmen. Het was intact, maar de barsten waren nog altijd te zien. Ze hadden geprobeerd ze te verhullen door te verhuizen. En nu was ze zwanger, maar hij twijfelde nog steeds.

Hij kon haar gewoon niet vertrouwen. Niet helemaal. Er waren dagen dat ze laat van haar werk thuiskwam met verklaringen waarvan hij niet zeker wist of hij ze geloofde. Dat ze opgelaten een telefoontje beëindigde als hij de keuken binnenkwam. Dan kwam altijd die herinnering bij hem terug. Zij, naakt, boven op de bebaarde man in hun bed.

Een bestelwagen reed langzaam voorbij. Hij zag een van zijn buren thuiskomen in haar SUV. Ze opende het achterportier en in de gloed van de interieurverlichting zag hij dat ze haar zoontje, een irritante blaag die altijd leek te schreeuwen, uit zijn gordel hielp.

De stem aan de andere kant van de lijn was die van een geschoold klinkende oudere man. 'Spreek ik met meneer Hunter, de journalist?'

'Inderdaad. Met wie spreek ik?'

'O, gelukkig heb ik de juiste persoon. Het heeft me heel wat tijd gekost om uw telefoonnummer te vinden. Ik heb elke R. Hunter in het telefoonboek van Sussex al gebeld.'

'U had contact met me kunnen opnemen via sociale media – ik ben vrij actief op Twitter en Facebook – of u had me gewoon kunnen mailen. Mijn mailadres staat bij al mijn artikelen.' Ross nam een slok thee uit de mok op zijn bureau.

'Dit is geen kwestie voor sociale media of e-mail, meneer Hunter. E-mail is niet veilig, en ik kon dat risico niet nemen. Ik heb veel van uw artikelen gelezen. Ik was erg onder de indruk van het artikel dat u een paar jaar geleden voor *The Sunday Times* schreef, over hoe de regering onze troepen in Afghanistan in de steek liet.'

'Hebt u dat gelezen?'

'Mijn zoon is gesneuveld in de provincie Helmand. Omgekomen door eigen vuur. Of *blue on blue*, zoals ze het geloof ik noemen. Als hij een slagveldbaken had gehad, had hij misschien nog geleefd.'

'Het spijt me dat te horen.'

'Dat is niet de reden waarom ik bel, maar toch bedankt. Mijn overleden echtgenote en ik probeerden ons er niet door te laten verbitteren.'

Ross begon te denken dat dit een verspilling was van de zeer kostbare minuten die hij nog had om zijn artikel af te maken en te proeflezen.

'Ik wil u er alleen maar van verzekeren dat ik geen gek ben, meneer Hunter.'

'Blij dat te horen,' antwoordde hij.

'Ik ben doctor Harry F. Cook, voormalig RAF-officier en gepensioneerd hoogleraar kunstgeschiedenis aan de University of Birmingham. Ik weet dat dit vreemd zal klinken, maar ik heb onlangs ultiem bewijs gekregen van het bestaan van God, en er was me verteld dat er een schrijver was, een gerespecteerd journalist genaamd Ross Hunter, die me kon helpen serieus genomen te worden.'

'Wat?'

'Ik weet dat het vreemd klinkt, echt.'

'Nou, ja, eigenlijk wel.' Ross dacht even na. 'Van welke God hebt u precies bewijs?'

'Er is maar één God, meneer Hunter. Er zijn vele profeten en vele verschillende geloven, maar er is maar één God.'

'Mag ik vragen wie u had verteld dat ik u mogelijk kon helpen?' vroeg Ross, kijkend naar zijn buurvrouw die haar zoontje naar de voordeur van hun bungalow dirigeerde.

'God zelf,' antwoordde Harry F. Cook simpelweg. 'Zou u me een paar minuutjes kunnen aanhoren?'

Ross keek op zijn horloge, naar de kostbare minuten die wegtikten. 'Ik vrees dat u het heel kort zult moeten houden, doctor Cook, want ik heb een deadline.'

'Nou, ik zal zo bondig zijn als ik kan. Of hebt u liever dat ik op een later moment terugbel?'

'Nee, ga uw gang maar.' Hij pakte een pen en schreef de naam op, *Dr Harry F. Cook, ex-RAF* en *University of Birmingham – kunstgeschiedenis – gep.* Toen nam hij nog een slok thee, die al behoorlijk lauw werd.

'Nou, het punt is, meneer Hunter, dat ik u persoonlijk moet spreken om alles uitgebreider uit te leggen. Ik kan u verzekeren dat ik uw tijd niet verspil. Ik twijfel er niet aan dat er elke dag vreemde vogels contact met u opnemen. Zou u met me willen afspreken, een halfuurtje maar? Ik wil overal heen komen waar het handig voor u is. En ik heb iets waarvan ik echt denk dat u het wilt horen. Ik heb een boodschap voor u.'

'O ja? Van wie?'

'Van uw broer Ricky.'

Even bleef Ross verbaasd zwijgen, zich afvragend of hij dat goed had verstaan. 'Hebt u een boodschap van Ricky?'

'Ja.'

'Mag ik die horen?'

'Niet over de telefoon, meneer Hunter.'

Ross voelde een koude tochtvlaag door de kamer blazen. De lichten op de schemerige straat leken te flikkeren als duizend kaarsen die sputterden in een windvlaag. Hij rilde en maakte met trillende hand nog een notitie. 'Hebt u echt een boodschap van mijn broer?'

Hij zag de blauwe zwaailichten van een voertuig van de hulpdiensten door de straat komen en hoorde het gejank van een sirene. Even vroeg hij zich af of hij dit gesprek droomde. 'Wie bent u eigenlijk, doctor Cook?'

Een ambulance scheurde langs.

'Geloof me alstublieft, ik ben een doodgewone man die doet wat hem gezegd is. Alstublieft, meneer Hunter, kunnen we elkaar ontmoeten?'

Ross had in de loop der jaren met veel gekken te maken gehad die beweerden sensationele verhalen voor hem te hebben. Maar iets in de stem van deze man klonk oprecht... en intrigeerde hem.

'Ik geef u een halfuur, oké? We kunnen thee gaan drinken. Als u me er dan van kunt overtuigen dat we meer tijd nodig hebben, kijken we wel verder. Akkoord?'

'Dat is heel redelijk. Heel aardig van u. Zoals ik al zei, ik kom graag naar een plek toe die u goed uitkomt. Zeg maar wanneer en waar.'

9

Donderdag 16 februari

Boris zat vervaarlijk op het randje van de tafel in zijn grote kooi en ramde op het toetsenbord van de computer. Het kapucijnaapje met zijn ronde, gerimpelde gezicht, beige manen en lange bruine staart was slim naar apenmaatstaven, maar niet slim genoeg om bij te houden welke toetsaanslagen hij maakte. Hij trok zich niets aan van het gebrabbel dat voor hem verscheen; het enige waar hij vol verwachting naar keek was het buisje waar af en toe iets lekkers uit kwam, zoals een doppinda of een bananenchip.

Hij wist wel dat als hij stopte, de toevoer van lekkers ook stopte. Hij had ontdekt dat als hij maar gewoon op die toetsen bleef tikken, het lekkers bleef komen. Nog iets wat hij in de afgelopen drie weken had geleerd was dat poepen of piesen op het toetsenbord niet werkte. Het enige wat er dan gebeurde, was dat er een hele poos geen lekkers meer kwam.

Doctor Ainsley Bloor, voormalig hoogleraar biologie aan de University of Brighton, die enkele jaren eerder zijn ziel had verkocht aan de pillenmaffia, was nu CEO van een van de snelst groeiende farmaceutische reuzen ter wereld, Kerr Kluge. Dat de twee initialen daarvan toevallig overeenkwamen met die van de Ku Klux Klan was veel van de luidruchtige critici niet ontgaan. Ze grapten – niet geheel ongefundeerd – dat het enige verschil tussen die twee organisaties was dat de farmaceutische reus dankzij zijn afdeling genetica wist hoe je de huidskleur van mensen kon veranderen.

Maar Boris was zich niet bewust van iets anders dan zijn onmiddellijke habitat. Hij bleef gewoon typen, en het lekkers bleef komen.

Ainsley Bloor was al heel lang een van de bekendste militante atheïsten in het Verenigd Koninkrijk. Hij was een jeugdig ogende vijfenvijftigjarige met sluik zilvergrijs haar dat ongewoon lang was voor een grootindustrieel, met een scherp, havikachtig gezicht en doordringende grijze ogen. Bovendien was hij een vurig aanhanger van de groep die destijds bekendstond als de Vier Ruiters van de Non-Apocalyps: Richard Dawkins, Daniel Dennett, Christopher Hitchens en Sam Harris.

Enkele van zijn voorgangers in het Nieuwe Atheïsme hadden de theorie van de aap en de typemachine getest, waarvan ze dachten dat die een belangrijke rol zou spelen om te bewijzen dat de wereld door puur toeval was ontstaan in plaats van door een of andere vorm van intelligent ontwerp.

Het was een simpele, elegante theorie: met eindeloos veel tijd zou een reeks apen – of een oneindig aantal apen – willekeurig typend op toetsen uiteindelijk het volledige werk van William Shakespeare reproduceren.

Tot nu toe had iedereen die het experiment had geprobeerd het opgegeven. Een collega van een van de beroemdste atheïsten in Engeland, de overleden professor Antony Flew, had het geprobeerd en geconcludeerd dat het aantal subatomische deeltjes in het heelal vele malen kleiner was dan de waarschijnlijkheid dat een aap ooit ook maar één veertienregelig sonnet van Shakespeare zou typen. De conclusies van Flews collega waren een deel van de reden waarom hij van het atheïsme af stapte en in God en een intelligent ontwerp ging geloven.

Voor zijn dertigste had Bloor al drie boeken gepubliceerd in zijn vastberadenheid om het concept van een Schepper belachelijk te maken: *Grote Goddie*, *Wie was Gods vader?* en *God kun je uitrekenen*. Het argument – en het theorema dat daarin werd omhelsd – was zo oud als de wereld. Het kon worden herleid naar Aristoteles, via Blaise Pascal en Jonathan Swift naar Emile Borel en Arthur Eddington, die allemaal hadden gepoogd de oorsprong van het leven te verklaren middels wiskunde en toeval.

Maar Bloor vond dat de manier waarop Antony Flew en alle anderen die hem voorgingen dit experiment hadden aangepakt, of eruit hadden geëxtrapoleerd, fatale gebreken vertoonde.

Ze hadden één cruciaal element gemist.

Terwijl het computeralgoritme dat hij in de loop van tien jaar had geperfectioneerd zich door de drie weken – tot nu toe – van de aap achter het toetsenbord heen werkte, begon er een patroon zichtbaar te worden.

Het was nog vroeg, maar het was vooruitgang. Ja, heel beslist vooruitgang! Van de zes apen in de zes kooien in de oranjerie van het statige huis waarin Bloor met zijn vrouw woonde, leek Boris de ster te worden.

Zoals Lao Tzu zei: 'Ook een reis van duizend mijl begint met de eerste stap.'

Of misschien met de eerste toetsaanslag.

10

Maandag 20 februari

Om tien voor vier 's middags, tien minuten voordat doctor Harry F. Cook zou komen, staarde Ross uit het raam van zijn werkkamer op de bovenverdieping. Hij dacht na over het artikel waarmee hij bezig was voor *The Sunday Times*, waarvan een bepaalde directeur bij de National Health Trust zeer ongemakkelijk zou worden. Hij zag een onberispelijke witte Nissan Micra langs de stoeprand voor zijn huis stoppen.

Zijn telefoon deed *ping*.

Het was een berichtje van Imogen:

> Ik kom laat thuis, rond 19 uur. Moet ik eten meenemen? Zin in Thais?
> Voorzichtig met je gek – ik wil je niet in stukken in de koelkast terugvinden!
> Hou van je. XXXX

Hij stuurde een berichtje terug:

> Lekker! Kipsaté & groene curry met vis. Ben tot de tanden bewapend!
> Hou van je. XXX

Hij probeerde zich weer op zijn werk te concentreren, maar dat lukte niet. Alweer laat thuis, piekerde hij. Waarom? Waar was ze mee bezig? Hij staarde verstrooid uit het raam naar de kleine Nissan.

Toen hij even later naar beneden liep ging de bel. Stipt om vier uur. Hij deed open.

Er stond een lange man met een enorme attachékoffer. Hij was halverwege de zeventig, gokte Ross, keurig gekleed in een krijtstreeppak met een bijpassende stropdas en pochet.

'Meneer Hunter?' Hij stak zijn hand uit.

'Doctor Cook? Hebt u het goed kunnen vinden?'

'O, zeker, dankzij de wonderen van de satellietnavigatie.'

Terwijl ze elkaar een hand gaven, boog Cook zich naar voren en staarde hem met droevige, waterige ogen smekend aan. 'Ik ben heel blij dat u me wilde ontvangen, meneer Hunter. U begrijpt dat u en ik de wereld moeten redden?'

Ross glimlachte aarzelend. 'Nou, ik zal mijn best doen!' Nu die man zo keurig gekleed was aangekomen, wenste hij even dat hij iets anders had aangetrokken dan zijn oude spijkerbroek, wijde trui en versleten sloffen.

'Meneer Hunter, ik kan u niet vertellen hoeveel dit voor me betekent, en voor het menselijk ras.'

Ross glimlachte. 'Ja, nou, we zullen zien. Kom binnen. Wilt u iets drinken?'

'Een kopje thee zou heerlijk zijn.'

Er kwam luid geblaf uit de keuken.

'Monty, stil!' riep Ross.

De labradoodle kwam druk kwispelend aanrennen over de zwart-witte tegels in de hal.

Ross aaide de hond en wendde zich toen tot de man, die ongerust naar het ruige beest keek. 'Hij is een echte softie, supervriendelijk. Bent u bang voor honden?'

'O, nee hoor. Monty, zei u?'

'Ja. Voluit Montmorency.'

'Was Montmorency niet de naam van de hond in *Drie mannen in een boot*?'

'Daar komt hij vandaan, ja. Eigenlijk was het mijn vrouw haar idee. Ze heeft dat altijd een geweldig boek gevonden.'

Het was een van de boeken die Imogen en hij hadden meegenomen op hun huwelijksreis naar Italië en allebei hadden gelezen – hij voor het eerst en Imogen voor minstens de derde keer – en waar ze veel om hadden gelachen, vooral om het eerste hoofdstuk, waarin een personage op een cruise klaagde dat hij te zeeziek was om te eten. Ross en Imogen maakten een gratis cruise voor het reiskatern van het tijdschrift waarvoor ze toen werkte, en ze hadden de eerste twee dagen doodziek in bed gelegen toen ze de Golf van Biskaje doorkruisten in een storm.

'Mijn vrouw en ik zijn altijd meer kattenmensen geweest,' zei Cook.

'Wij hebben ook een kat gehad, uit het asiel. Cosmo. Maar hij was al oud, verscheen soms dagenlang niet.'

'Katten zijn heel moeilijk te doorgronden.'

'Klopt. Op een dag verdween hij voorgoed. Misschien had hij een beter aanbod gekregen.'

De oude man grinnikte. 'Dat zou best kunnen.'

Ross dirigeerde hem naar de bank in hun moderne, lichte zitkamer. Zelf liep hij door naar hun hypermoderne keuken, die Imogen had willen hebben ook al kostte hij meer dan de staatsschuld van een klein land; veel meer dan ze zich eigenlijk konden veroorloven. Hij zette thee, pakte een rol chocoladebiscuits uit een kastje, scheurde hem open en goot ze op een bordje. Daarna zette hij alles op een dienblad en liep ermee terug.

Even later, in een leunstoel tegenover Cook terwijl Monty naast hem met kraalogen naar de vreemdeling keek die in zijn thee roerde, vroeg Ross: 'U zei dat u een boodschap had van mijn broer Ricky?'

'Daar kom ik straks nog op.' Cook nam een slokje thee en knikte peinzend, even in gedachten verzonken. 'Ik wil graag bij het begin beginnen.'

Ross knikte.

'Nou, weet u, mijn vrouw Doreen was ook academicus. Ze onderwees aan dezelfde universiteit als ik, maar dan natuurkunde. Zes maanden geleden overleed ze aan kanker.'

'Het spijt me dat te horen.'

'Dank u. Het punt is, meneer Hunter, in haar laatste dagen in de kliniek moest ik haar beloven dat ik naar een medium zou gaan als zij was overleden, om te proberen contact met haar te leggen. Ze was heel vasthoudend. Eerlijk gezegd heb ik als christen nooit veel opgehad met dat soort dingen, maar ze werd steeds geagiteerder, dus natuurlijk beloofde ik het haar. En natuurlijk moest ik na haar overlijden die belofte gestand doen.'

'Natuurlijk.' Ross vroeg zich af waar dit heen ging.

'Ik vond een heel aardige dame, van harte aanbevolen, en ben ongeveer drie weken na de begrafenis van mijn vrouw naar haar toe gegaan. Maar in plaats van Doreen kwam er een man door die beweerde dat hij een boodschap rechtstreeks van God had. Hij zei dat God zich ernstige zorgen maakte om de toestand in de wereld en dacht dat als het geloof van de mensheid in Hem kon worden hersteld, dat ons allemaal zou terughalen van de rand van de afgrond. Als bewijs van zijn goede trouw zei hij dat God hem had opgedragen me drie items informatie te geven die niemand op deze planeet kent, in de vorm van kompascoördinaten. En hij zei dat er een gerespecteerde journalist was, met de naam Ross Hunter, die me kon helpen serieus genomen te worden.'

'O ja? Ik had geen idee dat ik zo hoog aangeschreven stond.'

'De man zei dat er iemand bij hem was die een boodschap voor u had. Uw broer Ricky. Ik moest u vertellen dat Ricky wist dat u hem niet mocht, hoewel hij nooit had begrepen waarom. Maar hij vergeeft u.'

Ross staarde hem gebiologeerd aan. 'Zei hij verder nog iets?'

'Hij zei dat hij wilde dat u me vertrouwde. Hij noemde twee namen, Bubble en Squeak. Hij zei: denk aan Bubble en Squeak. Weet u nog dat Squeak u beet?'

Ross staarde hem verdoofd aan. Bubble en Squeak waren woestijnratjes die ze voor hun negende verjaardag van hun ouders hadden gekregen. Squeak had hem heel hard in zijn wijsvinger gebeten. Hoe kon die doctor Cook dat in vredesnaam weten?

De oude man keek naar het attachékoffertje dat naast hem op de vloer stond en knikte ernaar. 'Het staat allemaal daarin, meneer Hunter.'

'Oké.'

Cook opende het koffertje en haalde er een dikke stapel A5-papier uit met elastieken eromheen. 'Ik denk dat u om te beginnen dit moet lezen. Dit is rechtstreeks aan me doorgegeven door God, in de loop van enkele dagen na mijn bezoek aan het medium.' Hij overhandigde de stapel aan Ross. 'Ik heb uiteraard de kompascoördinaten doorgestreept, meneer Hunter, voor het geval dit in de verkeerde handen zou vallen.'

Het pakket was zwaar. De bovenste pagina was gekreukeld en leeg, met een omgekrulde hoek. Ross keek er snel doorheen. Er waren geen hoofdstukken, het was gewoon doorlopende tekst op gelinieerd papier, in een schuin, klein, keurig handschrift in zwarte inkt, met hier en daar wat vlekjes van Tipp-Ex en overal aantekeningen, pijltjes en hokjes. De pagina's waren onderaan genummerd. De laatste pagina was 1.247.

'Oké,' zei hij uiteindelijk. 'Nou, als u het hier laat liggen, zal ik ernaar kijken.'

De oude man schudde spijtig zijn hoofd. 'Ik vrees dat dat niet mogelijk is. Dit is namelijk het enige exemplaar dat bestaat.'

'Hebt u geen kopie gemaakt?'

Cook keek bijna beledigd. 'Ik kon echt niet het risico nemen dat een kopie in de verkeerde handen terechtkwam. Ik moet erbij blijven terwijl u het leest.'

Inwendig kreunde Ross. Zoals hij al had gevreesd begon die man steeds meer als een gek te klinken. Maar hij kon niet negeren wat Cook over Ricky had gezegd. Hoe had hij in vredesnaam van die woestijnratten kunnen weten? Ross had er nooit over geschreven, en voor zover hij zich kon herinneren had hij er ook nooit over gepraat. Dus hoe wist doctor Cook dat? Hoe? Hij woog het manuscript op zijn handen en bladerde erdoorheen. 'Het zou me een dag of vier kosten om dit te lezen!'

De oude man stak een vinger op. 'Dat klopt wel zo ongeveer.'

Ross schudde zijn hoofd en glimlachte meegaand. 'En u bent van plan daar op de bank te blijven zitten, vier dagen lang, terwijl ik hier zit en het lees?'

'Ik kan het niet uit het oog verliezen.'

Ross schudde zijn hoofd weer. 'Doctor Cook, dat gaat niet gebeuren. Het spijt me, maar nog los van al het andere heb ik geen vier dagen de tijd. U zult ofwel enorm veel vertrouwen in me moeten hebben en het manuscript hier moeten laten zodat ik het kan lezen wanneer ik tijd heb, ofwel het weer moeten meenemen. En voordat ik er überhaupt aan begin, moet ik veel meer weten over wat erin staat. En over dat bewijs van God dat u beweert te hebben. Wat zijn die drie items informatie waarover u het had?'

'Ik heb drie stellen coördinaten gekregen. Het eerste is voor de locatie van de Heilige Graal.'

'De Heilige Graal?'

'Inderdaad.'

'Dat is behoorlijk groots,' zei Ross, en hij maakte een aantekening.

'Niet zo groots als het volgende, meneer Hunter. De coördinaten van de locatie van een belangrijk voorwerp dat te maken heeft met onze Heer, Jezus Christus.'

'Zit er een certificaat van oorsprong bij?'

'Alstublieft, meneer Hunter, zoals ik al zei, ik ben echt geen fanaat. Luister alstublieft naar me. Het derde stel coördinaten is voor zoiets belangrijks dat ik u verzeker dat het een tumultueuze impact zal hebben – een positieve impact – op de hele wereld.'

'Gaat u me nog vertellen wat dat is?'

'Uiteindelijk, maar nu nog niet, niet totdat ik er zeker van ben dat u de juiste man hiervoor bent. Maar laten we zeggen dat het derde stel te maken heeft met de Wederkomst.'

'De Wederkomst?'

'Inderdaad.'

Ross dacht even na en tekende een halo. 'Oké. Hebt u een of meerdere van die coördinaten nagetrokken, doctor Cook?'

Cook nam een slokje thee en knikte peinzend, weer in gedachten verzonken. 'Dat heb ik inderdaad. Ik heb de coördinaten van de Heilige Graal nagetrokken. De locatie ervan zou Chalice Well in Glastonbury zijn.'

'Echt waar?'

'Zoals u weet, wordt al heel lang beweerd dat dat de plek is waar Jozef van Arimathea begraven is. Chalice Well is een van de oudste putten van Groot-Brittannië, in de Vale of Avalon, tussen Glastonbury Tor en Chalice Hill.'

'Daar weet ik toevallig inderdaad behoorlijk wat van. Ik heb een paar jaar geleden een uitgebreid artikel voor *The Guardian* geschreven over het Glastonbury Festival en de mythen rondom Glastonbury Tor. Alle arthuriaanse legenden over de Heilige Graal stammen uit die omgeving.'

'Mooi, dan weet u waarover ik het heb. Er is natuurlijk ook disinformatie, verspreid door vijanden van Onze Heer. Ik vermoed dat u mans genoeg bent, meneer Hunter, om daardoorheen te kijken. Het is waarschijnlijk een van de vele redenen waarom u me bent aangeraden als de man die me zou kunnen helpen.'

'En hebt u onderzoek gedaan naar die bewering?'

'Ik ben erheen gegaan met een wichelroede en een metaaldetector, in een grote cirkel rondom die coördinaten, en er ligt daar iets.' Cooks ogen kregen een bijna messiaanse glans. 'Chalice Well wordt gerund door een groep trustees, die ik heb benaderd om toestemming te vragen voor een archeologische opgraving, maar ondanks mijn uitleg weigerden ze dat.'

'Gaven ze daar een reden voor?'

'Ik heb al het mogelijke gedaan om hen te overtuigen, maar ik denk dat ze me gewoon niet serieus nemen. Ik denk dat het voor u heel anders zou zijn. Met uw reputatie van integriteit zouden ze u wel serieus moeten nemen.'

'Dat is erg vleiend.'

'Het is waar, meneer Hunter.'

'Er is alleen één groot probleem,' zei Ross. 'Voor zover ik me herinner van mijn eigen onderzoek, ja, het is mogelijk dat Jozef van Arimathea na de kruisiging naar Engeland kwam.'

'Absoluut,' zei Cook. 'Waarschijnlijk zeilend over het ondergelopen gebied van Somerset, met in zijn bezit de kelk die Jezus' bloed van de kruisiging bevatte, naar het legendarische eiland van koning Arthurs Avalon, een heuvel die nu bekendstaat als Glastonbury Tor. Voor de veiligheid begroef hij de kelk op een geheime plek. Zeven eeuwen na de dood van Jezus werd Glastonbury Abbey gebouwd. In 1191 beweerden monniken in de abdij de graven te hebben gevonden van koning Arthur en koningin Guinevere. Ik geloof dat alle gegevens verloren gingen tijdens de Reformatie van Henry VIII, toen de Protestantse Kerk zich losmaakte van Rome en de meeste kloosters werden afgebroken, waarbij hun relikwieën en gegevens verwoest werden of voor altijd verdwenen.'

Ross nam een slok thee. 'Ja, maar tijdens mijn research voor mijn artikel ontdekte ik dat veel middeleeuwse monniken behoorlijk commercieel aangelegd waren, en dat inkomsten uit het toerisme voor die kloosters net zo belangrijk was als het tegenwoordig voor veel strandresorts is. Een behoorlijk aantal geleerden zegt dat de ontdekking van die graven verzonnen was om religieus toerisme aan te wakkeren. Hoeveel weet u daarvan, doctor Cook?'

'Ik weet er alles van. Als heiligdom zou die plek bezocht worden door duizenden pelgrims. Er zouden allerlei soorten heilige souvenirs zijn, en charlatans die zogenaamd magische relikwieën verkochten. Maar dat was de norm voor veel kloosters. Het is terecht dat u die vraag stelt, meneer Hunter. En doordat er zo veel is vernietigd tijdens de Reformatie, is de waarheid al die eeuwen later onmogelijk nog vast te stellen.'

'Inderdaad. En hebt u die andere twee coördinaten ook al nagetrokken?' vroeg Ross.

'Ja. Maar ik vrees dat ik ze niet kan onthullen totdat ik uw absolute belofte heb om me te helpen.'

Hoe sceptisch hij ook was, Ross kon niet negeren wat Cook hem over Ricky had verteld. En Cook had een oprechtheid die hem raakte. Het was duidelijk dat de man onvoorwaardelijk geloofde in wat hem was gegeven.

Maar toch.

'Doctor Cook, u zei dat God dacht dat als het geloof in hem hersteld was, dat zou helpen de wereld terug te halen van de rand van de afgrond, toch?'

'Absoluut, meneer Hunter.'

'Maar de wereld is toch nooit in evenwicht geweest? Kijk terug over de afgelopen paar duizend jaar, en bijna iedereen op de wereld geloofde in een god – of goden – van wat voor soort dan ook en aanbad die. Maar door de hele geschiedenis heen hebben mensen dezelfde vreselijke dingen gedaan die ze nu nog steeds doen, ook al geloven ze vurig in hun godheid.' Hij zweeg even en keek de oude man aan, die aandachtig terugkeek.

'Als dit echt God is, doctor Cook, en hij alles weer in evenwicht wil hebben – wat hij daar ook mee bedoelt – dan kan hij dat toch gewoon doen?'

'Maar God heeft ons vrije wil gegeven. Hij stuurde Zijn zoon om ons te redden, maar wij bespotten en vermoordden Hem. Daar boeten we nog steeds voor. Nu krijgen we een unieke tweede kans.'

Al Ross' instincten zeiden dat dit zinloos was. Een simpele zoektocht met Google had Cook alles kunnen vertellen wat hij weten wilde over zijn verongelukte tweelingbroer.

Maar Bubble en Squeak?

Hij besloot te bluffen. Hij keek op zijn horloge. 'Nou, ik vrees dat ik niet meer tijd heb, dus ik weet niet goed hoe we nu verder moeten. Ik stel voor dat u uw manuscript meeneemt, er een kopie van maakt en me die toestuurt als u nog verdere input van mij wilt. Anders,' hij stond op, 'was het heel aangenaam om kennis met u te maken.'

Cook kwam niet in beweging. 'Goed dan.' Hij tuitte zijn lippen en knikte peinzend. 'Ik vertrouw u, meneer Hunter. Ik zal het manuscript bij u achterlaten als u me verzekert dat u er geen kopie van zult maken.'

Ross knikte.

'Als u het zo snel mogelijk kunt lezen, kunnen we weer bij elkaar komen en onze strategie voor het redden van de mensheid ontwikkelen.'

‘Doen we,’ zei Ross. ‘Op één voorwaarde.’
‘En die is?’
‘U geeft me alle drie de coördinatensets die u hebt.’
Cook aarzelde en kneep wantrouwend zijn ogen samen. ‘Waar hebt u die voor nodig?’
‘U vraagt me om een heleboel van mijn tijd. Ik wil ze graag zelf natrekken.’
‘Ik zal u als teken van goede wil de exacte coördinaten van Chalice Well geven, meneer Hunter. Het is natuurlijk niet zo dat ik u niet vertrouw, maar ik kan het risico niet nemen dat ze in de verkeerde handen vallen.’ Hij staarde weer doordringend naar Ross. ‘U begrijpt toch wel dat er een heleboel mensen zijn die ze zouden willen hebben? In de verkeerde handen zouden ze extreem gevaarlijk kunnen zijn.’
‘Wat voor gevaar?’
‘Moet ik dat echt uitspellen?’
Ross zag de leraar in de man. De ongeduldige lector die zijn best deed om niet neerbuigend te doen tegen een domme student.
‘Lucifer, meneer Hunter.’ Cook keek hem verwijtend aan. ‘Satan. Toen hij uit de Hemel werd verbannen, zwoer hij dat hij zou terugkomen.’
‘Oké,’ zei Ross, die probeerde niet te laten merken dat hij de man naar de mond praatte.
‘Als ik het gevoel heb dat het veilig is, zal ik u de overige coördinaten geven. En ik heb ook uw woord nodig dat u niet zult gaan graven bij Chalice Well – of op een van de andere locaties – zonder dat ik erbij ben.’
‘U hebt mijn woord.’
Met enige tegenzin opende Cook zijn portefeuille, haalde er een velletje papier uit van hooguit vijf bij vijf centimeter en gaf het aan Ross.
De piepkleine handgeschreven cijfers en letters waren amper te lezen. Turend las Ross de coördinaten hardop voor: ‘51°08′40″N 2°41′55″W.’
En vervolgens de getallen die eronder stonden: ‘14 5 7 5 14 13 5 20 5 18 26 4 12.’
Hij keek Cook aan. ‘Wat zijn dat voor getallen? Dat zijn geen kompascoördinaten.’
‘Nee, dat klopt.’
‘Is het een of andere code?’
‘Ik zou het echt niet weten. Ik heb goed rondgekeken bij Chalice Well toen ik daar was, om te kijken of ik iets zag wat met die getallen overeenkwam, maar niets. Maar er is ongetwijfeld een reden voor.’
Een paar minuten later gaven ze elkaar bij de voordeur een hand.
‘U zult toch voorzichtig zijn met het manuscript, meneer Hunter?’
‘Ik zal het met mijn leven bewaken.’

Ross keek Cook na toen die in zijn auto stapte, de koplampen aandeed en wegreed. Het was een paar minuten voor zes.

Hij deed de deur dicht, ging naar zijn werkkamer boven en begon te lezen.

De man in de donkergrijze Vauxhall die een eindje verderop geparkeerd stond, liet zijn nachtkijker zakken, schakelde de opnamemodus uit, maakte wat aantekeningen op zijn tablet, startte zijn auto en reed weg.

II

Maandag 20 februari

Iedereen was blij, en daar hield dominee Wesley Wenceslas van. Hij hield van blijdschap! En niets maakte de zesenveertigjarige predikant blijer dan het verspreiden van het Woord van de Heer; of althans, het Woord van de Heer zoals dat door hem werd geïnterpreteerd. Een interpretatie die overduidelijk gevolg vond bij veel mensen. Het blíje Woord.

De parochies groeiden week na week in elke vestiging van de Wesley Wenceslas Ministries. Zijn kerk in South Kensington draaide al een paar jaar op de maximale bezetting – zeventienhonderd man – bij elke dienst. Maar als dominee Wesley zelf preekte, meestal op zondagavond, stonden er nog honderden meer buiten die de dienst op schermen volgden, ongeacht het weer, allemaal samen biddend en liefde verspreidend. Het was precies hetzelfde in zijn andere drie kerken in Manchester, Leeds en Leicester. Daarnaast had hij er nu drie stevig geplant in Amerika en wilde hij er daar nog veel meer bouwen. Als je God achter je had staan, lag de wereld aan je voeten!

De cijfers van zijn YouTube-kanaal liepen gestaag op. Momenteel had hij 5,2 miljoen views voor zijn dagelijkse uitzendingen, waarmee hij veel mainstreamomroepen vet versloeg, en dat maakte zijn sponsoren heel blij. Wat vervolgens zijn bankmanager weer heel blij maakte. En de uitbaters van zijn favoriete sieraden-, schoenen- en kledingwinkels in Westbourne Grove in Londen en aan Rodeo Drive in Beverly Hills, waar hij graag cadeaus kocht om mee terug te nemen naar Engeland voor zijn vrouw Marina, die haar tijd meestal doorbracht met hun drie kleine kinderen. De kinderen kregen vanuit religieuze en veiligheidsoverwegingen thuisonderwijs in Gethsemane Park, hun landhuis in Surrey, zowel hun thuis als het hoofdkwartier van Wesley Wenceslas Ministries.

Zijn Engelse Rolls-Royce-dealers in Sussex waren ook blij. De sportieve zandbeige tweedeurs Phantom-coupé waarin hij momenteel reed was nog maar twee weken de showroom uit, en daarnaast had hij nog eens vijf Rollers, allemaal nog geen twee jaar oud, in zijn garage voor tien auto's staan. Jezus was dan misschien arm geweest, zo redeneerde hij, maar dat was toen, en dit was nu. De wereld is veranderd, aspiraties zijn veranderd, schreef en predikte Wesley Wenceslas. Wie verkeert in een betere positie om een handreiking te doen naar degenen die het meest behoefte hebben aan spirituele begeleiding? Een of andere vrome monnik in jezussandalen op een fiets, of iemand in een mooi pak en met een flitsende wagen?

Christelijke kerken overal in de westerse wereld verloren hun aanhang en vroegen zich af waarom. Sommige dachten dat het kwam doordat ze de jongere generatie niet aanspraken, dus haalden ze er rockende dominees met elektrische gitaren bij en veranderden ze het zingen van psalmen in een U2-concert voor armelui, maar ze snapten het nog steeds niet, hè? Ze haalden de mensen nog steeds niet binnen. Harry Cohn, de oude Hollywoodfilmbaas, had gelijk toen hij zei: 'Geef de mensen wat ze willen en ze lopen de deur bij je plat.'

'Hé,' grapte Wenceslas graag. 'Het was de Goede Heer zelf die zei dat er een groot profijt naar het land zou komen!'

Mensen wilden kleur, licht, lachen, schoonheid, en ze waren gek op drama, sensatie en wonderen, maar ze hadden één ding bovenal nodig: geld. In een warm land kon je arm zijn, en zolang je iets te eten had, kon je op blote voeten rondlopen in lompen en overleven zonder dak boven je hoofd. Maar in een koud, nat klimaat zoals in dit land had je heel wat meer nodig. En dat kostte geld. Hij geloofde in het welvaartsevangelie: hoe groter je banksaldo, hoe gezegender je was.

Hij wist dat. Hij was zelf arm geweest, en nog niet eens zo lang geleden. Het was een simpele rekensom, maar net zoals zo veel van de traditionele kerken in de VS ontging het de gevestigde kerken in Engeland al tientallen jaren, of eigenlijk eeuwen. Als je naar de omvang van zijn parochies keek, zag je het. Propvolle kerken vol gelovigen die de boodschap verspreidden, de liefde van God. De ware interpretatie van de leer van Zijn Zoon.

COMPASSIE. TOLERANTIE. SUCCES!

Hoeveel kerken hadden in de loop der eeuwen dat laatste woord taboe gemaakt voor hun gemeentes, terwijl ze zelf enorme rijkdommen vergaarden? Hoe gemakzuchtig was het om de simpele waarheid te negeren dat de rijke mannen de doeners waren, de presteerders. De rijke mannen waren degenen die medicijnen maakten die echt werkten, die vliegtuigen maakten, auto's, eten, scholen, bibliotheken, ziekenhuizen, wegen. Als het echt zo was, zoals de synoptische evangeliën beweerden dat Jezus had gezegd, dat een kameel nog eerder door het oog van een naald ging dan dat een rijk man het koninkrijk van de hemel betrad, wat voor plek was de hemel dan werkelijk? Dominee Wesley Wenceslas had daar een vrij aardig idee van.

Een hemel met niets dan arme mensen zou een behoorlijke rotplek zijn, een soort enorm dumpterrein voor losers, en wie wilde nou een eeuwigheid opgescheept zitten met een stel losers?

Bovendien had hij zich altijd gestoord aan dat citaat, want hij wist dankzij zijn studie van Jezus dat de Heer een eerlijk man was. Het was zowel veroordelend als opruiend om te impliceren dat alle rijke mensen slecht waren en alle arme goed. Aangezien de Bijbel vol slechte vertalingen stond, was hij daar uitgebreid in gedoken, omdat het zo veel tegenspraak waar hij voor stond. En uiteindelijk vond hij het, in de Oudsyrisch-Aramese vertaling van George M. Lamsa. Het woord *touw* in de hoofdtekst was vervangen door *kameel*, met een voetnoot over het origineel in Matteüs 19:24, verklarend dat het Aramese woord *gamla* zowel touw als kameel betekent.

Dat was een eurekamoment voor dominee Wesley Wenceslas. Wat Jezus eigenlijk zei was dat een rijk man aandacht moest besteden aan de manier waarop hij leefde, net zoals hij aandacht zou moeten besteden aan een touw dat hij door een naald wilde halen, als hij het koninkrijk van de hemel ooit wilde betreden.

Dat was natuurlijk heel logisch. De monotheïstische religies – die in één God geloofden – hadden hun macht en status bereikt omdat het controlesystemen waren. En geld was daar een belangrijk onderdeel van. De ongelooflijke rijkdom van het Vaticaan was verzameld dankzij precies die controle – en het schuldgevoel dat het de rijken al bijna tweeduizend jaar bezorgde – met die ene zin.

Gebaseerd op een foute vertaling.

Een opzettelijke?

Terwijl hij omhuld werd door het comfort van zijn leren stoel, sturend met één vinger, luisterde hij naar zijn eigen stem die uit de radio schalde, afgestemd op zijn internetzender Wesley Wenceslas Radio.

'Matteüs 5:5 zegt: "Zalig zijn de zachtmoedigen; want zij zullen het aardrijk beërven." Nou, oké, denk daar eens even over na allemaal. Wat betekent dat precies? Dat je gedoemd bent als je ergens voor probeert te vechten?'

De smeedijzeren toegangshekken van Gethsemane Park zwaaiden open toen de zwarte Range Rover die voor hem reed, met twee van zijn beveiligingsmensen erin, ze in het donker naderde. Terwijl de Rolls hem naar binnen volgde zat er een tweede zwarte Range Rover met nog eens twee lijfwachten pal achter hem. Camera's filmden het konvooi terwijl het over de lange, met bomen omzoomde laan reed.

Wenceslas keek glimlachend naar het uitzicht aan de rechterkant, het terrein dat werd verlicht met duizenden lampen. Een uitzicht geschikt voor de Heer. Hectaren weelderig groen gras, glooiend afdalend naar het meer met in het midden zijn privétoevluchtsoord omringd door fonteinen. Dat was de plek waar hij zich vaak terugtrok om te bidden en te mediteren over de Heilige Schrift, terwijl hij tegelijkertijd op de computer zijn wekelijkse financiën doornam om te controleren of zijn gemeente nog altijd gul steun gaf aan zijn door God gegeven roeping.

Het gras was groen genoeg, de kleur die hij mooi vond, en na maanden van regen mocht dat ook wel. Maar soms, in de zomermaanden, als het niet regende en het sprinklersysteem niet kon voorkomen dat het bruin werd, liet hij het gras chemisch groen maken. Er kwamen hier invloedrijke en belangrijke bezoekers, en alles moest er voor hen perfect uitzien. En dat betekende weelderig gras. Hij zag daar geen kwaad in. Iedereen had in het leven weleens een beetje hulp nodig, zelfs de Almachtige God. Misschien wel meer dan ooit in deze almaar duisterder en turbulentere jaren.

Vooral met het oog op het verontrustende nieuws dat hij eerder vandaag had gekregen.

12

Maandag 20 februari

'Het eten wordt koud!' riep Imogen ongeduldig.

'Ik kom eraan!' antwoordde Ross.

'Dat zei je vijf minuten geleden ook!'

'Sorry! Ik kom al!'

Hij legde zorgvuldig de dikke stapel losse bladen neer van het manuscript dat Harry Cook aan hem had toevertrouwd. Het enige exemplaar dat bestond. Gelukkig maar, dacht hij, want dat betekende dat er niet ergens nóg een arme drommel was die uren van zijn leven hoefde te verspillen aan een poging het te lezen.

Hij keek snel even op Facebook en Twitter, maar er was niets bijzonder interessants, en haastte zich naar beneden.

'En, wat denk je ervan?' vroeg Imogen toen hij de keuken binnenkwam, met het panoramische uitzicht over de lichtjes van de bebouwde vallei van Patcham.

'Sorry, ik wilde net naar beneden komen toen je de eerste keer riep, maar toen zag ik een stukje dat er interessant uitzag. Dat was het niet.'

Hij ging aan de kleine houten tafel zitten waar Imogen de kipsaté, groene viscurry en een tomatensalade had neergezet. 'Dat ruikt heerlijk!' zei hij. 'En tjonge, wat heb ik behoefte aan iets te drinken.' Hij deed de koelkast open en haalde er een biertje uit.

'Kon ik maar met je meedoen!' Ze tilde haar glas mineraalwater op. Op tafel naast haar lag een stapel rekeningen.

'Je kunt af en toe wel een glaasje nemen.'

'Nee, ik gedraag me. Ik haal het wel weer in als Caligula is geboren.'

Hij zei niets; daar twijfelde hij geen moment aan.

Toen ze bij haar drie-maandenecho ontdekten dat het kind een jongetje was, hadden ze hem grappend naar de wrede Romeinse keizer vernoemd omdat Imogen hels veel last had van ochtendziekte. En bovendien, had Imogen gezegd, was ze niet van plan – eeeeecht niet – om zo'n kleffe moeder te worden aan wie ze allebei een hekel hadden. En dus was die naam blijven hangen.

Toen ze pas getrouwd waren hadden ze besloten dat ze geen kinderen wilden, en al zeker niet binnenkort. De meeste van hun goede vrienden wilden ook geen kinderen en hadden die, op één stel na, ook niet gekregen. Na zijn terugkeer uit Afghanistan waren Ross' denkbeelden over kinderen verhard. Hij maakte zich echt zorgen om de toestand in de wereld en wist niet wat voor toekomst er zou zijn voor een kind. Daarnaast had hij het groeiende besef dat hij niet zeker wist of hij wel de rest van zijn leven bij Imogen wilde blijven. Een vrouw die hij nooit helemaal kon vergeven of weer totaal kon vertrouwen. Een kind zou een grote complicatie zijn.

In de eerste maanden na zijn thuiskomst had hij Imogen nodig gehad, en zij was geweldig geweest, waarschijnlijk vanuit schuldgevoel. Ross zat er volledig doorheen door zijn ervaringen in het oorlogsgebied, hij sliep amper, en als hij sliep had hij constant nachtmerries. Zij zorgde voor hem, deed al het mogelijke om goed te maken wat ze had gedaan en om hem te helpen herstellen. Maar de afgelopen paar jaar had hij gevoeld dat er een kloof tussen hen groeide. En toen werd ze zwanger.

Het was tekenend voor zijn weinige vertrouwen in zijn vrouw dat hij sceptisch was toen ze zei dat ze niet was vergeten de pil in te nemen. Hij vermoedde dat ze het opzettelijk had gedaan, misschien gewoon vanwege haar biologische klok, of misschien in een laatste poging om hun huwelijk te redden. Hoewel ze nog amper met elkaar vreeën tegenwoordig; misschien eens per maand, of nog minder.

Imogen hief haar mineraalwater. 'Proost,' zei ze.

Ze tikten hun glazen tegen elkaar aan en keken elkaar in de ogen, iets waar Imogen altijd op stond. Ze hief haar glas nog een keer en zei: 'Op het redden van de wereld!'

'Ik ben er niet helemaal van overtuigd dat als God de mensheid wilde redden, hij daarvoor een oude, gepensioneerde hoogleraar kunstgeschiedenis zou uitkiezen.'

'De vorige keer koos Hij een nederige timmermanszoon uit.'

Ross glimlachte.

'En deze keer heeft Hij ook jou uitgekozen om dat te realiseren. Je bent dan misschien geen nederige timmermanszoon, maar jij lijkt even weinig om geld te geven als Jezus deed.' Ze knikte naar de rekeningen.

'Een paar dikke?'

'We krijgen elke maand dikke rekeningen, Ross. Jij schijnt te denken dat ik ze kan wegtoveren. Dat kan ik niet, ik ben alleen maar heel goed in jongleren met onze creditcards. Je hebt een paar lucratieve klussen nodig. En we moeten wat opsparen voor wanneer ik moet stoppen met werken om de baby te krijgen.'

'Ja, nou, ik denk dat dit verhaal echt mogelijkheden heeft.'

'Ross Hunter, de man die de wereld moet redden!'

'Het is veel gevraagd.'

'Maar mijn man kan het aan?'

'Je man kan het aan.' Hij overwoog of hij haar moest vertellen wat Cook over zijn broer had gezegd. Maar dat hield hij voor zich. Hij had haar weleens verteld over zijn vreemde ervaring op het moment van Ricky's dood, en daar was ze behoorlijk sceptisch over geweest, wat hem had verbaasd gezien de traditionele religieuze opvoeding die ze had gehad. Of misschien kwam het juist wel daardoor.

'En hoe vergaat het mijn man met het manuscript dat hem zal helpen de wereld te redden door die terug te halen van de rand van de afgrond?'

'Ik vrees dat hij op bladzijde 53 van de 1.247 is en de wil om te leven verliest.'

'Houd stand, moedige soldaat!'

'Huh.' Hij nam een slok bier. 'Misschien moet jij het maar lezen. Jij bent degene die zichzelf een christen noemt.'

'Ik ben niet bepaald een goed voorbeeld van een gelovige. Maar als je de Bijbel wat beter kende, zou je weten hoe God over mediums denkt. En dat je niet moet vertrouwen op dingen die zij zeggen.'

'En kun je alles in de Bijbel vertrouwen?'

Imogen keek hem verwijtend aan.

'Sorry. Ik vind dit allemaal heel vreemd.'

'Opent het je geest, of opent het oude wonden?'

'Ricky?'

Ze knikte.

'Weet ik niet. Ik weet niet wat ik ervan moet denken. Ik... Ik heb een open geest, dat weet je. De afgelopen dagen heb ik veel nagedacht over God en religie. Ik heb wat zitten googelen, een paar debatten bekeken tussen Dawkins en gelovigen. Ik heb één ding ontdekt waardoor ik medelijden met God heb, als hij echt bestaat.'

'Wat dan?'

'Hoe kan hij ooit winnen? De dominee bidt tot hem en vraagt om zonneschijn zodat het dorpsfeest een succes wordt. Tegelijkertijd bidt de boer om regen zodat zijn gewassen niet doodgaan. Hoe maakt God de keus?'

'Hij moet keuzes maken op basis van de grootste behoefte.'

'O ja? Stel, een meisje van acht is stervende door een hersentumor. Wie heeft dan de grootste behoefte? Dat kleine meisje dat wil blijven leven? Haar wanhopige ouders, die willen dat ze blijft leven? Of de tumor die haar wil verwoesten? Is die tumor daar voor de lol geplant door Satan? Of door God met een bepaald doel?'

'Zo moet je het niet bekijken, lieverd.'

'Toch wel. Het is de vraag die iedereen stelt, waarom God zo veel lijden toelaat als hij echt bestaat.'

'Wil je een langdurig theologisch debat beginnen?'

Hij grijnsde en schudde zijn hoofd. 'Nee, ik moet een boek lezen. Zo saai dat het instructieboekje van mijn auto daarbij vergeleken wel een Jack Reacher-thriller lijkt. Het boek dat de mensheid zal redden, of het manuscript uit de hel?'

'Als het is doorgekomen via een medium, waarschijnlijk dat laatste. Ga je morgen nog naar Bristol voor dat radio-interview?'

'Ja.'

'Waarom ga je dan niet met de trein in plaats van met de auto? Dan heb je een paar uur de tijd om te lezen.'

'Ik wil op weg terug even langs Chalice Well, dus dan heb ik de auto nodig.'

'Neem de trein heen, zodat je je tijd nuttig kunt besteden, en huur dan een auto voor de terugweg. De krant betaalt je reiskosten toch?'

'Goed idee, dat doe ik. Jammer dat Gods mannetje het manuscript niet als audiobestand aan Harry Cook heeft gegeven, dan had ik ernaar kunnen luisteren in de auto.'

Ze schudde haar hoofd. 'Te gevaarlijk. Zo te horen zou je in slaap vallen achter het stuur!'

Hij grijnsde. 'Zeker weten.'

'Ik heb trouwens een droom van een opdracht moeten afslaan dankzij Caligula.'

'Wat dan?'

'Een week duikvakantie in de Malediven voor ons tweeën. Ik hoefde er alleen maar een stukje over te schrijven voor een nieuw onlinereismagazine. Businessclassvluchten, alles erop en eraan.'

Een van hun gezamenlijke interesses was duiken, en ze hadden allebei een PADI-certificaat. Ze waren meerdere keren in het buitenland op duikvakantie geweest. Dat zou nu een poosje niet meer gebeuren, dacht Ross spijtig, dankzij de baby.

'Jammer. We zullen zorgen dat die kleine lastpak op een dag weet wat we door hem zijn misgelopen!'

Ze grijnsde en stak haar telefoon omhoog. 'Kijk, honderdnegen hits op Instagram.' Ze gaf hem het toestel, en hij zag de Instagram-foto van Monty die met een gelaten uitdrukking op zijn snuit naast hem zat terwijl hij zelf in zijn stoel zat te lezen. Het bijschrift was: *Montmorency wacht geduldig tot het baasje klaar is met lezen, zodat ze eindelijk kunnen gaan wandelen.*

'Leuk!' zei hij.

Na het eten, en na het drinken van een halve fles zeer acceptabele en nogal sterke Australische shiraz, nog boven op zijn bier, ging Ross terug naar zijn werkkamer met de fles en zijn glas. Hij ging in zijn leunstoel zitten, vulde zijn glas bij en ging door met lezen. Het was de ene Bijbeltekst na de andere.

Maar den vreesachtigen, en ongelovigen, en gruwelijken, en doodslagers, en hoereerders, en tovenaars, en afgodendienaars, en al den leugenaars, is hun deel in den poel, die daar brandt van vuur en sulfer; hetwelk is de tweede dood.

Na een halfuur legde Ross het manuscript op de vloer om even pauze te nemen van het piepkleine handschrift en de vele notities. Hij liep naar zijn bureau en logde in op Twitter. Daarin typte hij:

Heeft iemand ideeën over wat ultiem bewijs zou zijn van #Godsbestaan #BestaatGod

Hij stuurde de tweet de wereld in, opende Facebook en herhaalde daar dezelfde boodschap. Daarna keerde hij terug naar het manuscript en bleef het doorworstelen. Hij geeuwde vermoeid en had steeds meer moeite om zich te concentreren. Toen geeuwde hij nog een keer. Zijn ogen vielen dicht.

13

Dinsdag 21 februari

Een luide bons wekte Ross uit een verontrustende droom waarin demonen in wijde witte mantels als menselijke raketten op hem af vlogen, schreeuwend van woede. Hij schoot rechtop, knipperend met zijn ogen en gedesoriënteerd, even niet wetend waar hij was. Hij zag het licht van de leeslamp naast zich. Bladzijden van Cooks manuscript over de vloer verspreid.

Shit. Hoe laat is het?

Hij keek op zijn horloge en schrok toen hij zag dat het 2.20 uur was. Hij was in slaap gevallen in zijn stoel.

Shit, shit, shit!

Hij moest straks vroeg op om naar Bristol te gaan. Om twaalf uur had hij een radio-interview bij BBC Radio Bristol over de geheime, geniepige invloed van politieke lobbyisten op veel besluiten die door het parlement werden genomen. Het interview was naar aanleiding van een artikel dat hij had geschreven voor *The Sunday Times* en dat een hoop controverse had veroorzaakt; zo veel dat de krant een vervolg wilde. Hij overwoog ook een boek over dat onderwerp te schrijven, en dit interview, door een gerespecteerde radiopresentatrice, kon hem aan de munitie helpen die hij nodig had om er een uitgeefcontract voor in de wacht te slepen. Hij moest in topvorm zijn. Bristol lag bijna tweehonderdvijfenzeventig kilometer verderop. Hij moest een trein nemen naar Victoria en dan overstappen. Zeker drie uur leestijd. Als hij snel las, kon hij met een beetje geluk een paar honderd bladzijden van Cooks manuscript doornemen. Als hij het aankon.

Hij voelde zich steeds minder zeker dat het de moeite waard was om nog meer tijd te besteden aan doctor Harry Cook.

Hij liet alles liggen, deed het licht uit, sloop naar de slaapkamer, kleedde zich uit en poetste zijn tanden en schoof toen in bed naast Imogen, die diep in slaap was.

Soms nam hij 's avonds een slaappil, maar daar was het nu te laat voor. Als hij er nu nog een nam, zou hij de hele ochtend suf zijn. Hij ging liggen en dacht na over zijn gesprek met die vreemde oude man.

U begrijpt dat u en ik de wereld moeten redden?

Wat hij tot dusverre had gelezen gaf hem de indruk dat het manuscript niets meer was dan het gebazel van een gestoorde geest. Bijbelteksten met hier en daar wat willekeurige notities en onderstrepingen van bepaalde woorden en frasen. Ontging hem iets cruciaals?

Als tiener had Ross geprobeerd – vergeefs – om de Bijbel helemaal uit te lezen; de godsdienstlessen op school had hij verschrikkelijk saai gevonden. Maar niets had hem ooit zo verveeld als het manuscript dat hij vanavond had doorgeworsteld. Vijfentachtig pagina's van de meer dan twaalfhonderd. Zou het nog beter worden? Hij betwijfelde het. Maar hij vond dat hij er helemaal doorheen moest, hoe oppervlakkig en snel hij het ook las.

Drie uur in de trein naar Bristol. Drie uur leestijd.

Lezen in het manuscript uit de hel.

De weg naar de hel, geplaveid met goede voornemens?

14

Dinsdag 21 februari

De oranjerie stond zo ver bij het huis vandaan dat Ainsley Bloor en zijn vrouw geen last hadden van het lawaai van de zes apen in hun kooien, en van de stank.

In elke kooi stond een computerterminal verbonden met een matrixprinter. Het eerste wat Bloor elke avond wanneer hij thuiskwam en elke ochtend voordat hij naar zijn kantoor ging deed was kijken bij zijn experiment.

Tot nu toe, na meer dan drie weken, hadden vijf apen het nog helemaal niet door, ondanks het incentive van lekkers dat automatisch werd vrijgegeven na een aantal toetsaanslagen. Ze verscheurden het papier, kauwden erop en spuugden het uit, en ze gebruikten de toetsenborden als toilet of als speelgoed dat ze door hun kooi smeten.

Maar één ervan, Boris, in kooi 6, was zijn stralende ster. Zijn grote hoop!

De CEO van de farmaceutische gigant Kerr Kluge, in zijn joggingpak en gympen, rende ademloos door het donker met een vel papier in zijn handen. Hij rende langs de betonnen landingsstrip en de donkere kolos van zijn tweemotorige Augusta-helikopter en stak het croquetveld over. Hij ging naar binnen door een zijdeur, rende door de gang en naar hun slaapkamer boven.

'Kijk hier!' riep hij. 'Cilla, lieverd, kijk, kijk!'

Geschrokken sprong Yeti, hun witte shih tzu, van het bed.

Het was kwart voor zeven 's morgens. Cilla was nooit een vroege vogel geweest en hij wist dat als hij haar voor acht uur stoorde, ze de rest van de dag chagrijnig zou zijn. Maar dit was wel wat chagrijn waard.

Bloor deed het nachtlampje aan en stak een computeruitdraai naar haar uit, wachtend op haar reactie met een triomfantelijke glimlach.

Ze knipperde met haar ogen en tuurde naar het papier. Er stonden rijen letters, getallen en symbolen op.

'Wat moet ik precies bekijken, schat?' vroeg ze op haar gebruikelijke sarcastische toontje.

'Dit!' Hij tikte op één woordje, omcirkeld met rode pen. 'Ik.'

Ze keek hem fronsend aan. 'Mis ik iets?'

'Ik.'

‘Heb je gedronken?’

‘Op dit uur van de dag? Dat lijkt me niet.’

‘*Ik*? Maak je me daarvoor wakker?’

‘Je ziet het niet, hè, lieverd?’ zei hij ongeduldig. ‘Snap je niet wat dit betekent?’

‘Nee, ik kan je niet volgen.’

Hij balde zijn vuisten in de lucht. ‘Dit is een doorbraak. Dit is gigantisch. Dit is het begin van het bewijs dat God niet bestaat!’

Ze keek hem met slaperige ogen aan. ‘*Ik*? Weet je zeker dat je niet aan de fles hebt gezeten?’

‘Je snapt het niet, hè?’

‘Nee, ik snap het niet, en kun je ophouden met die raadsels?’

‘Oké. Boris!’

‘Je aap?’

‘Ja! Boris! Boris heeft dit getypt! Snap je het niet?’

‘Nee, sorry, maar ik snap het niet. Wat ontgaat me?’

‘Het is een echt woord, lieverd. Een duidelijk woord! Het heeft hem drie weken gekost, maar hij is er! Een aap heeft een woord getypt!’

Ze tuurde weer naar het papier. ‘Denk je dat hij weet wat het betekent?’

‘Maakt dat uit? Ik kan niet geloven dat je die vraag überhaupt stelt! Dit is misschien wel het meest opwindende ooit! Een aap die een echt woord typt! Niemand heeft dit ooit gepresteerd.’

‘Als hij eenmaal je punt heeft bewezen en de verzamelde werken van Shakespeare heeft getypt, in de juiste volgorde, dan zal ik onder de indruk zijn.’

‘Het hele belang hiervan ontgaat je!’

‘Weet je zeker dat jou niet iets ontgaat?’

‘Een vriend van de atheïst Antony Flew heeft ditzelfde experiment gedaan met een typemachine met een constante papiertoevoer. In achtentwintig dagen typte zijn aap veertig pagina’s vol onzin. Niet één echt woord erbij. Zelfs geen *ik*. Hij had uitgerekend dat alle papier op aarde op zou zijn voordat die aap ooit iets zinnigs zou typen en gebruikte dat als bewijs voor het bestaan van God. Hij zat fout! Omcirkel deze datum maar in je agenda. De dag dat het onweerlegbare bewijs tegen het bestaan van God begon.’

‘Joepie,’ zei ze ongeïnteresseerd, en ze riep de hond en leek weer in slaap te vallen.

15

Dinsdag 21 februari

'Dank je wel, Ross Hunter,' zei BBC-presentatrice Sally Hughes, en ze boog zich dichter naar de microfoon in de kleine studio. 'Als u Ross Hunters fascinerende artikel over politieke lobbyisten wilt lezen, kunt u het vinden op de site van *The Sunday Times*.' Ze las de link op, haalde adem en ging meteen door. 'Dit is BBC Radio Bristol. Het is bijna één uur, en Rory Westerman is hier met het laatste reisnieuws en het weer. Na het nieuws is het receptentijd met *MasterChef*-winnaar Charlie Bouvier. Ik ben om twee uur terug en praat dan met mijn volgende gast, auteur Val McDermid.'

Ze drukte op een knop en het rode ON AIR-lampje ging uit. Ze glimlachte naar Ross.

'Was dat oké?' vroeg hij.

'Super!' zei ze.

Hij nam de laatste slok koude koffie uit de beker die hij had gekregen voordat hij de studio betrad en pakte toen zijn rugzak met Cooks manuscript erin.

'Doe je nog meer interviews in de buurt?' vroeg ze.

'Nee. Ik heb een huurauto geboekt, want ik ga terug naar Sussex via Glastonbury,' zei hij. 'Iets wat ik moet bekijken zolang het nog licht is.'

'In Glastonbury?'

'Ja.'

'Ben je daar al eens geweest?'

'Een paar jaar geleden.'

'Je zou eens bij Chalice Well moeten gaan kijken als je daar bent. Prachtige plek. Heel spiritueel.'

'Zei je nou Chalice Well?'

'Ja.'

'Wat grappig dat je dat noemt,' antwoordde hij. 'Dat is precies waar ik heen ga. Wat weet je ervan?'

'Behoorlijk wat, eigenlijk. Mijn oom is daar trustee.'

Hij keek haar stomverbaasd aan. 'Je oom? Een trustee van Chalice Well?'

'Ja, Julius Helmsley. Hij is met de zus van mijn moeder getrouwd. Hoezo?'

'Totdat dat ene in je leven gebeurde?'

'Ja. En je oom... Hoe heet hij ook alweer?'

'Julius Helmsley.' Ze schudde haar hoofd. 'Hij is directeur van een farmaceutisch bedrijf. Hij heeft geen religieuze overtuigingen.'

'Maar hij is ook trustee van Chalice Well, een heilige plek?'

'Omdat hij een vakantiehuis in die buurt heeft en zijn bedrijf het onderhoud van Chalice Well sponsort, uit een soort burgerplicht. Ze hebben een researchfaciliteit hier in Somerset.'

'Denk je dat je oom met me zou willen praten?'

'Over doctor Cook?'

'Ja, en over Chalice Well in het algemeen.'

'Ik zal hem vragen wat hij over hem weet, en dan bel ik je.' Ze glimlachte raadselachtig.

Ze had iets heel aantrekkelijks, maar Ross wilde geen signalen afgeven. Met zijn naderende vaderschap, ongeacht zijn gevoelens ten opzichte van Imogen tegenwoordig, voelde hij zich verplicht aan zijn vrouw. Hij keek op zijn horloge. 'Hoe laat moet je terug zijn in de studio?'

'Over twintig minuten, anders wordt mijn producer ongerust. Je hebt me nog niet verteld wat jij van Cooks manuscript vindt.'

'Ik kom er moeilijk doorheen. Ik vind het volslagen kletskoek tot nu toe.'

'Behalve de coördinaten voor Chalice Well?'

'Misschien.'

'En de twee andere stellen coördinaten die je nog niet hebt? Heb je daar belangstelling voor?'

'Met mijn pet als onderzoeksjournalist op wel, ja.'

Ze glimlachte weer. 'Het was leuk om met je te praten.'

'Dito.'

'Laat het me weten als je weer eens een keer in de buurt bent.'

'Zeker weten.'

'Heb je een kaartje? Ik zal mijn oom vragen je te bellen of mailen.'

Ross gaf haar er een. Na de lunch gaf hij haar een onhandige wang-tegen-wangkus. 'Ik zal je op de hoogte houden.'

'Graag. Misschien kun je een keer over Harry Cook komen praten in mijn programma?'

'De man die de wereld heeft gered?'

'En de superverslaggever die hem hielp!'

Ross tikte op de zware rugzak die naast hem op de vloer stond. 'Misschien staat het allemaal hierin.'

'Je ziet eruit alsof je de verantwoordelijkheid goed kunt dragen. Niet grappig bedoeld.'

Terwijl de presentatrice terug rende naar de studio, liep Ross peinzend naar de toonbank om af te rekenen. Wat een toeval. Raar. Heel raar. Chalice Well dat twee keer in twee dagen ter sprake kwam. Een teken? Kon dat het zijn? Of gewoon toeval?

16

Dinsdag 21 februari

Vanuit zijn kantoor met glazen wanden op de vierenveertigste verdieping van het KK-gebouw – dat door de medewerkers 'de pillendoos' werd genoemd – overzag Ainsley Bloor het almaar uitbreidende rijk van Kerr Kluge met een kil oog en een nog killer hart. Het was gesitueerd op de zuidoever van de Theems en bood een schitterend uitzicht over de rivier naar de Augurk, een van de andere monolieten van de stad.

De researchfaciliteit van KK, in het landelijke Somerset, was gehuisvest in een veel minder opvallend gebouw. Van de geheimzinnige locatie, uitgespreid over een enorme campus, waren alleen de drie bovengrondse verdiepingen te zien. Daaronder lagen nog eens zeven verdiepingen, diep onder de grond. Een deel van het werk dat daar werd uitgevoerd was onderzoek met dieren, dat verre werd gehouden van nieuwsgierige ogen en dierenrechtenactivisten. Maar het nog grotere deel van hun geheime werk was genensequentie, en de bunker was de grootste genetische faciliteit in het Verenigd Koninkrijk.

Bloor en zijn raad van bestuur hadden besloten dat de langetermijnstrategie van hun bedrijf moest bestaan in het patenteren van genensequenties voor het beheersen van chronische aandoeningen zoals diabetes, psoriasis, artritis en depressie, en onderhoudsbehandelingen voor patiënten met levensbedreigende ziekten zoals parkinson, dementie en kanker.

Tot enkele ogenblikken geleden was Bloor in een heel goede bui geweest. Hij had net een deal gesloten met de grootste leverancier van farmaceutica in Centraal-Afrika. Het bedrijf zou alle medicijnen die over de datum waren van hen overnemen en daarnaast hadden ze toegezegd op dat continent een van hun best verkopende en lucratiefste producten in recente jaren te distribueren, een antihistamine die onlangs was verboden door de Food and Drug Administration omdat ze in verband kon worden gebracht met fatale effecten op het hartritme. Een week geleden had het er nog uitgezien alsof dat FDA-besluit ernstige gevolgen kon hebben voor hun bottomline. Nu was dat helemaal omgedraaid.

Hij had zich verheugd op een goede lunch met zijn naaste collega's vandaag om de deal te vieren.

En daarbovenop had hij zelf ook nog zijn vooruitgang met Boris te vieren.

Een jonge, pas afgestudeerde geleerde die net bij het bedrijf was komen werken zou nog jaren profiteren van zijn gesprek met de CEO. 'Steven, je hoeft maar één ding over Kerr Kluge te weten,' had Bloor hem hier in zijn kantoor verteld. 'Wij zijn hier om winst te maken, en dat is het enige wat er voor ons toe doet. Als we met onze geneesmiddelen toevallig het leven beter maken voor een paar mensen, is dat niet ons probleem. Snap je wat ik bedoel?'

Maar op dit moment had de CEO een heel ander probleem.

Hij zat achter zijn bureau, met zijn telefoon tegen zijn oor, kijkend naar een sleepboot die een aak over de rivier trok. Het was een mooie dag, een zonnige, winterse ochtend waarop Londen er op haar allerbest uitzag, en het in zijn optiek echt de mooiste stad ter wereld was.

Een wereld vol kansen voor zijn bedrijf. Nog onveroverde markten. Nieuwe octrooien die werden aangevraagd. Nieuwe octrooien die al waren toegekend en die zich in de laatste – jarenlange – testfasen bevonden.

Soms wanneer hij mensen voor het eerst ontmoette en ze hem vroegen wat hij deed vond hij het leuk om te zeggen dat hij drugsdealer was.

Maar dit telefoontje was helemaal niet leuk.

In de kern was de hele fundering van zijn bedrijf – en alle andere farmaceutische bedrijven, zowel de reuzen als de kleinere – van één ding afhankelijk: dat niemand ooit een ogenblikkelijk effectief wondermiddel vond voor al die aandoeningen. Hun winst haalden ze uit producten die het leven van patiënten zo lang mogelijk rekten, om hun aandoeningen te beheersen, niet hen ervan te bevrijden.

Hij blafte een instructie in de telefoon.

'Wat een toeval!'
'Toeval?'
Hij keek op zijn horloge, en toen naar de klok aan de muur van de studio. 'Heb je tijd om snel even wat te gaan eten? Je moet om twee uur weer in de lucht zijn?'
'Er is een café twee minuten verderop. Ik moet toch een broodje eten of zo.'
'Ik ook.'

Tien minuten later zaten ze aan een tafeltje, Sally Hughes met een glas groene thee en een broodje tonijn, Ross met een dubbele espresso, een cola light en een warme panino ham-kaas. Sally was in de dertig, met een bos donkere krullen en een warmte die hem meteen op zijn gemak had gesteld in de studio, en ze had een hese stem die hij heel mooi vond. Ze was niet in conventionele zin mooi, maar ze had een uitstraling van intelligentie en levendigheid die haar aantrekkelijk maakte.

Ze leek nu erg op haar gemak, in een zwarte coltrui met een dikke gouden schakelketting, een spijkerbroek en zwarte laarzen. Ze droeg een paar ringen, maar geen trouwring, viel hem op.

'Wat is dat toeval waar je het over had?'

Hij vertelde haar het hele verhaal over zijn ontmoeting met Harry Cook. Toen hij klaar was bleef ze zwijgend zitten. 'Wat denk je ervan?' spoorde hij haar aan.

'Wat denk *jij* ervan?' kaatste ze meteen terug.

'Ik denk dat hij waarschijnlijk een gek is. Althans, dat dacht ik totdat jij over Chalice Well begon!'

'Ben je gelovig?' vroeg ze.

'Ik ben een soort agnosticus, denk ik. Ik neigde naar atheïsme in mijn tienerjaren, maar toen ik begin twintig was... gebeurde er iets.'

'Wat dan?'

'Het is een beetje... nou, gênant, eigenlijk. Te persoonlijk om over te praten.'

'Een verblindend licht op de weg naar Damascus?'

'Iets van die strekking. En jij? Ben jij gelovig?' vroeg hij.

'Ik geloof niet in de God van de Bijbel, maar ik denk wel dat er iets is. Een soort hogere intelligentie. Ik denk dat het een behoorlijk zware dag voor de mensheid zou worden als ooit overtuigend werd bewezen dat God niet bestaat en dat er geen leven is na de dood; geen beloning of vergelding. Dan zouden we alleen nog maar met de pure wanhoop en zinloosheid van het bestaan zitten, denk je ook niet?'

'Ik weet het niet. Het beviel me prima als ongelovige totdat –'

17

Dinsdag 21 februari

Navigerend via de Google Maps-app op zijn iPhone reed Ross in zijn kleine huurauto door de buitenwijken van Bristol. Hij stak een rotonde over met borden naar Bath, Shepton Mallet en Wells, nam de afslag naar Wells en volgde toen zoals aangegeven de A37. Volgens de app zou hij over vierenvijftig minuten aankomen.

De zware regen van eerder was gestopt en er waren blauwe stukken tussen de wolken te zien; hij was blij dat hij niet door de stromende regen zou hoeven rondbanjeren. Maar tegelijkertijd had hij het merkwaardige gevoel dat hij iets miste.

Hij draaide aan de knop van de radio tot hij Heart FM vond, waar een nieuw nummer van Passenger werd gedraaid. Hij hield wel van die singer-songwriter.

Terwijl hij naar de muziek luisterde en nadacht over zijn gesprek met de presentatrice, Sally Hughes, hield het gevoel dat hij iets miste aan. Alsof er een schaduw bij hem in de auto hing.

Toen besefte hij het.

'Shit!' zei hij hardop. 'O shit, shit, shit!'

Hij had de rugzak met Harry Cooks manuscript in het café laten staan.

Hoe? Hoe had hij dat kunnen doen? Omdat hij oververmoeid was, waarschijnlijk.

Paniekerig zocht hij naar een plek waar hij kon keren. Het was druk op de weg, met auto's achter hem en een stroom van tegemoetkomend verkeer. Verderop rechts zag hij de ingang naar een boerenwinkel. Met bonzend hart, heftig zwetend, gaf hij richting aan, wachtte op een opening in het verkeer, draaide de oprit op en kwam abrupt tot stilstand. Hij wachtte tot het kon, reed achteruit de weg weer op en gaf gas, vlak voor een toeterende vrachtwagen, en reed zo snel als hij durfde terug naar Bristol.

Jezus. Het enige exemplaar dat bestond. Stel dat iemand de rugzak had gestolen met het idee dat er een laptop in kon zitten. Hoe moest hij dat aan Cook uitleggen?

De redding van de hele mensheid was aan hem toevertrouwd, en hij was gestruikeld over de eerste horde.

Shit, shit, shit.

Er reed een trekker voor hem, met een gangetje van vijfentwintig kilometer per uur. 'Kom op, kom op, kom op!' Hij ging wat opzij om erlangs te kijken, maar zag een aanhoudende stroom verkeer en daarachter de top van een heuvel.

Al zijn ingewanden voelden verkrampt. Hoe, hoe, hoe had hij zo stom kunnen zijn?

Stel dat het ding weg was.

Hij had de eerste duizend pagina's slechts vluchtig doorgekeken. Telkens als hij ergens was gestopt om een stukje wat beter te lezen, had hij het onveranderlijk ondoordringbaar gevonden. Hij had het op dat moment blijmoedig terug kunnen sturen naar Harry F. Cook, maar hij vond dat hij het aan de oude man verplicht was om het hele ding te lezen. Dat was hij de mensheid toch verschuldigd? Misschien?

Hoewel hij niet overtuigd was. Bij lange na niet.

En toch kon hij het toeval van Sally's oom ook niet zomaar van de hand wijzen.

Laat dat ding er alsjeblieft nog liggen. Alsjeblieft!

Twintig minuten later stopte hij langs een dubbele gele streep voor het café en rende naar binnen. De tent was bijna verlaten. Hij rende langs de toonbank naar achteren, waar ze hadden gezeten, en keek onder de tafel.

De tas was weg.

Hij voelde zich hol vanbinnen.

Toen riep een stem hem en draaide hij zich om. Er stond een jonge vrouw achter de toonbank, met felrood haar, en hij herkende haar als degene die hen had bediend. 'Kan ik je helpen?'

'Ja. Ik... Ik was hier ongeveer drie kwartier geleden. Ik heb een rugzak laten staan.'

'Ach, ja. Je hebt geluk dat er nog eerlijke mensen op de wereld bestaan. Hij is gevonden door een meneer.' Ze bukte zich en stond weer op met een zwarte nylon rugzak in haar hand. 'Is dit hem?'

Hij werd overspoeld door opluchting. 'Je bent een engel, verdomme!' zei hij. Hij kon haar wel zoenen.

Hij maakte de tas open om te controleren of alles er nog in zat en haastte zich terug naar zijn auto.

Het was de hele weg druk, en Ross kwam even voor vier uur 's middags in Glastonbury aan, een halfuur voor sluitingstijd van Chalice Well. De toegangsweg naar het stadje was smal, met een rij groezelige huizen vlak erlangs aan de linkerkant en rechts een heg, waardoor twee vrachtwagens elkaar er amper konden passeren. De heg eindigde bij een laan die heuvelopwaarts liep. Aan het eind van de laan was een hoge grijze muur met een groen met wit bord en een pijl.

CHALICE WELL TRUST

Vijftig meter verderop stond een veel groter bord bij een opening in de muur. Hij draaide erin en zag een parkeerplaats met twee auto's en een stuk of tien lege plekken voor een rij mooie cottages. Op een andere locatie, dacht hij, hadden het dorpse tearooms kunnen zijn.

Er hingen meerdere borden.

WELKOM BIJ CHALICE WELL EN TUINEN

CHALICE WELL IS EEN TOEVLUCHTSOORD EN WERELD-VREDETUIN

PARKEREN ALLEEN VOOR GEHANDICAPTEN

Een kleiner bordje eronder gaf aan dat er tweehonderd meter verderop nog een parkeerplaats was.

Ross keerde, reed de hoofdweg weer op en zag bijna meteen een bord voor de parkeerplaats bij een fabriekswinkel. Hij reed over een pas geasfalteerde weg en zag een modern fabrieksgebouw van twee verdiepingen met in grote witte letters de naam J. DRAPER & CO. Ervoor was een grote, lege parkeerplaats. Een bordje gaf aan dat het parkeertarief twee pond was en dat hij kon afrekenen in de fabriekswinkel.

Hij pakte zijn rugzak en hing hem om, omdat hij hem niet in de auto wilde achterlaten. Nadat hij had betaald haastte hij zich te voet terug naar Chalice Well, liep de parkeerplaats op en keek om zich heen om zich te oriënteren. Een keienpaadje liep heuvelopwaarts langs de tearoomachtige cottages en langs een voetpad met pergola's. Er hing een bordje met een afbeelding van een mobiele telefoon met een rood kruis erdoorheen.

Gehoorzaam zette hij zijn toestel op de trilstand en liep door langs een klein gebouw, naar een houten kaartjesloket waar één vrouw zat. Hij betaalde de toegangsprijs van £4,20, en de hulpvaardige vrouw gaf hem een foldertje met een kaart en legde hem de indeling uit.

'Kom ik via dit pad bij de Tor?' vroeg hij.

'Nee.' Ze wees naar links. 'Die is aan de andere kant. Als u daarheen loopt, ziet u vanzelf de bordjes.'

Hij bedankte haar en bekeek de plattegrond. Het was allemaal een stuk ordelijker en keuriger ingedeeld dan hij had verwacht, met de sfeer van een goed onderhouden stadspark. Hij liep het pad in; rechts stond een lage heg en links waren bloembedden. Daarachter was een steile grashelling met hier en daar grote struiken en bomen. Rechts, op een mooi gedeelte van het terrein, zag hij een ronde vijver met roestig uitziend water dat via een smal kanaaltje tussen de kasseien onder een stenen bruggetje door stroomde. De Vesica Pool, volgens de plattegrond.

Verderop stonden twee prachtige taxussen. Nog een stukje verder heuvelopwaarts was een druk bewerkte poort met een bordje erop, met in reliëf de woorden CHALICE WELL.

Hij maakte een foto met zijn telefoon.

Een oudere man in een tuinoverall kwam zijn kant op lopen met een kruiwagen, wenste hem een vredige middag en liep door. Na nog een paar stappen zag Ross weer een bordje dat naar de put leidde. Aanvankelijk zag hij alleen de laaghangende takken van enorme bomen en een massa onverzorgde struiken en heesters die dringend moesten worden gesnoeid.

Maar toen hij dichterbij ging, naar een hekje waarvan hij aannam dat het de omtrek aangaf en waar het paadje verder doorliep naar de Tor, zag hij het ronde muurtje en de treden die erin waren gemaakt.

Onderin lag de put zelf.

Terwijl Ross erin keek kreeg hij een licht gevoel van anticlimax. Het was kleiner dan hij had verwacht, niet meer dan een meter doorsnee. Hij had niet helemaal geweten wat hij kon verwachten, maar hij had op de een of andere manier gedacht dat het er dramatischer zou uitzien.

Hij daalde de drie brede treden af en bekeek de put. Er lagen ongelijkmatige vlakke tegels en de put zelf was afgedekt met een rooster zodat er niemand in kon vallen. Een versierd deksel stond rechtop tegen een stenen stut en was daar met kettingen aan bevestigd.

Volgens de folder vertegenwoordigde het roodachtig gekleurde water in de put, die nog nooit was opgedroogd, het bloed van Christus.

Hij maakte foto's en keek toen naar de coördinaten die Cook hem had gegeven en die hij in zijn telefoon had geprogrammeerd. Hij zag dat hij nog een stukje te gaan had. Hij liet de put achter zich en volgde de coördinaten door de siertuinen en vervolgens linksaf tegen de steile grashelling op. Op ongeveer tweehonderd meter boven de put meldden de coördinaten dat hij de exacte plek had bereikt.

51°08′40″N 2°41′55″W

De plek waarvan Cook had gezegd dat hij er met zijn metaaldetector had rondgelopen en had opgepikt dat er iets onder lag.

Iemand had hier gegraven.

Ross staarde naar de grond en voelde de haartjes op zijn armen overeind komen. Er was hier heel recent gegraven. Het leek erop dat ze een greppel hadden gegraven van iets meer dan een meter lang en een halve meter breed en die toen weer hadden dichtgegooid. De aarde was ingezaaid met graszaad, en heel lichte groene scheutjes begonnen al te verschijnen.

Wie?

Harry Cook. Dat moest wel.

Het was een spookachtig gevoel. De laagstaande zon scheen in zijn ogen en hij hoorde ergens in de verte schapen blaten.

Spookachtig, en toch...

Er was een cadeauwinkel, volgens de plattegrond. Daar kon je souvenirs kopen. Hadden die middeleeuwse monniken echt de mythe gecreëerd dat Jozef van Arimathea hier begraven lag om het toerisme aan te wakkeren? Een cynische theorie?

De Heilige Graal moest volgens de legenden ofwel de beker zijn – de kelk – waaruit Jezus had gedronken tijdens het Laatste Avondmaal, ofwel een beker waarin een deel van zijn bloed was gegoten toen hij aan het kruis hing. Of allebei.

Voor zover Ross de afgelopen dagen op internet had gevonden was Jozef van Arimathea een rijk man geweest die een beetje erg graag naar het koninkrijk van God wilde. Hij was een stiekeme discipel van Jezus geweest – want het was niet zo slim om dat openlijk te zijn – maar had later toestemming van Pilatus gekregen om het lichaam van Christus weg te halen en hem te begraven in de grandioze tombe die hij oorspronkelijk voor zichzelf had laten bouwen.

In een van de duidelijker passages van Cooks literaire gebeuzel had Ross gevonden dat Jozef vervolgens, om onduidelijke redenen, snel weg had gemoeten uit zijn land. Hij had een paar souvenirs meegegrist, een ervan de kelk, en was naar Engeland gevlucht, waar hij de eerste christelijke kerk had gesticht; volgens sommigen hier in Glastonbury.

Ross bleef staan en dacht na. *Oké, stel ik ben Jozef. Ik ben uit mijn thuisland weggevlucht nadat ik de Zoon van God in de tombe heb begraven die ik voor mezelf had laten bouwen. Ik ben aanbeland in dit agressieve, heidense land, op deze rare plek met die heel vreemde heuvel en een diepe put. Ik heb een souvenir van mijn grootse neef, de Zoon van God. Het enige bewijs dat Hij ooit heeft bestaan. Niet veel. Alleen maar een beker waaruit Hij heeft gedronken of waarin Zijn bloed is gegoten. Maar het is een verbinding. Ik moet hem beschermen en zorgen dat hij behouden blijft voor toekomstige generaties.*

Dus moet ik hem verstoppen, zodat de heidenen hem niet vinden en vernietigen.

Waar?

Ross keek om zich heen. *Als ik het was, zou ik dan een gat graven in deze helling? Ik denk van niet. Ik zou een stuk slimmer zijn.*

Cook had misschien iets gedetecteerd onder de plek waar hij nu stond, maar dat kon van alles zijn. Nergens werd beweerd dat de beker van Christus van metaal was. Misschien wel, maar hij kon ook van hout zijn geweest. Minder opzichtig en protserig dan metaal voor zo'n nederig man. En in dat geval zou hij niet zijn opgepikt door Cooks metaaldetector.

Hij keek weer in de richting van de put, die door de begroeiing van hieraf onzichtbaar was, en dacht na. Toen keek hij weer om zich heen. Naar de bomen, de struiken. Peinzend.

Hij probeerde de klok duizend jaar terug te draaien. Wat was hier toen? Wat zou de meest voor de hand liggende plek zijn geweest?

18

Dinsdag 21 februari

Ross liep terug door de tuinen en ging de cadeauwinkel in om te kijken of hij er iets kon kopen voor de kinderkamer. Hij bekeek de planken met geneeskundige essences, kelken en kaarsen, maar zag niets wat leuk zou zijn voor een baby.

Teleurgesteld kocht hij een reisgidsje en liep naar de straat. Daar aangekomen liep hij het stukje naar de laan aan de andere kant van het hek en ging daarin. Hij kwam langs een huis met een enorme muurschildering van bloemen. Daarna een stenen tempel, gebouwd boven op een bron. Een stukje verderop, op de heuvel aan de linkerkant, was het houten hek dat hij van de andere kant al had gezien. Hij moest nu ongeveer tegenover de put zelf zijn, schatte hij. Het hek stond boven op een stenen muur, overduidelijk om mensen ervan te weerhouden het terrein te betreden zonder te betalen.

Een stukje verderop aan de rechterkant zag hij een bordje naar de Tor en een smalle parkeerhaven voor een paar auto's. Hij liep over het pad naar de Tor totdat die na een paar minuten in zicht kwam. En hem de adem benam.

Met zijn zeven symmetrische richels had Glastonbury Tor mythische connecties met koning Arthur en Avalon, en Ross proefde die sfeer van oudheid terwijl hij hier stond. Het was een vreemd landschap, dat hem deed denken aan de heuvels die hij een paar jaar geleden had gezien toen Imogen en hij door Nieuw-Zeeland hadden gereisd.

Hij keek naar de restanten van St Michael's Tower, en toen liep hij ernaartoe. Op de top aangekomen liep hij een rondje om de ruïne, en toen keek hij om naar de rommelige gebouwen van het stadje Glastonbury en de velden eromheen. In de verte zag hij de schapen lopen die hij had horen blaten. De zon stond nu heel laag en het licht nam af. Hij keek op zijn horloge. Tien over vijf. Hij had nog een lange rit voor de boeg in zijn huurautootje, zeker drieënhalf uur. Hij had genoeg gezien en was nu nog overtuigder.

Een pad leidde rechtstreeks naar de voet van de heuvel. Onderaan bleef Ross even staan om een berichtje te sturen naar Imogen, om te melden dat hij voor negen uur die avond thuis zou moeten zijn.

Vanaf de top van Glastonbury Tor, ver genoeg in de duisternis achter de ingang van de ruïne van St Michael's Tower zodat er geen licht van de late middagzon op het glas zou reflecteren, bleef een verrekijker op hem gericht.

19

Donderdag 23 februari

Ross Hunter had eerwaarde Benedict Carmichael voor het eerst ontmoet toen de geestelijke predikant was van St Peter's in Brighton. Met Carmichaels hulp had hij een groep satanisten ontmaskerd die zich bezighielden met ritueel kindermisbruik op het platteland dicht bij de stad. Het had Ross een van zijn eerste voorpagina-artikelen in een landelijke krant opgeleverd, en het had ook geleid tot een blijvende vriendschap tussen hem en Carmichael. En hij was verbaasd geweest te ontdekken dat die schijnbaar vrome man zijn twijfels had.

Bij een informele lunch met hem in Lewes, tijdens het proces van de belangrijkste leden van de satanistische groepering, had Carmichael hem in vertrouwen verteld dat hij moeite had met letterlijke interpretaties van de Bijbel. Zijn geloof was sterk, maar tegelijkertijd was hij erg onzeker over veel leerstellingen en de letterlijke benadering van de geschriften.

Ross was heel blij voor de geestelijke geweest toen Benedict Carmichael slechts een paar maanden later tot bisschop van Reading werd benoemd. En weer toen Carmichael, die vloeiend Welsh sprak, hem een jaar geleden had geschreven met de mededeling dat hij was aangesteld als bisschop van Monmouth.

Zodra Ross thuiskwam van zijn bezoek aan Chalice Well belde hij Carmichael, die hij al jaren niet meer had gezien, en vroeg of hij nogal dringend eens met hem kon komen praten.

Twee dagen later reed hij zijn donkergrijze Audi A4 de met keien geplaveide parkeerplaats voor een elegant stenen huis in het hart van Monmouth op. Hij stapte uit in de stralende zon, strekte zijn benen na de lange rit en ging naar binnen. Na slechts een paar ogenblikken wachten leidde Carmichaels glimlachende secretaresse van middelbare leeftijd hem naar boven, door een smalle gang naar het gezellige, volle kantoor van de bisschop.

Carmichael droeg een zwart jasje over zijn paarse hemd met hoge boord; om zijn hals hing een groot versierd kruis aan een gouden ketting. Hij was wat aangekomen sinds Ross hem voor het laatst had gezien en zijn haar was wat dunner en grijzer, maar zijn gezicht zag er nog steeds jeugdig uit en zijn ogen fonkelden van geestdrift.

Ze gingen in een paar leunstoelen zitten om bij te praten over elkaars leven tot de secretaresse binnenkwam met een dienblad met koffie en koekjes.

'Maar Ross, je zei dat je iets dringends had?' vroeg Carmichael. Hij had een lage, vriendelijke stem, het soort stem waarmee hij net zo eenvoudig een hele kathedraal vol gelovigen meesleepte als zijn mannetje stond tegenover een felle interviewer van Radio 4's *Today*.

Ross opende zijn rugtas en haalde er Cooks manuscript uit.

'Heb je een boek geschreven, Ross?'

'Nee... het lijkt erop dat God dat heeft gedaan.' Ross glimlachte.

Carmichael keek hem vragend aan.

Ross vertelde hem het hele verhaal, beginnend met Cooks telefoontje en eindigend met zijn lunch met Sally Hughes en zijn bezoek aan Chalice Well.

Toen hij klaar was doopte de bisschop peinzend een biscuitje in zijn koffie. 'Hmm,' zei hij na een poosje. 'Jou kennende heb je al wat onderzoek gedaan naar doctor Cook?'

'Ja, en alles lijkt te kloppen. Voormalig RAF-lid, en toen een leerstoel kunstgeschiedenis aan de University of Birmingham. Zijn overleden vrouw Doreen was ook hoogleraar, op dezelfde universiteit. Eén kind, een zoon, omgekomen door eigen vuur in Afghanistan. Hij heeft geen strafblad en lijkt een vrij doorsnee vent. Schaakte op een vrij hoog amateurniveau in zijn jeugd. Hij was behoorlijk veelzijdig, met belangstelling voor antropologie en biologie. Heeft een paar jaar geleden een paar wetenschappelijke artikelen gepubliceerd waarin hij gevestigde darwiniaanse theorieën aan de kaak stelde en Lamarck steunde.'

'Lamarck? Jean-Baptiste Lamarck?'

'Ja.'

Carmichael keek geërgerd omlaag toen er een stuk van zijn koekje afbrak en in zijn koffie belandde. Hij viste het eruit met zijn lepeltje en legde de stukken op het schoteltje. 'Interessant. Lamarck heeft me altijd geïntrigeerd. Je weet dit waarschijnlijk al, maar terwijl Darwin opperde dat organismes evolueerden door natuurlijke selectie, geloofde Lamarck dat ze evolueerden vanuit noodzaak. Als je een kikker uit het water haalde, zou hij binnen een paar generaties zijn zwemvliezen kwijtraken en tenen ontwikkelen.'

'Maar hij was niet minder een deïst dan Darwin, toch, Benedict?'

'Nou, dat weet ik zo net nog niet. Als Lamarck had geweten dat genen bestonden, zou hij misschien hebben gezegd dat de hersenen van de kikker zijn genen opdroegen tenen te laten groeien in plaats van zwemvliezen. Maar waardoor werden de hersenen van de kikker geïnformeerd? Of door wie? Maar daarvoor ben je hier niet, hè?' Hij gaf een klopje op het manuscript en vroeg een beetje twijfelend: 'Wil je dat ik dit lees?'

Ross schudde zijn hoofd en zag de opluchting op het gezicht van de bisschop. 'Nee. Ik wil weten wat je denkt over wat ik je net heb verteld. Over wat doctor Cook mij vertelde.'

'Eerlijk?'

'Natuurlijk. Daarvoor ben ik hier.'

'Nou, volgens die man denkt God dat als de mensheid bewijs heeft van Zijn bestaan, het de hele wereld zal terughalen van de rand van de afgrond. En hij biedt drie stellen coördinaten als bewijs van God. De locatie van de Heilige Graal, een belangrijk voorwerp dat te maken heeft met Jezus Christus, en de echte locatie van de Wederkomst?'

'Ja.'

'Oké, nou, dat is in tegenspraak met het argument dat bewijs de vijand is van het geloof. Of misschien een andere invalshoek.'

'Hoe bedoel je, Benedict?'

De bisschop deed even zijn ogen dicht. 'Het punt is, ik zou meer willen dan drie stellen coördinaten om bewijs te hebben van God. En eerlijk gezegd, als ik God was en ik wilde aan iemand bewijzen dat ik bestond, zou ik wat beters doen dan hem alleen maar een paar stellen coördinaten geven. Persoonlijk zou ik iets veel overtuigenders willen zien.'

'Het is interessant,' antwoordde Ross. 'Ik heb die vraag een paar dagen geleden op sociale media gezet: wat ultiem bewijs zou zijn van Gods bestaan.'

'Daar heb je vast wat interessante antwoorden op gekregen.' Benedict glimlachte vragend.

'Behoorlijk wat mensen zeiden dat me eeuwige verdoemenis te wachten stond alleen al omdat ik die vraag stelde. Maar ik kreeg wel een paar reacties die ik behoorlijk slim vond.'

'Zoals?'

'Iemand zei: als je de dubbele DNA-helix achter in de tombe van Christus gegraveerd zou vinden.' Hij keek Carmichael aan, die niet onder de indruk leek.

'Dat zou te gemakkelijk kunnen worden afgedaan als nep, Ross.'

'Het zal wel. Een andere die ik leuk vond was wanneer een van de onopgeloste wiskundige vraagstukken zou worden opgelost. De Yang-Mills-theorie, bijvoorbeeld, of misschien wel alle zeven.'

'Dat is een leuk idee, maar sceptici zouden het toeschrijven aan geavanceerde computeralgoritmes.'

Ross glimlachte. 'Oké, wat zou jou dan overtuigen, Benedict? Als jij God was en je wilde de wereld ervan overtuigen dat je echt bestond, wat zou je dan doen?'

Ross at een koekje, en de stilte werd verbroken door het gekraak.

De bisschop leunde achterover en verstrengelde zijn vingers. 'Ik zou iets nodig hebben wat een verstokte atheïst zou overtuigen, iets wat niet zomaar van de hand te wijzen of weg te verklaren is. Iets wat in tegenspraak is met de natuurwetten in het heelal. Met andere woorden: een wonder. Een heel groot wonder.'

Ross dacht daarover na. 'Je bedoelt zoals het splijten van een oceaan?'

'We leven nu in een veel sceptischer wereld dan in Jezus' tijd,' zei Carmichael. 'Veel mensen hebben David Blaine gezien, Dynamo, Derren Brown en talloze andere goochelaars en illusionisten. Ik denk dat we iets behoorlijk spectaculairs nodig zouden hebben – iets wat de hele wereld kon zien – wat simpelweg niet weg te verklaren valt vanuit de wetenschap.'

'Zoals dat de zon opkomt in het westen in plaats van in het oosten?'

'Iets op die schaal, ja.'

'Oké,' zei Ross. 'En als iemand met zo'n wonder zou kunnen komen, wat dan?'

Carmichael glimlachte droogjes, een beetje droevig. 'Weet je wat ik echt denk dat er zou gebeuren als een geloofwaardig iemand beweerde ultiem bewijs te hebben van het bestaan van God, Ross? Ik denk dat diegene vermoord zou worden.'

20

Donderdag 23 februari

Misschien verbeeldde Ross het zich, maar hij had het gevoel dat het buiten donkerder was geworden. Maar het raam bevond zich achter hem en hij wilde zich niet omdraaien. 'Vermoord?' herhaalde hij. 'Bedoel je een aanslag? Waarom denk je dat, Benedict?'

De bisschop hief zijn handen. 'Ik ben er helemaal niet van overtuigd dat ultiem bewijs van God, als zoiets al te realiseren viel, de wereld weer in evenwicht zou brengen. Ik denk dat het juist het omgekeerde effect zou hebben van wat doctor Cook gelooft. Denk er eens over na. De oproer die het zou veroorzaken bij heel veel religies op de wereld. Het zou ze in chaos dompelen. Wanhoop. Iedereen die al eeuwen beweert dat hun eigen religie het exclusieve pad naar God is. Brandstof voor fanatici van elk gezindte. Paniek bij iedereen met gevestigde commerciële belangen in een geloofsstelsel. Waar zouden alle abrahamitische religies dan staan? Is het de katholieke God? De anglicaanse God? De joodse? De islamitische? En hoe zit het met hindoes? Sikhs? Fundamentalisten zouden verontwaardigd zijn, het godslastering noemen. En de scientologists zouden ook nogal voor gek staan, hè?'

Ross staarde hem aan.

Carmichael glimlachte droogjes. 'Een heleboel mensen zouden diep ongelukkig zijn, Ross, omdat ze dan buitenspel zouden staan.'

'Te beginnen bij het Vaticaan?'

'Het Vaticaan zou zich extreem opgelaten voelen, ja. Zij beschouwen zichzelf als de enige ware christelijke kerk, dus zouden ze manieren moeten vinden om snel hun primaatschap te herbevestigen. Maar bewijs van Gods bestaan zou een erkenning zijn van de claim van de joden op het Beloofde Land, en dat zou enorme gevolgen hebben voor Palestina en Iran. Poetin, ook al wordt religie wat onwillig geaccepteerd in Rusland, zou het zien als een enorme bedreiging van zijn macht als er enige mate van autoriteit werd gegeven aan de Kerk. Dat geldt nog meer voor China. China is bezig naar wereldsuprematie te dingen. Het is een fijne scheidslijn: zich openstellen voor het kapitalisme, terwijl ze toch hun autonomie willen behouden. Er is een grote ondergrondse kerk in China, hoewel China primair een atheïstisch land is. Als het bestaan van God werd bewezen, zou het gezag in China ondermijnd worden als mensen trouw moesten zijn aan een superieur schepsel.'

Ross zweeg. Hij probeerde rustig te blijven, maar vanbinnen kolkte hij van opwinding door het potentiële bereik van dit verhaal, als iets van wat Cook beweerde waar was.

Of misschien zelfs als dat niet zo was.

'Dat was allemaal nog niet bij me opgekomen, Benedict. Maar het is logisch.'

Carmichael glimlachte raadselachtig. Toen werd zijn gezicht weer serieus. 'Veel van de wereldreligies zijn evenzeer een bedrijf als een geloofsstelsel, Ross. Ik kan me voorstellen dat ultiem bewijs de nekslag is voor allemaal. Een heleboel mensen zullen dat niet willen. En er is nog een andere overweging. Een heel belangrijke.' Hij keek verontrust en zweeg even.

Ross wachtte geduldig.

'Het baart me zorgen dat een deel van die informatie is verkregen via een spiritualist, een medium. Dat zijn gevaarlijke mensen. Stel dat dit het werk is van de antichrist. De Bijbel zegt dat de Duivel sluw is, een meester in vermommingen. Ik denk dat je zult merken dat heel veel mensen er zo over denken, en op een heel gevaarlijke manier.'

'Gevaarlijk?' Ross staarde hem aan en probeerde dit allemaal te verwerken. 'Dus wat jij zegt, Benedict, is dat Cook het mis heeft? Zijn boodschap komt niet van God, maar van de antichrist?'

'Nou, er is een incident in de Bijbel waar God bij hoge uitzondering lijkt te hebben toegestaan dat een dode persoon met een levende praat. Dat was toen koning Saul een medium raadpleegde in Endor. De profeet Samuel verscheen en vertelde Saul dat hij op het punt stond te sterven. Zo'n dramatische situatie waarvan jij zegt dat we er hier mee te maken hebben betekent misschien dat God nog een uitzondering heeft gemaakt.' Hij glimlachte en ging door. 'Ik probeer je alle verschillende perspectieven hiervan te laten zien, en de gevolgen. Het soort bewijs van Gods bestaan waar jij het over hebt zou de wereld niet verenigen. Het zou de mensheid niet redden, denk ik. Het zou een nog grotere verdeling in de wereld veroorzaken dan we al hebben. Mijn advies, als oude vriend, is dat je dat manuscript terugbrengt naar meneer Cook en zegt dat het je spijt, maar dat je niet zijn man bent.'

'Is dat wat God je vertelt? Maar hoe zit het dan met alles over de Wederkomst in het Nieuwe Testament?'

'In het evangelie zegt Jezus dat er voor Zijn Wederkomst valse profeten zullen zijn, catastrofale gebeurtenissen, oorlogen, hongersnood, aardbevingen en felle vervolging. De apostel Johannes gaat nog verder en schrijft dat er een antichrist zal verschijnen voordat Jezus terugkeert.'

'Zo goed herinner ik me de Bijbel niet. Ik dacht dat de Wederkomst een grootse gebeurtenis zou zijn, dat Jezus zou terugkeren om te oordelen over de levenden en de doden, dat hij de wereld zou redden van uitsterving en een nieuwe hemel en aarde zou stichten.'

'Ja, dat geloven de meeste christenen. Een Wederkomst van uiteenlopende soort is iets waarin alle christelijke en islamitische religies geloven.'

'Maar niet de joden?'

'De Orthodoxe joden geloven in de Komst van de Messias.'

'Niet Jezus?'

'Nee, zij geloven dat Jezus een valse Messias is. Maar de Wederkomst zal niet zomaar ineens gebeuren. Er staan een heleboel verwijzingen in de Bijbel dat er een voorloper zal zijn, zoals Johannes de Doper was. De joden geloven dat Elia voor de Messias uit zal komen om het Koninkrijk aan te kondigen. Jezus suggereerde beslist ook dat er nog een toekomstige verschijning van Elia op aarde zou komen.'

Ross fronste zijn voorhoofd. 'Het is allemaal heel ingewikkeld, en ondoorzichtig.'

'Klopt, maar het zou ook een behoorlijk significante gebeurtenis zijn.'

'Hoe denk je zelf over de Wederkomst, Benedict?'

Carmichael antwoordde met een glimlach die Ross onmogelijk kon doorgronden. Even later zei hij: 'Ross, ik spreek nu tot je als vriend die om je geeft. Je betreedt heel gevaarlijk terrein en dit gaat boven je pet. En niet alleen de jouwe. Hetzelfde zou voor iedereen in jouw positie gelden. Het gaat niet alleen maar om de complexiteiten van de geloofsstelsels in de wereld of om fanatici die aanspraak maken op verschillende geloven of groeperingen binnen die geloven, maar er is een meedogenloze commerciële wereld, zowel binnen als buiten de religie, met enorme belangen die hier serieus door geschaad zouden kunnen worden. Wat denk je bijvoorbeeld dat een verkoper van slangenolie zou vinden van de mogelijkheid van een wonderbaarlijk geneesmiddel dat een stuk beter was dan zijn drankjes, en dat hij niet kon bezitten?'

'Zou de echte terugkeer van Jezus Christus geen onweerlegbaar antwoord geven?'

'Toen wij elkaar voor het eerst ontmoetten vertelde je me dat je nooit had geloofd, maar dat je geest een beetje was geopend na de dood van je tweelingbroer, toch?'

'Ja.'

'Ben je dan bereid te accepteren dat Jezus heeft bestaan?'

'Mogelijk,' antwoordde Ross. 'Of hij echt de Zoon van God was of gewoon een normaal mens, dat is iets waar ik nog niet helemaal uit ben.'

'Hij werd ter dood gebracht toen Hij hierheen kwam, bijna tweeduizend jaar geleden. Denk je dat het tegenwoordig anders zou zijn?'

'Harry Cook wel.'

'De terugkeer van Jezus in deze tijd zou vergezeld moeten gaan van iets buitengewoons, Ross, zowel een wonder als een soort teken. Iets universeels dat iedereen zou verenigen.'

'Zoals?'

'Weet ik niet. Iets wat nog nooit iemand heeft gezien of zich zelfs maar heeft kunnen voorstellen, misschien. Maar ik weet niet wat.' De bisschop schonk hem weer dat onpeilbare glimlachje.

21

Donderdag 23 februari

Dominee Wesley Wenceslas was steevast twee avonden per week thuis in zijn privévleugel van Gethsemane Park. Hij hielp Marina met het in bad doen van hun drie kinderen – Matthew van acht, Mark van zes en Ruth van vier –, las een stukje voor uit het Nieuwe Testament en knielde met hen neer om te bidden. Hij vroeg God hen te helpen braaf te zijn, zich aan Zijn regels te houden en hen uitbundig te zegenen, en stopte ze in bed.

Naderhand dineerde hij met zijn vrouw; een maaltijd die zijn inwonende chef-kok klaarmaakte en die werd opgediend door zijn butler. Ze begonnen met een glas Krug en dan een goede witte of rode wijn uit zijn uitgebreide kelder, afhankelijk van de keus tussen vis of vlees. Naderhand ging hij naar zijn werkkamer en bekeek de dagelijkse Excel-bestanden met de omzet van elke kerk, de verkoop van zijn boeken en merchandise, zijn Bel-voor-een-gebed-service en al zijn andere inkomstenstromen.

Als hij van huis was, de andere vijf avonden van de week, naar een van zijn kerken in Engeland of Amerika, bekeek hij de daginkomsten met dezelfde zorgvuldigheid.

Hij was doodsbang om ooit weer arm te zijn.

Zijn moeder, tijdens haar zwangerschap in de steek gelaten door zijn vader, die hij nooit had ontmoet, had 's avonds als schoonmaakster in kantoren gewerkt om brood op de plank te krijgen en haar bingohobby te bekostigen, wat ze overdag obsessief speelde. Ze was zeer gelovig; op zondag nam ze hem meestal twee keer mee naar een anglicaanse kerk. Ze keek neer op de klappende en zingende evangelische kerken, hoewel die hem als kleine jongen veel leuker leken. Ze wilde geen televisie in huis hebben en de enige boeken die ze toestond, waren de Bijbel en exegesen. Omdat hij vaak alleen thuis was, las hij de hele Bijbel meerdere keren. De verhalen die erin stonden intrigeerden en verschrikten hem.

Wat hij voornamelijk uit het Goede Boek opmaakte, was hoe meedogenloos de God uit het Oude Testament was. In de ogen van de kleine jongen leek Hij een machtsgeile egomaniak. Je aanbad Hem of stierf, of iemand van wie je hield werd geofferd, of je kreeg een of andere tegenspoed over je uitgestort. Of, zoals in het geval van Job, je kreeg alles over je heen.

Nou, oké, dacht hij, als God de wereld had gemaakt, dan mocht Hij doen wat Hij wilde, en ook kwaad worden als Hij niet werd gewaardeerd.

Hij wist toen nog niet dat zijn diepgaande kennis van de Heilige Bijbel hem op een dag goed van pas zou komen.

De enige dingen die hem als kind interesseerden, behalve de Bijbel, waren auto's en muziek, vooral reggae. En de band waar hij het meest mee had was Bob Marley and the Wailers. Maar omdat ze thuis geen radio hadden, kon hij er alleen naar luisteren op de walkman van een schoolvriendje.

Auto's waren gemakkelijker. Ze woonden in een appartementje op de eerste verdieping aan de Southwick-kant van een van de doorgaande wegen naar Brighton, de Old Shoreham Road. Hun flat stond propvol met religieuze voorwerpen en een angelusklok die elke dag drie keer sloeg: om zes uur 's morgens, twaalf uur 's middags en zes uur 's avonds. Hij staarde uit het raam naar de langsrijdende auto's en droomde. Droomde over de tijd dat hij zelf in een Porsche, Lamborghini, Ferrari of Aston Martin zou rijden.

Hij wist precies hoeveel die auto's kostten, de acceleratie, de topsnelheid, de motorinhoud en het aantal pk's.

Toen hij veertien was, won zijn moeder een grote prijs bij het bingoën; een heel grote prijs. Ze was met glazige ogen thuisgekomen, had briefjes van vijf pond uit haar tas gehaald en ze als confetti door de woonkamer gestrooid.

God had haar in een droom verteld hoe ze kon winnen want, zei ze, Hij wilde dat ze haar kleine jongen iets bijzonders gaf om alle sobere kerstfeesten goed te maken waarbij ze geen geld had gehad om mooie dingen voor hem te kopen. God had haar in diezelfde droom verteld dat ze het gewonnen geld moest gebruiken om met haar zoon naar Disney World te gaan. Aanvankelijk was ze daar niet zo zeker van geweest, aangezien Disney World tegen al haar overtuigingen in ging, maar in twee daaropvolgende dromen had God volgehouden dat ze haar zoon dit bijzondere cadeau moest geven omdat hij een braaf kind was.

In de zomervakantie vlogen ze naar Orlando. Na het opstijgen werden er films vertoond op de schermen, maar zijn moeder wilde niet dat hij daarnaar keek. In plaats daarvan gaf ze hem een bijbel om te lezen, uit respect voor het geschenk van de Heer. En voor de Heilige Maagd op wier vleugels ze vlogen. Hij probeerde te lezen, maar zijn aandacht dwaalde af. Hij was opgewonden over deze reis. Meer nog dan de attracties van Disney World verheugde hij zich op de vele Amerikaanse auto's die hij zou zien. En hij werd ook afgeleid door de film op het scherm van de man die rechts van hem aan het gangpad zat. De man droeg een koptelefoon, dus hij kon niet horen wat de acteurs zeiden, maar hij was gebiologeerd door een vrouw met enorme borsten die steeds bleef verschijnen, soms in haar ondergoed of een bikini. Terwijl hij naar haar keek voelde hij steeds meer opwinding. Hij wist dat het respectloos was, maar hij was dankbaar dat de bijbel op zijn schoot de bult verborg.

In de taxi vanaf het vliegveld stonden zijn ogen op steeltjes terwijl hij naar al die glanzende Amerikaanse auto's en pick-ups keek. Hij keek vooral uit naar de *muscle cars*, nieuw en oud, de Camaro's, Corvettes, Mustangs en Firebirds, en de enorme trucks, vooral de Macks. Het was de eerste keer dat hij een Mack-truck in het echt zag en hij was dol op de versieringen die de chauffeurs hadden aangebracht, zoals grote geweien en mascottes.

Bij hun hotel aangekomen wachtte hij geduldig naast zijn moeder terwijl zij haar paspoort aan de receptionist overhandigde en haar naam opschreef, Marigold Smith, en de zijne, Thomas Smith; zoals hij toen nog heette. Een piccolo in uniform duwde een glanzende koperen bagagekar vol koffers door de lobby. Hij hoopte dat er ook een piccolo zou komen om hun bagage op zo'n kar te vervoeren.

Maar zijn moeder zei tegen de receptionist dat ze geen hulp nodig hadden met hun bagage, dank u, en terwijl ze met hun rolkoffertjes naar de balie van de conciërge liepen fluisterde ze tegen Thomas: 'Dan hadden we een fóói moeten geven.'

Ze liet het woord 'fooi' klinken alsof het smeergeld voor Satan zelf was.

Nu ze er waren en hij een paar auto's had gezien, wilde hij graag de volgende dag naar het pretpark, in de attracties waar zijn klasgenootjes hem over hadden verteld. Maar zijn moeder had andere plannen. Eerst zouden ze naar de kerk gaan om vergiffenis te vragen omdat ze naar een pretpark zouden gaan.

'Zijn er gebedshuizen in de buurt? Zijn hier anglicaanse kerken?' vroeg ze aan de man achter de conciërgebalie.

'Nou,' zei de lange, breed glimlachende man in een donker pak, 'u bent op een heel goed moment aangekomen als u iets echt bijzonders wilt meemaken. Toevallig worden we morgen in het Orlando Stadium gezegend door een bezoekje van dominee Drew Duane!'

'Drew Duane?' Zijn moeder fronste haar voorhoofd.

'Hij is heel bijzonder, kan ik u vertellen, o jazeker. Als u hem nog nooit hebt gezien, moet u die kans niet missen.'

'Is hij anglicaans?'

'Nee, mevrouw, maar wel bijzonder. Hij is de beste predikant die ik ooit heb gehoord. Het stadion zal helemaal vol zitten; achttienduizend man. Maar misschien kan ik nog een paar kaartjes voor u regelen, als u snapt wat ik bedoel.'

Zijn moeder aarzelde, niet geheel overtuigd. ‘Nou, ik neem aan dat we op vakantie zijn.’ Ze keek haar zoon aan. ‘Wat denk jij? Zullen we iets Amerikaans proberen nu we hier toch zijn?’

De jongen knikte weifelend.

‘Ik neem aan dat de Heer het ons zal vergeven als we een ander soort kerk proberen, als eenmalige reiservaring.’

‘Dat zal Hij beslist! U zult er geen spijt van krijgen. Ik ga er zelf ook heen.’

Ze opende haar tas en schoof een briefje van tien dollar over de balie. ‘De Heer zij geloofd!’ zei ze.

‘Vriendelijk bedankt, mevrouw.’ Hij stopte het bankbiljet in zijn zak. ‘Ik zal een bevestiging naar uw kamer sturen. De Heer zij inderdaad geloofd!’

De volgende dag gingen ze daadwerkelijk in een paar attracties, nadat ze hadden gewacht in lange rijen, en Thomas praatte in het park met Donald Duck, Mickey Mouse en Pluto. Om twee uur, na een hamburger als lunch, namen ze een taxi naar het stadion. Dominee Drew Duane zou zelf pas om zes uur komen, maar zoals zijn moeder zei, het was belangrijk om er vroeg te zijn om zeker te weten dat ze dicht bij de grote evangelist kwamen. Anders zag hij hen misschien niet, en als hij hen niet zag, dan zou God hen vast ook niet zien.

Ze zaten op de tiende rij van het podium. Maar het was bijna zeven uur voordat dominee Drew Duane eindelijk aankwam. Thomas Smith keek vol ontzag op een van de reusachtige schermen langs de zijkant van het stadion toen er een witte Rolls-Royce stopte, begroet door vijftig met batons zwaaiende cheerleaders die ‘Tell Me the Old, Old Story!’ zongen.

Maar het was die auto die de jonge Thomas het meest opviel. Hij zag de evangelist uitstappen en hoorde het bewonderende geroep van de enorme mensenmenigte.

Die auto wil ik, dacht hij. O ja, die wil ik.

22

Donderdag 23 februari

Ross had een zware terugrit van Benedict Carmichaels huis, waarvan de laatste twee uur in de stromende regen en het donker door het spitsverkeer. De rit had hem meer dan genoeg tijd gegeven om na te denken over zijn gesprek met de bisschop, en hoewel hij moe was, zat zijn hoofd vol gedachten.

Imogen lag op de bank voor de televisie met een grote bak butterscotchijs; haar huidige zwangerschapshunkering. Monty zat naast haar, met zijn tong uit zijn bek, kwijlend terwijl hij verwachtingsvol naar haar keek. Hij keurde zijn baasje amper een blik waardig.

Ross kuste zijn vrouw. 'Hoe was je dag?'

Ze pakte de afstandsbediening, drukte op de pauzeknop en trok een gezicht. 'Nou, nogal... meh! Toen jij vanochtend weg was, was ik te misselijk om naar mijn werk te gaan, dus heb ik thuis gewerkt. Nu voel ik me weer beter. En, hoe ging het?'

'Het was heel interessant!'

'Heb jij even geluk. Aangezien ik toch thuis was, heb ik gekookt. Heb je al trek?'

'Kun je nog een halfuurtje wachten? Ik moet even iets opzoeken nu het nog vers in mijn hoofd zit, en daarna vertel ik je er alles over.' Hij keek naar het stilstaande beeld op tv. 'Waar kijk je naar?'

'Een oude aflevering van *Frasier*. Een leuk stukje met zijn broer.'

Ross liep door naar de keuken, maakte snel een espresso voor zichzelf en nam die mee naar boven.

Zoals gewoonlijk had hij tientallen e-mails. Hij bekeek ze vluchtig, maar er was niets bij wat niet kon wachten. Hij nam een slok koffie en dacht terug aan eerder die dag, aan wat de bisschop had gezegd.

... ik zou meer willen dan drie stellen coördinaten... Iets wat in tegenspraak is met de natuurwetten in het heelal. Met andere woorden: een wonder.

Oké, logisch.

... dat bewijs de vijand is van het geloof.

Dat was geen nieuwe uitdrukking. Hij had dat eerder gehoord, en het was iets wat hem dwarszat, want hij zag er de logica niet van in. Het was waarschijnlijk een goed argument voor alle kerken, ongeacht hun gezindte, om twijfelaars te overreden: *Geloof in mij, o gij ongelovige.* Maar ongeloof was precies waarom, volgens Cook, God met hem had gecommuniceerd. Het was precies de reden waarom hij hem zogenaamd bewijs had gestuurd.

Ross googelde de woorden 'bewijs is de vijand van het geloof'.

Het eerste wat verscheen was een citaat van Thomas Jefferson dat hem ontging. Daarna kwam een citaat van Anaïs Nin: *Als we blindelings een religie aannemen, een politiek stelsel, een literair dogma, worden we automaten. We stoppen met groeien.*

Een volgende zoektocht leverde een achttiende-eeuws citaat van Henry Adams op: *Zelfs theologen – zelfs de grote theologen van de dertiende eeuw – zelfs Sint-Thomas van Aquino zelf vertrouwde niet op het geloof alleen of nam het bestaan van God zomaar voor waar aan.*

Thomas van Aquino was een theoloog en filosoof die was overleden in 1274. Hij schreef: *Voor iemand die gelooft is geen verklaring nodig. Voor iemand zonder geloof is geen verklaring mogelijk.*

Ross was bekend met hem omdat hij zijn leerstellingen was tegengekomen in de maanden na de dood van zijn broer, toen hij wanhopig op zoek was naar verklaringen voor wat er die ochtend in de sportschool was gebeurd.

Thomas van Aquino voerde aan dat alles – de zintuigen, de voedselketen, wat we nu kennen als de stikstofcyclus enzovoort – naar een einde toewerkt. Hij zei dat de orde in het heelal niet kan worden verklaard door toeval, maar alleen door ontwerp en doelgerichtheid. Dat ontwerp en doelgerichtheid een product zijn van intelligentie. En dat daarom de natuur moet worden gestuurd door een Goddelijke Intelligentie of een Grote Ontwerper.

Ross werd gestoord door het geluid van zijn mobiele telefoon. Hij keek op het schermpje en zag een nummer – ook mobiel – dat hij niet herkende. Hij aarzelde even, zich afvragend of het een verkooptelefoontje was, maar nam toch op.

'Ross Hunter.'

'Hoi, Ross, met Sally... van BBC Bristol?'

'Hé!' zei hij, meteen opgevrolijkt. 'Goed om van je te horen. Hoe gaat het? Ik vond het echt gezellig met je.' Eigenlijk was hij verbaasd om van haar te horen, want hij had aangenomen dat ze hem allang weer vergeten zou zijn na de stuk of twintig interviews die ze sindsdien ongetwijfeld had gedaan.

'Ik ook,' zei ze. 'Hoe was het in Glastonbury? Kon je het goed vinden?'

'Ja, het was interessant.'

'Ik had toch gezegd dat ik mijn oom zou bellen, die trustee is bij Chalice Well? Julius Helmsley?'

'Ja. Heb je hem gesproken?'

‘Ik heb hem gevraagd naar je vriend, doctor Harry Cook.’

‘Bedankt, dat is heel aardig van je.’

Ze klonk aarzelend toen ze doorging. ‘Nou, ik vrees dat ik niet echt goed nieuws voor je heb. Mijn oom weet alles van die man en zegt dat hij gek is. Kennelijk is hij een paar weken geleden midden in de nacht betrapt bij Chalice Well, waar hij aan het graven was met een tuinschep, en weggestuurd door de politie. Vervolgens kreeg hij op de een of andere manier de privénummers van mijn oom en alle andere trustees te pakken en belt hij ze nu midden in de nacht, scheldt ze uit en zegt dat ze hem moeten helpen de wereld te redden in plaats van obstakels voor hem op te werpen. Blijkbaar heeft hij ongeveer een week geleden mijn oom Julius nog voor de antichrist uitgemaakt!’

‘Dat meen je niet.’

‘Nee, echt. Hij is serieus gestoord. Ik geloof niet dat hij ze allemaal op een rijtje heeft.’

‘Ik begrijp het.’ Ross voelde zich ontmoedigd.

‘Als ik jou was, zou ik hem uit mijn hoofd zetten. Ik denk dat hij alleen maar problemen oplevert.’

Ross bedankte haar en hing op nadat hij had beloofd haar te bellen als hij weer eens in de omgeving van Bristol was.

Imogen riep dat het eten klaar was.

Hij hoorde haar niet.

Hij staarde naar het manuscript op zijn bureau. Bovenop lag Harry F. Cooks adres met zijn telefoonnummer.

‘Ross!’ riep Imogen nog een keer. ‘Het eten is klaar. Kom op, ik heb honger!’

‘Twee minuutjes, Imo,’ zei hij. Toen pakte hij zijn telefoon en belde Cooks nummer.

Er werd al vrij snel opgenomen.

‘Meneer Hunter?’

‘U had me niet verteld dat u hebt gegraven bij Chalice Well, doctor Cook. En dat u bijna bent gearresteerd. En dat u een paar trustees hebt uitgescholden,’ zei hij.

‘Tja…’ Cook klonk oprecht spijtig. ‘Dat was heel dom. Ik… Ik was wanhopig op zoek naar bewijs, dus besloot ik te gaan graven, maar ik ben niet ver gekomen. Al na één schep aarde werd ik betrapt en tegengehouden.’

‘Eén maar? Verder hebt u niet gegraven?’

‘Nee,’ zei hij geagiteerd, ‘daar kreeg ik geen kans voor. Er was een politieman met nog een andere man, een van de trustees denk ik, en die was behoorlijk kwaad op me en dreigde me aan te geven voor vandalisme.’

‘Is dat de waarheid?’ Ross dacht aan de greppel van een halve meter breed die iemand daar recent had gegraven.

'Dat is de waarheid. Ik geef toe dat het stom van me was. Ik verloor mijn geduld. Die mensen, om wat voor reden dan ook, schijnen gewoon niet te accepteren wat ze daar hebben; of misschien willen ze het niet weten. Geloof me alstublieft, ik ben niet de gek voor wie zij me ongetwijfeld uitmaken. U móét me geloven, meneer Hunter. Ze willen me om de een of andere reden dwarsbomen.'

'Doctor Cook, ik was vandaag bij Chalice Well. Iemand heeft gegraven op precies de plek waar uw coördinaten me heen leidden.'

'Wat?' Hij klonk oprecht geschokt. 'Gegraven... hoe precies?'

'Het zag eruit als een greppel zoals archeologen die graven. Hij was weer dichtgegooid.'

'Dat is vreselijk nieuws.'

'Als u daar niet hebt gegraven, aan wie had u die coördinaten dan nog meer gegeven?'

'Niemand, meneer Hunter. U moet me geloven. Absoluut niemand. U bent de enige op de hele wereld.'

'Is het mogelijk dat andere mensen dezelfde boodschap hebben gekregen?'

Cook zweeg even. 'Ik denk dat ik dat dan wel gehoord zou hebben.'

'Nou, het is duidelijk dat nog iemand anders het weet,' zei Ross. 'Hebt u daar ideeën over?'

'Ik heb die coördinaten aan geen enkele andere ziel onthuld, dat beloof ik u, meneer Hunter.' Hij klonk oprecht.

'Maar u zei dat u was betrapt door een politieman en iemand van de trust, dacht u. Die wisten dat u aan het graven was.'

'Ik heb de trustees nooit de coördinaten gegeven.'

'Dat hoefde ook niet als ze u zelf op die plek hebben gezien.'

Was het iemand van de trust, of loog Cook dat niemand anders de coördinaten had? Of waren ze toch niet zo geheim of bijzonder als hij dacht? Het was algemeen bekend dat Jozef van Arimathea naar verluidt die plek had bezocht en dat hij toen mogelijk de kelk – de Heilige Graal – bij zich had.

'Het is een ondraaglijke gedachte dat de Heilige Graal in de verkeerde handen kan zijn gevallen, meneer Hunter,' zei Cook. 'Is dat waarvoor u belde? Om me te vertellen over die opgraving?'

'Nee, eigenlijk belde ik om te zeggen dat ik eerlijk gezegd niet denk dat ik uw man ben.'

Cook antwoordde ogenblikkelijk en assertief. 'Meneer Hunter, dat bent u wel, verzeker ik u. Luister, sinds ons vorige gesprek heb ik iets gevonden waarvan ik denk dat het u van gedachten zal laten veranderen. Schrijf me alstublieft niet af als een oude gek. Geef me de kans om uit te leggen wat ik heb gevonden.'

‘Oké, ik luister.’

‘Nee, niet aan de telefoon. Het is te gevaarlijk, en te belangrijk. We moeten elkaar ontmoeten. Alstublieft, ik smeek u, geef me die kans. Als u me hebt aangehoord, wat ik heb berekend met die coördinaten en getallenreeksen, dan denk ik dat u het zult begrijpen. Het heeft iets te maken met wat u hebt gevonden... die opgraving... Doe me dat plezier.’

Hij had een klank in zijn stem die dwars door Ross’ scepsis heen sneed. Het overtuigde hem niet, maar het bracht hem wel aan het aarzelen. Al zijn journalistieke instincten vertelden hem dat hier een verhaal in zat. Waarschijnlijk niet het verhaal dat Cook in gedachten had, maar misschien was het de moeite waard om nog eens met hem af te spreken. Het soort verhaal dat de *Mail* misschien zou kopen om te plaatsen op een dag met weinig nieuws. De man die er zo van overtuigd was dat hij de wereld kon redden dat hij gearresteerd was omdat hij stond te graven bij Chalice Well.

Hij opende zijn agenda voor de volgende dag op zijn computer. Vrijdag. Geen afspraken. Misschien zou het interessant zijn om die man in zijn eigen huis te bezoeken. Een paar foto’s van hem te nemen. ‘Oké,’ zei hij. ‘Als ik morgen nu eens naar uw huis kom? Ik zou eind van de ochtend bij u kunnen zijn.’

‘U zult er geen spijt van krijgen, meneer Hunter, dat verzeker ik u. Neemt u het manuscript dan mee?’

‘Dat zal ik doen.’

23

Vrijdag 24 februari

Even na elf uur 's morgens volgde Ross de aanwijzingen van zijn navigatie door de hoofdstraat van een mooi klein dorp, ongeveer vijftien kilometer ten westen van Birmingham. Toen hij Imogen gisteravond onder het eten had verteld over zijn gesprek met de bisschop van Monmouth, het daaropvolgende telefoontje van Sally Hughes en zijn gesprek met Cook, had ze botweg gezegd dat hij ermee moest stoppen, dat die man overduidelijk geschift was en hij geen tijd meer aan hem moest verspillen.

De navigatie zei dat hij over twee kilometer rechts moest afslaan.

Hij reed langs een pub, een benzinepomp en een lelijk industrieterreintje. Een paar minuten later zag hij een straatnaambord, deels verborgen achter struiken. Hij ging rechtsaf een smalle weg in, reed over een hoog bruggetje over een smalle rivier, langs een autoschadebedrijf, een boerenwinkel waar ze verse eieren en zelfgemaakte kaas verkochten en toen over een lange, beboste helling naar beneden. De navigatie begon af te tellen naar zijn bestemming. Daarna verscheen er een geruit vlaggetje en meldde de vrouwenstem haast triomfantelijk: 'U bent gearriveerd!'

Rechts van hem, aan het eind van een korte oprit, stond een nette bungalow met een inpandige garage en een onberispelijk gazon zo strak als een golfbaan. Voor de garage, midden op de oprit, stond de witte Nissan Micra die hij herkende van toen Cook eerder die week naar hem toe was gekomen. De wagen fonkelde alsof hij net uit de showroom kwam.

Ross reed de oprit op, parkeerde zijn Audi achter de Micra en stapte uit. Hij had wel veel gereden de afgelopen dagen, overpeinsde hij. Het was bitterkoud en er hing een zoete geur van houtrook van ergens in de buurt. Een mus zat te spetteren in het vogelbadje. Blij met zijn fleeceparka en warme laarzen deed hij zijn auto op slot, liep met de zware rugtas in zijn hand naar de voordeur en belde aan. Er klonk een zacht *dingdong*-geluid. Maar er deed niemand open.

Hij belde nog eens aan.

Weer geen reactie.

Hij probeerde het nog eens, en nu klopte hij ook met zijn knokkels op de deur.

Een voertuig kwam aanrijden over de weg. Hij hoorde het opvallende geratel van een dieselmotor. De modderige Land Rover Defender met een paardentrailer erachter reed langs.

Ross duwde de brievenbus open en tuurde erdoor. Hij zag een smalle, lege gang. Hij klopte nog eens.

Cook wist dat hij kwam, en bovendien had hij zijn telefoonnummer. Hij zou toch wel even gebeld hebben als hij weg moest?

Ross pakte zijn telefoon, belde Cooks mobiele nummer en wachtte. Ergens in huis hoorde hij het geluid van een ringtone.

De ringtone ging door. Na tien keer hoorde hij de nauwgezette stem van de oude man: 'Hallo, u spreekt met Harry Cook. Ik kan momenteel uw telefoontje niet aannemen. Laat een boodschap en uw telefoonnummer achter, dan bel ik u zo snel mogelijk terug. Hartelijk dank.'

Ross hing op zonder een boodschap in te spreken. Hij was ongerust.

Cooks auto stond hier.

Hij duwde de brievenbus weer open en riep luid: 'Doctor Cook? Hallo!'

Geen reactie.

Hij besloot naar de achterkant van het huis te lopen. Stappend over een lavendelstruikje tuurde hij door een zijraam naar binnen. En verstijfde.

Het was een zitkamer met een ouderwetse tv, een bankstel, foto's op een schoorsteenmantel boven een elektrische haard en een notenhouten kast vol Capodimonte-porselein. Maar het zag eruit alsof er een bom was afgegaan. Alle kussens van het bankstel lagen op de vloer en waren opengesneden, net als de zijkanten van de stoelen en de bank. De kastdeuren stonden open en een aantal porseleinen voorwerpen lag kapot op de vloerbedekking. Er stond een houten bureautje achterin, waar alle laden uit waren getrokken en waarvan de inhoud op de vloer lag.

Er was bij de oude man ingebroken, en dat moest zeer recent zijn gebeurd, gokte hij. Misschien zelfs wel vanochtend. Maar waar was Cook?

Verkild bedacht hij dat de inbreker – of inbrekers – er misschien nog was.

Moest hij de politie bellen?

Maar als hij dat deed zou hij moeten uitleggen wat hij hier kwam doen. En dat was misschien een belemmering voor wat het ook was dat de oude man hem had willen vertellen of laten zien.

Hij greep de zware rugzak steviger vast, als provisorisch wapen, haastte zich langs drie containers met elk een andere kleur deksel en kwam bij de achterkant van het huis aan. Er zat een vierkante uitbouw aan de keuken met openslaande deuren, en de achtertuin zag er even verzorgd uit als de voortuin, met bloemperken en struiken langs een lang, keurig gemaaid grasveld, een siervijver en achterin een houten zomerhuisje.

Hij liep naar de achterdeur en klopte luid aan, klaarstaand met zijn rugzak. Even later probeerde hij de deur. Die was niet op slot en schoof open. Bijna meteen zag hij een flits van iets roods op zich afkomen; een kat vloog langs hem heen de tuin in alsof het beest door een kanon was afgeschoten.

Hij stapte de aanbouw in. Er stonden twee rieten stoelen en op een rieten tafeltje met een glazen plaat lag een keurige waaier van tuintijdschriften. 'Hallo, doctor Cook. Hallo!' riep hij.

Hij hoorde het luide tikken van een klok. Hij schrok toen even later twee galmpjes klonken. Het was halftwaalf.

Hij riep nog een keer, klaarstaand met de rugzak voor het geval er iemand op hem afkwam.

Maar het bleef stil en alleen het tikken van de klok was te horen.

Hij liep aarzelend de keuken in en zag daar nog meer bewijzen van een inbraak. Alle kastdeurtjes en laden stonden open. Bekers, kommen en vazen lagen over het linoleum verspreid. Potten thee, koffie, suiker en meel waren leeggegoten.

Hij aarzelde.

Er stond een deels opgegeten ontbijt op de keukentafel. In het midden leunde de *Daily Telegraph* van vandaag tegen een leessteun. Een doos cornflakes, een kan melk en een kom met een lepel erin en de resten van melk en cornflakes langs de zijkanten. Twee gekookte eieren, met de topjes eraf maar de inhoud er nog in, stonden in eierdopjes op een bord, met een net bergje zout en peper aan de zijkant en een schone lepel. Er stond ook een theekom, boordevol. De houten stoel was scheef naar achteren geduwd, alsof Cook haastig was opgestaan van zijn maaltijd en niet meer was teruggekeerd. Er stond maar één stoel aan de tafel.

Inmiddels heel nerveus keek Ross om zich heen op zoek naar een beter wapen dan zijn rugzak en zag een messing deurstopper op de vloer. Hij pakte het zware ding en ging weer staan, klaar om ermee uit te halen, luisterend. Hij stapte tussen de puinhopen door naar de tafel en stak zijn vinger in de thee; die was ijskoud. Hij raakte de zijkant van een ei aan, en dat was ook koud. Als de thee nu zo koud was, moest Cook meer dan een uur geleden van tafel zijn opgestaan, schatte hij. Misschien wel twee of drie uur geleden, of nog langer.

Hij liep naar de gang die hij door de brievenbus had gezien en riep nog eens, wat luider. 'Hallo! Doctor Cook?'

Het luide tikken van een staande klok was het enige geluid dat hij hoorde. Aan de muur ertegenover hing een geborduurd citaat in een lijstje.

Laat af, en weet dat ik God ben – Psalm 46:11

Het rook hier een beetje muffig, een geur van oude mensen en katten die hem deed denken aan het huis van zijn grootouders.

Er waren drie deuren. De eerste gaf toegang tot een slaapkamer met een tweepersoonsbed. Alle beddengoed was eraf gehaald en de matras was op een paar plekken opengesneden. Kleren waren uit de inbouwkasten getrokken en lagen op de vloer. De laden van beide nachtkastjes stonden open.

De volgende deur was die van een kleine werkkamer met een bureau, een stoel en onder het bureau de voedingskabel van een Mac – hoewel er geen computer stond –, een wifirouter en een prullenbak. Er stonden drie metalen archiefkasten. Alle laden daarvan waren geopend en dossiers lagen her en der slordig op de vloer.

Op het bureau lag een muis en er stonden een paar pennen en potloden in een rond bakje. Hij zag een notitieblok met heel kleine blaadjes; hetzelfde blok, nam hij aan, waarop Cook de coördinaten van Chalice Well had geschreven. In het bovenste velletje van het notitieblok zat een lichte deuk, een lange lijn die onderaan een bocht naar links maakte, als de vorm van een hockeystick, en wat eruitzag als getallen. Hij knielde neer en keek in de prullenbak. Er lag maar één ding in: een papierpropje. Weer even luisterend en om zich heen kijkend vouwde hij het papiertje uit. Het moest het bovenste velletje van het blok zijn geweest, besefte hij. Er stond een zwarte streep op van een balpen, met een bocht onderaan, die overeenkwam met de deuk. Ernaast stonden getallen die leken op de reeks die bij de kompascoördinaten had gestaan, hoewel hij dat niet zeker wist.

14 5 7 5 14 13 5 20 5 18 26 4 12

Het leek een vreemd tekeningetje, en het maakte hem nieuwsgierig. Hij vouwde het papiertje op, stopte het in zijn portemonnee en keek nog eens rond in de werkkamer. Toen stapte hij de gang in, liep langs de klok en opende de laatste deur aan de rechterkant. Het was een sober gemeubileerde eetkamer met een tafel voor vier en aan de muur boven een eiken dressoir een schilderijtje van het Dogepaleis in Venetië. De la midden in het dressoir was open, net als de twee deurtjes, met opgestapelde glazen aan de ene kant en placemats en servetten aan de andere kant.

Hij voelde een schaduw achter zich bewegen en draaide zich om met de deurstopper stevig in zijn hand. Maar er was niets. Hij liep de gang door en tuurde de overhoopgehaalde woonkamer in. Op de schoorsteenmantel, boven een elektrisch kolenvuurtje, stond een ingelijste zwart-witte trouwfoto van een veel jongere Harry Cook in een zwart pak, met aan zijn hand een aardige maar nogal preuts ogende vrouw met golvend donker haar.

Hij keerde met bonzend hart terug naar de keuken en keek om zich heen. En toen zag hij het: een gesloten deur die hem eerder niet was opgevallen.

Hij draaide aan de klink en trok de deur open. Erachter was een houten trap naar een soort kelder. Hij riep naar beneden. 'Doctor Cook? Hallo? Is daar iemand?' Zijn stem klonk merkwaardig hoog. Gespannen.

Hij vond een schakelaar en drukte erop. Een peertje aan een bruin snoer wierp harde schaduwen, en onder aan de trap was er nog een. Hij zou even beneden gaan kijken, en als er nog steeds geen spoor was van de oude man zou hij de politie bellen, besloot hij.

Ross begon langzaam de trap af te dalen, met een nog strakkere greep op zijn provisorische wapen. Toen hij de kale betonnen vloer naderde zag hij dat het een soort opslagruimte voor rommel was. Overal lag de inhoud van dossiers verspreid. Een paar oude koffers lagen open.

En toen... *O, jezus.*

O, shit.

Nee.

Nee.

Nu begreep hij waarom er maar één stoel bij de keukentafel had gestaan. De andere stond hier. Harry Cooks bottige, naakte lichaam was erop vastgebonden met ducttape, en er zat ook tape over zijn mond. Zijn armen waren gestrekt en zijn handen tegen de muur gespijkerd.

Ross keek nerveus achterom en liep naar het lichaam toe. Cooks ogen waren open, blind, met een blik van angst erin. Op zijn gezicht en lichaam zaten plekken van zo te zien een brandende sigaret. Zijn keel was opengesneden. Zijn borst zat vol geronnen bloed.

Ross draaide zich om en rende de trap op, door het huis en via de achterdeur naar buiten. Hij gaf over op het gras. Toen pakte hij met trillende handen zijn telefoon en probeerde het alarmnummer te bellen, wat drie keer fout ging voordat hij eindelijk tot zijn opluchting een telefoon hoorde overgaan. Gevolgd door de stem van de centralist.

24

Zaterdag 25 februari

'Hebt u een keus kunnen maken?' vroeg de glimlachende ober van het drukke, rumoerige Curry Leaf-restaurant in de Brightonse wijk The Lanes.

'We kunnen hier nooit kiezen,' antwoordde Imogen. 'Als je ons nou gewoon eens een selectie van voorgerechten en hoofdgerechten brengt? Kies zelf maar wat.' Ze keek de andere drie aan tafel aan. Haar vrienden knikten, maar Ross leek in een eigen wereld te zijn.

'Ross?' vroeg ze.

Hij keek geschrokken op. 'Sorry... Ik... Ik zat te denken aan gisteren. Ik...'

'Ik bestel wat verschillende voorgerechten, vind je dat goed?'

'Goed idee,' zei hij.

'Uitstekend!' zei de ober. 'Heeft er niemand allergieën, iets wat u niet eet?' Hij keek naar Ross, Imogen en hun twee beste vrienden, Hodge en Helen.

'Kleine baby's,' zei Helen, een chiropractor met een heel apart gevoel voor humor.

'En dat is het enige?'

'Alles wat gezond is,' zei Hodge, financieel directeur bij een internationale outletwinkel. 'Niks gezonds, alsjeblieft.'

De ober verstrengelde zijn handen. 'Dat is prima! Ik kan wel beloven dat er geen kleine kinderen en niets ál te gezonds op het menu staan vanavond; alleen maar dingen die een klein beetje goed voor u zijn.'

Terwijl de ober vertrok hief Hodge zijn Cobra-biertje. 'Proost.'

Ze toostten.

'Zo,' zei Helen tegen Ross. 'Dus je hebt gisteren een behoorlijk traumatische dag gehad?'

'Dat kun je wel zeggen, ja.'

'Je ziet bleek.'

'Ik heb niet zo best geslapen.'

'Daar kijk ik niet van op, maat,' zei Hodge. 'Eigenlijk ben ik verbaasd dat je vanavond bent gekomen.'

'Ja, ach, het is wel fijn om even iets normaals te doen na wat ik heb gezien, en wat ik vervolgens moest doorstaan met de politie en al hun vragen.'

'Was het net zoals de lijken die je in Afghanistan had gezien?' Helen aarzelde. 'Sorry, dat was een beetje bot.'

'Nee, geeft niet. Ik had gedacht dat niets me ooit nog zou choqueren na mijn tijd daar. Maar dat had ik dus mis. Ik had nog nooit een moordslachtoffer hier in Engeland gezien.'

'Hoe voelde je je?' vroeg Helen, die erg belangstellend keek.

'Een beetje shit eigenlijk.' Hij dronk zijn bier op en speurde naar de ober om er nog een te bestellen. 'En nog rotter toen ik mee moest naar het politiebureau en daar drie uur lang werd verhoord alsof ik een verdachte was.' Hij haalde zijn schouders op. 'Maar het is allemaal koren op de molen van mijn verhaal.'

'En dat is?' vroeg Hodge.

'De zoektocht naar bewijs van Gods bestaan. Of eigenlijk een man die gelooft dat bewijs te hebben.'

Hodge, met piekhaar en een keurig bijgeknipte baard, vroeg: 'En jij hebt dat?'

'Nog niet; niet overtuigend, in elk geval.'

Hodge glimlachte sardonisch. 'De Bijbel zou toch geschreven zijn onder toezicht van God? Het is toch voor veel gelovigen het onweerlegbare Woord van God?'

'Voor zover ik me herinner van mijn Bijbellessen wel, al lette ik nooit zo goed op,' antwoordde Ross.

'Ik heb hem een keer helemaal gelezen, het Oude en het Nieuwe Testament. Ik meen me te herinneren dat erin stond dat de aarde plat was en op een voetstuk stond, en in Openbaring heeft hij vier hoeken. "Daarna zag ik vier engelen staan aan de vier hoeken der aarde, die de vier winden der aarde vasthielden."' Hodge trok zijn wenkbrauwen op. 'Als God de wereld had gemaakt, wist hij dan niet dat die rond was en dat hij niet op een voetstuk stond? Het lijkt erop dat we hem nog heel wat kunnen leren.'

Ross glimlachte. 'Ik neem aan dat er een hoop metaforen in de Bijbel staan.'

'Er zitten een hoop metaforen in veel sprookjes,' antwoordde Hodge.

'Had die doctor Cook kinderen, Ross?' vroeg Helen.

'Ja, een zoon, maar die is omgekomen door eigen vuur in de provincie Helmand. Ik denk dat dat een van de dingen was waar ik een klik mee had.'

Er werden nieuwe biertjes gebracht.

'En het motief?' vroeg Hodge. 'Heeft de politie daar iets over gezegd?'

Ross schudde zijn hoofd. 'Nee.'

'Zo te horen was het een uit de hand gelopen inbraak,' zei Helen.

'Zo vroeg op de ochtend?' vroeg Imogen, kijkend naar Ross. 'Jij zei dat het eruitzag alsof hij aan het ontbijt zat. Dat lijkt mij een vreemde tijd voor een inbraak.'

'Eigenlijk komt het best vaak voor,' antwoordde Ross. 'Dat zei de politie althans. Iemand die 's avonds laat in een busje rondrijdt kan argwaan wekken in de buurt. Maar niemand besteedt aandacht aan zo'n busje 's morgens.'

'Wat hebben ze meegenomen?' vroeg Helen.

'Daar hoop ik nog achter te komen.' Hij dronk zijn glas weer leeg; hij voelde zich nog steeds aangedaan.

'Als je geen zin hebt om morgen te gaan golfen, maatje, snap ik dat wel,' zei Hodge.

'Nee, ik denk dat een paar uurtjes in de buitenlucht me goed zullen doen. En het zou mooi weer moeten worden.'

'Weet je het zeker?'

'Ik kijk uit naar een vette overwinning!'

'In je dromen.'

Ross grijnsde. Hodge versloeg hem altijd.

'Tien uur afslaan?'

Ross knikte.

'Het zal je goeddoen,' zei Imogen bemoedigend.

Ross keek naar haar en knikte. Maar zijn argwaan ten opzichte van haar keerde terug. Ook al was ze drie maanden zwanger, het ging maar niet over. Vier of vijf uur zonder hem in de buurt. Was ze gewoon altruïstisch, een goede, liefhebbende echtgenote? Of had ze een ander motief?

'Dit begon allemaal toen die doctor Cook zomaar ineens contact met je opnam met zijn vreemde boodschap?' ging Helen door. 'En jij hing niet gewoon op?'

'Ik ben journalist, altijd op zoek naar een verhaal.'

'Ben je niet ongerust na wat er met hem is gebeurd?'

'Ik wel,' zei Imogen. 'Ik heb tegen Ross gezegd dat hij ermee moet stoppen. Als je begint te rommelen met religies, weet je nooit wat voor gekken of fanatici er op je afkomen.'

'Zoals Helen zei, het kan ook gewoon een uit de hand gelopen inbraak zijn geweest,' probeerde Hodge haar gerust te stellen.

'O, tuurlijk. Hij was een gepensioneerde hoogleraar, geen drugsdealer,' kaatste Imogen terug. 'Ze hebben hem gemarteld. Ze zochten iets wat ze heel graag wilden hebben.'

'Het manuscript?' opperde Hodge.

'Niet per se,' antwoordde Ross. 'Er bestaan wel sadistische inbrekers; gelukkig zijn die zeldzaam, maar zulke dingen komen voor. Hij was een oude man die alleen woonde in een afgelegen huis. Misschien waren ze ervan overtuigd dat hij ergens een kluis moest hebben.'

'Ik moet er niet aan denken dat ze er nog waren toen jij aankwam.' Imogen pakte haar wijnglas en wilde de fles pakken, maar hield zich in. Hodge tilde hem uit de koeler en stak hem naar haar uit. 'Kan niet,' zei ze. 'Eén glaasje is mijn limiet op het moment, al zou ik best die hele fles lusten. Ik kan nog steeds niet geloven dat die arme man maandag nog bij ons thuis was, en nu is hij dood. Gemarteld en vermoord. Ik vind het gewoon een te groot toeval en ik weet zeker dat het met dat manuscript te maken heeft. Het manuscript gedicteerd door God, waarvan jij zei dat het totale onzin was.'

'Is het ook,' zei Ross.

'Maar als ze dat zochten, dan is er misschien iemand die níét denkt dat het onzin is, weet je?' zei Imogen.

'Heb je de politie over het manuscript verteld?' vroeg Hodge.

'Nee.'

Imogen keek hem aan. 'Wat? Heb je informatie achtergehouden? Is dat geen misdaad?'

'Ik nam aan dat als ik er iets over zei, ze het als bewijs zouden innemen.'

'En wat is dan het probleem?' vroeg Imogen.

'Wat heb je ermee gedaan?' wilde Hodge weten.

Ross aarzelde.

'Vertel me nou niet dat je het nog steeds hebt,' zei Imogen.

'Ik wilde er geen afstand van doen. Niet totdat ik de kans heb gehad om er een kopie van te maken, Imo.'

'Waar ligt het dan nu?' vroeg ze.

'Het is veilig.'

'Veilig waar?' drong ze aan.

'Het ligt in de garage, oké? Ik ga er maandag mee naar onze notaris en laat het daar in de kluis leggen.'

'Jezus! Je zei tegen mij dat het klinkklare onzin was. Waarom wil je dat stomme ding nog houden? Wie zal het willen hebben?'

'De mensen die Harry Cook hebben gemarteld en vermoord?' opperde Hodge hulpvaardig.

'Dat is misschien niet de reden dat hij is vermoord. Niemand wist van dat manuscript af,' antwoordde Ross. 'Voor zover ik weet. Behalve een BBC-presentatrice die ik gesproken heb in Bristol, en zij lijkt mij geen moordenaar.'

'Tuurlijk,' zei Imogen. 'Dat is wat Cook jou heeft verteld, dat niemand anders ervan afwist. Misschien wilde hij je dat laten geloven.'

'Ik zal je vertellen wat ik echt geloof.' Ross keek naar hun vrienden. 'Ik geloof dat Cook waarschijnlijk een misleide, goedbedoelende gek was, maar – en dat is een hele grote maar – stel dat hij dat niet was. Stel dat hij gelijk had.'

'En jij bent bereid je leven daarvoor te wagen?' vroeg Imogen.

Ross had daar niet meteen een antwoord op. Misschien gaf het bier hem moed. Misschien was het zijn plichtsgevoel ten opzichte van Cook. Hij wist alleen dat hij nog niet bereid was dit los te laten. 'Imo, je weet hoe mijn werk is. Ik ben constant aan het graven en schrijf dan dingen waar mensen boos om worden. Je weet dat ik dreigementen heb gehad. Pas op het moment dat ik het gevoel zou hebben dat jouw leven en dat van onze baby gevaar liepen, zou ik dit laten zitten.'

'Laten we hopen dat het geld de moeite waard is,' antwoordde zijn vrouw nuffig.

25

Zondag 26 februari

Dominee Wesley Wenceslas gaf op zondag meestal twee preken, een 's morgens en een 's avonds. Hij gaf ze allebei in een andere kerk, of hij nu in Engeland of Amerika was. Hij roteerde regelmatig langs de zeven kerken onder zijn hoede met ofwel de Wesley Wenceslas Ministries-helikopter of een Boeing 737, allebei in WWM-wit, met het opvallende, elegante logo van een gevleugelde vis rondom een kruis.

Van alles waarvan hij hield gaf preken, de woorden van de Heer uitdragen naar zijn aanbiddende volgelingen, hun liefde voelen – en hun liefde horen – hem de meeste voldoening. Nou ja, bijna net zo veel als de garages op zijn Engelse en Amerikaanse landgoederen binnengaan om naar zijn glanzende *supercars* te kijken. En bijna evenveel als het uitkiezen van een Engelenhulp – en vaak meerdere Engelenhulpen – die 's nachts het bed met hem zouden delen.

Maar vanochtend, ondanks de schitterende blauwe lucht buiten het raampje van de helikopter en het kristalheldere uitzicht op de Theems, voelde de predikant niet de gebruikelijke vreugde in zijn hart.

Hij had een diep, onbehaaglijk voorgevoel. En een groeiende, duistere woede.

Er was een dreiging opgetreden; in dit stadium nog klein, maar iets kleins kon veel schade aanrichten, iets kleins kon verrekte snel groot worden. In een van de preken die hij graag gaf zat een citaat van de Dalai Lama: 'Als je ooit hebt gedacht dat je te klein was om verschil te maken, heb je nog nooit de nacht doorgebracht met een mug in je kamer.'

De beet ervan kon je een beetje jeuk geven. Of je kon malaria, dengue of het zikavirus oplopen. Allemaal potentieel dodelijk. Daarom moest je geen risico nemen als je een mug zag. Je sloeg hem dood, en snel.

En er was nu een menselijke mug.

De wereld was altijd een gevaarlijke plek geweest, doorlopend balancerend tussen goed en kwaad. Zijn moeder was hem afgenomen omdat hij er niet was geweest om haar te beschermen, haar hand vast te houden toen ze de straat overstak. Het was zijn schuld. Hij had er moeten zijn. Hij zou zich nooit en te nimmer meer iets laten afpakken. Nooit meer iets laten gebeuren wat hij had kunnen voorkomen.

God had hem deze missie in het leven gegeven, had hem Zijn voetsoldaat gemaakt, en hij was uitgegroeid tot Zijn generaal. Maar nu was er een dreiging, en daar moest hij mee afrekenen op dezelfde manier als alle generaals met dreigingen afrekenden.

Bij een plotselinge schok van de helikopter raakte hij even in paniek. Hij hield van het gemak van zijn helikopter en van de grootse entree die hij ermee maakte als hij landde, een paar minuten later gevolgd door de tweede bijpassende helikopter met de lagere leden van zijn entourage: zijn kapper, visagiste, persoonlijke chef-kok en vier lijfwachten. Hij kreeg regelmatig doodsbedreigingen van fanatici van verschillende religies die zijn leerstellingen niet onderschreven. Daar was hij zo bang voor dat hij bijna paranoïde was geworden. Bijna net zo bang als voor vliegen in helikopters. Ook al zou de Heer hem moeten beschermen. Maar daar was hij niet al te zeker van; hij was er niet zo zeker van of de Heer zijn levensstijl wel goedkeurde.

Ze verloren snel hoogte, daalden af naar de London Heliport in Battersea. Er stonden een paar helikopters op de grond die van bovenaf net gedrongen, kwade insecten leken.

Zelf was hij ook kwaad. In de preek van vandaag was zijn boodschap voor de gelovigen: 'Richt je op de positieve dingen. Er zijn zo veel negatieve dingen in het leven. Negatieve dingen trekken je naar beneden, positieve verheffen je. Net zoals de Heer werd verheven uit de dood door alle positieve dingen die Hem omringden.'

'Smilealot', zoals hij de managing director van zijn imperium noemde, zat in de roomwitte leren stoel tegenover hem. De kleine, parmantige man met keurig donker haar droeg een van zijn vaste grijze krijtstreeppakken met gilet, een roze stropdas en keurig gepoetste zwarte Gucci-instappers. Smilealot was degene die hem attent had gemaakt op de nieuwe dreiging na een telefoontje van een politieagent in Somerset, een lid van hun parochie.

Smilealot zat de preek te lezen, fronsend en klakkend met zijn tong terwijl hij aantekeningen maakte met een sierlijke Montegrappa-pen die hij koket tussen zijn gemanicuurde vingers hield. Zijn echte naam was Lancelot Pope, en toen Wenceslas hem voor het eerst ontmoette had hij gezegd: 'Jou moet ik hebben. Ik wil tegen mensen kunnen zeggen dat de paus voor mij werkt!'

'Van dit stukje ben ik niet zo zeker, baas,' zei de man scherp.

'Welk stukje?'

Pope las hardop voor: '"Ik vertel jullie dat Satan overal om ons heen is. Hij is geen gloeiende man met een staart en een drietand. Hij bevindt zich in het gangpad van elke supermarkt en probeert je te verleiden met suikergoed. Eet die troep, en je wordt gepakt door Satan. Hij vergiftigt je op geniepige manieren."'

'Wat heb je daar voor probleem mee? Het is een belangrijke boodschap.'

'Ik denk aan onze YouTube-sponsors.'

'En ik denk aan onze morele verplichtingen. Dit is de boodschap van vandaag.'

'Ik voel me er niet bij op mijn gemak.'

Pope glimlachte zelden, en als hij het deed was het ijl en kleurloos, als een zonnestraal die net niet helemaal door een sombere winterse hemel wist te dringen. Maar hé, prijs de Heer, Wenceslas betaalde die man ook niet om te glimlachen. Hij betaalde hem om zijn zaken te behartigen met een ijzeren vuist. Om een oogje te houden op elk detail, tot en met het finetunen van elke preek. Om af te rekenen met problemen.

Dat was precies wat Smilealot deed. Hij was een muggenzifterige, zeer efficiënte controlfreak, volkomen meedogenloos, en de enige medewerker van Wesley Wenceslas die het waagde zijn baas tegen te spreken of te bekritiseren. Deels omdat hij heel veel wist over de predikant.

Beide mannen waren zich ervan bewust dat Lancelot Pope het hele imperium kon laten instorten met één persverklaring. Ze wisten ook allebei dat hij dat nooit zou doen vanwege de aandelen die Wenceslas hem had gegeven. Hij zou nooit de gouden kip slachten die nu al een miljonair van hem had gemaakt en die hem op een dag, als alles doorging op het ingeslagen pad, nog veel, veel meer geld zou opleveren. Meer rijkdom dan in zijn wildste dromen.

Wenceslas wist dat God deze man had gestuurd om voor hem en alles waar hij voor stond te zorgen. Want in zijn vroege leven had hij heel lang niemand gehad die voor hem zorgde. De dag nadat zijn moeder en hij waren teruggekeerd uit Disney World, waarschijnlijk nog in de war vanwege een jetlag, had de lijkschouwer later gezegd, had ze de verkeerde kant op gekeken bij het oversteken van Old Shoreham Road en was ze door een bus geschept.

Vanaf dat moment was hij alle geloof in God verloren en een rebel op school geworden. Hij begon te stelen en merkte dat hij het vermogen had om anderen over te halen dingen voor hem te doen. Van alles. Binnen een jaar had hij een netwerk van vijf leerlingen die drugs voor hem verkochten op school.

Toen hij daarbij onvermijdelijk werd gesnapt, werd hij op het matje geroepen bij de schooldirecteur. Meneer Collins sprak rustig tegen hem, zei dat hij sympathie voor hem had vanwege de verschrikkelijke tragedie met zijn moeder, maar dat hij geen andere keus had dan hem van school te sturen. 'Weet je, Thomas, je hebt zo veel charme, en ik denk dat je diep vanbinnen een fatsoenlijke jongeman bent die de weg kwijt is. Je bent goed met mensen. Ik kan me jou op een dag wel voorstellen in sales of public relations. Verwoest je toekomst niet door een strafblad te krijgen. Als je de kans had, wat zou je dan met je leven willen doen?'

'Ik wil een heleboel geld verdienen, meneer Collins,' had hij geantwoord. 'En ik wil een Roller met een chauffeur.'

'O ja?'

'Ja.'

'Alles is mogelijk, Thomas, als je in jezelf gelooft en hard werkt. Dat is wat ik iedereen hier probeer te leren. Je hoeft het criminele pad niet op te gaan om geld te verdienen, je moet alleen de juiste keuzes maken.'

'En wat zijn die dan? Wat zijn de juiste keuzes om een heleboel geld te verdienen?'

'Ik zal je vertellen wat ik zou doen als ik rijk wilde worden. Ik denk dat ik vastgoedontwikkelaar zou worden, of bankier. Of –' hij aarzelde en glimlachte '– misschien zou ik een religie beginnen!'

26

Zondag 26 februari

Het was zo'n koude maar bijna onmogelijk mooie winterochtend, met een fonkelend web van dauw over het gras aan weerskanten van de fairway bij de eerste hole op de Dyke Golf Club.

Sporten was altijd Ross' manier geweest om met stress om te gaan, en ondanks al zijn onrust besloot hij vandaag te spelen. Bovendien zou het helpen tegen zijn verschrikkelijke kater, hoopte hij. Maar hij werd bedrukt door een diepe wanhoop vanwege wat er met Cook was gebeurd, en vanwege de twee sets coördinaten die hij nu nooit zou krijgen. Coördinaten die iemand graag genoeg had willen hebben om die oude man ervoor te vermoorden?

Coördinaten die hij nodig had om vooruit te komen met een eventueel verhaal dat hij over hem kon schrijven.

Hij pakte zijn driver uit zijn flitsende nieuwe tas – een kerstcadeau van Imogen –, viste er ook een bal uit en legde de tas op de grond. Even keek hij naar het spectaculaire uitzicht over de vele hectaren boerenland, tot aan de schoorsteen van de elektriciteitscentrale van Shoreham en het Engelse Kanaal daarachter. Maar zijn gedachten waren nog veel verder weg.

Hodge, die de toss had gewonnen, ging als eerste. Hij drukte zijn rode tee in de zachte, vochtige aarde, legde zijn bal erop en ging staan, met zijn knieën gebogen en zijn rug gekromd. Hij zwaaide een paar keer met zijn club, deed een stap naar voren, tikte op het gras achter de bal en gaf er toen een enorme mep tegen.

Er klonk alleen maar een zachte, mooie klik. Ross zag de bal recht de lucht in gaan, verloor hem even uit het zicht tegen de heldere hemel en zag hem toen zeker tweehonderdvijftig meter recht vooruit midden op de fairway landen en doorrollen.

'Schitterend!' zei hij. 'Geweldig schot.'

Hodge tuitte zijn lippen en knikte zelfingenomen. 'Zeg dat!'

Ross drukte zijn eigen tee in de grond en legde zijn bal erop. Hij viel eraf. Hij probeerde het nog eens, maar de bal viel er weer af. Het voelde alsof er een hete staaldraad door zijn hersenen zaagde. De derde keer bleef de bal liggen.

Hij ging staan, maakte een oefenzwaai, stapte naar voren en haalde uit met zijn club.

En miste de bal totaal, raakte niets dan lucht.

'*Three off the tee*,' zei Hodge berispend, met een nog zelfingenomener blik. Hij pakte een sigaartje en stak het op.

Ross deed nog een paar oefenzwaaien, stapte weer naar voren en haalde uit. Zijn club raakte de grond ongeveer dertig centimeter voor de bal, waardoor een grote graspol de lucht in vloog en een stukje verderop weer op de grond belandde. 'Shit!' zei hij. 'Shit!'

Hij legde de graspol terug en zag dat de volgende groep van vier man al vlak naast hen stond toe te kijken, ietwat ongeduldig. Bij zijn derde poging wist hij een respectabele shot te maken, maar veel minder ver dan die van zijn vriend, en de bal belandde achter een struik.

Ross' prestaties verbeterden niet veel bij de daaropvolgende twee holes. Hij werd verschrikkelijk afgeleid door zijn gedachten aan Cook.

Terwijl ze wachtten op een groep van vier die afsloeg bij de zesde hole stak Hodge zijn sigaar weer op en vroeg: 'Wat doet Imogen vanochtend?'

'Ze had het erover dat ze naar de kerk wilde. Ze gaat zo'n beetje één keer per maand.'

'Ga je nooit met haar mee?'

'Soms. Meestal als het zeikt van de regen en golfen geen optie is.' Ross grijnsde.

'Hoe denk jij tegenwoordig eigenlijk over religie? Dat heb je me nooit echt verteld,' zei Hodge. 'Behalve om neppredikanten met de grond gelijk te maken.'

Ross glimlachte. Hodge verwees naar een artikel dat hij een jaar of vijf geleden had geschreven voor *The Sunday Times*, over de rijkste evangelisten ter wereld. De Wesley Wenceslas Ministries in Engeland hadden gedreigd de krant aan te klagen voor wat hij over Wesley Wenceslas had geschreven. Hun advocaten waren pas opgehouden met hun beschuldigingen nadat de krant dreigde het vroegere strafblad van de predikant te publiceren.

'Mijn broer en ik zijn grootgebracht door niet bijzonder gelovige christelijke ouders. Toen ik veertien was kreeg mijn moeder kanker. Ik bad elke avond voor haar, maar drie maanden later ging ze toch dood. Daarna bad ik niet meer, ik was mijn geloof gewoon kwijt. Onze vader voedde ons in zijn eentje op. Maar een paar jaar geleden gebeurde er iets heel raars wat ik gewoon niet kan verklaren.'

'Wat dan?'

'Heb ik je dat nooit verteld? Ricky, mijn eeneiige tweelingbroer?'

'Nee.'

‘Hij verongelukte op een bizarre manier. Het gebeurde honderden kilometers verderop, maar ik voelde zeker een minuut of twee een ontzettend sterke connectie met hem, en later ontdekte ik dat dat precies gebeurde op het moment dat hij overleed.’

‘Ik heb wel gelezen dat er tussen eeneiige tweelingen een soort telepathie bestaat. Misschien is dat ook wat er bij jullie gebeurde?’

Ross schudde zijn hoofd. ‘Nee, het was veel meer. Ik had een echt mystieke ervaring. Het is moeilijk uit te leggen zonder dat mensen denken dat ik gek ben, dus meestal praat ik er maar niet over.’

‘En daardoor ben je weer gaan geloven?’

‘Niet in God... maar in het idee dat er misschien een groter iets is.’

Hodge pufte aan zijn sigaar. ‘Die vent, doctor Cook?’

‘Ja?’

‘Over welke God heeft hij het? Anglicaans, katholiek, joods, islamitisch? Hindoe? Sikh? Rastafari?’

‘Weet ik niet.’ Ross keek zijn vriend vragend aan. ‘Jij bent toch een behoorlijk hardcore atheïst?’

Hodge knikte terwijl hij door een kringel rook naar de ontzettend trage groep van vier keek, die eindelijk wegliep bij de tee. ‘Ja, ik heb een groot probleem. Stephen Fry had het er laatst over en vatte het heel mooi samen. Hij zei dat als God echt bestond, wat voor zieke geest hij dan moest hebben om een parasiet te maken die alleen maar groeit in het oog van een kind, die zich vanuit de oogbol naar buiten graaft met als enige doel in zijn leven om kinderen blind te maken.’

‘Sommige religies zouden daar een verklaring voor hebben.’

‘Alle religies hebben wel een of andere zwakke verklaring voor lijden. Maar kijk eens naar al die verschillende monotheïstische religies en de verdelingen daarbinnen: anglicaans, katholiek, soenniet, sjiiet, sefardisch, chassidisch. Als je heel diep graaft, wat is dan het verschil tussen al die geloven? Waar gaan al hun ruzies over? Dat zal ik je vertellen. Ze ruziën over wiens denkbeeldige vriendje het beste is.’

Ross glimlachte. ‘Ik denk dat van alle religies die geloven in één god, ik de christenen het best begrijp. Met een paar uitzonderingen in de Bible Belt in Amerika is het in de loop der eeuwen veranderd van een heel tirannieke instelling – denk maar aan de inquisitie, toen je kon worden terechtgesteld als je niet de juiste soort katholiek was – tot meer een soort zachte sociale structuur.’

Ze keken naar een van de vier spelers voor hen, wiens bal amper vijftig meter voor de tee was terechtgekomen. Hij was een bevende tachtiger die een eeuwigheid bezig was om zijn volgende shot voor te bereiden.

‘Het absolute basisgeloof van het christendom draait om de Wederopstanding,’ antwoordde Hodge. ‘Tweeduizend jaar van geloof, gebaseerd op een goocheltruc met botten.’ Hij pufte aan zijn sigaar. ‘Of had die Harry Cook iets beters te bieden? Het moet geweldig zijn om in God te geloven. Je kunt alle verantwoordelijkheid afschuiven en hem de schuld geven van alle shit die gebeurt. Kom op, Ross, je bent een slimme verslaggever. Doe normaal!’

‘Kun jij verklaren waarom we hier zijn, Hodge? Hoe we zijn ontstaan? Heb je Stephen Hawking gelezen en denk je te begrijpen wat hij schrijft? Kun jij het menselijk bestaan verklaren?’

‘Moet dat, om van mijn leven te kunnen genieten? Om van mijn vrouw te kunnen houden? Om te genieten van een potje golf op deze mooie ochtend? Wat heeft God daarmee te maken?’

‘Behalve dan dat hij dit misschien allemaal heeft gemaakt?’

‘Oké, maar wie heeft God dan gemaakt? Kun je daar antwoord op geven? Moet ik hem aanbidden in de vage hoop dat hij me in het hiernamaals een stoel aan een fatsoenlijke tafel zal geven? Heeft God een of andere machine die ons allemaal in de gaten houdt en ons een punt geeft elke keer als we een hond aaien of geld in de pet van een bedelaar gooien?’

‘Stel jij jezelf nooit vragen over het bestaan, Hodge? Is dat niet wat we zouden moeten doen met onze zogenaamde intelligentie? Had Socrates niet gelijk toen hij schreef: “Een niet gereflecteerd leven is niet waard geleefd te worden”?’

‘Wil je zeggen dat als ik niet over het bestaan nadenk, mijn leven de moeite niet waard is?’

‘Nee, helemaal niet. Wat ik bedoel, denk ik...’ Hij zweeg.

‘Ga door.’

Ross bleef nog even zwijgen. Wat had Harry Cook precies in gedachten gehad? Was zijn dood onderdeel van een groter geheel? Zou deze reis waaraan hij was begonnen hem meer opleveren dan alleen een artikeltje in een krant?

‘Oké, Hodge, laat me je wat vragen. Wat zou jou, als atheïst, echt overtuigen van God? Of in elk geval van het bestaan van een Schepper van het heelal, een Intelligente Ontwerper?’

Hodge haalde zijn driver uit zijn tas en liep naar de tee. ‘Dat is me nogal een vraag voor een zondagochtend.’

‘Ik wil het weten, ik stel prijs op je mening. Wat zou ervoor nodig zijn?’

‘Ik denk dat ik iets zou willen zien wat ik niet kon verklaren. Iets wat ik niet zou kunnen afdoen als een goocheltruc.’

‘Zoals?’

‘Weet ik niet. Misschien als het geen eb wordt terwijl dat wel zou moeten. Al zou dat weer te maken kunnen hebben met een eclips of zo.’

‘Dus als de zon opkwam in het westen, dan zou je in God gaan geloven?’

‘Weet ik niet. Mijn eerste reactie zou zijn dat de natuurkundigen – of astronomen – een blunder hadden gemaakt in hun berekeningen. Dat het misschien iets is wat elke paar duizend jaar voorkomt.’ Hij haalde zijn schouders op.

‘Maar ga door, wat zou ervoor nodig zijn?’

‘Ik denk iets op het vlak van de natuurkunde waarvan we weten dat het onmogelijk is. Misschien dan.’

‘En als dat gebeurde?’

Hij bukte zich en drukte zijn tee in de grond. ‘Ross, vriend, kom op. Het gaat niet gebeuren.’

Hij sloeg de bal weg, die afzwaaide naar rechts en in dichte struiken belandde.

‘Zie je nou?’ zei Ross. ‘Dat vond God niet leuk!’

27

Zondag 26 februari

Het gaat niet gebeuren.

Die uitdrukking was een mantra geworden voor Pete Stellos. Hij had het gezegd tegen zijn moeder toen ze vroeg wanneer hij eens een leuk meisje zou vinden om mee te trouwen en haar kleinkinderen te geven. Hij had geen belangstelling voor meisjes, of jongens, en hij had geen van de seksuele verlangens waarvan hij had gelezen dat hij die zou moeten hebben.

Mensen in het algemeen hadden iets waar hij gewoon geen binding mee had, wat hem niet aanstond, eigenlijk, en dat had hem in het verleden weleens problemen bezorgd. Daarom had hij als volwassene alleen solitaire, eenzame banen gehad. Eerst in de nachtploeg bij de McDonald's in Des Moines in Iowa. Daarna, toen hij het idee had dat hij meer van de wereld zou moeten zien – of in elk geval zijn eigen land – haalde hij zijn rijbewijs en werd vrachtwagenchauffeur; hij vervoerde vracht naar de ene kant van Amerika en nam tarwe mee terug.

Hij was grootgebracht volgens de Grieks-orthodoxe traditie, hoewel hij later geen enkele belangstelling meer had voor religie. Maar op de begrafenis van een oudtante had hij voor het eerst een neef van hem ontmoet, Angus, die vertelde dat hij monnik was en al enkele jaren een kloosterleven leidde op Oros Athos in Griekenland. Dat gesprek wakkerde Petes belangstelling in de Grieks-orthodoxe religie weer aan. Oros Athos leek Angus een plek die hij wel zou willen zien. Maar, waarschuwde Angus, het was niet simpelweg een kwestie van even aanbellen. Er was een langdurig toelatingsproces. En het was een eenzaam bestaan als hij werd toegelaten.

Pete vroeg hem om meer informatie.

28

Zondag 26 februari

In de weken na zijn voortijdige vertrek van de Blatchington Mill School, een halfjaar voor zijn zestiende verjaardag, negeerde Thomas Smith in zijn drang om geld te verdienen alle adviezen van zijn vroegere schoolhoofd. Hij werd runner voor de drugsdealer die hem de cannabis, ecstasy en andere drugs had geleverd die hij op school had gedistribueerd.

In het halfjaar erna verdiende hij op een eenvoudige manier veel geld, meestal door heroïne af te leveren in Brighton & Hove. Totdat hij werd opgepakt met in zijn zakken drugs met een straatwaarde van drieduizend pond.

Hij zat twee jaar in een jeugdgevangenis. Dat was heel nuttig, want hij bouwde een groot netwerk op van toekomstige dealers voor het drugsimperium dat hij voorbereidde. Op zijn negentiende had hij een mooi appartement langs het strand met uitzicht op het Kanaal. Door de hoge huur die hij daar moest betalen had hij nog niet genoeg geld verzameld voor de auto waar hij momenteel naar hunkerde, maar er zat al vijftigduizend pond in wat hij grappend zijn 'Ferrarifonds' noemde. Intussen reed hij rond in een fraaie zwarte Porsche van tien jaar oud met een gepersonaliseerd kenteken.

Een paar dagen voor zijn twintigste verjaardag, om vijf uur 's ochtends, werd zijn voordeur ingetrapt en stortte zijn wereld in. Zes smerissen brulden 'POLITIE! POLITIE!' en stormden zijn flat binnen. Ze vonden voor twintigduizend pond aan crack, heroïne en andere middelen. Hij was er vrij zeker van dat hij was verlinkt door een rivaliserende dealer. Hij werd streng bestraft, met acht jaar, en bijna net zo erg was dat de Porsche en al zijn geld in beslag werden genomen.

Maar God redde hem. Hij vond God in de gevangenis; of eigenlijk, zoals Thomas graag vertelde, vond God hém. Dat hij de Bijbel vaak had gelezen als kind en daarna als tiener kwam hem nu goed van pas. Hij herinnerde zich er grote delen van en ontdekte dat hij een natuurlijke flair had om te preken en uitgebreid te citeren uit het Goede Boek.

Dankzij de steun van de onbevooroordeelde directeur van de Highdown-gevangenis, waar hij naartoe was gestuurd voor het grootste deel van de vier jaar die hij moest uitzitten, mocht hij elke zondag zijn eigen 'kerkdienst' houden in de recreatieruimte. Binnen een jaar had hij meer dan honderd regelmatige bezoekers. Aan het eind van het tweede jaar had hij er meer dan tweehonderd. Hij was zo populair dat hij dagelijkse revivalmeetings begon te houden na het ontbijt in de eetzaal van de gevangenis.

Toen, op een nacht in zijn cel, sprak God rechtstreeks tot hem. God vertelde hem dat hij zijn leven moest beteren, dat hij de drugs moest vergeten wanneer hij vrijkwam. Dat hij een nieuw pad moest inslaan, Zijn pad. En dat hij een nieuwe naam moest aannemen, een naam met charisma, voor een nieuw begin. En een heel nieuwe identiteit.

Een van de gedetineerden, die een toegewijd volgeling was geworden, had een vriend die geestelijke was in Tooting Bec en daar een ongebruikte kerkruimte had. Binnen drie maanden na zijn vrijlating begon dominee Wesley Wenceslas het Woord van de Heer te preken in een ruimte die weinig meer was dan een grote schuur van roestige golfplaten gevuld met gammele houten klapstoelen.

De rest, zoals hij met trots vertelde aan iedereen die ernaar vroeg, was – Prijs de Heer! – geschiedenis.

De helikopter maakte een scherpe ruk en dook even een stukje omlaag. Toen schudde hij een paar keer.

Wenceslas voelde een steek van angst. Hij sloot zijn ogen en bad stilletjes. *O, Heer, behoed ons.*

Hij opende zijn ogen en keek uit het raampje. Ze waren bijna bij het heliplat. Hij zag de afbakening duidelijk.

'Jemig!' zei Pope. 'Dit was wel een onrustige vlucht.'

Wenceslas staarde hem aan. 'God zorgt voor ons, weet je nog?'

De grond kwam snel dichterbij. Op het laatste moment bleef de helikopter zweven op een kussen van lucht.

Toen voelde Wenceslas de geruststelling van vaste grond.

Boven hem gingen de rotoren door met hun *wak-wak-wak*-geluid.

Hij zette zijn headset af. Pope deed hetzelfde, streek zijn haar glad en keek op zijn kleine witte Hublot. 'Keurig op tijd!' verklaarde hij.

'Prijs de Heer!' zei zijn baas.

Net toen hij voor de laatste keer op *Bestellen* klikte hoorde hij Monty beneden blaffen, en daarna Imogens stem: 'Ross, ik ben thuis!'

'Geweldig, ik ben uitgehongerd,' riep hij terug. 'De kip zou over tien minuten klaar moeten zijn.'

'Hoe ging het golfen? Heb je gewonnen?'

'Nee, maar ik ben tweede geworden!'

Monty kwam drijfnat de kamer in draven en schudde zich uit, waardoor het water in het rond spetterde, rende naar zijn baasje toe en ging op zijn rug liggen.

'Hé, natte hond, lekker gewandeld?'

Hij aaide de hond over zijn buik.

Normaliteit.

Iets wat hij dringend nodig had in zijn leven.

Maar hij was ontzettend opgewonden... en meer dan een beetje bang.

Hij mailde Zack Boxx terug.

Je bent een genie!

Boxx antwoordde binnen een paar tellen.

Weet ik. Kan ik nu terug naar bed? Het is nog behoorlijk vroeg voor mij.

30

Maandag 27 februari

Monaco was een goede plek voor zijn doeleinden. Het rotsachtige vorstendom, het op één na kleinste land ter wereld, was maar ongeveer twee vierkante kilometer groot. Het werd aan drie kanten begrensd door Frankrijk en aan de vierde kant door de Middellandse Zee en stond grotendeels vol met hoge appartementengebouwen. Er waren geen bedelaars en geen daklozen, alleen maar overal waar je keek opvallende rijkdom die het toch voor elkaar kreeg om behoorlijk onopvallend te blijven.

De naam die het land had als glamoreus belastingparadijs, het zonnige klimaat en de nabijheid van de internationale luchthaven van Nice waren allemaal een pre voor hem, maar niet de voornaamste reden dat hij hier was. Vooral de anonimiteit die je hier kon krijgen – en die de bewoners zich konden veroorloven – kwam hem heel goed uit.

Hier in Monaco kon je bij de delicatessenafdeling van een supermarkt ineens naast een F1-coureur, een Russische investeringsbankier of een Brexitbanneling staan... of naast Big Tony. Die eigenlijk behoorlijk klein was.

Al zou je liever niet naast Big Tony staan. Niet dat hij stonk of zo. Het kwam gewoon door zijn aura. Hij droeg hem als een zwarte mantel.

Big Tony had een vrij onopvallende fysieke aanwezigheid en zijn huid was bleek. Hij kwam niet veel buiten, behalve om op een van zijn krachtige motorfietsen over de corniches – de kronkelende bergwegen tussen Monaco en Nice – te scheuren. Hij was eraan gewend geraakt om binnen te zijn, voelde zich daar meer op zijn gemak. Maar hij vond het een prettig idee dat hij nu de keus had, anders dan de eerste helft van zijn volwassen leven, die hij had doorgebracht in een zwaarbeveiligde gevangenis in Colorado. Hij was al klein en gebogen geweest toen hij er op zijn zesentwintigste werd opgesloten, maar nu op zijn drieënzestigste was hij nog kleiner, dunner, met een nerveuze uitstraling en roofvogelogen. Hij was terecht nerveus; er waren wat mensen die wrok tegen hem koesterden, met name een paar maffialeden in de gevangenis die tegen hem hadden opgeschept en die hij had verlinkt in ruil voor strafvermindering. Hij zou de rest van zijn leven over zijn schouder – en onder zijn auto – moeten blijven kijken.

Big Tony had op zijn vijfentwintigste al zeventien succesvolle huurmoorden gepleegd. De achttiende was een dure blunder geweest; niet voor zijn opdrachtgevers, die voor tweehonderdduizend dollar hun dode klojo kregen, maar voor hemzelf. Pure pech. Op weg naar het vliegveld via de 401 in noordelijk Toronto kreeg zijn gehuurde Durango een klapband. Toen hij ermee langs de weg stond werd hij aangetikt door een vrachtwagen; de chauffeur had een spelletje zitten doen op zijn mobiele telefoon, hoorde hij later. Terwijl hij drie maanden lang herstelde van zijn verwondingen in het ziekenhuis vermaakte de Canadese politie zich kostelijk met het geweer achter in zijn auto en de gegevens op zijn laptop, en een paar maanden later werd hij uitgeleverd aan de VS.

Nu, twaalf jaar na zijn vrijlating, was hij weer stevig op beide benen beland. Geen willekeurige opdrachten meer voor hem. Van nu af aan zou hij zorgvuldig kiezen welke klussen hij deed. En alleen de best betalende. Hij herinnerde zich de woorden van de Amerikaanse legergeneraal Patton uit een film die hij eens had gezien: 'Niemand heeft ooit een oorlog gewonnen door te sterven voor zijn land. Je wint een oorlog door een ándere domme sukkel te laten sterven voor zijn land.'

Tegenwoordig was hij meestal een soort Mr Fixit. Hij haalde dingen terug voor mensen. En af en toe, heel eenvoudig, regelde hij dingen voor mensen.

En de arrogante zak met zijn stomme rode bril, in een net pak en met een koffertje vol van wat Britse criminelen '*folding*' noemen, die net zijn appartement op de twaalfde verdieping was binnengekomen, was iemand die zijn diensten nodig had. Het droop van zijn gezicht, ook al deed hij nog zo zijn best om het te verbergen.

Ze zaten in de erker met uitzicht op de heliport, de Middellandse Zee en een parkje waar een vrouw haar hondje uitliet. De Engelsman had een grote bel vijfentwintig jaar oude Glenfiddich in zijn hand. Big Tony, die nooit dronk terwijl hij zakendeed, had een Virgin Mary genomen. Dat bleek een toepasselijk drankje, ook al wist hij dat nu nog niet.

'We hebben een probleem,' begon de Engelsman. 'Er is me verteld dat u de man bent die het voor me zou kunnen oplossen.'

'In dat geval,' zei Big Tony met zijn lijzige, trage Mississippi-accent en een stem die veel lager en krachtiger was dan je bij zijn uiterlijk zou verwachten, 'denk ik dat u degene met het probleem bent, meneer.'

De Engelsman fronste zijn voorhoofd. 'Ik?'

'Ik los geen problemen op, meneer, ik doe alleen maar dingen voor mensen.'

'Dan zit het wel goed.'

'Dat hangt ervan af wat u in die koffer hebt zitten.'

De Engelsman maakte hem open en liet de inhoud zien. Briefjes van vijfhonderd dollar, gebundeld in stapeltjes. 'Twee miljoen, vroeg u?'

'En hetzelfde nog eens bij levering.'

'U bent wel duur.'

'Ben ik duur?'

'Ja. Erg duur.'

'Doe die koffer dicht.'

'Dicht?' vroeg de Engelsman.

'Uh-huh.'

'Waarom?'

'Omdat u hem mag oppakken en meenemen. Ik ben niet uw man.'

'Hoe bedoelt u?'

'Wat was er zo moeilijk aan te snappen?'

De Engelsman keek opgelaten. Hij nam een grote slok whisky. 'Oké, luister, ik denk dat we verkeerd begonnen zijn. Ik vind je prijs prima.'

'Ik niet. Hij is net omhooggegaan.'

'Hé, sorry. Ik betaal je prijs met alle plezier.'

'Best. Het is nu acht miljoen.'

'Wat?'

'Je hebt me wel gehoord.'

'Dat is dubbel zo veel.'

'Ik weet voor wie je werkt. Geld is geen probleem. Kom terug met het juiste bedrag, dan praten we verder.'

De Engelsman keek alsof hij op een wesp zat te kauwen. 'Luister... alsjeblieft... laten we –'

'Laten we wat?' viel hij hem in de rede. 'Luister, je moet twee dingen over me weten als je zaken met me wilt doen. Ten eerste onderhandel ik niet. Ten tweede ben ik geen man van wie je wil dat hij je niet mag. Snap je wat ik bedoel?'

'Ik begrijp het.' De Engelsman keek op zijn horloge. 'Ik kan morgen terugkomen.'

'Na elf uur. 's Morgens komt mijn pilatestrainer.'

'Oké, maar intussen wil je misschien alvast hiernaar kijken.' De Engelsman gaf Big Tony een USB-stick.

'Ik kijk wel nadat ik je geld heb gezien. En geen onderhandelingen.'

'Geen onderhandelingen meer. Zoals je zegt, mijn baas heeft heel diepe zakken.'

'Dan speelt-ie zeker graag poolbiljart?'

De Engelsman kauwde weer op een wesp. Toen zei hij: 'Je bent ons hogelijk aanbevolen.'

'Ik heb niks met bullshit. Kom morgen terug of zoek iemand anders. Mijn leven zal er hoe dan ook niet door veranderen.'

'Ik kom morgen na elven terug met het geld.'

'Ja, dat weet ik.'

Ondanks zijn twijfels over de vreemde oude man was er één gedachte die steeds bij hem bleef terugkomen: stel nou gewoon eens – hoe onwaarschijnlijk ook – dat Harry Cook gelijk had.

Negen meter zuid draai links.

Hij zou die man nog een laatste kans geven; hij vond dat hij hem dat verschuldigd was. Als daar niets uit kwam, dan was het finito. Afgelopen.

Morgenavond, dinsdag, was Imogens boekenclubavondje. Een goed moment om de deur uit te gaan. Als alles goed ging was hij misschien nog eerder weer thuis dan zij. Hoewel hij dat eigenlijk betwijfelde. Hij werd zenuwachtig van het idee van wat hij ging doen. Maar hij wist dat als hij het niet deed, het de rest van zijn leven aan hem zou blijven knagen.

Die omgewoelde grond in de helling bij Chalice Well zat hem dwars. Als Cook hem de waarheid had verteld, had iemand anders dan op diezelfde plek gegraven? Iemand die op hen vooruitliep?

Had diegene de Heilige Graal al gevonden?

Hij dacht van niet. En zo niet, dan zou diegene ook nog steeds op zoek zijn.

Was het mogelijk dat ze hem in de gaten hielden? Dat ze wachtten tot hij hen erheen zou leiden?

Zodra hij thuiskwam pakte hij zijn portefeuille en sleutels, stapte in zijn auto en reed vijftien kilometer naar het plattelandsstadje Lewes. De Lewes Flea Market, in een historisch gebouw daar, kreeg zijn spullen deels toegeleverd vanuit boedelverkopen. De tweehonderd kramen binnen verkochten alles van oude meubels en schilderijen tot artikelen van voor en na de oorlog en allerhande bric-à-brac, veel ervan van lage waarde, maar toch weinig echte rommel.

Al na een paar minuten vond Ross er wat hij nodig had.

32

Maandag 27 februari

De lange, achtenveertigjarige Amerikaan zweette onder zijn dikke zwarte pij met kap terwijl hij vanuit de wasruimte in de kelder van het klooster een armvol schoon beddengoed de stenen trappen op zeulde. De knokkels van zijn rechterhand waren open geschaafd en deden pijn. Hij voelde zich vandaag verschrikkelijk, maar hij probeerde door te gaan zoals normaal, alsof er niets was gebeurd.

Na het ochtendgebed had broeder Pete de bedden van de gasten afgehaald, de handdoeken, lakens en kussenslopen gewassen en te drogen gehangen. Hier in Simonopetra, op een hoge rotspunt met uitzicht op de Egeïsche Zee, werd de kloostertraditie van kost en inwoning voor bezoekers zorgvuldig hooggehouden. Maar gasten mochten slechts één nacht blijven voordat ze verder trokken naar een volgend klooster, op een paar kilometer afstand.

Hij liep door het netwerk van donkere gangen naar de gastenslaapzaal. De ruimte had een sobere, gevangenisachtige sfeer met rijen metalen stapelbedden en kale muren. De piepkleine raampjes boden uitzicht op de blauwe zee, een paar honderd meter lager. Water waar hij op snikhete Griekse zomerdagen soms graag in zou willen springen, maar zwemmen werd beschouwd als vermaak, en alle vermaak was verboden hier in deze ascetische gemeenschap die zijn thuis was en waarvan hij zich niet kon voorstellen dat hij er ooit zou weggaan.

Er was beperkt elektriciteit. Radio en televisie waren verboden en communicatie met de buitenwereld werd streng beperkt. Een monnik, eenmaal toegelaten als permanente bewoner, mocht nooit vertrekken zonder toestemming van de abt.

Slechts één vrouw had sinds het jaar 800 voet gezet hier op Oros Athos, toen het eerste van de twintig kloosters op dit lange, smalle en bergachtige schiereiland in noordelijk Griekenland werd gesticht. De Autonome Monastieke Staat van de Heilige Berg, bestuurd door het oecumenisch patriarchaat van Constantinopel, was al achthonderd jaar lang christelijk orthodox. Zeventien van de kloosters hier waren Grieks orthodox, één was Russisch orthodox, één Servisch orthodox en één Albanees orthodox. De monniken spraken niet met elkaar, behalve wanneer het echt moest, en dan alleen nog met toestemming van hun abt.

Aangezien ze van het vasteland afgesloten waren door een ondoordringbare barrière van bergen, was er geen weg naartoe. De enige manier om Oros Athos te bereiken was met een ferry vanuit Thessaloniki, waar de toegang werd gelimiteerd tot twaalf niet-Grieks orthodoxe mannen tegelijk, en alle bezoekers moesten zich melden bij het monnikenbureau in Thessaloniki om te laten controleren of ze geen vermomde vrouwen waren. Schepen met vrouwen erop moesten minimaal een kilometer uit de kust blijven en de hoogste vrouwelijke levensvormen op het schiereiland waren kippen; zelfs vrouwelijke honden of katten waren er niet toegestaan.

Dat vond broeder Pete allemaal best. De lange, slungelige, bebaarde monnik met zijn geschoren hoofd had vele vredige jaren doorgebracht als gastenmeester in dit klooster. Maar toen hij er pas woonde was de afnemende populatie een punt van zorg geweest voor alle monniken hier, en ook voor de andere kloosters. Toen de vorige abt was overleden, een paar jaar voor Petes komst, hadden er te weinig monniken gewoond om zijn kist te dragen. Gelukkig had God ingegrepen, en de afgelopen tien jaar was het bewonersaantal hier in zijn klooster gestegen van twee naar vijfentwintig; mannen zoals hij, die om wat voor reden dan ook wilden ontsnappen uit de grote, materialistische wereld om hun leven aan God te wijden. Elders op het schiereiland waren de aantallen ook toegenomen.

Oros Athos had geen middelen om monniken te rekruteren. Om de monniken te vervangen die overleden was de gemeenschap geheel afhankelijk van bezoekers die besloten te blijven. Net zoals hij zelf had gedaan. Pete Stellos was hier op aanraden van zijn neef op bezoek gekomen en had zodra hij arriveerde de roep van de Heer gehoord.

Zijn dagen waren vredig gevuld met werken en bidden. Zijn toewijding maakte het hem mogelijk om de ontberingen te negeren, waaronder de plakkerige hitte in de zomer en de ijzige kou van de winter. Het was routine voor hem om om twee uur 's nachts op te staan en in de kapel te gaan bidden tot het ontbijt begon, dat zes dagen per week om halfzeven 's morgens werd opgediend. De zevende dag werd er gevast. De maaltijd van kaas, sla, vis en witte wijn werd snel en zwijgend gebruikt terwijl de abt van achter de lessenaar in de refter zijn dagelijkse lezing gaf. Na de maaltijd bad hij weer tot negen uur 's morgens, en dan maakte hij de bedden in de gastenslaapzaal op, deed de was en bad weer tot aan het avondmaal, dat bestond uit sla, kaas en witte wijn. Daarna bad hij tot tien uur 's avonds, en dan ging hij naar bed.

Als bezoekers met hem wilden praten moesten ze toestemming vragen aan de abt, en meestal kregen ze die dan gedurende vijftien minuten na het avondmaal. Broeder Pete zou liever niet met mensen praten, maar hij wist dat de zeldzame keer dat een bezoeker om een audiëntie met hem vroeg een kans was om mogelijkerwijs iemand te overtuigen van zijn roeping hier. De meeste bezoekers waren vrome, gelovige mannen die hun respect kwamen betuigen, wanhopig op zoek waren naar hulp van God bij het genezen van een stervende geliefde of recent iemand hadden verloren en naar begrip en troost verlangden.

Maar gisteravond had een bezoeker hem overstuur gemaakt; naderhand was hij diep verontrust geweest, en hij had de hele nacht om vergiffenis gebeden. De man was een agressieve en sceptische Amerikaanse journalist die een vijfdaagse bezoekerspas voor het schiereiland had verworven. Hij had uitgerekend dat broeder Pete zestien uur per dag aan bidden besteedde en gevraagd of hem dat nooit verveelde.

'Natuurlijk wel,' had hij geantwoord. 'Maar weet je, elk werk heeft zijn saaie kanten.'

'Is bidden werk?' had de journalist met zo veel scepsis in zijn neerbuigende stem gevraagd dat het bijna als medelijden klonk.

'Uh-huh.'

'Maar waar bid je dan om?'

'Ik vraag God om in te grijpen in de problemen van de wereld. Vrede te brengen in Syrië en Iran, een einde te maken aan de vervolging van Nigeriaanse kinderen door Boko Haram, de aardbevingsslachtoffers te helpen in Japan of Italië of waar die rampen zich ook voordoen, en iedereen op de wereld die wordt vervolgd vanwege zijn geloof.'

'Maar jullie hebben geen radio, geen televisie, geen kranten. Hoe weet je dan wat er in de buitenwereld gebeurt?' had de journalist gevraagd.

'God vertelt het ons,' had broeder Pete eenvoudig geantwoord.

'Geloof je dat?'

'Absoluut. Om monnik te zijn, moet je gelóven.'

'En je hebt nooit twijfels?'

'Waarom zou ik twijfels hebben? Als je jezelf overgeeft ten dienste van God, neemt Hij je twijfels weg.'

'Oké. Maar als blijkt dat God niet bestaat, heb je je leven vergooid, toch?'

Pete keek op zijn horloge. De abt had vijftien minuten toegestaan voor dit interview. Tot zijn opluchting was die tijd bijna om. 'Ik moet zo weer gaan.'

'Nog één laatste vraag. Wat mis je het meest aan je leven van voordat je hierheen kwam?'

'Missen?'

'Ja, je weet wel... films, vrijheid, hamburgers, internet; dingen die je hebt moeten achterlaten.'

'Niets. God geeft me alles wat ik nodig heb.'

'En je bent van plan hier de rest van je leven te blijven?'

Broeder Pete spreidde zijn armen en liep naar het raam, waar geen glas in zat. Heel ver beneden lag het diepe blauw van de oceaan. 'Heb jij zo'n uitzicht vanuit het raam van je kantoor?'

'Is dit je kantóór?'

'Zoiets.'

'En waar ga je hierna heen, omhoog langs de carrièreladder van monniken? Naar de penthousesuite?'

Pete negeerde de sneer en antwoordde simpelweg: 'Waarom zou ik ergens anders willen zijn? Ik blijf hier totdat God me roept.' Hij haalde zijn schouders op. 'En dan ga ik daarheen waar Hij me nodig heeft.'

'Nog één korte laatste vraag, broeder Pete. Heb je nooit twijfels? Heb je nooit het idee dat je misschien op de zolder van een huis woont terwijl er beneden een groot feest aan de gang is waarvoor jij niet bent uitgenodigd?'

De monnik keek hem medelijdend aan. 'Ik heb nooit een moment van twijfel gehad sinds ik hier voor het eerst voet zette. Nee, meneer. Ik vertrouw op God. En ik zal je nog iets vertellen. Ik heb het gevoel dat hetzelfde voor jou geldt; je wilt het alleen niet toegeven.'

'Dat zie je verkeerd. Ik respecteer je opvattingen, maar ik ben geen stiekeme christen. Ik heb een open geest, en daarom ben ik hier.'

'Ga je nu weer naar Amerika om een stuk voor *The New Yorker* te schrijven over de geschifte monniken van Oros Athos?'

'Ik zal schrijven dat ik medelijden met je heb, en met al je misleide medeklootzakken.'

Pete stapte naar voren en stompte de journalist zo hard op zijn gezicht dat zijn neus brak.

33

Dinsdag 28 februari

Om vijf uur 's middags, een uur voordat Imogen zou thuiskomen van haar werk, stopte Ross de achterbak van zijn auto vol met alle equipment die hij dacht nodig te hebben, een groot deel ervan gisteren geleverd en in de garage gezet. Hij was blij met de stromende regen en donkere hemel die hem extra dekking boden en hoopte dat het zulk slecht weer zou blijven, zoals ook was voorspeld.

Hij liet een briefje voor haar achter op de keukentafel.

Ben weg voor mijn werk, kan laat worden. Monty heeft eten gehad.
Fijne boekenclubavond! X

Hij begon aan de lange, trage rit door het spitsuur, met Glastonbury in zijn navigatie geprogrammeerd. Hij was met zijn gedachten zo bij de taak die voor hem lag dat hij in het schemerlicht de donkere wagen niet opmerkte die steeds twee of drie auto's achter hem bleef. De wagen die hem volgde over de A23, de M25 en vervolgens de M3 langs Basingstoke en Salisbury, en nog steeds toen hij bijna drie uur later over de A303 langs Stonehenge reed.

Pas op dat moment werd Ross zich ervan bewust dat iemand hem misschien schaduwde. Toen de auto achter hem links was afgeslagen en de koplampen van de wagen daarachter hem ineens bekend voorkwamen. De meeste koplampen, behalve die van nieuwe modellen Audi's en een paar andere dure wagens, met opvallende ledlichten, waren hetzelfde. Even later kwam er iets met een gloed van blauwgetinte lichten dichtbij in zijn spiegel en schoot toen brullend langs hem heen. Een Porsche 911.

Nu zaten er geen koplampen meer achter hem.

Wie het ook was geweest, hij moest zijn afgeslagen, dacht Ross opgelucht. Maar hij bleef op zijn hoede. En de zenuwen gierden door zijn lijf vanwege datgene wat hij ging doen.

Het was even na halfnegen 's avonds toen hij eindelijk in Glastonbury aankwam. Het weer zat mee: het stortregende nog steeds. Perfect. Hij had niet om betere dekking kunnen vragen.

Met een steek van onbehagen dacht hij iets in zijn spiegel te zien. Hij vertraagde meteen en keek herhaaldelijk in zijn achteruitkijkspiegel terwijl hij onder de straatlantaarns door reed. Niets.

Alleen maar zijn verbeelding. Hij was schichtig.

Zo schichtig als de hel.

Hij reed de verlaten parkeerplaats op voor de fabriekswinkel waar hij al eerder was geweest, deed zijn koplampen uit en bleef om zich heen zitten kijken, maar er was nog steeds geen ander voertuig te zien. Het regende te hard en niemand, behalve de meest verstokte hondenuitlater, zou in zulk rotweer naar buiten gaan.

Hij schrok van een *ping* van zijn telefoon.

Het was een berichtje van Imogen.

Hoop dat alles bij jou goed gaat. Vette discussie hier over dit boek! X

Ze lazen *Shantaram*. Hij typte terug:

Zeg maar dat je het de nieuwe Vijftig tinten grijs vindt!

Hij startte de motor en reed de parkeerplaats weer af, uitkijkend naar andere voertuigen die er nog niet hadden gestaan toen hij hier een paar minuten eerder langs was gereden, maar zag nog steeds niets.

Hij ging linksaf naar het laantje tussen Chalice Well en Glastonbury Tor, waar hij bij zijn bezoek van vorige week overheen was gelopen, reed door en draaide de parkeerhaven op waar het voetpad naar de Tor begon. Er was meer dan genoeg ruimte voor zijn auto. Dit was perfect. Er was geen mens.

Ross opende de kofferbak en haalde er de drie waterbestendige tassen uit waarin hij alle spullen had gestopt die hij nodig zou hebben. Hij zeulde de zware tassen mee het laantje in, klaar om de schaduwen in te duiken als er een auto langsreed. Eerst zette hij een hoofdlantaarn met een rood filter op – gedempte verlichting, had hij uitgezocht, was van een afstand niet te zien – en toen hees hij de tassen over het hek. Hij liet ze aan de andere kant vallen en klom er toen onhandig zelf overheen.

Hij keek om zich heen om zijn ogen aan het donker te laten wennen.

Kon hij dit echt?

Er klonk weer een luid *ping* van zijn telefoon.

Hij pakte hem en keek op het schermpje. Het was weer een berichtje van Imogen.

Ha! XX

Hij glimlachte onbehaaglijk en voelde zich rot omdat hij haar niet had kunnen vertellen wat hij vanavond echt deed. Maar hij had haar niet ongerust willen maken. Hij zette de telefoon op de trilstand.

Een klein vonkje licht flitste op in het donker, heel even, aan de andere kant van het hek. Met bonzend hart, terwijl het klamme zweet hem uitbrak, deed hij zijn hoofdlantaarn uit en bleef heel stil staan.

Niets.

Nadat hij een paar minuten had gewacht in de onophoudelijk stromende regen draaide hij zich om, zette de lantaarn weer aan, pakte zijn tassen en liep door. Behoedzaam daalde hij de glibberige treden naar de put met het openstaande ronde deksel af.

Dit is gekkenwerk.

Ga naar huis.

Hij was drijfnat, verkild, ongerust en steeds banger.

Idioot, dacht hij. Vergeet dit gewoon. Beelden van Harry Cooks verschrikkelijke dood trokken voor zijn geestesoog langs. Wachtten de folteraars en moordenaars van de oude man in het donker op hem?

Hij huiverde.

Laat het zitten, schreeuwden zijn hersenen hem toe. *Ga naar huis, zoek een andere manier om de wereld te redden.*

Maar hij was al helemaal hierheen gekomen.

Hij zette de tassen neer, stapte naar de rand van de smalle put en tuurde door het metalen rooster naar het inktzwarte water onderin. Er steeg een geur van mos en algen van op. Hij dacht aan het propje dat hij uit Cooks prullenbak had gehaald. De coördinaten en de ontcijfering van de getallen die Boxx hem had gestuurd.

Negen meter Z (zuid?) D (draai?) L (links?)

Als je negen meter naar het zuiden en dan linksaf ging van de precieze plek van die coördinaten, stond je bij deze put.

Hij bukte zich, ritste een van zijn tassen open en haalde er een bahco uit. Het kostte hem een paar minuten om de moeren los te draaien waarmee het rooster op zijn plek werd gehouden. Ze waren waarschijnlijk al jaren niet meer opengedraaid, of misschien wel decennia. Tegen de tijd dat hij de laatste los had, zweette hij van inspanning. Toen hij op zijn knieën zakte om het rooster eraf te tillen, in de hoop dat het niet onmogelijk zwaar zou zijn, hoorde hij een auto.

De auto reed langzaam over de laan aan de andere kant van het hek. Hij hield zijn adem in. Als het de plaatselijke politie was, zouden ze zich dan afvragen wat zijn auto daar deed, of gewoon aannemen dat hij een nachtelijke wandelaar was die een ommetje maakte rondom de heilige heuvel?

Hij zag de gloed van de koplampen tegen de laaghangende takken. De auto reed door. Toen het geluid van de motor was weggeëbd ging hij verder met zijn werk. Hij pakte twee van de zwartmetalen staven van het rooster vast en gaf er een ruk aan.

Er gebeurde niets.

Shit.

Hij probeerde het nog eens. En nog eens.

Toen zag hij het probleem: hij had slechts vijf moeren losgehaald, maar er zaten er zes in. Hij had er een overgeslagen.

De zenuwen, besefte hij. Hij dacht niet helder na.

Hij verwijderde de laatste moer, bukte zich en greep het rooster weer vast. Nu kwam het gemakkelijk los; het was lichter dan hij had verwacht.

Met een zucht van verlichting legde hij het voorzichtig naast de put, opende een andere tas en haalde er het geïmproviseerde toestel uit dat hij eerder vandaag in elkaar had gezet. Het was zijn GoPro-camera in de waterdichte behuizing die hij op duikvakanties gebruikte, samen met een metalen moersleutel als ballast en een waterdichte ledlantaarn aan een polypropyleentouw gebonden.

Hij schakelde de lantaarn in, zette de camera op opnemen en liet het touw vieren om het toestel in het water te laten zakken. Hij maakte een schatting van de diepte. Drie meter. Zes meter. Tien. Twaalf. Vijftien.

Volgens het informatieboekje was de put vierentwintig meter diep.

Achttien. Twintig. Vierentwintig.

Het touw ging slap hangen.

Hij trok het strak, draaide het langzaam een paar keer rond en haalde het rustig weer omhoog. Elke paar seconden stopte hij even en keek om zich heen. In het donker wierp zijn hoofdlantaarn een rossige gloed over de ronde stenen muur rondom de put.

Plotseling dacht hij een voetstap te horen.

Hij verstijfde. Deed zijn hooflantaarn uit. Bleef heel stil zitten, luisterend. De regen kletterde neer. Hij trok de camera verder omhoog, stopte en luisterde weer.

Het enige geluid was de regen.

Rillend van de kou deed hij zijn hoofdlantaarn weer aan.

Hij pakte de camera, opende de behuizing en haalde het toestel eruit. Terwijl hij het onder zijn parka zo goed mogelijk afschermde tegen de regen drukte hij op de afspeelknop.

Ongeveer een minuut lang keek hij naar de opname die hij had gemaakt: het korrelige beeld toonde kale muren en hier en daar wat mos en algen terwijl de camera afdaalde. Toen trilde het beeld even doordat de camera de bodem raakte.

Het beeld begon te draaien. Hij zag een paar dingen, zo te zien munten. De camera leek een volledige draai te hebben gemaakt en had wat sediment opgewoeld. Verder niets.

Shit, shit, shit.

Maar nu wist hij het in elk geval. Harry Cook was –

Ross verstijfde toen de camera verder draaide en hij iets in het troebele donker zag.

Hij drukte op de pauzeknop.

Daar was iets wat geen deel uitmaakte van de bodem van de put, en ook niet van de muur. Een donkere vorm op de bodem. Hij speelde de video nog eens af. Hij zag het duidelijker nu zijn ogen gewend waren aan het donker daarbeneden.

Het voelde alsof er een stroomstoot door zijn lijf was gegaan.

Wat was dat?

Hij speelde het filmpje nog een keer af. Daar lag het, genesteld in het sediment. Er viel onmogelijk te bepalen wat het was. Misschien alleen maar een grote steen.

Ross haalde de delen van de flexibele cavingladder en de Maillon Rapide-karabiners die hij op internet had gekocht tevoorschijn en begon met trillende handen de ladder in elkaar te zetten. Toen hij klaar was gebruikte hij een *tow strap* om de touwladder aan een boom bij het hek te bevestigen en liet hem rustig in de put zakken.

Uit de derde en zwaarste tas haalde hij zijn duikapparatuur. Toen bleef hij even staan. Starend in de duisternis om hem heen. Rillend. Dit was waanzin. *Laat het zitten. Ga naar huis.* De put was amper breed genoeg voor hem.

Uw broer Ricky... Hij zei dat hij wilde dat u me vertrouwde. Hij noemde twee namen, Bubble en Squeak.

Harry Cooks stem galmde door zijn hoofd.

Hij was hier nu. Nu zou hij dit doorzetten ook.

Hij trok zijn kleren uit en wurmde zich rillend van de kou in de wetsuit. Hij trok rubberschoenen en -handschoenen aan, bevestigde de zuurstoftank en vervolgens de ademautomaat aan zijn trimvest, schakelde de lucht in en controleerde de tankcapaciteit. Er was nog maar een halve tank over. Stom van hem dat hij dat niet had gecheckt, maar hij wist zeker dat het meer dan genoeg zou zijn voor de diepte waarnaar hij zou afdalen. Hier zou hij in elk geval geen last hebben van stroming; anders dan tijdens zijn laatste, nogal penibele duik van afgelopen zomer met Imogen op het Elphinstone-rif in de Rode Zee. Hij deed zijn loodriem om, bond zijn duikmesholster en krachtige onderwaterzaklantaarn om zijn benen, zette zijn hoofdlantaarn op en deed zijn duikcomputer om. Met zijn duikbril op pakte hij de eerste tas van de grond. Hij klom over de rand van de put, greep met de handvatten van de kleinste tas om zijn arm de ladder vast en begon af te dalen.

De man die hem helemaal hierheen was gevolgd vanuit Patcham keek van een afstandje naar hem door een nachtkijker met ingebouwde video. Een wazig groen beeld. Kort nadat Ross uit het zicht was verdwenen zoomde hij in.

34

Dinsdag 28 februari

Ross klom de wankele ladder af, nerveuzer bij elke stap, tot hij slechts een kort stukje onder de rand van de put het oppervlak van het water bereikte. Hij aarzelde. Al zijn instincten schreeuwden hem toe dat hij moest kappen, deze hele toestand moest laten zitten, naar huis moest gaan. Maar hij verzamelde moed, pakte het mondstuk van zijn ademapparaat, zette zijn duikbril goed en liet zich rustig zakken.

Zodra zijn hoofd onder water verdween voelde hij de ijzige kou.

Algenslierten raakten zijn gezicht en hij huiverde. Een stukje lager stopte hij en bevestigde de tas die hij had meegenomen aan een sport van de ladder.

Hij bleef afdalen in de spookachtige duisternis, die slechts karig werd verlicht door zijn hoofdlantaarn. Het enige geluid was het geruis van zijn ademhaling, geborrel van belletjes en het *bons-bons-bons* van zijn hartslag. Ondanks de bescherming van zijn duikkleding rilde hij van de kou.

De afdaling leek een eeuwigheid te duren.

En hij was heel bang.

Hij hield stil en vroeg zich af of hij dit wel moest doorzetten. De kou werd erger, en hij was nog niet eens op de helft.

Waarschijnlijk lag er alleen maar troep daarbeneden.

Het geluid van zijn ademhaling werd luider, galmend. Algen die tegen de muren groeiden streken als spinnenwebben langs zijn gezicht. Zijn voeten vonden de volgende sport. En de volgende. Dat was de laatste sport. Zes meter van de bovenrand nu. Hij liet los en zonk gestaag.

Het voelde alsof hij versnelde.

Negen meter. Twaalf. Vijftien.

Hij had gedoken in wrakken bij Barbados, in grotten in de Rode Zee, langs diepe riffen bij de Malediven, en daar was hij nooit bang geweest. Maar nu was hij als de dood. Hij zonk dieper en dieper omlaag in de nauwe, inktzwarte schacht.

Achttien meter.

Hij dacht aan hun ongeboren kind. Aan Imogen. Soloduiken, waar dan ook, was taboe. Soloduiken in een beperkte ruimte – en nog wel een onbekende – was gestoord. Als hij op wat voor manier dan ook in de problemen raakte, zou niemand hem komen redden. Hij zou de geboorte van zijn kind nooit meemaken.

Eenentwintig meter.

In zijn nerveuze en angstige toestand maakte hij de grote fout om zijn drijfvermogen niet te controleren, en als een groentje plofte hij in de zachte modder op de bodem van de put.

Woedend om zijn incompetentie kon hij terwijl de modder als mist rondom hem opsteeg niets anders doen dan wachten tot hij weer ging liggen. Hij controleerde de drukmeter op zijn ademapparaat en zag dat hij nog voldoende lucht had voor ongeveer een kwartier. Door zijn paniek had hij veel meer lucht verbruikt dan normaal.

Het was stom om in paniek te raken, wist hij. Duikers gingen eraan dood. Hij moest rustig worden. Hoe dan ook. Maar zijn gedachten tolden door zijn hoofd.

Hij had er zeven minuten over gedaan om af te dalen en had minimaal dezelfde tijd nodig om weer boven te komen. Maar het water was nog te troebel om iets te zien.

Langzaam werd het helderder.

Nog elf minuten over.

Tien.

Hij zag een paar munten liggen, iets wat eruitzag als de verpakking van een KitKat, een deels vergaan doosje en een grote, ouderwetse Nokia-telefoon. *Dat kan toch niet het voorwerp zijn dat de camera oppikte? Dat was groter. Een stuk groter.*

Hij draaide zich om, waardoor nog meer modder omhoogkwam en alles verhulde. Hij knielde neer en graaide walgend met zijn handschoenen in de diepe modder en het slijm; er wervelde nog meer op. Wat lag hier allemaal? Wat voor weerzinwekkende dingen? Welke dode dieren of levende bodemazers? Hij raakte iets aan wat aanvoelde als een dode kikker en huiverde. Toen een massief voorwerp. Bedekt met slijm.

De vorm die hij op zijn GoPro had gezien?

Hij haalde het omhoog en hield het vlak voor zijn gezicht. De lichte gloed van zijn hoofdlantaarn onthulde dat er slierten slijm en algen aan hingen. Hij veegde ze eraf en zag tot zijn teleurstelling dat het een rode rubberen kinderlaars was, gevuld met sediment.

Nadat hij had gecontroleerd of hij echt niets over het hoofd had gezien, begon hij eindelijk omhoog te gaan.

Nog acht minuten over.

Hij ging zo snel omhoog als zijn melder toestond en stopte even bij de sport een stukje onder het wateroppervlak, waar hij op weg naar beneden zijn tas aan had bevestigd. Hij ritste de tas een stukje open om er water in te laten en ritste hem weer dicht. Daarna ging hij verder naar boven, kwam boven water, deed zijn mondstuk uit en zoog opgelucht de frisse nachtlucht naar binnen. Hij zwaaide de tas over de rand van de put op de grond.

En verstijfde.

Er stond een schimmige gedaante voor hem.

Iets hards beukte in zijn gezicht en sloeg hem van de ladder af. Hij plonsde terug in het water, graaide zwakjes naar de ladder en kreeg water binnen.

Toen hij eindelijk de ladder weer vasthad klom hij met ingehouden adem zo snel mogelijk naar boven. Zodra zijn hoofd boven water kwam hoestte hij, spuugde water uit en keek omhoog. Hij trok zijn duikmes uit de schede en hield het stevig in zijn rechterhand terwijl hij bleef klimmen. In het donker was niet goed te zien hoe ver hij nog moest, dus vertraagde hij, ging sport voor sport verder omhoog, stopte na elke sport en wachtte even.

Plotseling hoorde hij een motor die werd gestart, het piepen van banden, en daarna het geluid van een auto die snel wegreed.

Klootzak.

Hij klom de rest van de ladder op en bleef toen geschokt stilhangen.

Het metalen rooster was weer over de put gelegd.

Zijn neus deed pijn, maar dat merkte hij amper toen hij behoedzaam door het rooster tuurde. Zijn plan had gewerkt.

De twee grote tassen lagen er nog, maar zijn belager had de kleinere tas meegenomen die hij daar een paar tellen geleden had neergegooid. Met de inhoud die hij gisteren op de vlooienmarkt had gekocht: een roestig koekblik uit 1930 en een verzilverde doopbeker die hij in doeken had gewikkeld en in het blik had gestopt.

Hij wachtte, aandachtig luisterend of hij iets hoorde, maar het bleef stil.

Uiteindelijk duwde hij hard tegen het rooster, maar er zat geen beweging in. Hij zat opgesloten.

Rustig. Diep ademhalen. Rustig aan. Diep ademhalen.

Het dak en de zijwanden van de grot kwamen op hem af.

Alsof hij in een doodskist lag.

Ik ben al zo ver gekomen. Doorgaan. Doorgaan.

Hij hoorde zijn ademhaling om hem heen echoën. En het geschraap van zijn lichaam elke keer als hij zich naar voren duwde.

Stel dat ik vast kom te zitten.

Hij zette die gedachte uit zijn hoofd.

Wurmde zich naar voren.

Ongeveer twintig meter voor hem leek de ruimte groter te worden. Dat gaf hem een uitbarsting van energie en hij wurmde zich verder. Een minuut later was hij in een grot met een plafond dat hoog genoeg was om te staan, met een volgende tunnel aan het eind.

Met een zucht van verlichting kwam hij wankel overeind. Hij raapte de zaklantaarn op en scheen ermee langs de kale wanden, de kale vloer, en zag een kleine alkoof aan de rechterkant.

Stoffige scherven steen op de grond eronder wezen erop dat dit geen natuurlijke holte in de muur was. Iemand had deze uitgehakt. Nieuwsgierig liep hij ernaartoe en scheen er met zijn zaklantaarn in.

En zag een voorwerp liggen, helemaal achterin.

Hij stak zijn hand naar binnen en pakte het eruit.

Het was van hout, ongelijkmatig van vorm, zo groot als een rugbybal, bedekt met stof, en leek uit twee helften te bestaan die met elkaar verbonden waren door een hechtmiddel zo hard als steen.

De haartjes achter in zijn nek kwamen overeind.

Dit was door mensen gemaakt.

36

Dinsdag 28 februari

Ross bleef staan, gebiologeerd door het voorwerp. Hij kon aan niets anders denken. Al zijn angst was tijdelijk verdwenen.

Was dit wat Harry Cook had gezocht?

Waarvoor hij was gestorven?

Wat zat erin?

Hij kwam in de verleiding om het ter plekke open te wrikken met zijn mes. Maar zijn prioriteit was om het te beschermen en hier weg te komen zonder zijn belager weer tegen te komen. Op enig moment zou degene die hem in zijn gezicht had getrapt en er met zijn tas vandoor was gegaan ontdekken wat er echt in zat, en dan kwam hij misschien terug.

Misschien kon hij via de tunnel die de grot uit liep een uitweg vinden.

Hij moest het proberen.

Hij liep met zijn vondst naar het einde van de grot en liet zich weer op zijn buik zakken; de zaklantaarn en het houten voorwerp duwde hij voor zich uit.

Hij kroop door een volgende lange tunnel, amper breed en hoog genoeg voor hem. Maar al die tijd werd de luchtstroom in zijn gezicht sterker, kouder en frisser. Na twintig minuten zag hij het eind. Een stenen wand verderop, met ruwe stenen treden erin uitgehakt en weer een grot die hoog genoeg was om in te staan.

Met de zaklantaarn in zijn ene hand en het voorwerp in de andere klom hij ongeveer zes meter hoger, en tot zijn opluchting werd de koude lucht steeds frisser. Boven zich zag hij een volgend rond, roestig metalen rooster met duisternis erachter.

Hij bereikte het, zonder enig idee van waar hij was, en duwde ertegen.

Het bewoog niet.

Vechtend tegen zijn paniek porde hij met zijn mes hard omhoog langs de rand. En voelde dat hij door iets zachts heen sneed. Aarde viel in zijn gezicht en zijn ogen, waardoor hij even werd verblind.

Hij knipperde met zijn ogen, wreef erin en zette zijn duikbril op voordat hij nog een paar minuten met zijn mes langs de randen wrikte.

Toen duwde hij nog een keer.

En voelde het rooster een heel klein beetje bewegen.

Met al zijn kracht duwde hij nog eens. Het rooster bewoog een paar centimeter.

Na twee pogingen, met een zuigend geluid alsof de aarde het met tegenzin losliet, ging het rooster omhoog en viel opzij.

Ross klom de laatste twee treden op, hees zich door de opening die hij had gemaakt en scheen met zijn zaklantaarn om zich heen. Hij bevond zich in dichte begroeiing en liep door tot hij uiteindelijk op een grazige helling uitkwam. Ineens wist hij precies waar hij was.

Een meter of honderd boven hem stond de ruïne van Glastonbury Tor, waar hij vorige week was geweest. Links van hem, waar hij net vandaan was gekomen, was een enorme, ondoordringbaar ogende haagdoornstruik met een aantal bomen ertussen.

Hij bleef in de regen staan, starend in de nacht, in de richting van Chalice Well.

37

Dinsdag 28 februari

Ross liep terug naar de put waar hij was begonnen, goed om zich heen kijkend om zeker te weten dat zijn belager weg was. Zijn overgebleven twee tassen lagen er nog. Hij wikkelde voorzichtig zijn vondst in een handdoek en stopte die in een tas. Daarna begon hij zijn sporen uit te wissen.

Hij schroefde het rooster los dat hem gevangen had gehouden, trok de ladder met de gewichten en zijn luchttank omhoog en pakte alles in. Toen sloot hij het rooster en bevestigde het weer; hij nam niet de moeite om de stenen voor de opening die hij beneden had gemaakt terug te zetten. Uiteindelijk wurmde hij zich uit zijn wetsuit en trok zijn kleren weer aan. Toen hij klaar was liet hij de tassen over het hek zakken en klom erachteraan, met zijn oren gespitst voor naderende voetstappen of voertuigen.

Hij verliet Glastonbury en reed een paar kilometer in de richting van Brighton voordat hij een afgelegen parkeerplaats zag. Daar stopte hij, uit het zicht van de weg, achter een gesloten cateringwagen. Hij deed zijn portieren op slot, schakelde de interieurverlichting in, ritste met trillende handen de tas op de passagiersstoel open en keek naar het vreemde, stoffige, ovale voorwerp dat hij in de handdoek had verpakt.

Toen hij het oppakte en ermee schudde, voelde hij binnenin iets heel lichtjes bewegen. Nog eens om zich heen kijkend om zeker te weten dat er niemand aan kwam, snel ademend, krabde hij voorzichtig de dikke laag stof van een klein stukje van het hout. Toen hield hij het ding tegen zijn oor en tikte ertegen. Het klonk hol.

Trillend probeerde hij de twee helften van elkaar los te maken, maar dat lukte niet. Dat zou moeten wachten tot hij thuis was.

Hij vroeg zich af wat erin kon zitten. Was dit wat Cook had voorspeld? Was dat echt mogelijk?

Of was het helemaal niets, een enorme anticlimax?

Hij durfde nauwelijks te hopen dat het echt kon zijn. De kelk. Iemand, of het nu Jozef van Arimathea was of niet, had wel heel veel moeite gedaan om het ding te verstoppen, dat het al die jaren niet was ontdekt.

Toen hij in de spiegel keek, zag hij een spoortje geronnen bloed uit zijn neus over zijn lippen lopen, en ook schrammen op zijn voorhoofd en wang. Hij maakte zijn handdoek vochtig en veegde zijn gezicht zo goed mogelijk schoon; zijn neus deed pijn. Misschien kwam het door de schaduwen en het weinige licht, maar het leek erop dat er donkere kringen om zijn ogen zaten. Een teken dat zijn neus gebroken was.

Hij kwam even na twee uur 's nachts thuis, vol adrenaline, en stopte voor de garage naast Imogens Prius. Ze gebruikten de garage alleen om spullen op te bergen en als werkplaats, en zetten hun auto's eigenlijk nooit binnen.

Hij keek om zich heen in het donker voordat hij uitstapte en naar de garage liep. Zo geruisloos mogelijk opende hij de roldeur, deed het licht aan, haalde de tassen uit zijn auto, sloot de deur achter zich en controleerde of die op slot zat.

Hij hing snel zijn duikapparatuur aan de haken boven zijn fiets, opende de binnendeur en liep met de vochtige tas met het voorwerp het huis in, langs Monty die lag te slapen in zijn mand, en zette hem op het aanrecht. De hond opende één oog, maar deed het weer dicht toen Ross op zijn tenen doorliep naar de slaapkamer boven.

Zijn gebroken neus en schrammen zou hij verklaren door te zeggen dat hij een stomp had gekregen van een kwade hedgefondsmanager die hij had benaderd naar aanleiding van zijn onderzoek naar belastingontduiking.

Imogen was diep in slaap en had het nachtlampje voor hem aangelaten.

Mooi.

Hij wilde net weer naar buiten sluipen toen ze mompelde: 'Hoe was je avond?'

'Niks bijzonders.'

'Mooi.'

'De jouwe?'

'Niet iedereen vond het een goed boek. Sommigen vonden het te lang, maar ik was het daar niet mee eens.'

Hij liep naar haar toe en kuste haar. 'Slaap lekker.'

'Hou van je.'

'Ik ook van jou.' Hij probeerde het te laten klinken alsof hij het meende, maar het kostte moeite om de woorden naar buiten te krijgen.

Nadat hij zo zachtjes mogelijk de slaapkamerdeur had gesloten ging hij weer naar beneden. In de keuken pakte hij een fles Craigellachie-whisky uit de kast. Hij nam een paar slokken rechtstreeks uit de fles om te kalmeren. Toen trok hij rubberhandschoenen aan, haalde voorzichtig het voorwerp uit de tas, legde het op een droge theedoek in de gootsteen en maakte er een paar foto's van met zijn telefoon.

Hij veegde rustig en voorzichtig het stof eraf met een doek in plaats van een borstel, want misschien was er iets op geschilderd of geschreven wat hij kon beschadigen. Het ding was beslist van hout, vermoedelijk eiken. Het leek een soort omhulsel, gemaakt van twee helften van een smalle boomstam die was doorgezaagd en weer aan elkaar bevestigd.

Het voorwerp voelde heel oud en het hout was donker. Als iets wat je in een museum zou zien. Hij bleef er peinzend naar staren.

Peinzend.

Doctor Cook, is dit wat u zocht? Is dit wat God wilde dat u vond? De eerste van drie voorwerpen waarvoor hij coördinaten had gekregen?

Het licht dimde een fractie. Het flikkerde. Toen werd het weer helder. Ross huiverde. Keek naar de lampen. Hoorde zijn hart bonzen. Hij luisterde of hij Imogen misschien uit bed hoorde komen, maar behalve Monty die uit zijn waterbak dronk was alles stil.

Moest hij dat ding wel aanraken? Moest hij wel proberen het te openen? Misschien beschadigde hij het dan. Kon hij er niet beter mee naar een expert gaan, misschien iemand bij het British Museum? Maar dan zou hij moeten verklaren hoe hij eraan kwam. En zou hij verplicht zijn te vertellen wat er mogelijk in zat. Die informatie wilde hij voorlopig voor zichzelf houden.

Hij maakte er nog een paar foto's van. Toen koos hij een groot, zwaar mes uit het houten messenblok op het aanrecht en begon in de afdichting te wrikken. Maar het was harder dan steen, zo hard als diamant. Hoe hij ook zijn best deed, zo voorzichtig mogelijk zodat het mes niet wegglipte, hij kon niet tussen de twee helften komen. Moe en gefrustreerd nam hij het ding mee naar de garage, zette het in de bankschroef op zijn werkbank – gekocht in de tot nog toe onvervulde hoop om een betere doe-het-zelver te worden – en zette het ding zo stevig mogelijk vast zonder dat het zou barsten. Toen pakte hij een hamer en beitel.

Ross zette het beitelblad tegen de afdichting en tikte erop met de hamer. Er gebeurde niets. Hij tikte wat harder, en toen nog harder. Uiteindelijk brak hij erdoor.

Een kwartier later had hij voldoende van de afdichting weggebeiteld. Hij opende de bankschroef, stak de beitel weer tussen de helften en draaide.

De bovenste helft ging open als een mosselschelp, met een luid gekraak. Onderin lag een bundel van een soort donkerbruine stof, gewikkeld om een voorwerp en vastgebonden met vezelige snoeren van iets wat op raffia leek.

Hij legde beide helften voorzichtig op een doek op de werkbank en tilde het voorwerp eruit. Het was licht en voelde hard aan. Hij wikkelde de doek eraf. Het materiaal was oud en delen ervan vergaan tot stof. Eindelijk, na het afwikkelen van meerdere lagen, zag hij het voorwerp dat erin zat.

En voelde een vreemde tinteling over zijn huid lopen. Alsof alle haartjes op zijn lichaam rechtop gingen staan.

Het zag eruit als een handgemaakte drinkbeker. Een kelk.

Hij maakte er een paar foto's van en pakte hem op. Hij was onregelmatig, maar wel mooi. Heel sierlijk, met een elliptische kelk en een kleine, vlakke, ronde voet.

Onder in de kelk zat een donkere korst.

Hij vroeg zich af waar hij nu eigenlijk naar keek.

Een ingewikkelde grap? Of iets wat het christendom al bijna tweeduizend jaar lang zocht?

Was het mogelijk?

Plotseling schudde de garagedeur alsof iemand probeerde hem open te maken. Ross verstijfde even. Toen kalmeerde hij weer. Het was de wind maar. Hij keek weer naar de beker. Kon dit de Heilige Graal zijn? Was het mogelijk dat hij hem had gevonden?

Wie hem ook naar Chalice Well was gevolgd en hem vervolgens in zijn gezicht had geschopt en ervandoor was gegaan met zijn tas met de buit van de rommelmarkt, geloofde kennelijk van wel.

Hij staarde naar de beker. Het ruw uitgehakte ding.

De kelk waaruit Jezus had gedronken? Waar een deel van zijn bloed in was gegoten, volgens de legende, toen hij aan het kruis hing?

Die Jozef van Arimathea hierheen had gebracht en had beschermd door hem te verstoppen in een grot met verborgen ingangen in de put?

Hij vroeg zich af hoelang het zou duren voordat zijn belager besefte dat hij was misleid. En op zoek zou komen naar het echte ding.

Dezelfde persoon of personen die Cook hadden gemarteld en vermoord?

Hij moest hem verstoppen.

Hij keek om zich heen in de garage, koortsachtig nadenkend. Waar zou iemand nooit zoeken?

Zijn oude golftas stond nog leeg in een hoek van de garage. Hij schoof het houten omhulsel in de zak aan de zijkant en ritste die dicht. Toen wikkelde hij de beker in zijn waterdichte golfjas, zette zijn hoofdlantaarn weer op en nam het ding mee naar de tuin. Hij liep naar de schuur achterin en haalde een schep.

Achter de schuur was een strookje grond met een composthoop. Hij schoof er een deel van opzij, groef een diep gat, legde de ingepakte beker onderin, gooide het gat dicht en maakte de aarde vlak, en toen schepte hij de compost er weer overheen.

Toen hij klaar was ging hij terug naar binnen, trok zijn modderige schoenen uit en ging uitgeput naar de badkamer boven. Zijn hoofd bonsde nog van de trap tegen zijn neus. Hij pakte een paar paracetamols uit het kastje en nam ze in met een glas water, poetste snel zijn tanden, kleedde zich uit, douchte heel kort en stapte zijn bed in.

Het was 3.29 uur.

Hij was doodop. Maar hij was veel, veel te opgefokt om te slapen.

Hij bleef liggen nadenken. Luisteren. Schrikkend van elk geluidje dat hij hoorde.

In wat voor gevaar had hij zichzelf en Imogen gebracht?

Wat moest hij nu doen?

Morgenochtend vroeg, nam hij zich voor, zou hij een beveiligingsbedrijf laten komen om het huis zo veel mogelijk te beveiligen en paniekknoppen te laten installeren.

Hij werd geplaagd door herinneringen aan Harry Cooks gemartelde lichaam. Dacht aan eerder vanavond. Wie hem ook in zijn gezicht had getrapt, de tas had gestolen en had geprobeerd hem op te sluiten in die put, hij zou niet weggaan. Vooral niet als hij die tas openmaakte.

Er viel de laatste tijd niet veel te lachen, maar bij die gedachte glimlachte hij. Heel even, voordat de angst de kop weer opstak.

38

Woensdag 1 maart

De refter van Simonopetra was een enorme, sobere ruimte met een hoog plafond, meer dan groot genoeg voor de driehonderd monniken voor wie het klooster oorspronkelijk was gebouwd.

Er stonden vierkante witte tafels voor tien personen opgesteld, gemaakt van marmer dat was gedolven op het schiereiland. De monniken zaten aan drie ervan en aten zwijgend hun ontbijt terwijl de abt achter een lessenaar midden in de zaal met zijn monotone stem uit de Bijbel voorlas.

Afgezonderd van de rest zat broeder Pete aan een tafel in de hoek; hij was 'stout' geweest en moest in zijn eentje eten.

Deze maand zou hij niet de wijn krijgen die de anderen dronken. Hij moest het stellen met lauwe vis, fetakaas, tomaten, sla en brood, alleen met zijn gedachten en zijn rauwe knokkels die nog pijn deden van de klap die hij de journalist had gegeven.

Hij was na een paar uur naar de werkkamer van de abt geroepen en berispt. Had plechtig te horen gekregen dat hij de naam van het klooster had bezoedeld.

'Je beseft toch wel dat zonder financiering, vooral van de EU, dit klooster – en deze hele commune op Oros Athos – niet zou kunnen bestaan, broeder Pete?'

'Jawel, vader abt.'

'Misschien zitten de Amerikaanse gewoonten van geweld te diep in je ziel gebed om bij ons te passen? Toen je hier pas was vertrouwde je me toe dat je twee jaar in de gevangenis had gezeten omdat je een man had belaagd die onbeschoft tegen je deed in het hamburgerrestaurant waar je werkte. Misschien zit dat geweld nog steeds in je hart?'

'Nee, vader abt, ik geef heel veel om alles wat we hier doen en waar we voor staan. Dit was iets anders; die verslaggever wilde ons beschimpen. Ik was bang dat dat invloed zou hebben op de toelagen van de Europese Unie waarvan we afhankelijk zijn. Ik vond dat ik stelling moest nemen en ons moest verdedigen.'

'Geweld is niet onze aanpak.'

‘Het spijt me. Ik heb de laatste tijd verontrustende visioenen; ik heb het gevoel dat onze Heer probeert met me te communiceren, me specifieke woorden van begeleiding geeft.’

‘O ja?’ De abt keek met geloken ogen naar hem. ‘Waarom denk je dat?’

‘Het is moeilijk te zeggen, maar ik voel het diep vanbinnen.’

‘Wat heeft Hij je dan verteld?’

‘Dat onze Heer Jezus terug is op aarde, maar dat niemand het doorheeft. Hij is gekomen om de wereld te redden. Maar Hij heeft onze hulp nodig.’

‘Dat is een grootse uitspraak, mijn zoon. En als je het mis hebt, zou het je ernstige problemen kunnen opleveren. Vertel eens, waarom zou onze Heer met jou praten als geweld niet Zijn aanpak is? Geweld is niet de manier om te helpen.’

Pete keek naar de vloer. ‘Ik heb gezondigd, en daar heb ik spijt van, maar ik voel dit heel sterk.’

‘We weten allemaal dat onze Heer terugkomt. Zijn boodschappen draaiden altijd om liefde en vergiffenis. Wij moeten Zijn Woord verspreiden. Wat denk je dat je met het slaan van een invloedrijke verslaggever zult bereiken?’

Pete bloosde.

Maar nu, terwijl hij alleen zat met zijn gedachten, halfhartig bezig zijn ontbijt op te eten, wenste hij vurig dat zijn neef Angus hier was gebleven. Hij had het gevoel dat hij met hem kon praten zoals hij met geen enkel ander mens kon praten.

Hij vroeg zich steeds vaker af of zijn neef hetzelfde voelde als hij.

Het gevoel dat er iets heel groots gebeurde. Dat de Heer zich voorbereidde om terug te keren en de mensheid te redden, en dat niemand dat besefte.

39

Woensdag 1 maart

Op het uithangbord van de winkel in The Lanes stond: DEREK BELVOIR ANTIQUES & RESTORATION. In het kantoortje achter in de kleine, volle winkel zette Ross Hunter de zonnebril af waarmee hij de donkere kringen om zijn ogen verborg. 'Wat denk je ervan?' vroeg hij aan Belvoir.

Ross had de oude boef bijna tien jaar geleden voor het eerst ontmoet, toen hij een artikel schreef over de Brightonse *knocker boys*: boeven die in de hoogtijdagen van de beruchte antiekhandel in de stad alle mogelijke trucs gebruikten om oude mensen hun waardevolle antiek afhandig te maken.

Derek Belvoir had destijds openlijk en onbeschaamd met hem gepraat. Misschien was het opschepperij geweest, maar hij had gedetailleerd verteld hoe je bijvoorbeeld een nep-Georgian kist of eettafel kon maken. Of hoe je, als er een paar stoelen ontbraken bij een echt antieke eettafel, die kon bijmaken van nieuwe materialen op een manier die bijna niet te traceren was.

De antiekhandelaar zat achter zijn bureau. Zijn zilvergrijze haar was keurig geknipt en hij droeg een tweedpak met een gele pochet. Door de loep voor zijn rechteroog bekeek hij de twee helften van het houten omhulsel dat Ross bij hem had gebracht. Uit respect had Belvoir een paar witkatoenen handschoenen aangetrokken en een doek van zwart fluweel op zijn bureau gelegd.

Zijn ijle stem en Cockney-accent waren in tegenspraak met zijn zorgvuldige aristocratische uiterlijk, net als zijn goedkope grijze instappers en gouden oorringetje. Maar één ding waarom Ross Belvoir respecteerde, was dat hij verstand van zaken had. De man had zelfs korte tijd meegewerkt aan het populaire televisieprogramma *Antiques Roadshow* voordat hij drie jaar de gevangenis in moest voor het verkopen van nagemaakt antiek.

De laatste keer dat Ross hem had gezien had Belvoirs imperium een enorm pand van twee verdiepingen op een toplocatie in The Lanes bestreken. Maar de afgelopen jaren was de binnenlandse en buitenlandse handel in zogenaamde 'bruine meubels' zo ongeveer ingestort. De meeste respectabele Brightonse antiekhandelaren waren overgestapt op juwelen of oosters antiek. Enkele van de schimmiger lieden waren in de drugs gegaan.

'Jemig, Ross, hoe kom je hieraan?' Hij keek hem vragend aan.

'Wat kun je me erover vertellen?'

'Het is eikenhout. Ik denk niet dat ik er een datum aan zou kunnen hangen, maar er is een aanwijzing te vinden in het gebruikte afdichtmiddel.'

'Afdichtmiddel?'

'De verbinding – lijm – tussen de twee helften?'

Ross knikte.

'Ik zou moeite hebben om dit na te maken; niet dat ik nog dingen namaak, begrijp je wel. Ik doe dat niet meer, ben het rechte pad op gegaan.'

'Dat begrijp ik, Derek, ik probeer je niet te betrappen. Ik moet alleen de afkomst weten.'

Derek keek Ross aan, naar de blauwe kringen onder zijn ogen. 'Dat ziet er fraai uit!' Toen knikte hij naar de beker. 'Heb je hierom moeten vechten?'

'Heel grappig.'

Belvoir richtte zich weer op zijn taak. 'Ik heb zoiets nooit eerder gezien.' Hij tilde de beker op, draaide hem langzaam rond en tuurde ernaar. 'Heel kundig gemaakt, door een echte timmerman, maar voordat de draaibank was uitgevonden. Hij is heel oud, maar ik zou echt niet weten hoe oud. Er zitten wat korsten van iets onderin... misschien iets wat de eigenaar heeft gedronken? De harde lijm – het afdichtmiddel – waarmee de twee helften aan elkaar waren bevestigd is heel interessant. Een lab zou je er meer over kunnen vertellen. Het is misschien teer of, en dat lijkt me waarschijnlijker, boomhars.'

'Hoelang geleden werd dat gebruikt, Derek?'

'Ze begonnen er duizend jaar geleden mee, of misschien al wel veel langer geleden.'

Ross probeerde zijn gezicht in de plooi te houden. 'Is dat zo?'

Belvoir legde de beker voorzichtig op het doek en verwijderde zijn loep. Even later keek hij met glinsterende ogen op. 'Mag ik vragen waar dit vandaan komt?'

'Gevonden op een rommelmarkt.'

'Wat heb je ervoor betaald? Een paar pond?'

Ross stak één vinger op.

'Eén pond?'

'Ja.'

'Nou, dan heb je het koopje van de eeuw! Ik weet niet of ik er een waarde aan zou kunnen hangen, want het is echt uniek. Die twee buitenste delen zijn overduidelijk een soort omhulsel. Ik zou gokken dat het werd gebruikt op een schip, want eiken is een van de meest waterbestendige houtsoorten; sommige soorten, in elk geval. Dit is zo'n soort. Het is beslist heel erg oud.'

'Jij zegt dat boomhars meer dan duizend jaar geleden werd gebruikt? Kan dit ding dan meer dan duizend jaar oud zijn?'

'Ik zou het niet kunnen zeggen. Je zou het kunnen laten koolstofdateren in een lab. Hoe nauwkeurig de leeftijd kan worden bepaald hangt ervan af waar het ding heeft gelegen. Wil je een waarde weten?'

'Niet zozeer, maar meer de afkomst.'

'Ik geef je er vijfhonderd voor, als je de beker erbij doet.'

'Meer niet?'

'Jammer dat je niet meer info hebt. Het zou van onschatbare waarde kunnen zijn. Het zou de Heilige Graal zelf kunnen zijn!' Hij grijnsde.

'Ja, wie weet.'

Belvoir staarde hem aan. 'Dit is een uniek ding, Ross, maar dat is ook meteen het probleem. Je kunt het nergens mee vergelijken. Je hebt er zeker niet nog meer gevonden?'

'Ja hoor, onze buurtsuper ligt er vol mee.'

40

Donderdag 2 maart

Ross nam een propvolle vroege metro naar station Victoria in Londen. Hij keek naar de mensen op het perron en zijn medereizigers op zoek naar iedereen die hem mogelijk schaduwde, al was hij zich er onbehaaglijk van bewust dat een vaardig surveillanceteam waarschijnlijk zo goed als onzichtbaar zou zijn.

Op station Euston stapte hij in een intercity naar Birmingham. Imogen had de ochtend vrij genomen van haar werk om thuis te zijn voor het beveiligingsbedrijf dat bewegingssensoren, paniekknoppen en raamsloten zou komen installeren. Om haar ongerustheid vanwege de kosten daarvan weg te nemen, had hij haar verteld dat *The Sunday Times* hem een onkostenvergoeding had gegeven.

Hij opende zijn laptop en keek als eerste op zijn sociale media. Er kwamen nog steeds reacties binnen op zijn post van vorige week, waarin hij had gevraagd wat mensen zouden beschouwen als bewijs van Gods bestaan. De meeste kwamen van toegewijde christenen, met citaten uit de Bijbel, en een ervan kwam van een moslim met een citaat uit de Koran. Iemand opperde dat hij op een zomeravond eens naar buiten moest gaan om naar de zonsondergang te kijken. Een ander schreef dat als hij die vraag überhaupt moest stellen, hij eeuwig in de hel zou branden.

Hij begon aantekeningen te maken, geïnspireerd door zijn gesprek met Benedict Carmichael, over wat ultiem bewijs zou kunnen zijn, en de gevolgen die dat zou kunnen hebben.

Wat zou het in een grotendeels seculiere westerse wereld uitmaken als het bestaan van God onomstotelijk werd bewezen? typte hij.

Terwijl de trein wegreed bij het station liep er een rij mensen die net waren ingestapt langs hem heen. Een vrouw bleef staan en keek naar de stoel naast hem, waar hij zijn laptoptas op had gezet. Ze keek hem vijandig aan, maar hij wilde niet dat er iemand naast hem kwam zitten die op zijn scherm kon meelezen, dus staarde hij ijzig terug. Ze liep haastig door, tot zijn opluchting. God had dat laten gebeuren! Hij grijnsde bij die gedachte. Toen richtte hij zich weer op zijn werk.

De buffettrolley kwam langs. Ross bestelde koffie, een flesje water en een broodje ei, dat hij uitgehongerd naar binnen werkte.

Hij bladerde door de aantekeningen die hij had gemaakt tijdens zijn gesprek met Carmichael en tikte: *Bewijs is de vijand van het geloof?*

Door het raam zag hij een landschap van grimmige gebouwen en dikke, gedrongen schoorstenen die rook de grijze lucht in braakten. Naar het noorden reizen deed hem aan Ricky denken. En daarbij kwam weer het schuldgevoel.

Ricky had altijd geprobeerd aardig te zijn, maar Ross had hem steeds verder weggeduwd. Ricky had nooit begrepen waarom. Hij had doorlopend geprobeerd toenadering te zoeken tot Ross, niet in staat te begrijpen waarom zijn broer zo kil tegen hem deed. Ricky was nu al meer dan tien jaar dood. En toch stond het moment van zijn dood Ross nog levendig voor ogen. En het schuldgevoel ook.

Met een zwaar gemoed deed hij zijn ogen dicht; wat moest zijn tweelingbroer hem gemeen hebben gevonden. Zijn afkeer van zijn broer was over de jaren heen alleen maar toegenomen, en uiteindelijk had hij hem bijna geheel gemeden. Hij had hem in de laatste jaren voor zijn dood amper gezien.

Was Ricky's moment van sterven zijn laatste poging geweest om nader tot elkaar te komen, een band te smeden? Hem een boodschap te geven?

Moest hij, net als Harry Cook, naar een medium gaan en proberen contact met hem te leggen?

Het idee beviel hem niet, en toch kon hij het niet helemaal van de hand wijzen.

Hij dommelde onrustig in en werd enige tijd later gewekt door een luide mededeling over de intercom: 'De volgende halte is Birmingham New Street, het eindpunt van deze trein. Vergeet niet uw persoonlijke eigendommen mee te nemen.'

41

Donderdag 2 maart

Achter in de taxi overpeinsde Ross de tumultueuze afgelopen week. Harry Cook had ontkend dat hij had gegraven bij Chalice Well. Als dat de waarheid was, als hij inderdaad vlak nadat hij was begonnen al was tegengehouden, dan had iemand anders daar later nog gegraven. Cook had hem verzekerd dat hij de coördinaten aan niemand anders had gegeven, en toch had iemand een grondige – zij het beperkte – opgraving op precies die plek gehouden.

Wie?

En waarom?

De persoon of personen die hem hadden aangevallen, zijn tas hadden gestolen en hem hadden opgesloten in de put?

Cook had de trustees van Chalice Well benaderd. Het was geen geheimzinnig stel; Ross had ze gegoogeld en foto's van hen allemaal gezien. Hun doelstellingen stonden op de website: om Chalice Well en de tuinen tot in alle eeuwigheid te behouden.

Waren die trustees gaan graven nadat ze ergens op waren gewezen door de gepensioneerde professor? Had Cook hun meer informatie gegeven dan hij Ross had verteld?

Waren ze gaan graven op de plek waar ze Cook hadden betrapt, om zichzelf ervan te overtuigen dat hij inderdaad alleen maar waanideeën had?

Of...

Hij keek uit het raam van de taxi. Ze reden over een doorgaande weg met aan weerskanten vervallen halfvrijstaande roodbakstenen huizen van vier verdiepingen hoog. Voor een ervan stopten ze.

'Nummer drieëndertig?' vroeg de chauffeur na.

'Klopt.' Ross keek op zijn horloge. Tien voor twaalf; precies op tijd voor zijn afspraak.

Hij betaalde de chauffeur, gaf hem een aardige fooi en liep het trapje naar het portiek op. Op een messing plaatje dat weleens gepoetst mocht worden stond: ANHOLT-SPERRY BRINE, NOTARISSEN.

Toen hij op de bel drukte klikte het deurslot. Hij stapte een receptieruimte in die net zo ouderwets en verlopen was als de buitenkant van het gebouw.

Een vrouw met grijs haar in een strakke knot tuurde naar hem van achter een hoge houten balie. 'Kan ik u helpen?' vroeg ze met een stem waar de argwaan vanaf droop.

'Ik heb een afspraak met Robert Anholt-Sperry.'

'En u bent?'

Hij gaf haar zijn naam en mocht gaan zitten.

Vijf minuten later begeleidde een veel aardiger jonge vrouw hem drie smalle trappen op en liet hem een vol kantoor in, waar een bureau en het grootste deel van het vloeroppervlak bedekt waren met stapels dossiers. Een man, ongeveer even oud als Cook, hees zich overeind om hem te begroeten. Hij had hangwangen, opvallende moedervlekken in zijn gezicht en een dun matje haar dat hij over zijn kale hoofd had gekamd. De gerafelde kraag van zijn geruite overhemd zat scheef door zijn slordig geknoopte Old Harrovian-stropdas. Zijn uitstraling was wereldmoe en hij bewoog zich langzaam, als een man die wist dat zijn tijd opraakte, dus waarom zou hij zich haasten?

'Meneer Hunter?' Zijn stem was laag en resonant, en net zo deftig als zijn naam. Hij stak een hand met levervlekken uit.

Ross drukte hem stevig.

'Ga zitten.' De notaris gebaarde naar een versleten leren stoel tegenover zijn bureau. 'Koffie, thee?'

'Koffie, alstublieft.'

'Twee koffie graag, Sandra,' zei hij tegen zijn secretaresse.

De muren waren kaal, op een paar planken met slordig opgestelde wetboeken en een stokoude, ingelijste bul van de Law Society na. Het groezelige raam bood uitzicht op de drukke straat.

De notaris tuurde naar zijn gezicht en Ross was zich ervan bewust dat de man naar zijn ogen keek. De donkere kringen waren nu wat minder opvallend, maar toch nog duidelijk zichtbaar. 'Een oorlog meegemaakt?' vroeg hij.

'Tegen een deur gelopen,' antwoordde Ross.

'Natuurlijk. Gevaarlijke dingen, deuren.'

Beide mannen glimlachten, wetend dat de waarheid anders was.

'Verschrikkelijk, wat er met die lieve Harry is gebeurd,' zei de notaris toen hij was gaan zitten. 'Ik begrijp dat u degene was die hem vond?'

'Klopt.'

'U kende hem nog niet lang?'

'Nog maar een paar dagen,' antwoordde Ross. 'Was u goed met hem bevriend?'

'Meer dan vijftig jaar. Ik was zijn zoons peetoom, die helaas is gesneuveld in Afghanistan. Dat heeft Harry u verteld, geloof ik?'

'Ja, hij zei door eigen vuur.'

‘Hij was erg onder de indruk van het stuk dat u voor *The Sunday Times* schreef over het gebrek aan equipment voor onze troepen daar.’

‘Dat heeft hij me verteld.’

Anholt-Sperry glimlachte mijmerend. ‘U moet weten dat Harry een fatsoenlijke vent was. Echt begaan met de wereld.’

‘Die indruk kreeg ik ook.’

‘We spraken elkaar na zijn ontmoeting met u, en hij zei dat hij u vertrouwde.’ Weer die mijmerende glimlach. ‘Had hij daar gelijk in, meneer Hunter?’

‘Ik wilde hem eigenlijk gaan vertellen dat ik niet zijn man was, eerlijk gezegd. Maar toen zei hij aan de telefoon iets wat me zo intrigeerde dat ik hem nog een kans wilde geven. Daarom ging ik naar hem toe. Hebt u al iets van de politie gehoord over een mogelijke dader?’

‘Tot nu toe niet, behalve dan dat in het voorlopige sectieverslag staat dat hij is overleden aan hartfalen; misschien door de schok van de marteling. Ik heb een contactpersoon op het bureau die heeft beloofd me te informeren zodra ze meer weten. Momenteel is een van hun theorieën dat het een sadistische inbreker was; de indringers waren overduidelijk op iets uit. Kennelijk waren er in zijn buurt meer van die akelige inbraken geweest bij kwetsbare oude mensen in plattelandswoningen, maar meer weet ik op het moment niet. Wat mijn makker bij de politie me wel vertelde was dat ze u nog niet hebben uitgesloten als verdachte.’ Plotseling staarde hij Ross doordringend aan.

Ross voelde zich even ongemakkelijk. Zijn vingerafdrukken waren ongetwijfeld in dat huis gevonden. Hij had de politie een verhaal verteld. Maar welk motief dachten ze dat hij kon hebben? Hij schudde zijn hoofd. ‘U kunt toch niet echt denken dat ik zoiets zou doen? Waarom zou ik? Hij benaderde me vanuit het niets, wilde heel graag dat ik hem hielp.’

‘Wat zei hij dan tegen u aan de telefoon, dat u zo intrigeerde dat u besloot hem nog een kans te geven en bij hem langs te gaan, meneer Hunter?’

‘Hij zei dat hij sinds ons gesprek bij mij thuis iets had gevonden waarvan hij dacht dat ik me erdoor zou bedenken. Hij smeekte me om hem niet af te doen als een oude gek – zijn woorden – en hem een kans te geven om het uit te leggen. Ik vroeg hem wat het was, maar hij vond het te gevaarlijk – wat hij daar ook mee bedoelde – om me dat aan de telefoon te vertellen.’

‘Dus daar bent u nooit achter gekomen?’

‘Toen ik bij zijn huis aankwam zag ik dat het overhoop was gehaald. Ik had waarschijnlijk niet naar binnen moeten gaan, dat weet ik wel.’

‘Waarom deed u het dan?’

‘Dat vroeg de politie ook, waarom ik hen niet meteen had gebeld. Maar ik wist niet zeker of hij binnen was. Ik was bang dat hij misschien ergens gewond op de grond lag. Bij ons in de omgeving komt de politie bij sommige inbraken helemaal niet, want zulke dingen hebben een lage prioriteit. Het leek me beter om eerst zelf te gaan kijken.'

De notaris knikte. 'Hebt u nog iets belangwekkends gevonden voordat u Harry aantrof?'

'Eigenlijk wel. Ik vond iets in de prullenmand in zijn werkkamer. Ik weet niet of de inbrekers daarnaar op zoek waren, maar ik heb zo'n gevoel van wel.'

'Wat dan?'

'Toen doctor Cook bij me langskwam, gaf hij me de coördinaten voor Chalice Well. Er stond ook een getallenreeks onder. Ik vroeg hem wat die betekende, maar hij zei dat hij geen idee had.'

'En wat waren die?'

Ross pakte zijn iPhone, opende de Notities-app en las de getallen voor.

Anholt-Sperry fronste zijn voorhoofd. 'Wat interessant,' zei hij even later. 'Heel interessant.'

'Ik denk dat hij er eindelijk achter was wat ze betekenden en dat hij me dat wilde vertellen.'

'En wat vond u in de prullenmand?'

'Een schetsje.' Ross pakte het verkreukelde velletje papier uit zijn portemonnee en legde het op het bureau.

De notaris keek er aandachtig naar. 'Dat lijkt wel een hockeystick.'

'Vond ik ook.'

'En hebt u enig idee wat die getallen betekenen?'

Ross zocht zijn foto's van het eikenhouten omhulsel en de beker op en overhandigde zijn iPhone aan de oude man.

Anholt-Sperry zette een half brilletje op en bladerde door de foto's op het scherm. 'En dit vond u waar Harry zei dat het zou liggen?'

'Na wat ontcijferen. Het was een code gebaseerd op de letters van het alfabet. *Negen meter zuid draai links.* De put zelf ligt negen meter naar het zuiden en direct links van de plek die de coördinaten aanwijzen. Harry, en wie daar na hem ook heeft gegraven, had op de verkeerde plek gezocht,' zei Ross. 'De beker lag in een nis in de put zelf, in dat eikenhouten omhulsel. Ik heb van een antiekexpert gehoord dat dat omhulsel wel duizend jaar oud kan zijn, en misschien nog wel veel ouder.'

'Goeie god. U weet wat die beker is, of zou kunnen zijn?'

'Ja. En iemand anders ook, en die probeerde me te vermoorden.'

'Degene die een deur voor uw neus dichtgooide?'

'Zo zou je het kunnen zeggen.'

'Maar u bent een vindingrijke jongeman.' De houding van de notaris was totaal veranderd. 'Dit is ongelooflijk. Echt ongelooflijk. Begrijpt u het belang van deze vondst? Voor de wereld?'

'Jazeker.'

Hij dacht heel even dat Anholt-Sperry zou opstaan om hem te omhelzen. De oude man leek bijna uitzinnig van blijdschap. 'Bewaart u hem op een veilige plek? Weg bij onze vijanden?'

'De kelk en het omhulsel liggen in een veilige opslagunit in Brighton. Het manuscript van doctor Cook ligt in de kluis bij mijn eigen notaris in Brighton.'

'Hij had gelijk, dat hij vertrouwen stelde in een jongeman. Ik ben oud, ziet u.' Hij klopte op zijn borst. 'Problemen met de rikketik, net als Harry. Nu gaat het wel, maar je weet het nooit, hè? En wat als er, God verhoede het, iets met u gebeurt?'

'Mijn notaris heeft de opdracht om mijn vrouw de code van de opslagunit te geven en haar te vertellen waar de sleutel ligt.'

De secretaresse bracht hun koffie binnen op een dienblad. Ross pakte dankbaar het kopje, blies erop en nam een slok.

'Wat ik niet begrijp, meneer Hunter, is waarom die coördinaten alleen maar bij benadering de juiste locatie gaven en er eerst nog een numerieke code moest worden ontcijferd voor de exacte plek. Hebt u daar ideeën over?'

'Daar heb ik veel over nagedacht. Het beste wat ik kan verzinnen is dat de locatie van de Heilige Graal inderdaad door God aan hem was doorgegeven zoals hij beweerde, en dat die numerieke code er misschien als extra veiligheidsmaatregel bij was gedaan.' Hij stak zijn handen omhoog.

De notaris knikte goedkeurend. 'Ik denk dat Harry gelijk had dat hij u vertrouwde, meneer Hunter.'

'Dank u.'

'En bent u bereid verder onderzoek te doen, op basis hiervan?'

'Ik ben door iemand gevolgd naar Chalice Well en aangevallen. Doctor Cook is gemarteld en vermoord. Als die twee dingen met elkaar samenhangen, is het een behoorlijk intimiderende situatie. Mijn vrouw is zwanger en ik moet aan haar en mijn ongeboren kind denken.'

'Zou u hun voorrang geven boven het redden van de wereld?'

Ross staarde de oude man aan. Hij zag dezelfde oprechtheid, dezelfde ijver in zijn ogen die hij bij Harry Cook had gezien.

Ik ben heel blij dat u me wilde ontvangen, meneer Hunter. U begrijpt dat u en ik de wereld moeten redden?

'Als dat zo was, zou ik hier niet zijn,' antwoordde hij.

Anholt-Sperry glimlachte droevig. 'Daarom bent u gekozen.' Hij gaf hem een velletje papier aan, ongeveer net zo groot als hij eerder van Cook had gekregen met de coördinaten voor Chalice Well erop.

Ross keek naar de getallen.

25°44′47.1264″N en 32°36′19.1124″O.

Na die coördinaten stond een woord. *Hatem.*

'Hebt u nagekeken waar dit de coördinaten van zijn?' vroeg hij.

'Ja, meneer Hunter. De Vallei der Koningen in Egypte. De tempel van koningin Hatsjepsoet.'

'En dat woord, *Hatem?*'

'U bent de codekraker, meneer Hunter. Het is ongetwijfeld belangrijk, maar ik heb geen idee wie of wat Hatem is.'

'Ik heb wel geschaakt op school, maar ik ben altijd slecht geweest in puzzels, vooral cryptische,' antwoordde Ross. 'Maar ik ken iemand die mogelijk kan helpen.'

Robert Anholt-Sperry schonk hem de verheerlijkte glimlach van een ware gelovige. Van iemand die er volkomen van overtuigd was, ongeacht hun aardse tekortkomingen, dat hun stoel aan de beste tafel in de hemel gereserveerd was. 'U bent overduidelijk gestuurd om ons te redden, meneer Hunter. Wat u aan me hebt onthuld op uw telefoon is het eerste teken. Geloof gewoon in uzelf, want ik ben ervan overtuigd dat onze Heer in u gelooft en dat Hij u daarom heeft gekozen.'

Ross keek op van het plotselinge duidelijke vertoon van vroomheid van de man. Hij merkte dat hij hem benijdde om zijn overtuiging. Hoe eenvoudig zou het zijn om God te omhelzen, dacht hij. Om de absolute verantwoordelijkheid voor al je acties over te dragen aan een hogere macht. *Het spijt me dat ik tegen de kat van mijn buren schreeuwde, maar hij bleef maar in mijn tuin schijten. Mijn verontschuldigingen omdat ik die kaartjesverkoper op het station een imbeciel noemde. Van nu af aan zal ik de boodschap van de liefde verspreiden.*

'Ik ben er echt niet zeker van of ik wel uw man ben,' antwoordde hij. 'Ik ben heel lang min of meer een atheïst geweest.'

'Totdat uw broer Ricky met u sprak.'

'Is dat wat Harry Cook u heeft verteld?'

'Het is niet belangrijk van wie ik dat weet. Wat uitmaakt, meneer Hunter, is dat u het wéét. Toch? In uw hart, diep vanbinnen? U hebt de keus. U kunt hier weglopen, in de trein stappen en naar huis gaan, en alles vergeten over deze gestoorde oude man en zijn gebazel, zoals u ook op het punt stond Harry's gebazel af te schrijven. Maar dat gaat u niet doen, hè? Hoe dan ook hebt u hier als journalist een verhaal. In het slechtste geval kunt u iets in elkaar flansen wat u een pagina of twee in een van de tabloids oplevert. In het beste geval?' Hij liet die woorden even in de lucht hangen. 'Denk daar eens over na. Zult u kunnen leven met de wetenschap dat u ooit wegliep bij de kans om de mensheid terug te halen van de rand van de afgrond?'

Ross haalde zijn schouders op.

De notaris opende een la in zijn bureau, haalde er een dikke envelop uit en gaf die aan Ross. 'Harry heeft me opgedragen u dit te geven als er iets met hem gebeurde voordat hij het zelf kon doen.'

'Wat is het?'

'Een onkostenvergoeding. Tienduizend pond cash.'

'Wat?'

'Neem het mee. Als u besluit hier niet mee door te gaan, geef het me dan maar terug.'

'Ik kan dit niet aannemen.'

'Ja, dat kunt u wel,' zei Anholt-Sperry overtuigd. 'Als u besluit hierbij weg te lopen, geef het dan maar terug, maar ik denk niet dat u dat doet. Kom weer bij me als u hebt gevonden wat er op het tweede stel coördinaten ligt. Dan zult u het zeker weten. Zodra u zichzelf hebt bewezen – en dit voor uzelf hebt bewezen – heb ik toestemming van Harry Cook om u het derde stel coördinaten te geven. Met het derde stel zult u de locatie vinden voor de Wederkomst van Christus Zelf. U kunt me geloven of gewoon de deur uit lopen. De keus, meneer Hunter, is aan u.'

42

Donderdag 2 maart

Het halfvrijstaande namaaktudorhuis aan het eind van een hofje in Walthamstow, een wijk in het oosten van Londen, zag er verwaarloosd uit. De dikke verduisteringsgordijnen voor alle ramen waren gesloten, zowel boven als beneden, en de buren konden zich niet herinneren dat het ooit anders was geweest. Uit het bruine grindpleister ontbraken hier en daar delen en de kozijnen hadden dringend behoefte aan een laag verf. De voortuin stond vol onkruid.

De enige aanwijzing dat het huis bewoond werd was dat er af en toe dingen werden bezorgd door de onlineboodschappendienst Ocado, er een wekelijkse lading Arabische kranten van een plaatselijke kiosk werd gebracht en er af en toe een bezoeker kwam, meestal in het traditionele gewaad van een moslimgeestelijke. Geen van de buren kon zich de laatste keer herinneren dat ze de mannelijke bewoner buiten hadden gezien.

In het schemerduister van een achterkamer op de bovenverdieping zat een blinde man van zesenvijftig met een kaalgeschoren hoofd en een lange, grijzende baard. Hij heette Hussam Udin. Vijftien jaar geleden was hij onterecht veroordeeld als leider van een Al Qaidacel en gedetineerd. Hij was blind en ernstig verminkt geraakt tijdens een aanval in de gevangenis van Belmarsh, waar eerst accuzuur in zijn gezicht was gespoten en er daarna een kompres van gloeiend hete, natte suiker op was gelegd.

De 'misdaad' waarvoor hij door moslimgevangenen was gestraft was dat hij dan wel was geboren als moslim, maar bezorgdheid had uitgesproken over de islam, zowel vanwege het geweld van sommige groeperingen daarvan als omdat maar weinig imams bereid waren zich openlijk tegen dat geweld uit te spreken.

Zijn naam betekende letterlijk 'Zwaard van het Geloof'. Desondanks, en ondanks zijn ellende, geloofde Udin in tolerantie, en in de jaren sinds zijn vrijlating had hij een vredig pad bewandeld. Hij zette al zijn energie en wijsheid in om boodschappen van vrede te verspreiden.

Zeven jaar geleden, nadat hij was vrijgelaten uit de gevangenis dankzij het niet-aflatende werk van een advocaat van Amnesty International, had hij zich teruggetrokken in zijn huis. Hij en zijn vrouw hadden het in een fort veranderd waar hij constant in doodsangst leefde. Hij besteedde zijn dagen aan het uitpluizen van de brailleteksten van de Koran. Middels een reeks artikelen probeerde hij aan te tonen dat – anders dan groepen zoals IS met hun interpretaties van het Heilige Boek beweerden – de islam een verkeerd begrepen religie was die eigenlijk vrede en tolerantie voorstond. De tolerantie, waar nodig, om ongelovigen te accepteren.

The Sunday Times had Ross Hunter kort na zijn vrijlating naar Hussam Udin gestuurd voor een interview, en Ross had de wijze, humoristische man echt aardig gevonden. Hij bewonderde hem omdat hij geen wrok koesterde tegen zijn belagers en vanwege zijn vastberadenheid om zo veel tijd te spenderen als nodig was – de rest van zijn leven als dat moest – om de westerse mythen te corrigeren over het geloof dat hij de rug had toegekeerd, maar dat hij nog altijd respecteerde.

'U moet begrijpen, meneer Hunter,' had Udin bij dat eerste gesprek gezegd, 'dat je in het christendom en het jodendom vrij bent om een ander pad te kiezen als je twijfels hebt. Dat er heel wat voor nodig kan zijn om van een niet-gelovige een gelovige te maken. In mijn religie is dat anders, daar moet je een andere vraag stellen, want het geloof wordt ons vanaf de geboorte met de paplepel ingegoten. Je moet een moslim niet vragen wat ervoor nodig is om hem in God te laten geloven, maar wat ervoor nodig is om hem níét in God te laten geloven.'

Op weg terug van zijn ontmoeting met de vreemde maar oprechte notaris in Birmingham had Ross besloten een bezoekje te brengen aan Udin. Hij was begroet als een oude vriend en zat nu met Hussam in zijn werkkamer, omringd door stapels audiotapes, cassettes en memorysticks, nippend van sterke, zoete koffie en dankbaar etend van de koekjes die Udins vrouw Amira had gebracht.

Udin, in een bruin gewaad en met een donkere bril op, rookte een sigaret. Er stond een oude Cinzano-asbak op de salontafel voor hem, en hij leek te weten waar het ding ongeveer stond. Na elke paar halen boog hij zich naar voren en tikte de as af. Soms landde de as op de juiste plek, soms viel die op tafel. Er lagen een stuk of zes uitgedrukte peuken in de asbak. Ze kletsten een poosje over koetjes en kalfjes.

'Je was heel grootmoedig ten opzichte van mij in je artikel in de krant. Ik heb altijd het gevoel gehad dat ik je iets verschuldigd was voor de manier waarop je me destijds portretteerde.'

'Dat is heel aardig van je, bedankt.'

'En waaraan heb ik de eer te danken dat zo'n vooraanstaand journalist zijn waardevolle tijd besteedt aan een bezoekje aan mij?'

'Ik heb je hulp nodig.'

'O ja? Wat voor hulp?'

'De vorige keer dat we elkaar spraken zei je dat je was geboren en getogen in Egypte. In Cairo?'

'Dat klopt.'

'En heb je nog contact met mensen daar? Vrienden of familie?'

'Een paar; niet alleen in Cairo, maar ook op andere plekken in mijn geboorteland.'

'Dat hoopte ik al.'

'Ik heb het gevoel dat je iets nodig hebt. Dringend en heel belangrijk?'

'Heb je contactpersonen in Luxor?'

'Luxor?'

'Ja. Ik heb iemand in Luxor nodig met een auto. Iemand die ik kan vertrouwen.'

Udin hief zijn hoofd, hield de derde sigaret die hij sinds de aankomst van Ross had opgestoken als een dartpijltje vast en nam nog een haal. As viel op het voorpand van zijn gewaad; Udin merkte er niets van. 'Ik heb daar een neef die je zou kunnen helpen. Wil je dat ik hem bel en voor je insta, mijn vriend?'

'Dat zou ik heel erg op prijs stellen.' Ross nam nog een slokje koffie.

'Hij zal je beschermen. Ik heb het gevoel dat je iemand nodig hebt die je beschermt. Heb ik dat goed?'

'Je bent erg opmerkzaam, Hussam.'

'Sinds ik mijn zicht kwijt ben, verslind ik audioboeken. Ik hou van de werken van William Shakespeare. King Lear, die ook blind was geraakt, heeft altijd mijn belangstelling gehad. Een geweldig toneelstuk. Zo veel wijsheid. *Your eyes are in a heavy case, your purse in a light. Yet you see how this world goes.*'

'Je schijnt je goed te redden met je handicap.'

'Heb ik een keus? Ik kan niet even naar Specsavers gaan en een nieuw paar ogen kopen. Ze hebben ze niet op voorraad, en bovendien zou iemand me op weg erheen kunnen vermoorden. Maar jij hoeft je geen zorgen te maken. Je hebt niets te vrezen als je hier weggaat, want niemand zal een niet-moslim die niet gelooft vermoorden. Ze zitten alleen maar achter mij aan, en dat zal altijd zo blijven. Maar dat vind ik prima, weet je. Ik red me wel. Ik zie hoe het in deze wereld gaat en dat houdt me op de been. Als ik jou op wat voor manier dan ook kan helpen, zou dat me gelukkig maken. Ik zal mijn neef bellen. Ik weet niet waarom je daarheen gaat, en daar wil ik ook niet naar vragen, maar ik voel aan dat het belangrijk is. Ik hoor het aan je stem, Ross. Je bent een man met een missie. Mijn neef zal voor je zorgen. Ik zal hem vertellen dat je contact met hem zult opnemen. Zeg maar wanneer en hoe laat, en hij zal er zijn.'

Hij gaf Ross het e-mailadres en telefoonnummer van de man.
Toen vroeg Ross: ‘Ik heb nog één vraag. Zegt het woord “*Hatem*” je iets?’
‘*Hatem*?’
‘Ja.’ Hij spelde het.
‘Nee, dat zegt me niets. Maar het is geen ongewone jongensnaam in Egypte.’

43

Donderdag 2 maart

Het was na negen uur die avond toen Ross thuiskwam. De envelop met geld die Robert Anholt-Sperry hem had gegeven had hij verstopt achter de achterbank van zijn auto. Voorlopig besloot hij er nog niets over tegen Imogen te zeggen.

Hij opende de voordeur en ging naar binnen. Monty kwam naar hem toe gerend, opgewonden blaffend en kwispelend, gevolgd door Imogen in een wijde trui, spijkerbroek en instappers, maar ze zag zo wit als een doek.

Ross schrok van haar aanblik. 'Gaat het wel?'

'Nee,' zei ze. 'Je kunt beter even komen kijken.'

Hij aaide de hond en volgde haar naar de keuken. Ze klapte het scherm van haar laptop op de keukentafel open. Ernaast stond een pot zilveruitjes met een lepel erin; ook weer een zwangerschapshunkering. Ze drukte een paar toetsen in en er verscheen een afbeelding. Een vijfpuntige ster. Hij herkende die als een omgekeerd pentagram.

Er stond een boodschap onder.

JE MAN WERKT VOOR SATAN. JE MOET HEM TEGENHOUDEN.
OMWILLE VAN JULLIE ALLEBEI EN JULLIE ONGEBOREN KIND.
WEES GEWAARSCHUWD.

Imogen staarde hem aan.

'Waar komt dat vandaan?' vroeg hij.

'Hij kwam vanmiddag binnen, toen ik op kantoor was. Een van de jongens heeft geprobeerd de afzender voor me te traceren, maar die is anoniem, waarschijnlijk opzettelijk via een aantal verschillende servers op de wereld doorgeleid.'

Ross boog zich naar voren en klikte op de afzender. Het was een Hotmailadres, alleen maar een reeks getallen, waaronder '666'. Hij voelde een koude rilling. Hij keek er aandachtig naar en probeerde toen een paar minuten vergeefs zelf de bron te vinden. 'Het is gewoon een of andere gek. Waarschijnlijk een reactie op mijn tweet van vorige week.'

'Dezelfde religieuze gek die Harry Cook heeft vermoord?'

'Harry Cook is niet vermoord. Volgens de autopsie is hij overleden aan hartfalen.'

'Iemand die overlijdt terwijl hij wordt gemarteld? Dat telt niet als moord? Hallo?' kaatste ze terug.

'De politie zegt dat er een inbraakgolf in die wijk is geweest. Oude mensen die alleen wonen worden belaagd en gemarteld.' Hij was zich ervan bewust dat hij overtuigender klonk dan hij zich voelde.

'Je hebt een lijst met tientallen onderwerpen waar je onderzoek naar kunt doen. Moet je echt doorgaan met dit verhaal? Uit religie komen fanatici voort, Ross. We moeten echt oppassen. Laat het los. Je hebt al gehoord dat Cook getikt was. Waarom zie je dat niet?'

'Wat bedoel je daarmee?'

'Je bent geobsedeerd met dit verhaal, je bent bereid het boven mij en ons kind te stellen. Maar zo gaat het bij jou, Ross. Jij komt op de eerste plaats. Altijd. Ik heb nooit gewild dat je naar Afghanistan ging. Ik zat doodsbang thuis te wachten tot de bel ging en ze kwamen vertellen dat je dood was.'

'Als je je niet suf naaide.'

Hij had meteen spijt van die uitspraak. De woorden floepten er gewoon uit. Het leek wel alsof ze zich jarenlang hadden opgebouwd tot een lawine die wachtte op de juiste temperatuur.

'Sorry,' zei hij er direct achteraan. 'Dat meende ik niet.'

'Wel waar.'

Het was de olifant in de kamer. Die was er al sinds de dag dat hij thuis was gekomen uit Afghanistan. Ze hadden het in de dagen erna uitgepraat en hij had haar vergeven, maar die olifant was nooit weggegaan. Hij zou ook nooit weggaan.

Ross ging tegenover haar zitten en stak zijn hand uit, maar zij trok de hare weg. 'Imo, als ik echt dacht dat er een risico was, zou ik het direct laten vallen, maar...'

'Maar?'

'Dit zou weleens mijn grootste verhaal ooit kunnen zijn. Ik heb gewoon zo'n gevoel.'

'Dus je bent bereid mijn gevoel te negeren?'

Hij wilde haar hand weer pakken, maar dat liet ze niet toe.

'Imogen, kom op!'

'Ik begin bang te worden, Ross, oké? Kun je dat niet begrijpen?'

'Ja, dat begrijp ik. Er zijn allerlei fanatici die boven water komen als je over iets schrijft wat met het geloof te maken heeft. Ik ben getrold op Twitter en heb doodsbedreigingen gekregen nadat ik een paar jaar geleden dat artikel over die charismatische evangelisten schreef, weet je nog wel? Maar ik heb gewoon een gevoel hierover, echt waar. Er zit hier een groter verhaal achter, welke kant het ook op gaat. Luister, het lijkt me slim om een slotenmaker in te schakelen om een veiligheidsketting op de voordeur te zetten en een spionnetje te monteren, naast de andere maatregelen die we al hebben getroffen. Zou je je dan beter voelen?'

'Ik zou me beter voelen als je overwoog dit verhaal te laten zitten.'

'Graham Greene schreef een keer dat elke auteur een ijssplinter in zijn of haar hart nodig heeft.'

'En dat is wat jij hebt, ongeacht de dreiging voor je gezin? Die ijssplinter? Is je hart koud genoeg om mijn gevoelens te negeren? Alleen maar omdat er een gek naar je toe is gekomen met een gestoord idee?'

'Imo, luister. Ik hou echt van je. Als ik ooit ook maar één moment dacht dat jij of ik in echt levensgevaar was vanwege een verhaal waaraan ik werkte, zou ik het meteen laten vallen, oké? Maar je moet één ding begrijpen. Als jij had gevoeld wat ik voelde, die ochtend dat Ricky overleed, zou jij hier ook verder in moeten duiken. Gewoon om te kijken of er een kern van waarheid in zit. Het is geen kwestie van willen voor mij; ik móét dit doen. Dat betekent niet dat ik niet van je hou. Maar begrijp alsjeblieft dat ik dit moet doen, blijf alsjeblieft aan mijn kant staan. Ik zal ons en onze baby beschermen, dat beloof ik je.'

'Je zegt zelf net dat religieuze onderwerpen allerlei fanatici aantrekken.'

'Ja, maar uiteindelijk zijn de meesten onschadelijk.'

Ze keek hem argwanend aan. 'Twee jaar geleden, toen je onderzoek deed naar die boef die een politieman had vermoord en was ondergedoken in Spanje, kreeg je ook doodsbedreigingen. De politie waarschuwde je dat je mogelijk een risico nam door daarover te schrijven, maar dat hield jou niet tegen. Jij publiceerde dat artikel. Net zoals dat artikel waarin je Poetin ervan beschuldigde dat hij achter de moord op die Rus zat, die Litvinenko in Londen.'

'Dat is wat ik doe. Dat is wat ik altijd heb gedaan. Ik ontmasker slechteriken.'

'Doctor Cook was geen slechterik, Ross. Hij geloofde dat hij de wereld kon redden. Misschien is hij dood omdat hij in een wespennest van religieuze opvattingen porde.'

'Imo, ik zeg net: er is geen bewijs dat hij is vermoord door fanatici.'

Ze tikte op het scherm en wees naar het pentagram. 'Daar. Daar heb je je verrekte bewijs. Het lijkt mij een vrij duidelijke boodschap.'

'Ik denk dat Satan een stuk blijer met me zal zijn als ik een artikel publiceer waarin ik Cook en de hele mythe van het bewijs van Gods bestaan aan de kaak stel.'

'Is dat wat je van plan bent?'

'Ik heb onderweg gebeld met mijn redacteur bij *The Sunday Times*. Zij ziet het verhaal wel zitten, dus ik heb er al een begin mee gemaakt. Ze is bereid mijn onderzoek te financieren; ze heeft aangeboden om mijn ticket naar Egypte te betalen om bij de tweede set coördinaten te gaan kijken.'

'Wat?'

'Ik heb ze vandaag gekregen van Cooks notaris in Birmingham; ook weer zo'n gek.'

'Ga je naar Egypte?'

'Luister, ik zat te denken. Waarom ga je niet met me mee? We kunnen er een korte vakantie van maken, terug naar Sharm-El-Sheikh en dan door naar de piramides. We hebben onze visums toch nog. Wat denk je ervan?'

'Weet je wat ik denk? Je bent geflipt.'

44

Zaterdag 4 maart

Twee jaar eerder, toen Ross een artikel schreef over illusionist Derren Brown, een fervent voorvechter van het wetenschappelijk scepticisme, had hij in Southampton een interview afgenomen met een beroemd medium, Christopher Lewis, diens vrouw Gill, ook een medium, en hun protegé Dean Hartley.

Hoewel hij zich oorspronkelijk had voorgenomen de grond met hen gelijk te maken, was hij onder de indruk geweest van hun oprechtheid. Zozeer zelfs dat hij uiteindelijk positief over hen had geschreven. Nadat dat artikel was verschenen, hadden ze hem geschreven om hem te bedanken en hem een gratis reading bij Hartley aangeboden wanneer hij maar wilde.

Hij had besloten om dat aanbod nu aan te nemen.

In de zitkamer van het huis van de mediums voelde hij zich nog steeds een beetje cynisch. Dean Hartley, medio twintig, met schouderlange blonde dreadlocks als touwen en elk zichtbaar deel van zijn slanke lichaam bedekt met rare tattoos, zette een recorder aan op een tafel met een roze-zwart kleed erover. Op de vloer in de hoek stond een zwarte boeddha, in de andere hoek een kleine witte archiefkast, en tegen de muur naast hem een wit bureau met een spiegelblad, met daarop een glas water en een doos tissues.

Het medium, mild en beleefd, controleerde of Ross comfortabel zat, sloot zijn ogen en bleef even zwijgend zitten. 'Ik hoor de naam Pip,' begon hij. 'Hij is geboren als Philip, maar al zijn vrienden noemden hem Pip. Zegt dat je iets?'

'Nee,' zei Ross. 'Nou, eigenlijk wel, want zo heet mijn vader, maar vanochtend was die nog springlevend.'

Het medium bleef heel stil zitten, met zijn ogen dicht. 'Ik krijg Richard door.'

'Richard?'

'Rick? Ricky?'

Ross staarde hem aan.

'Ricky vertelt me iets. Dat je vrouw zwanger is. Imogen, geloof ik, heet ze zo?'

Die naam was een feitje dat het medium heel gemakkelijk had kunnen achterhalen. Maar niet dat ze zwanger was.

'Weet je het geslacht van de baby?' vroeg Ross.

'Hij zegt dat het een jongetje is.'

Ross aarzelde. Hoe wist Hartley dat in vredesnaam? Ze hadden maar heel weinig mensen verteld dat Imogen zwanger was omdat het anders misschien ongeluk zou brengen, en helemaal niemand wist dat het een jongetje was. Dat kon het medium onmogelijk weten. Aan de andere kant, redeneerde hij, zag het medium zijn trouwring en kon hij aan de hand van zijn leeftijd wel ongeveer inschatten dat hij misschien bezig was een gezin te stichten. En het geslacht raden was simpelweg een kans van één op twee.

'Wat kun je me vertellen over mijn zoon?'

Het medium sloot even zijn ogen, maar toen fronste hij zijn voorhoofd. 'Ik word afgeleid,' zei hij. 'Iemand die heel opgewonden is en die met je moet communiceren. Ik krijg een naam door. *Cook*. Ik geloof dat het een man is die Cook heet en die pas onlangs is overgegaan. Hij komt heel urgent door. Hij wil dat ik een boodschap aan je doorgeef. Ken je die persoon?' Dean Hartley hield zijn ogen dicht.

'Ik ken hem,' antwoordde Ross zo neutraal mogelijk.

'Hij beseft dat jij hem een beetje gestoord vindt. Hij zegt dat hij nog niet klaar was om over te gaan en belangrijke onafgemaakte zaken had. Jij moet die voor hem voortzetten; hij rekent op jou.' Hij fronste weer. 'Hij vertelt me over de Vallei der Koningen in Luxor, Egypte. Je overweegt daarheen te gaan. Hij zegt dat je dat moet doen, want het zal alles ontsluiten. Hij geeft me een naam door. Bolt. Kerry. Nee, iets wat erop lijkt. Anbolt? Skerrit?'

Ross wachtte en zei niets.

'Anholt-Skerry?'

Shit, dacht Ross met een huivering van opwinding.

'Anholt-Sperry,' zei Hartley. 'Zegt die naam je iets?'

'Ja.'

'Ik krijg door dat je die man moet vertrouwen. Begrijp je dat?'

'Ja.'

Nog steeds zonder zijn ogen te openen zei Hartley: 'Ik krijg nog een naam door. Egyptisch. Ik geloof dat het Hatem is. Zegt dat je iets?'

'Hatem?' herhaalde Ross stomverbaasd, en hij spelde het om het zeker te weten. Het medium antwoordde bevestigend. Hoe? Hoe kon hij in godsnaam die naam weten? Ross kreeg kippenvel. 'Ja, dat zegt me iets.'

'Ik krijg door dat Hatem op je zal wachten als je daar aankomt.'

'Waar?'

'Ik krijg getallen door. Een rij getallen en letters. Ze voelen aan als coördinaten.'

Terwijl hij ze opsomde noteerde Ross ze. Hij probeerde neutraal te blijven, niet gelovend in het medium maar ook niet helemaal ongelovig, maar hij was danig in de war. Nam Dean Hartley hem in de maling? Was het geslacht van hun kind gewoon een gok? Ricky, daar had hij gemakkelijk achter kunnen komen. Maar Hatem? Anholt-Sperry? De Vallei der Koningen? Spanden Anholt-Sperry en Dean Hartley samen om hem te overtuigen? Belachelijk. Dat was nog absurder dan –

Dan wat?

Dan geloven dat wat Hartley hem vertelde echt was?

45

Maandag 6 maart

Vanuit het raampje van het vliegtuig keek Ross naar de weelderige groene begroeiing op de oevers van de diepblauwe Nijl, overgaand in een zanderig, bergachtig woestijnlandschap.

Elke paar minuten keek hij naar de aantekeningen die hij had gemaakt tijdens zijn overleg met Robert Anholt-Sperry. En dan vooral naar de coördinaten die hij van de notaris had gekregen.

25°44′47.1264″N en 32°36′19.1124″O

En daarna naar de cijfers en letters die Dean Hartley had opgesomd.

25°44′47.1264″N en 32°36′19.1124″O

De coördinaten voor de tempel van koningin Hatsjepsoet.

Zou de mysterieuze Hatem daar zijn? En hoe moest hij die man vinden?

Hij zat vol schuldgevoel en twijfels over deze trip. Imogen was niet blij. Ze hoopte dat dit allemaal helemaal nergens toe zou leiden, dat hij bij zinnen zou komen, een geringschattend artikel zou schrijven en de hele zaak dan zou laten vallen.

Het zat hem niet lekker dat hij haar nog steeds niet de waarheid had verteld over zijn bezoek aan Chalice Well en wat hij daar had gevonden. Hij had ook niets gezegd over zijn sessie met Dean Hartley, maar voor haar gemoedsrust leek het hem beter als ze dat niet wist. En ze wist ook nog niets van de tienduizend pond van Anholt-Sperry.

Terwijl het vliegtuig over de landingsbaan taxiede stuurde hij een berichtje naar Imogen.

Geland. X

Hij kreeg meteen antwoord.

We missen je allemaal. Monty heeft in iets goors liggen rollen, hij stinkt. Moest hem onder de douche zetten, en dat vond hij afgrijselijk. Pas op jezelf. XX

Een halfuur later, met zijn weekendtas over zijn schouder, stapte Ross de klamme warmte en totale chaos van de aankomsthal in. Hij werd begroet door een overdaad aan namen op papier, bordjes en iPhones. Zijn naam stond er ook bij.

Hij liep naar de glimlachende Egyptenaar met snor die zijn naambordje vasthield. De man was begin veertig, klein, maar met een energieke uitstraling. Hij droeg een beige djellaba, sandalen en een traditionele rood-witte keffiyeh met een zwart snoer om zijn voorhoofd.

Hij stak zijn hand uit. 'Ross Hunter? Ik ben Medhat El-Hadidy. Zeg maar Hadidy.'

'Blij je te zien, Hadidy!' antwoordde hij terwijl hij de man een hand gaf. Hij mocht hem meteen.

'Welkom in mijn land. Ik zal hier je gids zijn. Ik zal op je passen, ja?'

Hij stond erop om Ross' tas te dragen.

Ze liepen naar buiten, staken over naar de overdekte parkeerplaats en liepen naar een zwarte, vrij jonge Toyota Land Cruiser. Hadidy opende het achterportier voor hem.

Ross schoof op de leren achterbank in de airconditioning, afgeschermd van de buitenwereld door getint glas. Toen Hadidy de motor startte schalde er iets te luide Egyptische muziek uit de stereo.

Bij de uitgang stak Hadidy een kaartje in de paal en ging de slagboom omhoog. Hij sprak over zijn schouder. 'Je bent een vriend van mijn neef Hussam Udin, ja?'

'Hij is een goede man.'

'Ja,' beaamde Hadidy. 'Een goede man in een gestoorde wereld, ja?'

'Dat kun je wel zeggen.'

'Ik zal op je passen.'

'Dank je.'

'Nee, jij bedankt, meneer Ross. Fijn om zaken met je te doen!'

'Je moet me nog vertellen hoeveel je rekent. Heb je een dagtarief?'

'Meneer Ross, je bent een goede vriend van mijn neef. Het is een eer dat je in mijn land bent. Ik reken jou niet één Egyptische pond zolang je hier bent. Alsjeblieft. Geen gepraat meer over geld.'

'Dat is heel aardig van je, maar ik sta erop. Ik kan al mijn onkosten declareren bij mijn krant.'

'Ik ben blij dat je hier bent! Geen betaling. Geen protesten!'

Ze reden bij het vliegveld weg over een tweebaansweg. Al snel reden ze een stadsomgeving binnen met hoekige beige en witte gebouwen van verschillende soorten en maten. Ross voelde zich veilig in de cocon van het sterke voertuig.

'Hussam Udin praat met veel mensen, en sommigen zijn niet gelukkig met wat hij ze vertelt,' ging Hadidy door.

'Dat klopt.'

'Weet je, hier in Egypte kunnen we het allemaal goed met elkaar vinden. Wil je in één god geloven? Of vele goden? Of geen god? Vroeger vond mijn volk dat prima, weet je? Geloof wat je wilt.' Hij wees naar boven. 'Hij vindt het niet erg! Maar nu gaan er christenen dood, vele moorden. Waarom?'

'In veel andere landen ook, Hadidy.'

De man reed een poosje zwijgend door, en toen zei hij: 'Ik zal je eerst naar je hotel brengen. Morgen gaan we naar de Vallei der Koningen. De begraafplaats van de farao's. Voor een bezoek aan de tempel van koningin Hatsjepsoet, toch?'

'Juist.'

'Ik sta tot je dienst. Zolang je in mijn land verblijft ben je mijn gast. Vanavond rust je uit. Morgen beginnen we aan je tocht. Goed?'

'Klinkt als een prima plan.'

46

Dinsdag 7 maart

Ross was ingecheckt in het Steigenberger Hotel. Na een grotendeels slapeloze nacht, en aangezien Egypte twee uur voorliep op Engeland, kostte het hem moeite om wakker te worden toen om halfzeven 's morgens de wekker ging. Het was pas halfvijf 's morgens Engelse tijd.

Toen hij de gordijnen opende had hij uitzicht over het bijna magisch blauwe water van de Nijl, de tegenoverliggende oever en de heuvelachtige woestijn erachter. Het hele landschap leek overspoeld door een veel intenser licht dan in Engeland. Het deed hem denken aan de tinten in een Hockney-schilderij. Hij maakte een foto met zijn telefoon en stuurde die naar Imogen, wetend dat ze waarschijnlijk al wakker was, omdat ze de laatste tijd niet goed sliep.

Het uitzicht vanuit mijn hotelkamer! X

Hij at het ontbijt van de roomservice, trok een dunne zomerbroek, een wit T-shirt, een linnen jasje en gympen aan en stak zijn zonnebril in zijn zak. Hij stopte zijn spullen weer in zijn weekendtas en ontmoette de eeuwig glimlachende Hadidy beneden, zoals afgesproken.

Er kwam een berichtje binnen van Imogen.

Mazzelaar. Het zeikt hier van de regen. Pas op jezelf. X

Ross checkte uit en betaalde de rekening. Hij zou eind van de middag terugvliegen naar Londen, al wist hij nog niet wat deze dag zou brengen.

Terwijl ze wegreden bij het hotel te midden van het constante tetteren van claxons geeuwde hij slaperig. Onderweg zag hij een man in een witte mantel op een ezel rijden, met aan beide kanten draagmanden met lange groene stelen erin. Hij verdween achter hen terwijl ze over een moderne weg reden vol auto's, bussen, motoren, scooters – veel ervan met twee mensen erop – en fietsen. Ze kwamen langs een rij paardenkoetsen met zwarte huiven, volgden een kronkelweg langs de haven en navigeerden over een hectische rotonde met een fontein in het midden.

‘Ken je de geschiedenis van koningin Hatsjepsoet?’ vroeg Hadidy boven de luide muziek in de auto uit.

‘Een beetje maar.’ Ross geeuwde weer.

‘Zij was mogelijk onze eerste vrouwelijke farao. Ze kwam op de troon in 1478 voor Christus – en regeerde samen met Thoetmosis III. Ze was een goede farao, ze heeft veel gebouwd overal in Egypte. Ze was de vijfde farao van de Achttiende Dynastie van Egypte!’

‘Oké.’

‘Heb je speciale belangstelling voor haar, meneer Ross?’

Ze reden nu door de buitenwijken van de stad, met minder verkeer. Rechts zag hij een vervallen rij laagbouwwinkels, weinig meer dan overdekte marktkramen. Twee mannen in donkere gewaden zaten op de verbrokkelde stoeprand koffie te drinken. Een motor zwenkte gevaarlijk langs hen heen en sneed hen af, waardoor Hadidy abrupt op de rem moest trappen.

Hij schreeuwde kwaad door het raampje en tilde beide handen van het stuur in een gebaar van wanhoop. ‘Gestoorde bestuurders hier!’ zei hij.

‘Die hebben we in Engeland ook.’ Ross had het raampje opengedraaid en was druk foto’s aan het maken.

‘Maar waarom zo’n haast, snap je? Je bent waar je bent! Geniet ervan!’

‘Zo denk ik er ook over,’ zei Ross, blij dat Hadidy een veel verstandiger bestuurder leek dan de meeste anderen hier. De Nijl kwam in zicht. Hij sloot het raampje en leunde achterover.

Na een poosje begonnen de comfortabele achterbank en de beweging van de auto hem heel duf te maken.

Net toen hij indommelde werd hij gewekt door een *ping* van zijn telefoon. Het was weer een berichtje van Imogen.

Doe je dode faraovriendjes de groeten! XX

Hij stuurde een smiley terug.

Ze reden een brug over de Nijl op.

Verderop lag kaal, bergachtig terrein met steile hellingen.

‘De farao’s,’ begon Hadidy met een spontaan geschiedenislesje. ‘Ze wilden begraven worden met al hun rijkdom en juwelen, met voedsel en wapens voor hun reis door de onderwereld. Maar omdat ze bang waren voor grafrovers bouwden ze deze vallei hier op de westoever van de Nijl, uit de buurt van Thebe – Luxor –, waar hun tombes konden worden bewaakt.’

‘Heel slim van ze. Ik zou het ook niet leuk vinden als iemand me beroofde nadat ik dood was,’ antwoordde Ross.

‘Daarom zijn sommige graven tot op heden nog niet gevonden. Zo veel eeuwen later. Misschien worden ze wel nooit gevonden.’

‘We hebben een uitdrukking in ons land, Hadidy. Dat je het niet mee kunt nemen als je doodgaat.’

Hadidy tilde zijn handen van het stuur. ‘Misschien niet. Maar zo wel, stel je eens voor wat een feestje je zou kunnen geven!’

Ross glimlachte; hij was niet zeker van de overtuigingen van zijn chauffeur en wilde hem niet beledigen. Toen staarde hij vol ontzag naar het verhoogde gebouw met zuilen dat ze naderden. Drie verdiepingen hoog, met scherpe hoeken, hoge, smalle ramen op gelijke tussenafstanden en een brede helling naar de tweede verdieping. Het leek iets wat was ontworpen door een van de grote moderne architecten, Frank Lloyd Wright, Frank Gehry of Le Corbusier. Erachter lag een decor van dramatische kliffen.

‘Wat is dat, Hadidy?’ vroeg hij.

‘Dat,’ zei Hadidy vol trots, ‘is de tempel van koningin Hatsjepsoet!’

Onder aan de helling liepen tientallen toeristen rond, sommigen in groepen met gidsen, sommigen alleen, bijna allemaal foto’s makend.

Hadidy reed naar de parkeerplaats, passeerde verschillende touringcars en parkeerde de auto. ‘Van hieraf moeten we lopen. Wil je dat ik met je meega en een goede deal regel voor een gids? Dat is beter. Er zijn veel slechte bij. Ik ken de beste, en het zijn allemaal mijn vrienden.’

‘Ik wil graag dat je meegaat, Hadidy. Ik moet iemand spreken. Kun jij ervoor zorgen dat niemand me lastigvalt?’

‘Tuurlijk. Oké. Maar je wilt een tour, ja?’

‘Misschien. Dat hangt ervan af.’

Toen ze uitstapten bleef Ross even staan om nog een foto te maken en zijn zonnebril op te zetten. Op weg naar de voet van de helling werden ze belaagd door mannen en vrouwen, sommigen in traditionele gewaden en anderen in pakken, maar allemaal met toeristenprullen: plastic modellen van de tempel en de piramides en sieraden met Egyptische symbolen.

Ross was blij dat hij Hadidy had gevraagd mee te gaan, want de Egyptenaar was er een ster in om de venters op afstand te houden, soms door ze beleefd toe te spreken, maar vaak ook door behoorlijk fel in hun eigen taal van leer te trekken.

Ze liepen langs een groep Japanse toeristen rondom een gids met een megafoon, en toen nog een groep bij een man in een djellaba die op een kistje stond.

Onder aan de helling zag een man in een mantel, met zijn armen vol sjaals, zijn kans schoon en haastte zich naar hen toe. Hadidy wimpelde hem af.

Opgelaten, maar zonder zich iets aan te trekken van wat Hadidy mogelijk van hem zou denken, bleef Ross staan en staarde om zich heen.

Hadidy keek hem bevreemd aan. 'Gaan we naar binnen?'

'Nee.'

De groep Japanse toeristen stroomde langs hem heen, achter hun gids aan.

Ross bleef staan. Dit was de plek waar in 1997 achtenvijftig toeristen en vier locals waren afgeslacht door een islamitische organisatie.

Vanuit de drukte kwam er een pezige, al wat oudere man in een wit gewaad en met ongeveer net zo'n rood-witte sjaal om zijn hoofd als Hadidy naar hen toe. Hij had een gerimpeld, donker gezicht en slechts twee scheve tanden in zijn mond, als grafstenen op een vergeten begraafplaats. Hij sprak gebroken Engels en leek erg nerveus. 'Pardon. U meneer Ross Hunter, ja?'

Ross keek hem behoedzaam aan. 'Ja. Wie bent u?'

'Hatem Rasul.' Zijn nootbruine ogen schoten alle kanten op. 'Ik wacht al heel lang op u.'

Hadidy stapte naar voren en sprak een paar minuten in het Arabisch met de man voordat hij zich tot Ross wendde. 'Dit is de man die je wilde ontmoeten. Hij zegt dat hij ons naar zijn zus zal brengen. Hij wil dat we hem de bergen in volgen. Het zal een lange reis worden. Twee uur, misschien. Vind je dat oké?'

Ross fronste zijn voorhoofd. 'Heeft hij gezegd wie hem had gevraagd me hier te ontmoeten, Hadidy?'

'Hij zei dat het je vriend in Engeland was. Meneer doctor Harry. Ja?'

'Doctor Cook?'

'Doctor Harry Cook, ja.'

47

Dinsdag 7 maart

Verdwaasd volgde Ross de twee mannen terug naar de parkeerplaats. Ondanks zijn schijnbare leeftijd beende Hatem Rasul energiek en doelgericht voort.

Harry Cook.

De zenuwen gierden door zijn lijf. Was dit allemaal echt? Waar werden ze naartoe gebracht? Hij keek naar het kale, zanderige, bergachtige terrein.

Waar kende die vreemde oude man Harry Cook van?

Op de parkeerplaats liep Rasul naar een oude kakikleurige motorfiets, stapte op en startte het ding met een kickstarter. Even moest Ross denken aan de film *Lawrence of Arabia*.

Hadidy opende het achterportier van de Land Cruiser en gebaarde dat Ross moest instappen. Hij deed dat met het gevoel dat hij droomde.

Terwijl ze de motor van de parkeerplaats af volgden boog Ross zich naar voren en vroeg: 'Wat zei hij nog meer tegen je, Hadidy?'

'Hij is oké,' antwoordde de man geruststellend. 'We kunnen hem vertrouwen. Hij is door je vriend hierheen gestuurd om ons te gidsen. Meneer doctor Harry Cook.'

Ross dacht even na voordat hij antwoordde. 'Is dat wat hij zei?'

'Hij zei dat God ons zal beschermen op onze reis.'

'Goed om te weten.'

'God heeft Zijn doel, meneer Ross.'

'Laten we het hopen.'

'Het staat geschreven.'

Kort na het verlaten van de parkeerplaats reed de motorfiets de doorgaande weg af en een onverhard pad in, waarbij zand opspoot van zijn achterband. Zij volgden en reden omhoog door een kronkelende, ongeplaveide, kale bergpas dieper de heuvels in. Na een halfuur kwamen ze door een dorpje met een rij winkels met open gevels, zwenkend langs een man die midden op straat een geit meevoerde aan een touw.

Ze gingen almaar hoger, en Ross bleef foto's maken. En peinzen. Hij was evenzeer nerveus als nieuwsgierig.

Toen daalden ze via een haast onbegaanbaar pad af naar een vallei. Zodra ze beneden waren begonnen ze weer te klimmen. Ze passeerden een herder met een kudde van zo'n zestig schapen, en toen gingen ze abrupt het pad af en reden de woestijn in. Door de ruiten keek Ross naar de behendige oude man die voor hen uit reed, zijn motor een duin over stuurde en aan de andere kant afdaalde.

Tussen twee hoge rotspunten door reden ze tegen een helling op die bijna onmogelijk steil leek.

'Je was toch alleen naar Egypte gekomen, meneer Ross?' vroeg Hadidy ongerust, zich concentrerend om de auto goed te kunnen besturen en grip te houden op het losse zand.

'Ja, hoezo?'

'Iemand volgt ons.'

Ross draaide zich om en keek door de achterruit. En zag een pluim van zand. Er liep een rilling over zijn rug.

'Een paar kilometer verderop is een wadi. Misschien is het een leverancier. Misschien is het niks.'

'Ben je hier eerder geweest?'

'Nee, nooit. Maar het staat op de kaart.'

Ross voelde zich opgelucht. 'Oké, mooi.' Hij draaide zich om en keek weer door de achterruit. Naar de pluim van zand van een voertuig een eindje achter hen.

Ze daalden af in een volgende vallei, waar hij de wadi in zicht kreeg, ongeveer anderhalve kilometer naar links. Een groep tenten en een paar kamelen rondom een waterput. Ze gingen weer heuvelopwaarts. Ross opende de kompasapp op zijn iPhone en zag het blauwe puntje door de woestenij bewegen. Ze gingen noordoostwaarts. Het landschap, hoe mooi en desolaat het ook was, werd monotoon. Klimmen en dalen. Klimmen en dalen. Hij had nu echt geen idee meer waar ze waren. Of wat ze op hun bestemming zouden aantreffen.

Hij keek weer achterom. Tot zijn opluchting was er niets meer te zien. Geen pluim van zand meer.

Op aangeven van Hadidy pakte hij een flesje mineraalwater uit het vakje onder de armleuning, en toen nog een tweede.

Bijna precies twee uur nadat ze de parkeerplaats bij de tempel hadden verlaten reden ze langs een oud, vervaagd Coca-Cola-bord. Hij zag een oudere man in een Arabische mantel langs het pad zitten, in gesprek met een andere man, met een kameel er vlakbij. Een kort lint van vervallen winkels met open gevels. Een jochie rende opgewonden voor hen uit. Een bijna Bijbels tafereel van een man met een ezel aan de hand waarop een vrouw met een baby zat.

Verderop stopte de motor voor een primitief ogende hut. Hun gids steeg af en ging naar binnen. Een paar minuten later kwam hij weer naar buiten, begeleid door een oude vrouw in een zwarte mantel en sandalen en met een grijze sjaal om haar hoofd gewonden. Met enige moeite hielp Hatem Rasul haar op de motor, stapte weer op, startte de machine en reed door.

'Enig idee wie zij is, Hadidy? De zus over wie hij het had?'

'Misschien. Ik denk dat ze een belangrijke dame is.'

Ze volgden de motor over een steeds steiler pad tegen de berg op. Na een paar minuten, toen het pad vlakker werd, stopte de motor en stapten de twee mensen af. Rasul trapte de standaard omlaag terwijl Hadidy met de Land Cruiser naast hen stopte. Ze stapten uit in de verzengende, droge middaghitte. Ross dook weer naar binnen, pakte nog een flesje water – het laatste dat achterin lag – en propte het in zijn jaszak.

'Meneer Hunter,' zei Hatem Rasul, 'dit is mijn zus Sitra.'

Van dichtbij zag hij pas hoe stokoud en verweerd ze eruitzag. Ze schonk Ross een tandeloze glimlach en knikte, maar ze negeerde zijn uitgestoken hand. Toen wenkte ze hem met een vergroeide vinger mee.

Ze liepen een steil, smal geitenpad onder de onbewolkte hemel op. De oude vrouw had meer energie dan Ross, en hoe hoger ze klommen, hoe minder hij naar de diepe afgrond naast zich keek. Als hij hier struikelde, was hij meteen dood. Hoog boven hen zag hij een rij grotten.

Hij probeerde de afgrond uit zijn hoofd te zetten en bleef zich concentreren op het pad dat ze volgden. Hij zweette overdadig en had zijn jasje al over zijn schouder gehangen; had hij het maar in de auto achtergelaten. Hij was wel blij met zijn water, dat hij zorgvuldig rantsoeneerde en waar hij elke paar minuten slechts een paar slokjes van nam. Zijn lippen voelden uitgedroogd, de zon brandde op zijn gezicht. Hij wenste dat hij aan zonnebrandcrème had gedacht.

Langzaam klommen ze dichter naar de grotten toe.

Uiteindelijk ging de oude vrouw, gevolgd door Rasul en daarna Hadidy, rechtsaf langs de grotopeningen. Ze liep langs de eerste drie, gaf een aanwijzing aan Rasul en ging de vierde binnen. De drie mannen wachtten buiten.

Een paar minuten later kwam de oude vrouw weer naar buiten met een bundeltje roomwitte stof in haar handen, dat ze naar Ross uitstak. Ze knikte bemoedigend.

Hij glimlachte dankbaar en pakte het aan. Het woog bijna niets.

Rasul zei iets tegen Hadidy, en zijn hoeder wendde zich tot hem. 'Je mag het openmaken, meneer Ross, voorzichtig.'

Het duurde even om de lagen stof af te pellen, waarbij de bundel steeds kleiner werd, totdat hij de inhoud bereikte. In een zakje van neteldoek zat een okerkleurig, emailachtig voorwerp.

differentieel en gaf gas. Terwijl de helikopter de zon verborg, vonden de wielen tot zijn opluchting grip en ging hij langzaam rijden. Tegen de zandhelling op. Naar een rotspunt toe.

Shit. Shit.

Hij haalde zijn voet van het gaspedaal. Terwijl hij dat deed verscheen de helikopter recht voor hem. Hij zag de man met het geweer, met de deur nog open, op hem mikkend.

Terwijl hij onder het dashboard dook en het gaspedaal helemaal indrukte, hoorde hij een geluid dat hij voor het laatst had gehoord in Afghanistan. Een salvo van geweervuur.

De auto dook naar voren. Naar voren.

Naar de rotspunt.

Als hij stopte, was hij dood.

Alle doodsangst van Afghanistan spoelde weer over hem heen.

Als hij doorreed, was hij waarschijnlijk ook dood.

Op het laatste moment nam hij het besluit om door te rijden. Er klonk nog een uitbarsting van geweervuur.

Toen dook de auto ineens naar voren.

Hij viel.

Hij werd omhooggeslingerd tegen het stuur en zijn hoofd kwam pijnlijk in aanraking met het dak van de auto. Hij zag rotsen. Lucht. Rotsen. Lucht.

Hij werd weer omlaaggeslingerd en stootte zijn hoofd tegen het stuur. Toen, hoe ongelooflijk ook, zat hij weer rechtop en scheurde de Land Cruiser een steile maar niet langer verticale helling af.

Hij greep het trillende stuur stevig vast. Dit was een belachelijke snelheid. Nog meer stenen en rotsblokken verderop die hij op de een of andere manier wist te ontwijken. De motor jankte. Hij wist niet hoe, maar hij had de tegenwoordigheid van geest om de differentieelpositie te veranderen. Het motorgeluid veranderde ogenblikkelijk.

De helling werd minder steil en de vallei was nu nog maar een klein stukje verderop.

En de helikopter ook. Ross dook onder het dashboard toen hij de vlammen van de loop van het geweer zag komen en het knallen en ketsen hoorde van kogels die de grond voor de auto raakten. Terwijl hij weer rechtop ging zitten begreep hij wat er gebeurde. Die man probeerde zijn banden lek te schieten, hem staande te houden.

In de vallei was slechts één smalle route, door een greppel met aan weerskanten steile kliffen. De helikopter zakte lager en landde recht voor hem uit. Weer dook Ross in elkaar toen er vlammen uit de loop van het geweer kwamen. Hij hoorde nog meer kogels de rotsen voor het voertuig raken.

Plotseling stopte de man in de geopende achterdeur met schieten. Hij begon met zijn wapen te prutsen en keek paniekerig. Ofwel het wapen was vastgelopen, ofwel hij moest het magazijn verwisselen. Hij schreeuwde iets tegen de piloot.

Ross zag zijn kans schoon. Hij trapte het gaspedaal helemaal in en voelde de auto naar voren schieten, grip vindend op het harde oppervlak. Hij kwam dichter bij de helikopter. Dichterbij. Dichterbij.

De man in het zwart worstelde nog steeds furieus met zijn geweer en schreeuwde tegen de piloot. Terwijl Ross ernaartoe scheurde zag hij een nevel van zand oprijzen rondom de helikopter. De piloot probeerde op te stijgen.

Nee, nee, nee, dat gaat niet gebeuren, klootzakken!

Hij kwam dichterbij. Honderd meter. Vijftig. Vijfentwintig.

Ross zag lucht tussen het landingsgestel en het zand eronder.

Niet genoeg. O nee.

Als hij het toestel vol in de flank raakte zou het waarschijnlijk ontploffen en waren ze allemaal dood. Op het laatste moment, toen hij de blik van afgrijzen in de ogen van de schutter zag, rukte hij het stuur naar rechts, greep het stevig vast en dook onder het dashboard.

Een tel later volgde er een enorme klap, vlogen er glassplinters in het rond en voelde hij een hete luchtvlaag.

Ross ging rechtop zitten en keek door het weinige wat er over was van de voorruit. Hij voelde hete, zandige lucht in zijn gezicht en staarde naar een uitgestrekt woestijnlandschap. In de spiegel zag hij de cabine van de helikopter op de zijkant liggen. De afgescheurde staart en rotor lagen een paar meter verderop. Iemand probeerde eruit te klimmen.

Hij reed verder door de duinen tot de helikopter niet meer was dan een stipje in zijn achteruitkijkspiegel. Toen pas stopte hij trillend op de kam van een heel hoog duin.

Hij hoorde *ping*.

Een berichtje. Met bevende handen haalde hij zijn telefoon uit zijn broekzak.

Het was van Imogen.

Hoe is jouw dag? XX

49

Dinsdag 7 maart

Op de een of andere manier, ondanks alle schade die de wagen had opgelopen door het geweervuur en het omrollen, deed de Toyota het nog. Ross kon amper nadenken. Hij wist alleen maar dat hij hier weg moest, en weg bij Luxor.

Hij staarde door de verdwenen voorruit naar het droge woestijnlandschap met in de heiige verte een rij heuvels. Een stukje naar rechts was iets wat leek op een zandpad. Hij probeerde uit te zoeken hoe de navigatie werkte, met een schermpje in het Arabisch, maar zijn handen trilden zo erg dat hij steeds de knop miste die hem mogelijk zou terugbrengen naar het scherm met eerdere bestemmingen. Als hij dat kon openen, stond Luxor er misschien in. Misschien zelfs het vliegveld.

Maar toen hij het aanraakte liep het scherm vast.

Toen herinnerde hij zich dat hij Google Maps op zijn iPhone had en pakte het toestel. Tot zijn opluchting was er een zwak 3G-signaal. Genoeg om de app te laten werken. Maar met zijn trillende handen kostte het hem een paar minuten om 'vliegveld Luxor' in te voeren.

Tot zijn verbazing vond de app het: er verscheen een blauw rondje met een wit vliegtuigje erin. En een pulserend blauw symbool dat aangaf waar hij was. Het was twee uur en vijfendertig minuten rijden, liet de app hem weten. En de route ging over het pad dat hij voor zich zag.

Hij keek op zijn horloge. Het was even na drie uur 's middags. Zijn vlucht ging om vijf voor zes. Onmogelijk. Hij keek nerveus om zich heen, maar zag nergens beweging. De motor zwoegde en hete woestijnlucht blies in zijn gezicht. Hij had dorst. Hij opende de middenconsole en zag een paar flesjes plat water in een soort ingebouwd koelkastje liggen. Hij pakte er een en dronk het helemaal leeg, en toen nog een tweede.

Ross sprong uit de auto en liep eromheen om de banden te inspecteren, bang dat ze kapot waren geschoten, maar ze leken allemaal nog heel. Hij hurkte neer en keek eronder of er geen vloeistoffen lekten, maar alles zag er droog uit. Toen stapte hij naar achteren en staarde naar de auto. Die zag er niet fraai uit. De voorkant was beschadigd door zijn aanvaring met de staart van de helikopter, een deel van de motorkap was gebocheld en één koplamp was weg. Het dak was gedeukt, net zoals ongeveer elk ander paneel van de carrosserie.

Irrationeel vroeg hij zich af of Hadidy goed verzekerd was.

Toen borrelde de woede in hem op. Woede omdat zijn chauffeur uit de wagen was gesprongen, was gevlucht en hem aan zijn lot had overgelaten. Maar kon hij de man dat wel kwalijk nemen?

Terwijl hij naar de auto stond te staren begon hij weer te trillen, nog heftiger dan voorheen.

Afghanistan.

Hij probeerde die nachtmerrie van zich af te zetten. Helder na te denken.

Wie zat hierachter?

Dezelfde mensen die hem waren gevolgd naar Chalice Well en hem daar in zijn gezicht hadden getrapt?

Hij keek om zich heen, draaide zijn hoofd rustig en langzaam, heel bang. Hij wilde naar huis bellen, een vriendelijke stem horen. Maar misschien was het niet slim om Imogen dit te vertellen. Ze zou door het lint gaan en eisen dat hij hier onmiddellijk mee stopte. Hij besloot te antwoorden op haar berichtje:

Heet! X

Maar het bereik was plotseling waardeloos en het berichtje werd niet verzonden.

Hij reed door, overpeinzend wat hij nu moest doen. Naar de politie? De Britse ambassade? Maar dan zou hij die mensen de waarheid moeten vertellen, en misschien was het exporteren van historische voorwerpen verboden. Bovendien wilde hij niet het risico nemen hier te blijven. Als hij hier bleef zou hij zich heel goed verborgen moeten houden. Hij kon beter vanmiddag nog op een vliegtuig stappen. Als er geen vlucht naar Engeland ging, moest hij maar ergens anders heen en dan van daaruit doorvliegen. Hadden de mensen in de helikopter nog andere handlangers in Luxor? Zouden ze daar al contact mee hebben opgenomen en waren die nu naar hem op zoek? Zouden ze het vliegveld in de gaten houden?

In de chaotische drukte op het vliegveld die hij zich van de vorige avond herinnerde zou het niet zo moeilijk moeten zijn om onopgemerkt te blijven. Wat wisten ze van hem? Als ze gegevens van zijn heenvlucht hadden gehad zouden ze ook zijn terugvlucht kunnen achterhalen en de gate in de gaten kunnen houden. Hij kon beter naar een heel andere bestemming vliegen, besloot hij. Parijs? Berlijn? Madrid? Waar dan ook. Een plek die hij kende?

Hij moest hier gewoon weg.

Over die auto zou hij zich later wel druk maken. Op dit moment was hij nog steeds kwaad op Hadidy omdat hij hem op de achterbank had laten zitten van een auto zonder bestuurder. De Egyptenaar mocht het verdomme zelf uitzoeken.

Hij kon de pot op.

50

Dinsdag 7 maart

Voor zover Ross wist was hij niet gevolgd. En tot zijn opluchting begon het donker te worden toen hij om bijna kwart voor zes de luchthaven van Luxor naderde. De beschadigde auto zou in het donker minder aandacht trekken van eventuele bewakers.

Hij reed meteen door naar de parkeergarage, zette de Land Cruiser op een van de hogere parkeerdekken en liet de sleutel in het contact zitten. Hij klopte het stof van zijn kleren, veegde zijn gezicht schoon en poetste zijn zonnebril op. In een poging zich een beetje te vermommen zette hij zijn zonnebril op. Hij trok zijn jasje aan en controleerde of de doek met de tand erin nog veilig in zijn binnenzak zat. Vervolgens haalde hij zijn weekendtas uit de kofferbak en ging naar de vertrekhal.

Engeland liep twee uur achter op Egypte; Frankrijk en Duitsland één uur. Egypt Air had plek op een rechtstreekse vlucht naar Charles De Gaulle om negen uur vanavond, en Lufthansa vloog kort daarna naar Berlijn, maar met twee tussenstops. Hij wilde geen transferticket naar Londen kopen voor het geval iemand daarnaar uitkeek. Hij kon vanaf beide bestemmingen eenvoudig een ticket naar Londen kopen.

Hij nam een ticket naar Parijs, liep door de vertrekhal, haalde een uitreisvisum op en vulde het in. Zijn hand trilde heftig. Naast het trauma dat hij had doorstaan had hij sinds het ontbijt niets meer gegeten.

Als hij in de gaten werd gehouden terwijl hij in de rij voor de douane stond, pakten ze dat discreet aan. De streng kijkende douanier bekeek zijn paspoort en het uitreisvisum en keek Ross bevreemd aan. 'U bent niet lang in Egypte gebleven.'

'Helaas. Ik had het graag gewild. Het is nog steeds behoorlijk koud in mijn eigen land.'

'Had u zaken in Luxor?'

'Ik ben schrijver. Ik was hier voor een bespreking met een bevriende auteur. We werken samen aan een boek over de Vallei der Koningen. Een soort gids, voor het toerisme.'

Hij had het toverwoord gezegd. De douanier stempelde zijn paspoort, klapte het dicht en gaf het hem terug met een haast onbespeurbare glimlach; mogelijk een goedkeurende.

Eenmaal door de douane vond Ross een bar. Hij ging op een kruk zitten en bestelde een koud biertje en een dubbele whisky, en toen wees hij naar een verlept uitziend broodje op een plank; het kon hem niet schelen wat erop zat. Hij sloeg de whisky in één keer achterover. Het brandende gevoel in zijn keel voelde lekker, dus hij bestelde er nog een.

De vlucht had twee uur vertraging, wat betekende dat hij pas rond middernacht in Parijs zou landen. Hij zou moeten overnachten in een hotel op het vliegveld en dan de volgende morgen doorreizen. Hij stuurde een berichtje naar Imogen met de mededeling dat hij in Luxor overnachtte.

Kort nadat het vliegtuig opsteeg viel hij in een onrustige slaap; twee uur later werd hij met knallende hoofdpijn wakker.

51

Dinsdag 7 maart

In de directiekamer op de bovenste verdieping van het KK-gebouw staarde Ainsley Bloor ijzig uit het raam naar de duisternis van de Theems terwijl zijn vertrouwelingen hem bijpraatten. Hij was laaiend.

Uiteindelijk kwam de laatste man binnen en sloot de geluiddichte deur achter zich, en Bloor ging bij de zes mannen aan tafel zitten.

Zoals gewoonlijk tijdens dit soort late, geheime directievergaderingen bij Kerr Kluge was er geen assistent uitgenodigd om notulen te maken. Er zouden ook geen opnames worden gemaakt.

'Heren, dit was een gigantische blunder,' zei Bloor. 'En dan heb ik het nog niet over de tweeënhalf miljoen aan steekpenningen die we hebben moeten betalen om de Egyptenaren en hun luchtvaartautoriteiten stil te houden.' Hij keek naar zijn chief operating officer, Julius Helmsley. 'Geld dat je zult moeten wegmoffelen, Julius. We willen geen lastige vragen bij de volgende aandeelhoudersvergadering.'

'Dat is al geregeld, Ainsley.' De chief operating officer, lang en mager, met een slechte houding, sluik, dunnend blond haar en een lang gezicht, droeg een absurd modieuze bril die je eerder bij een student van de kunstacademie zou verwachten dan bij een vijfenvijftigjarige boekhouder in een grijs pak. De accountant was het gewend om grote cashuitgaven te verdoezelen. Een van de grootste kostenposten van het bedrijf waren steekpenningen aan de leiders van derdewereldlanden.

'Dat hoop ik maar,' zei Bloor kil. 'Oké, sommigen van jullie weten al wat er is gebeurd, dus voor de rest: ze zijn ons weer te slim af geweest, en niet zo'n beetje. Het lijkt erop dat ons beveiligingsteam nog geen zuippartij in een brouwerij kan organiseren. Eerst volgen ze Ross Hunter naar Chalice Well en komen terug met helemaal niks. Nu is Hunter op weg terug naar Engeland vanuit Luxor met, neem ik aan, wat hij daar ging halen.'

'Weten we wat het is?' vroeg een ander directielid.

'Nee, maar daar komen we snel achter. Mogelijk iets met het DNA van Jezus Christus,' antwoordde Bloor. 'Ik weet niet precies wat, want blijkbaar wilde die ouwe gek van een doctor Cook dat niet zeggen, hoe zwaar hij ook onder druk werd gezet. Als die idioten meer geduld hadden gehad, hadden ze het misschien uit hem gekregen. Cook wilde voordat hij doodging alleen zeggen dat het iets belangrijks was dat met Christus zelf te maken had. En dat niemand die daar niet voor was voorbestemd het ooit zou vinden.'

'En op de een of andere manier wist die journalist waar het was?' vroeg hun hoofd Research & Development, Alan Gittings. 'Weten we zeker dat hij echt iets heeft gevonden?'

Bloor knikte naar zijn meest vertrouwde onderbevelhebber, Ron Mason, een taaie, stoere, no-nonsense Australiër.

'Onze man in de helikopter zag een oude vrouw,' vertelde Mason. 'Ze kwam een grot uit met een pakketje, en dat gaf ze aan Hunter.'

'Wat voor pakketje?' vroeg Gittings.

'Ze waren te ver weg om het goed te zien. Ik heb de beelden.'

Mason opende zijn laptop en ze gingen om hem heen staan. Hij startte korrelige beelden en het leek er inderdaad op dat een oude vrouw uit een grot kwam en een pakketje aan Hunter overhandigde. De verslaggever maakte het open terwijl de vrouw en twee mannen toekeken.

Toen Hunter de inhoud blootlegde, was ondanks de slechte beeldkwaliteit voor alle directieleden duidelijk dat zijn lichaamstaal opwinding uitstraalde.

Ron Mason zette het beeld stil.

'Hij heeft beslist iets belangrijks,' zei Bloor. 'Geen twijfel mogelijk. En wij hebben dat snel nodig. We weten dat iemand anders serieuze belangstelling heeft voor wat Hunter uitspookt en hem ook is gevolgd naar Glastonbury. Die mensen hebben misschien zelfs wel de kelk in hun bezit. Ons observatieteam heeft ze een tas zien grijpen met iets wat Hunter blijkbaar uit de put omhoog had gehaald.'

'Weten we wat het was, Ainsley?' vroeg Helmsley.

'Nee, maar nu weten we wie onze tegenstander is; op dit moment, in elk geval. De surveillanten zijn hen gevolgd naar een goed bewaakt terrein in Surrey, in de buurt van Guildford. Het hoofdkwartier van een religieuze organisatie: de Wesley Wenceslas Ministries.'

'Die vent is totaal nep,' zei Ron Mason met zijn Australische accent. 'Wesley Wenceslas. Mijn neef, die in de Here is, is naar een van zijn diensten geweest, of hoe ze het ook noemen, en hij zei dat ze geld vragen voor een gebed! Die gast is gewoon een oplichter!'

'Een heel succesvolle,' zei Gittings. 'Hij heeft miljoenen volgelingen.'

'Hij zal er nog meer krijgen als hij met de Heilige Graal gaat zwaaien,' bromde Helmsley.

'We regelen wel dat Chalice Well teruggave van hun gestolen eigendommen eist,' zei Bloor. 'Dan weet ik zeker dat Julius het van daaraf verder kan regelen, als trustee.' Hij keek hem aan. Helmsley knikte onbehaaglijk.

'Laten we even reëel blijven, Ainsley,' zei Gittings. 'Ten eerste weten we niet wat Hunter uit die put heeft gehaald en of Wenceslas Ministries dat nu heeft. We denken dat hij iets heeft – misschien een lichaamsdeel – uit een grot in Egypte. Maar er is geen zekerheid dat het van Christus komt.'

'Er is ook geen zekerheid dat wat Hunter al dan niet uit Chalice Well heeft gehaald de Heilige Graal is, Alan,' antwoordde Bloor. 'Maar we hebben een sterk vermoeden van wel. Als er een DNA-match tussen die twee voorwerpen is, wat dan?'

'Dat zou overstelpend bewijs van de afkomst zijn,' antwoordde Helmsley.

Al zijn collega's knikten.

'Dus dan zouden we het DNA hebben van een mogelijke mythische genezer die al dan niet tweeduizend jaar geleden leefde en wonderen kon verrichten?' vroeg Grant Rowlands, een ander lid van de directie, met een hard Yorkshire-accent. 'In mijn optiek is dit te veel afleiding voor ons. We zouden dankbaar moeten zijn dat we twee keer goed zijn weggekomen voordat dingen naar ons herleid konden worden, ten eerste met doctor Cook en ten tweede met het Egyptische fiasco van vandaag. En de twee schurken die naar Cooks huis zijn gegaan?' Hij liet zijn vraag in de lucht hangen.

'Veilig terug in het westen van Ierland,' antwoordde Bloor. 'Ik ben helemaal niet dankbaar. We zijn niet goed weggekomen, we hebben alleen maar twee keer verschrikkelijk geblunderd. En iemand anders was ons te snel af bij Chalice Well.'

'Ik vind dat we dit moeten laten zitten,' hield Rowlands vol. 'We riskeren de reputatie van ons bedrijf – en onze eigen persoonlijke toekomst in de waarde van onze aandelen –, en waarvoor? Het DNA-profiel van een charlatan? Kom op, Ainsley, jij bent de grootste ongelovige van ons allemaal. Is dat niet waar je apenexperiment juist om draait? Bewijs dat er geen God is?'

'Grant,' beet Bloor hem toe terwijl hij de man vastpinde met een kille blik. 'We hebben dit besluit allemaal samen genomen. Ongeacht onze overtuigingen waren we het erover eens dat potentieel twee miljard christenen op de wereld elk bedrag over zouden hebben – en ik bedoel élk bedrag – voor geneesmiddelen ontwikkeld op basis van het DNA van Jezus Christus. En denk hier ook eens aan. Hoeveel zouden toekomstige ouders overal ter wereld ervoor overhebben om een kind te krijgen met een deel – of alles – van het DNA van Jezus Christus?'

Er viel een lange stilte. Een paar directeuren glimlachten.

'Als je daar problemen mee hebt, Grant, kun je het maar beter zeggen.'

Zich bewust van de manier waarop Bloor met problemen afrekende, van zijn aanzienlijke aandelenpakket en zijn twee miljoen pond bonus per jaar, schudde Grant Rowlands zijn hoofd. 'Geen problemen, Ainsley. Alleen maar... je weet wel... ik doe gewoon mijn werk als directeur. Baten en lasten.'

Bloor keek hem vernietigend aan. 'Fijn om te horen. Ik heb mijn team graag ijverig.'

'Absoluut.'

'Verder nog iets, Grant, voordat we doorgaan?'

'Nee, ik heb niks meer.'

'Nog één korte vraag, Ainsley,' zei Julius Helmsley.

'Ja?'

'Hoe gaat het met je apen?'

Bloor richtte zijn blik op Kurt Iann, hoofd Beveiliging, voordat hij antwoordde. 'Een stuk beter dan met jullie. Als je het dan weten wilt.'

Ineenkrimpend onder Bloors harde blik zei Iann: 'Wat Hunter ook heeft, we krijgen het wel in handen, Ainsley.'

'O ja?' kaatste Bloor sarcastisch terug. 'Ga je een keer iets goed doen?'

52

Woensdag 8 maart

Ross checkte in bij het Ibis-hotel op het vliegveld Charles De Gaulle. Het was anoniem en onpersoonlijk, want alle gasten waren vreemden net als hij, op doorreis. Hij had niemand gezien die hem leek te zijn gevolgd vanaf het vliegveld van Luxor, ook niet in het vliegtuig.

Toch draaide hij uit voorzorg alle sloten op de deur en deed het kettinkje ervoor.

Hoewel hij uitgeput was sliep hij een poosje onrustig en werd toen wakker van een nachtmerrie waarin hij terug was in Afghanistan, vluchtend voor zijn leven terwijl talibanstrijders op hem schoten. Hij rende een enorm gebouw binnen, de ene na de andere trap af naar de donkere krochten eronder.

Destijds had hij overleefd door zich te verstoppen, zich koest te houden en af te wachten. Dat moest hij nu ook doen, dacht hij terwijl hij wat water dronk en in het donker voor zich uit staarde. Wie er ook achter hem aan zat, er hield vast iemand zijn huis in de gaten. Wachtend tot hij thuiskwam.

Hij vervloekte zichzelf omdat hij daar niet eerder aan had gedacht. Aan hoe die helikopter hem had kunnen vinden in de woestijn. Hij deed het nachtlampje aan, pakte zijn iPhone en begon zijn instellingen na te lopen. Al snel zag hij dat hij de locatiebepaling aan had staan. Wat betekende dat zijn telefoon de hele tijd praatte met alles eromheen en erboven. Iemand met de juiste software kon zijn bewegingen realtime volgen, minuut voor minuut. Tot midden in de woestijn.

Of hierheen.

Hij schakelde de functie uit.

Angstig stapte hij zijn bed uit, kleedde zich aan, pakte zijn tas in, liep naar de deur en keek door het spionnetje. Voor zover hij kon zien was de gang verlaten. Behoedzaam haalde hij het kettinkje van de deur en stapte naar buiten. Gewoon voor het geval er iemand naar hem uitkeek in de lobby, nam hij de trap.

Op de benedenverdieping, drie trappen lager, duwde hij de deur open en gluurde naar buiten. De lobby was verlaten; er zat alleen een nachtportier achter de balie. Zijn kamer was vooruitbetaald en hij had de optie van een snelle check-out genomen, dus liep hij naar de medewerker toe en vroeg of die een taxi naar het centrum van Parijs kon regelen.

Er was een klein boetiekhotel waar hij twee jaar geleden met Imogen had gelogeerd voor hun trouwdag, het Montalambert in St Germain. Toen de taxi aankwam stapte hij in en vroeg de chauffeur om hem daarheen te brengen.

Hoewel het klein was, was het een vijfsterrenhotel, met vierentwintiguursservice en geweldig personeel. Hopelijk hadden ze in deze tijd van het jaar nog een kamer vrij. Zo niet, dan zouden ze wel iets anders voor hem vinden, ondanks het late tijdstip.

Terwijl de taxi wegreed keek hij om zich heen en controleerde nog eens zijn telefoon om zeker te weten dat de locatiebepaling uit stond. Hij leunde achterover en dommelde wat totdat de taxi tot stilstand kwam in een smalle zijstraat voor het hotel. Hij had geluk: ze hadden nog een kamer en verwelkomden hem hartelijk.

Hij sliep redelijk vast, totdat hij even na halfacht 's morgens werd gewekt door een berichtje van Imogen.

> Hoop dat je goed hebt geslapen, waar je ook bent. Monty en ik niet. Ons fijne nieuwe alarm is vannacht drie keer afgegaan. Monteur kwam om vijf uur vanochtend. Storing in de kast of zo. Heb daarna niet meer geslapen. X

Hij dacht goed na voordat hij iets terugschreef. Misschien werden hun telefoons wel afgeluisterd.

> Arme jij. Hopelijk wordt het snel opgelost. Ik moest hier nog blijven. Bel je later nog. X

Toen sliep hij weer een uur totdat hij uitgehongerd wakker werd. Hij belde roomservice en bestelde een ontbijtje.

53

Woensdag 8 maart

Na een omelet, twee koppen sterke koffie en een douche voelde Ross zich verkwikt en kon hij weer helder nadenken.

Hopelijk wist niemand waar hij was. Maar wie er ook achter hem aan had gezeten in Egypte, ze zouden het er vast niet bij laten zitten. Hij probeerde zich in hen te verplaatsen. Wat zouden zij verwachten dat hij ging doen? Zo snel mogelijk terugkeren naar Engeland? Er waren ergere plekken om wat tijd te verdrijven dan Parijs. Hij besloot zichzelf een dagje te gunnen. Laat ze maar piekeren en hopelijk in paniek raken. Mensen in paniek maakten fouten.

Vanuit zijn kamer belde hij luchtvaartmaatschappijen. Er was de volgende dag plek op verschillende vluchten naar Heathrow, waar hij zijn auto had laten staan. Hij boekte bij British Airways.

Na het telefoongesprek pakte hij het bundeltje met de tand uit. Was dit wat iemand zo wanhopig graag had willen hebben? Iemand met genoeg geld en contacten om een helikopter met een schutter te huren?

Zo veel moeite voor zo'n klein voorwerp met weinig tot geen zekerheid over de afkomst.

Niets belangrijks?

Of het belangrijkste relikwie dat ooit was gevonden?

Iemand die de moeite had genomen om hem te overvallen in de woestijn – misschien voor deze tand – zou het beslist nog een keer proberen. Moest hij nu al in de openbaarheid treden? Moest hij het verhaal aan zijn redacteur geven, haar de tand en de beker laten zien in de hoop dat dat de vloek van deze hele verdomde onderneming wegnam?

Nee, het was nog te vroeg. Hij moest eerst meer weten. Hoe authentiek die voorwerpen waren.

Maar wat moest hij tegen Imogen zeggen nu er nog meer op het spel stond? Was het eerlijk om mogelijk ook het leven van zijn gezin in gevaar te brengen?

Bestond er überhaupt een verhaal – zelfs dit verhaal – dat dat risico waard was?

En toch kon hij nu niet stoppen.

Er begon een plan bij hem op te komen.

Hij opende zijn laptop, logde in op de wifi van het hotel, bekeek snel zijn e-mails of er iets dringends was en googelde de naam 'ATGC Forensics'.

Het was een bedrijf waarvan hij de afgelopen jaren meerdere keren had gehoord. Ze waren een van de onafhankelijke beveiligde labs die Britse politiekorpsen gebruikten voor DNA-onderzoek.

Hij kreeg meteen resultaat.

ATGC FORENSIC SCIENCE – ATGC GROUP
www.atgcgroup.com/sectors/forensic-science
ATGC is een wereldleider in de forensische wetenschap en een van de meest vooraanstaande fullservice forensische providers in het Verenigd Koninkrijk. We werken samen met politiekorpsen in binnen- en buitenland... en we bieden een 24/7-service.

Ross ging naar de Contact-pagina, vond het telefoonnummer en belde het met de hoteltelefoon, zich ervan bewust hoe gemakkelijk het was om mobiele telefoons af te luisteren.

Er werd opgenomen door een montere vrouwenstem.

'Hallo, ik vroeg me af of u me kon helpen. Doen jullie ook DNA-tests voor particulieren?'

'Nou, normaal gesproken werken we vooral met geregistreerde instellingen, maar we hebben inderdaad ook een faciliteit voor particulier werk. Zal ik u met iemand doorverbinden?'

'Graag, dank u.'

Hij werd even in de wacht gezet, en toen hoorde hij een mannenstem. 'Met Peter Mackie, kan ik u helpen?'

Ross had jaren geleden geleerd dat mensen veel meer voor je deden als je hun naam zei. Een psycholoog die hij eens had geïnterviewd had hem verteld dat iemands naam het belangrijkste geluid op de wereld voor hem was. 'Dank je, Peter,' antwoordde hij. 'Ik ben Ross Hunter, verslaggever, en ik werk aan een artikel. Ik heb twee voorwerpen, een houten beker en een tand, en zou graag DNA-profielen van allebei willen laten maken.'

'Vanwege de Wet op de Gegevensbescherming zouden we u niet kunnen vertellen of er een match is met de Britse DNA-database.'

'Dat geeft niet. Ik wil weten of er een match bestaat tussen die twee voorwerpen.'

'Een houten beker en een tand?'

'Ja.'

'Weet u ongeveer hoe oud ze zijn?'

'Nee. Vrij oud. Eeuwen, denk ik.'

'Die beker is gemakkelijk te testen, maar een tand is lastiger. We zouden hem tot poeder moeten vermalen.'

'Helemaal?' riep Ross uit.

'Ja, ik vrees van wel.'

Shit, dacht Ross. Dit was mogelijk het enige overblijfsel van Jezus dat nog bestond. Wat zou een archeoloog vinden van het vernietigen ervan? 'En het is onmogelijk om er maar het kleinste stukje van te behouden?' vroeg hij.

'Nou,' zei Mackie aarzelend, 'dat hangt af van de grootte en leeftijd. Maar het is onwaarschijnlijk.'

Ross dacht snel na. Kon hij dit doen? Kon hij die verantwoording nemen... en de gok? 'Maar u zou dat voor me doen als particuliere klant?' vroeg hij uiteindelijk.

'Ja hoor.'

'Hoeveel zou dat kosten?'

Ross hield zijn adem in, bang dat de man een veel te hoog bedrag zou noemen.

'Ik kan u geen exacte prijs geven, want het hangt ervan af hoeveel werk het is. Maar zeg om en nabij de drie- tot vijfhonderd pond per item.'

Ross voelde een vlaag van opluchting. 'Hoe snel zou het kunnen?'

'We zijn zo'n beetje dag en nacht open. Als u ze vandaag nog brengt, zou u de resultaten waarschijnlijk morgen al kunnen hebben. En zeker binnen achtenveertig uur.'

'Ik ben momenteel nog in Europa, maar ik vlieg morgen naar huis. U zit in Kingston?'

'Klopt.'

Ross dacht even na. De opslag waar hij de kelk had achtergelaten sloot om zes uur 's avonds. Als zijn vlucht redelijk op tijd was zou hij rond twee uur 's middags terug zijn in Engeland. Tegen de tijd dat hij zijn auto had opgehaald en onderweg was zou het halfdrie zijn. Afhankelijk van de verkeersdrukte zou hij dat nog wel op tijd moeten redden. Maar dan zou het hem een paar uur kosten, schatte hij, om zich door het spitsverkeer in Londen een weg naar Kingston te banen.

'Ik kan morgen aan het begin van de avond bij jullie zijn,' zei hij.

'Ik zal mijn collega Jolene Thomas vertellen dat u komt, meneer Hunter.'

Ross bedankte hem.

54

Donderdag 9 maart

Ross' vlucht terug naar Londen was meer dan een uur vertraagd, en toen stond hij in de file op de M25 omdat er een ongeluk was gebeurd. Tegen de tijd dat hij bij de U-Store Self-Storage aankwam, in de buurt van de haven van Shoreham, was het tien voor zes; de enige chagrijnige medewerker die nog op het kantoortje was stond overduidelijk op het punt af te sluiten en zijn aankomst werd begroet met een ijzige blik.

Ross verontschuldigde zich, schreef zijn naam in het register, zette de datum en tijd erbij en liep naar de stalen deur, waar hij zijn toegangscode invoerde op het paneel. Terwijl de roldeur nog kletterend openging dook hij eronderdoor en stapte de kille, enorme ruimte van het pakhuis in. Aan weerskanten en achterin waren rijen stalen deuren, allemaal voorzien van hangsloten.

Hij vond zijn box, nummer 478, afgesloten met twee stevige hangsloten. Een ervan had een zescijferige combinatie, en voor de andere was een sleutel nodig. Hij opende beide sloten.

Hij trok de zware metalen deur open en pakte de bundel met stof waarin de beker zat, maar hij liet de twee helften van het omhulsel liggen. Toen sloot hij de ruimte weer af, stopte de bundel onder zijn jack, meldde zich af en haastte zich terug naar zijn Audi op de verlaten klantenparkeerplaats.

Hij stuurde een berichtje naar Imogen om te melden dat hij terug was en hopelijk die avond rond negen uur thuis zou zijn.

Terwijl hij de toegangspoort uit reed stonden twee onopvallende sedans op hem te wachten, allebei een stukje verderop langs de straat geparkeerd. Een ervan wees naar het oosten, aan dezelfde kant van de weg als hij, de andere naar het westen, aan de overkant. Ze waren onderdeel van het surveillanceteam van acht voertuigen dat hem hierheen was gevolgd vanaf het vliegveld.

Ross reed naar de A27 om van daaraf naar de A23 te gaan. Een halfuur later kroop hij in het drukke spitsverkeer noordwaarts over de A23. Anderhalf uur lang, in het vrijwel constant stapvoets rijdende verkeer, doodde hij de tijd door te luisteren naar het nieuws en naar een nieuw album van George Ezra, en door na te denken. Al die tijd, zich ervan bewust dat iemand hem mogelijk volgde, hield hij zorgvuldig zijn spiegels in de gaten. Uitkijkend naar een stel koplampen dat misschien de hele tijd bij hem bleef. Maar tot zijn opluchting veranderden de koplampen achter hem regelmatig.

Zijn gedachten bleven terugkeren naar de boodschap die op Imogens laptop was verschenen. De aanval op hem in Egypte. Was het echt de moeite waard om dit door te zetten? Het risico voor Imogen en hun baby?

Hij dacht terug aan zijn gesprek met de bisschop van Monmouth. Benedict Carmichael had op zijn eigen milde manier geprobeerd hem te waarschuwen en ontmoedigen.

Toen dacht hij aan zijn grootvader. Ross was als kind nooit hecht met hem geweest, maar had hem elke dag bezocht tijdens zijn laatste weken in het Martlets-hospice. Bill Hunter was een diep ongelukkig man geweest met een hele rits onvervulde dromen, en allang gescheiden van zijn vrouw, die hem had verlaten en vervolgens was verongelukt in een auto met haar nieuwe minnaar. Het laatste gesprek dat Ross met zijn grootvader had gevoerd was hem altijd bijgebleven.

Ross, je vader en jij zijn alles wat ik nog op deze wereld heb, en het enige wat ik kan nalaten. Ik was bang om mijn dromen te volgen en nam het veilige pad; of althans, het pad waarvan ik dacht dat het veilig was. Ik heb te laat geleerd dat veiligheid een illusie is, een droom die we najagen. Niks is belangrijk, hè? Niks behalve dat ene belangrijkste. Dat we niet sterven met al onze dromen nog binnen in ons. Laat niets of niemand je er ooit van weerhouden te doen waar je in gelooft. Dat is het enige wat belangrijk is. Ik zou mijn leven heel anders hebben aangepakt als ik er de moed maar voor had gehad. Ik zal sterven in de wetenschap dat ik een mislukkeling ben, dat ik nooit iets heb gepresteerd. Beloof me dat wat er ook in je leven gebeurt, jij er wel toe zult doen. Dat, op wat voor kleine manier je het ook doet, je verschil zult maken voor de wereld.

Eindelijk, even voor acht uur 's avonds, meldde de navigatie dat hij nog twee minuten van zijn bestemming verwijderd was. Verderop links verscheen een bord: ATGC FORENSICS.

Hij gaf richting aan en keek in zijn spiegels. Tot zijn opluchting sloeg het voertuig een eindje achter hem rechts af.

55

Donderdag 9 maart

Ross reed door een soort woonbuurt en stopte voor een slagboom. Een bewaker kwam naar hem toe, en hij gaf de man zijn naam.

De slagboom ging omhoog en hij reed op aangeven van de bewaker door over de kronkelweg tot hij verderop een rij lange, moderne roodbakstenen gebouwen van drie verdiepingen zag die met elkaar verbonden waren. Voor een glazen atrium tussen twee van de gebouwen, kennelijk de hoofdingang, stond een bordje met de tekst BEZOEKERSPARKEERPLAATS.

Hij parkeerde zijn auto en bleef nog even zitten nadenken. De tand zou tot poeder vermalen moeten worden. Hij had er talloze close-upfoto's van gemaakt, maar stel dat het echt de tand van Christus was. Het enige overgebleven deel van zijn aardse lichaam, met een uniek historisch belang, en hij stond op het punt de vernietiging ervan goed te keuren. Maar zonder die stap zou hij nooit de afkomst ervan kennen. Hopelijk konden ze er een klein deel van behouden. Hij stapte met zijn weekendtas uit de auto en liep naar de ingang.

Toen hij de deuren naderde gleden ze open en betrad hij een grote receptie met aan weerskanten bankjes en een merkwaardige, puntige zwarte sculptuur op een leistenen sokkel. Verderop was een grote gebogen receptiebalie met WELKOM BIJ ATGC op de voorkant.

Hij liep naar de receptioniste toe. 'Hallo. Ik ben Ross Hunter. Jolene Thomas van het DNA-lab verwacht me.'

Hij werd naar een nis gestuurd met tapijt op de vloer, kale bakstenen muren en een paar ronde tafels met elk drie turquoise stoelen. Tegen de achterste muur hing een rij schermen met foto's van analisten in witte pakken, handschoenen, gelaatsmaskers of brillen, die verschillende taken uitvoerden.

Hij zette zijn tas op tafel en bekeek zijn telefoon. Er was geen berichtje van Imogen. Hij voelde zich rot, wetend dat ze zo bang was. Misschien leverde het onderzoek van dit lab niets op en was daarmee de kous af, zou het blijven bij een kort stukje in *The Sunday Times* over zijn ontmoeting met een religieuze gek die een heleboel mensen had weten te overtuigen; voldoende om hem helemaal naar Egypte te volgen?

'Meneer Hunter?'

Hij keek geschrokken op en zag een aantrekkelijke vrouw van een jaar of dertig met glanzend, middellang zwart haar in een helgroene jurk en zwarte legging. 'Ja.' Hij stond op en gaf haar een hand.

'Jolene Thomas,' zei ze terwijl ze tegenover hem ging zitten.

'Fijn dat u me nog zo laat kon ontvangen.'

'Dat maakt echt niet uit. We werken voornamelijk voor politiekorpsen, dus we opereren eigenlijk 24/7. Maar ik begrijp dat u hier bent als particulier?'

'Ja, dat klopt. Mag ik vragen hoe vertrouwelijk en veilig u werkt?'

Ze glimlachte. 'Het grootste deel van ons werk draait om DNA van plaatsen delict, waarbij de bewijsketen van essentieel belang is. Alles in dit bedrijf is beveiligd met codes. Elk stuk dat we binnenkrijgen krijgt meteen een barcode toegekend, geen naam. We zijn ons er terdege van bewust dat we een belangrijk doelwit zijn van boeven die heel graag hun DNA-bewijs zouden vernietigen. Maar zelfs in het onwaarschijnlijke geval dat ze hier zouden binnenkomen, zouden ze onmogelijk hun eigen monsters kunnen vinden. Zelfs onze afzonderlijke laboratoria hier zijn gecodeerd.'

'Mooi.'

'Maar wat hebt u voor me?'

'Kunnen we ergens vertrouwelijk praten?' vroeg Ross.

Ze nam hem mee naar een kamertje naast de receptie.

Ross ritste zijn tas open, haalde eerst de kelk tevoorschijn en pakte hem uit, en toen de tand. 'Ik denk dat deze dingen allebei heel oud zijn,' zei hij. 'Vele eeuwen oud, en mogelijk nog ouder; misschien wel tweeduizend jaar. Kunt u ook dateren?'

'Nee, dateren doen we niet. We kunnen hopelijk een DNA-monster krijgen van elk object, en we kunnen wel iets afleiden uit de degradatie, maar dateren is niet ons vakgebied. Mogelijk kunnen we etniciteit achterhalen, afhankelijk van wat we vinden. En we bieden drie soorten DNA-profielen: standaard, mitochondrisch en Y-STR.'

'Wat is wat?' vroeg Ross.

'Nou, standaard geeft u het huidige profiel van de persoon. Dat is wat de politie meestal vraagt, om te kijken of er een match is met een verdachte. Mitochondrisch, een moeilijker proces en een ander soort test, is het DNA dat wordt doorgegeven via het X-chromosoom; het vrouwelijke. Daarmee kunnen we de historische bloedlijn achterhalen, want die verandert niet.'

'Nooit?'

'Nee.'

'Bedoelt u dat iemand die tweeduizend jaar geleden geboren is, met een lijn van directe nazaten, nu nog zou kunnen worden geïdentificeerd aan de hand van het X-chromosoom?'

'Ja, dat klopt, mits er geen genetische mutaties zijn, want die komen weleens voor. Dan is er nog de derde soort, Y-STR, die recenter is. De *Y chromosomal Short Tandem Repeat*. Die bereikt een gelijksoortig resultaat, maar dan via de mannelijke lijn, hoewel die niet zo stabiel is als de mitochondrische en er nog niet zo veel databases van zijn.'

'En wat doet die?'

'Nou, zoals ik al zei, het is het mannelijke equivalent van het mitochondrische. Het gaat via het Y-chromosoom door de mannelijke lijn, onveranderd.'

'Dat is schitterend. Dat wil ik ook graag laten doen. Over wat voor tarief hebben we het dan, voor alle drie?'

'Eén ding dat ik eerst moet vragen: zijn deze voorwerpen aangeraakt door individuen met handschoenen of zonder?'

'Ik heb ze niet met blote handen aangeraakt – altijd met handschoenen of een doek – maar ik weet niet wat er voor die tijd mee is gebeurd.'

'Oké, maakt niet uit, we stellen uw DNA-profiel wel vast, wat een klein beetje extra kost, om u uit te sluiten. Als u dat goedvindt?'

'Ja, prima.'

'Ik zal een offerte opstellen voor deze voorwerpen. Voor de drie testen op de twee voorwerpen zal het ongeveer tweeduizend pond in totaal bedragen, plus nog eens zo'n tweehonderd pond voor uw uitsluiting.'

'Dat is een beetje meer dan ik had verwacht op basis van mijn telefoontje van eerder, maar ik begrijp het,' zei Ross. 'Dat is prima.'

Ze keek naar de twee voorwerpen op tafel. 'Het testen van die houten beker zal eenvoudig zijn, maar die tand is ingewikkelder. Ik geloof dat u aan de telefoon al gehoord had dat we die tot poeder zullen moeten vermalen, en dan moeten we er een reeks chemische processen op loslaten.'

'Moet u hem helemaal vernietigen?'

'Ik vrees van wel. Met zo'n klein voorwerp is er geen alternatief.'

'Is er naderhand nog iets van over wat u me kunt geven?'

'Ja, als u wilt, maar dan is het een oplossing in een flesje. En we zouden ook foto's kunnen maken tijdens het proces, als u daar iets aan hebt?'

Ross staarde naar de tand. Mogelijk, als hij echt was, was dit het belangrijkste voorwerp in de christelijke geschiedenis. En hij zou het moeten laten vernietigen om de afkomst ervan vast te stellen. Kon hij dat doen?

Maar als hij het niet deed, zou de wereld het nooit weten.

Het was een dilemma. Kon hij dit doen? Wie was hij om dit besluit te nemen? Bestond er geen andere manier?

'Jolene, als je hem vermaalt, kun je dan zowel het normale DNA en het mitochondrische als de Y-STR bepalen?'

'Ja, alle drie,' antwoordde ze.

'En er is echt geen andere manier? Geen andere technologie die nog wordt ontwikkeld die het DNA hieruit zou kunnen lezen zonder dat je hem hoeft te vernietigen?'

'Niet dat ik weet.'

Hij voelde een brok in zijn keel. Zijn handen waren klam. Hij zweette. Wat moest hij doen? Wat moest hij doen?

'Oké,' zei hij uiteindelijk. 'Doe het maar, en maak alsjeblieft foto's tijdens het proces.'

'Nog even ter bevestiging: hoe snel heb je ze nodig?'

'Zo snel mogelijk.'

'We zouden je de eerste resultaten over ongeveer achtenveertig uur moeten kunnen geven; is dat oké?'

'Perfect.'

Ze haalde een stapel formulieren tevoorschijn en hij begon ze in te vullen.

56

Donderdag 9 maart

De witte Boeing 737 met het logo van Wesley Wenceslas Ministries begon na de vlucht vanuit Denver aan de afdaling naar Miami International Airport. In de jet zat de gehele entourage van de predikant.

Omdat hij net zo nerveus was in zijn vliegtuig als in zijn helikopter vulde de predikant gebeden om bescherming van de Heer meestal aan met een paar glazen Krug. Maar momenteel was hij te kwaad om bang te zijn, en hij had geen druppel gedronken. In plaats daarvan nam hij een paar dubbele espresso's, achter elkaar, waarvoor Smilealot hem herhaaldelijk berispte. Zijn managing director herinnerde hem eraan dat te veel cafeïne hem hyper maakte, en dat hij steeds kwader werd als hij hyper was, wat slecht was voor zijn bloeddruk, en die was al te hoog.

Tegenover hem in de luxe stoelen van het kantoorgedeelte in de jet dronk Lancelot Pope, zoals altijd elegant gekleed, deugdzaam een flesje mineraalwater. Hij zette het voor zich op tafel en maakte met zijn Montegrappa-pen nog een aantekening op zijn elegante Smythson's-blocnote.

'Wat doet die verrekte glimlach op je gezicht, Smilealot? Er zit geen wijwater in dat flesje, weet je,' zei Wenceslas.

'Je moet kalmeren, baas,' zei zijn vertrouwde directielid. 'Je kent de voorschriften van je huisarts.'

'O ja, wijze man? Nou, toen de rechter tegen Oscar Fingal O'Flahertie Wills Wilde zei: "Ik heb geen belangstelling voor de voorschriften van uw arts, meneer Wilde", antwoordde hij: "Ik verdomme ook niet."'

'Nou nou!' zei Pope terechtwijzend. 'Wat een taal van een man van de kerk. Spiritueel leider van miljoenen. Stel je voor dat dat uitlekt naar Twitter!'

'Dat zou wel het minste van onze problemen zijn.'

'Je bent echt in een pestbui.'

'Vind jij dan dat ik in een goede bui zou moeten zijn? Is daar dan een reden voor?'

Er klonk een uitbarsting van meisjesachtig gelach uit de naastgelegen cabine met de entourage. Dat werd gevolgd door een gil en nog meer gelach.

'Tel je zegeningen,' zei Pope.

'Ik heb vandaag geen zegeningen.' Hij stak zijn lege handen uit. 'Zie je? Zie jij ergens zegeningen?'

'Wat ik zie is dat je weer nagelbijt. Stoute jongen!'

Wenceslas kromde zijn vingers en bekeek ze verbaasd. 'Inderdaad, zeg.'

'En kom niet weer met die onzin dat de Heer wil dat je nagelbijt als teken van nederigheid. Ik regel wel een manicure voor je als we thuis zijn. Afgekloven nagels kunnen echt niet bij een leider van het christelijk geloof.'

'Weet je wat jij bent? Een lastpak.'

'Daarom heeft God me naar je toe gestuurd. Als je een meeprater wilt, ga er dan maar een zoeken. Tot die tijd zit je aan mij vast.' Hij legde zijn pen neer en stak beide handen op. 'Kijk maar. Onberispelijke nagels. Die zeggen veel over iemand.'

Wenceslas keek hem twijfelend aan. 'Ik heb belangrijkere dingen aan mijn hoofd dan mijn nagels. *Wij* hebben belangrijkere dingen aan ons hoofd. Op dit moment een heel groot probleem, denk je ook niet? Mogelijk het grootste probleem dat de wereld ooit heeft gezien?'

Het vliegtuig hotste een paar keer door kleine luchtzakken, en de predikant verbleekte.

'Ik kan nog steeds niet geloven dat die smeerlap van een verslaggever hierbij betrokken is,' ging Wenceslas door. 'Dat hij het werk doorzet van die gevaarlijke, goedgelovige oude man, Harry F. Cook. Ken je de Bijbel?'

'Een deel ervan,' antwoordde Pope ontwijkend. Eigenlijk was hij zich terdege bewust van zijn onwetendheid over de Bijbel; het meeste wat hij wist had hij opgepikt in zijn werk voor zijn baas.

'We weten dankzij onze telefoontaps dat doctor Cook naar een medium is gegaan en dat hij geloofde dat God tegen hem sprak. In 2 Thessalonicenzen 2:9 staat: "hem, wiens komst overeenkomstig de werking van de satan is, met allerlei kracht, tekenen en wonderen van de leugen." In 2 Korintiërs 11, vers 13 tot en met 15, staat: "Want zulke valse apostelen zijn bedrieglijke arbeiders, zich veranderende in apostelen van Christus. En het is geen wonder; want de satan zelf verandert zich in een engel des lichts. Zo is het dan niets groots, indien ook zijn dienaars zich veranderen, als waren zij dienaars der gerechtigheid; van welke het einde zal zijn naar hun werken."'

'En wat betekent dat precies?' vroeg Pope.

'1 Johannes, hoofdstuk 4, vers 1 tot en met 3: "Geliefden, geloof niet elke geest, maar beproef de geesten of zij uit God zijn; want er zijn veel valse profeten in de wereld uitgegaan. Hieraan leert u de Geest van God kennen: elke geest die belijdt dat Jezus Christus in het vlees gekomen is, is uit God en elke geest die niet belijdt dat Jezus Christus in het vlees gekomen is, is niet uit God; maar dat is de geest van de antichrist, waarvan u gehoord hebt dat hij komt, en die nu al in de wereld is." En 1 Johannes 2, vers 18 vertelt ons: "Kinderen, het is het laatste uur; en zoals u gehoord hebt dat de antichrist eraan komt, zijn er ook nu al veel antichristen gekomen!"'

'Waar is hij dan?'

'Hij is slim, hij is sluw, hij is een meester der vermomming. Misschien zijn we al te laat.'

'Niet negatief denken, baas. Dat is toch een van je mantra's? Nou, dat doe je nu: je denkt te negatief. Ga voor het positieve. Die smeerlap van een Ross Hunter is met een kruistocht bezig. Fijn, laat hem het werk voor ons doen. Laten we kijken hoe ver hij komt. Stel dat hij onomstotelijk aantoont dat hij echt het DNA van Christus heeft. Prima, laat hem ons dan maar naar die antichrist leiden.'

'Hoe?'

'We zijn ermee bezig. Houden hem doorlopend in de gaten.'

'Maar iemand anders ook, toch? Dat bedrijf, Kerr Kluge. Mogelijk met een heel andere agenda dan wij; mensen die die kracht willen beteugelen, niet vernietigen.'

'Ik heb een van de besten in de branche ingehuurd, ex-Scotland Yard. Er is bijna niks wat hij niet over surveillance weet. We hebben tweeëntwintig ervaren surveillanten op Hunter zitten. Wil je weten waar hij is?'

'Ja.'

'Hij is vijf kilometer van zijn huis in Brighton, op weg terug van ATGC Forensics, waar hij heeft afgeleverd wat hij had opgehaald in Egypte en –'

'Wat hij ook had gevonden in Chalice Well dat je team heeft verspeeld,' viel Wenceslas hem in de rede. 'Een koektrommel en een doopbeker.'

'Ja, nou, oké, hij heeft ons wel een beetje te kakken gezet. Gelukkig hebben onze vrienden van Kerr Kluge het volgens mijn bronnen nog erger verprutst in Egypte. En zij laten hem alleen maar door een klein team in de gaten houden.'

'Weet je, Smilealot, je doet hier behoorlijk achteloos over. Je begrijpt toch wel wat dit allemaal zou kunnen betekenen, hè? Ik begin het me af te vragen.'

'Zeker weten, baas. Maar stel dat het niet de antichrist is, maar de echte Wederkomst.'

'Als die wijsneus van een journalist echt heeft wat wij denken dat hij heeft en het komt in de openbaarheid – want dat zal beslist gebeuren – dan zitten we niet meer alleen maar in een tweepaardenrace om het in handen te krijgen.'

Pope knikte. Ze hadden hier de afgelopen dagen veel over gesproken. Het DNA van Christus. Hoeveel christelijke kerken zouden erachteraan zitten? Te beginnen bij het Vaticaan? Hoeveel van de oude vijanden van het christendom? Als Wenceslas op tournee kon gaan met de Heilige Graal en bewijs van het DNA van Onze-Lieve-Heer, dan zou hij elk sportstadion op de planeet vullen. Hij kon zich niet eens voorstellen hoeveel omzet dat zou opleveren. Aangenomen dat het niet de antichrist was maar het echte werk.

'We zouden rijker worden dan die godverdommese neppers van de Rooms-Katholieke Kerk! De Heer zij geprezen!' zei Wenceslas.

'De Heer zij geprezen,' herhaalde Pope.

'Maar als het Vaticaan het in handen kreeg zouden ze het onder bewaking tentoonstellen, ergens waar mensen in eindeloze rijen staan om het te aanbidden in een glazen vitrinekast in ruil voor een donatie en de mogelijkheid op beantwoorde gebeden. Of, en dat is waarschijnlijker, het zou verdwijnen. Voor altijd begraven in een diepe kluis ergens.'

'Waarom zeg je dat, baas?'

Wesley Wenceslas keek naar de man die hij het runnen van zijn groeiende imperium toevertrouwde. 'Van welke planeet kom jij? Onze branche is gelóóf, geen bewíjs. Als Zijn bestaan wordt bewezen, waarom zou iemand óns dan nog nodig hebben? Dan gaan ze gewoon rechtstreeks naar de bron. Het zou dezelfde impact hebben op providers van het geloof als Amazon heeft gehad op retailers. We zouden van de ene op de andere dag buitenspel staan. Snap je dat niet? Of stel dat dit de voorspelde antichrist is. En hij hier al rondloopt.'

'Is de antichrist al hier? Denk je dat echt? Of is dat gewoon je verkoopbabbel, o machtige?' Pope maakte een sarcastische buiging.

'Kappen!'

'Zullen we even reëel blijven?' zei Pope. 'Wat zit je echt dwars aan die Ross Hunter? Is het echt je overtuiging dat dit het werk is van de antichrist, omdat hij aanwijzingen opvolgt van een medium? Of is dat je rookgordijn?'

'Hoezo rookgordijn?'

'Trek niet zo'n engelachtig, onschuldig gezicht, dominee! Ik ken je te goed. Je bent bang dat dit echt zou kunnen zijn, hè? Dat als dit echt de Wederkomst is, onze Heer je zal ontmaskeren als de oplichter die je bent. Dat is je echte agenda, toch?'

Zonder waarschuwing dook het vliegtuig een paar seconden omlaag.

Wesley Wenceslas zweeg en prevelde een gebedje.

Het vliegtuig stabiliseerde.

Een minuut later landden ze.

'De Heer zij geprezen,' zei Wenceslas opgelucht.

'De piloot zij geprezen, zou ik zeggen,' kaatste Pope terug.

57

Donderdag 9 maart

Het was laat toen Ross thuiskwam. Hij reed de oprit op en keek uitgebreid om zich heen, maar zag geen onbekende voertuigen op straat. Toch wachtte hij nog even voordat hij uitstapte, kijkend in alle schaduwen. Daarna haalde hij zijn tas uit de kofferbak en liep naar de voordeur.

Er werd al opengedaan door een betraande Imogen voordat hij er was, met Monty vlak achter haar.

Ross sloeg zijn armen om haar heen en omhelsde haar stevig. 'Hé, wat is er?'

Ze drukte haar natte wang tegen zijn gezicht. 'Godzijdank ben je thuis. Ik zou hier vannacht niet alleen kunnen zijn. Ik wilde de Hodges bellen en vragen of ik bij hen kon logeren als je niet terugkwam.'

'Wat is er? Wat is er gebeurd?'

'Kom maar kijken wat er is gekomen terwijl ik vandaag op mijn werk was.'

Hij knielde even neer om de hond te aaien terwijl zij het nieuwe veiligheidskettinkje op de deur deed en volgde haar toen naar de keuken. Haar laptop stond geopend op tafel. Ze tikte op het toetsenbord en hij zag een boodschap op het scherm.

DIT IS JE TWEEDE WAARSCHUWING. JE KRIJGT GEEN DERDE

Ze keek hem aan en vroeg kwaad: 'Kun jij dat verklaren?'

Hij bekeek het adres van de afzender. Het was hetzelfde Hotmail-adres als de vorige keer; hij herkende het aan het '666' dat erin voorkwam. 'Ik denk dat we de politie moeten bellen,' zei hij.

'En wat zeggen we dan? Dat je Satan kwaad hebt gemaakt?'

Hij glimlachte grimmig en dacht na. 'Oké, luister, ik bel Jason Tingley wel.'

Tingley was een jonge politieman geweest toen Ross en Imogen elkaar in hun tijd bij *The Argus* hadden leren kennen en was nu adjudant.

'Ik ben bang, Ross.'

'Ik bel hem meteen.'

Hij bladerde door zijn contactenlijst tot hij de naam Jason Tingley vond en belde hem. Er werd niet opgenomen; hij kreeg Tingleys voicemail en liet een boodschap achter. 'Hoi, Jason, met Ross Hunter. Zou je me kunnen bellen? Ik heb wat hulp nodig.' Hij liet zijn nummer achter en hing op.

'Vertel eens over je reis. Hoe ging het? Wat heb je gevonden?'

'Ik zal je er alles over vertellen, maar ik heb eerst een borrel nodig en ik heb trek.'

'Ik heb moussaka voor je uit de vriezer gehaald, en er staat nog wat sla in de koelkast.'

'Bedankt.' Hij liep naar de kast, schonk een bel van zijn favoriete whisky voor zichzelf in, deed er wat ijs en een drupje water in en ging ermee aan tafel zitten. Op dat moment, terwijl hij nog een keer naar de e-mail keek, ging zijn telefoon. Het was Jason.

Met de telefoon op de speaker, ten behoeve van Imogen, praatten ze elkaar even bij en feliciteerde Ross de adjudant met zijn promotie. Toen vertelde hij hem in het kort wat er was gebeurd sinds zijn eerste telefoontje van Harry F. Cook, maar hij zei niets – ook ten behoeve van Imogen – over de aanslag op zijn leven in Egypte. Tingley beloofde dat hij een melding zou doorgeven aan de wijkpolitie en zou vragen of ze een oogje op zijn huis wilden houden. Hij vroeg om de kentekens van hun eigen auto's. Toen zei hij dat hij iemand van High Tech contact met hem zou laten opnemen om te kijken naar de mail die Imogen had gekregen. Hij vroeg of Ross hem op de hoogte wilde houden van eventuele ontwikkelingen. Ross bedankte hem en ze maakten los-vast de afspraak om binnenkort eens koffie te gaan drinken.

Toen hij had opgehangen vroeg Imogen: 'Is dit dan hoe we van nu af aan moeten leven? Als gevangenen in ons eigen huis? Constant in angst? Afhankelijk van politiebescherming?'

Ross staarde haar aan en nam een slokje whisky. 'Dit is wat ik doe, Imo. Ik heb altijd risico's genomen met de verhalen die ik schreef, om onrecht aan de kaak te stellen.'

'Dit is anders. Ik begin nu echt bang te worden voor je veiligheid. Voor onze veiligheid. Ik denk dat dit boven je pet gaat. Dit gaat niet alleen om jou. Denk aan ons kind; hij heeft ook een vader nodig. Je hebt nu grotere prioriteiten dan je volgende verhaal.'

'Imo, ik wil dat onze zoon trots op me is. Als hij groot is, wil ik dat hij iemand is die stáát voor waar hij in gelooft.'

'Weet je wat ík wil?' kaatste ze terug. 'Of eigenlijk wat ik niet wil? Ik wil niet dat onze zoon een wees wordt.'

58

Donderdag 9 maart

In de felle lampen aan de onderkant van de helikopter zag Ainsley Bloor het gras rondom de landingsbaan doorbuigen door de wind van de rotoren. Even later landde de machine en stonden ze stil.

Hij wenste zijn privépiloot een fijne avond, maakte zijn veiligheidstuigje los, deed zijn koptelefoon af, duwde de deur open en klom naar buiten. Hij hield zijn hoofd laag tot hij ver uit de buurt was van de nog draaiende rotorbladen, hoewel hij zelfs met zijn één meter tachtig veilig rechtop had kunnen staan.

De schaduw van zijn landhuis, met een paar lichten achter de ramen, lag een paar honderd meter voor hem. Maar hij wendde zich ervan af, hing de tas met zijn laptop en de papieren die hij voor morgen moest doornemen over zijn schouder en haastte zich over het gras naar de oranjerie. Hij keek uit naar de eventuele voortgang die zijn zes apen hadden geboekt.

Hij deed het licht aan en stapte naar binnen, grimassend van de zure stank, en inspecteerde alle kooien, zoekend naar uitdraaien die erop wezen dat de apen op toetsen hadden gedrukt. Er lagen geen uitdraaien in de eerste vijf. Alleen maar apenstront en pindadoppen op de toetsenborden en plassen pis op de vloer.

Toen keek hij door de tralies van de zesde kooi, die van Boris. En zag tot zijn opwinding dat er een paar vellen papier op de printer lagen.

Onzindingen mompelend tegen de aap stapte hij de kooi in, rende opgewonden naar de printer, rukte de pagina's eraf en bekeek ze. Boris keek naar hem vanaf een tak, wrijvend over zijn kin als een oude, wijze man.

Bloor keek vluchtig door zes pagina's met een betekenisloze brij van letters, symbolen en getallen. Maar hij verstijfde toen hij de zevende pagina zag.

En staarde ernaar.

Naar de drie letters die terug staarden als een glanzend klompje goud in een zak kolen.

Hij wilde de aap het liefst een high five geven.

'Ja, ja, ja, goed gedaan, Boris! Ja, ja!!!!'

Alle nachtmerries van de afgelopen paar dagen waren even vergeten.

'Wauw! Goed gedaan, jochie! Wauw!'

Het kapucijnaapje dopte een pinda en keek hem verdwaasd aan.

'Je hebt het gedaan! Je hebt het verdomme gedaan!'

Hij nam de uitdraai mee en haastte zich naar het huis, al roepend naar zijn vrouw voordat hij bij de deur was. 'Cilla! Cilla!'

Ze was in de zitkamer en keek naar een orkest op televisie.

'Kijk!' schreeuwde hij. 'Kijk wat ik heb!'

'Wat dacht je van "Hallo, lieverd, hoe gaat het met je, hoe was je dag?"' antwoordde ze scherp.

'Kijk hier eens naar!' Hij pakte de afstandsbediening, zette het beeld stil en hield de uitdraai voor haar neus. 'Kijk! Kijk!'

'Waarnaar precies?'

'Het begin van het bewijs! Het doorslaggevende bewijs dat er geen Schepper is. Dat de wereld door pure willekeur is ontstaan. Dit is gigantisch! Vergeet deze datum niet! Deze avond zal de geschiedenis in gaan.'

'De avond dat een aap het woord "het" typte?'

'Je begrijpt het belang gewoon niet, hè?'

'Eigenlijk niet. En er is nog iets anders wat ik niet begrijp.'

'Wat dan?'

'Je bent atheïst. Overtuigd atheïst. Je voert dat idiote experiment uit omdat je het rare idee hebt dat je met die apen onweerlegbaar kunt bewijzen dat God niet bestaat, toch?'

'Correct.'

'Waarom wil je in dat geval zo ontzettend graag het DNA van Christus in handen krijgen? Of ontgaat me soms iets?'

'Nee, er ontgaat je niets. Dat noemen ze business, lieverd.'

'Ik heb er een ander woord voor. "Hypocrisie".'

59

Donderdag 9 maart

Even na elf uur 's avonds zat Ross alleen in zijn werkkamer. Zijn emoties schoten alle kanten op. Plotseling zag hij koplampen heel langzaam door de straat rijden en voor zijn huis stoppen. Even verstijfde hij, maar hij ontspande weer toen hij zag dat het een surveillancewagen van de politie was. Tingley had woord gehouden.

De auto reed door.

Op dat moment ging zijn telefoon. Er verscheen geen nummer op het schermpje.

Na een korte aarzeling nam hij op. 'Ross Hunter,' meldde hij zich.

De mannelijke stem aan de andere kant van de lijn was zo zacht dat hij zijn oren moest spitsen om hem te verstaan.

'Ross? Met Hussam Udin.'

'Hussam!' zei hij tegen de blinde geestelijke. 'Hoi.'

'Kun je praten?'

'Ja, ja, zeker.'

'Ross, ik heb net gehoord van mijn neef, Medhat El-Hadidy.'

'Godzijdank leeft hij nog. Het spijt me, Hussam. Het spijt me heel erg dat ik je neef hierbij betrokken heb, en ik hoop echt dat het goed met hem gaat. Ik weet niet wat er gebeurd is of wie erachter zat. Heeft hij gezegd hoe het met hem ging?'

'Met hem gaat het goed, maar met zijn auto niet. Ross, dit is waarvoor ik bel. Ik weet wél wat er gaande is. Ik moet je heel dringend spreken. Je bent in veel groter gevaar dan je beseft.'

'Wat voor gevaar, Hussam?'

'Dit is geen gesprek voor aan de telefoon. Wanneer kunnen we elkaar ontmoeten?'

'Morgenochtend?'

'Dat lijkt me verstandig.'

'Ik zou rond elf uur bij je kunnen zijn. Komt je dat uit?'

'Ik ben altijd hier.'

'Dan zie ik je morgen.'

Zodra hij ophing voelde hij iemand achter zich en hij draaide zich met een ruk om.

Het was Imogen. 'Wie was dat, Ross? Wil je me dat vertellen? In wat voor gevaar ben je, behalve wat ik al weet?'

Hij haalde diep adem en liet haar de foto's zien die hij in Egypte had gemaakt. En toen vertelde hij haar alles. Vanaf het begin.

Toen hij klaar was vroeg ze: 'En wat gebeurt er nu, Ross?'

'Ik wacht op de DNA-resultaten.'

'En dan?'

'Het is waarschijnlijk niks. Klaar. Afgelopen.'

'Maar stel dat er een match is tussen die tand en de inhoud van de kelk. Wat dan?'

'Dan moeten we verder kijken.'

'Mensen hebben geprobeerd je tegen te houden in Egypte. Mensen bedreigen ons hier. Stel dat het allemaal echt is. Stel dat er een match is. Wat dan, Ross? Al die mensen die beweren relikwieën te hebben zoals de Lijkwade van Turijn, de Heilige Rok van Trier, de Heilige Lans... Ik heb die dingen opgezocht op internet.' Ze tikte op haar iPhone en liet hem de lijst zien: de Doornenkroon, de IJzeren Kroon van Lombardije, de Sluier van Veronica, het Kleed van Edessa en nog veel meer. 'Er gaan enorme commerciële belangen mee gepaard, Ross. De eigenaren ervan zullen niet willen dat het DNA dat jij hebt hun ongelijk bewijst. Je bent een journalist die hiermee veel te hoog grijpt. Ik denk niet dat je helemaal beseft hoe diep je hierin zit, en wat voor wespennest dit is. Is een verhaal ons leven waard? En waarom ben jíj degene die is uitverkoren?' Ze keek naar het raam en de duisternis van de avond erachter alsof ze die voor het eerst opmerkte, stapte naar voren en deed de jaloezieën dicht. 'Heb je daarover nagedacht?'

'Ik weet het niet, Imogen. Misschien omdat degene die me heeft gekozen dacht dat ik ervoor kon zorgen dat het verhaal serieus genomen wordt. Maar je moet begrijpen dat niets belangrijker voor me is dan onze baby, oké?'

'Dus niets is belangrijker voor je dan onze baby?'

'Absoluut.'

'En ik dan?'

'Jij bent een vaststaand gegeven!'

'Bewijs het maar.'

'Hoe moet ik dat bewijzen?'

'Ga de wereld vertellen dat je het laat zitten. Zet het op Twitter en Facebook. Kondig aan dat je niet langer onderzoek gaat doen naar dit verhaal. Zet al die verrekte coördinaten online. Geef ze aan de wereld.'

'Dat kan ik niet doen. Nog niet.'

'Waarom niet?' drong Imogen aan.

'Omdat ik de laatste nog niet heb, de belangrijkste van allemaal.'

'Zorg dan dat je ze krijgt en zet ze zo snel mogelijk online.'

'Ik weet niet of ik dat wel kan doen.'

Ze schudde haar hoofd. 'Altijd hetzelfde liedje. Jij komt eerst; onze zoon doet er niet toe, ik doe er niet toe.'

'Nee, Imo, ik kom niet eerst. De mensheid komt eerst.'

'Als je dat gelooft, ben je een grotere egotripper en fantast dan ik ooit heb beseft.'

Ze liep de kamer uit.

60

Vrijdag 10 maart

Om halftwaalf de volgende ochtend zat Ross in de met gordijnen gecreëerde privacy van Hussam Udins werkkamer, dankbaar nippend van sterke, zoete koffie. Zijn hoofd bonsde een beetje van de whisky die hij tot in de kleine uurtjes had zitten drinken. Hij dronk te veel, wist hij, veel meer dan normaal, maar niets was nog normaal.

De geestelijke zat er vorstelijk bij, zoals altijd gekleed in een bruine mantel en met een donkere bril voor zijn blinde ogen. Een aangestoken sigaret in zijn hand zweefde boven de Cinzano-asbak vol peuken. 'Je hebt een beproeving doorstaan, Ross, maar je bent ontkomen.'

'Vraag niet hoe. Niet helemaal dankzij je neef.' Hij begon meer te zien nu zijn ogen aan het schemerduister wenden.

'Misschien was het dankzij de wil van Allah?'

Ross glimlachte. En besefte dat hij al een paar dagen niet meer had gelachen. 'Dat zou je ook kunnen zeggen.'

Hij kon zien dat de man niet glimlachte, maar bezorgd keek.

'Je bent vandaag op weg hierheen gevolgd, Ross.'

'Nee,' antwoordde hij nadrukkelijk. 'Ik heb goed uitgekeken.'

'Ik zeg het je, Ross: je bent gevolgd.'

'Waarom zeg je dat?'

'Je klinkt moe, misschien is je oordeelsvermogen niet zo scherp. Je hebt met heel slimme mensen te maken. Ze zullen je overal volgen zonder dat jij ze ooit ziet. Ze zullen je telefoons ook afluisteren.'

'Ik heb vanochtend onder mijn auto gekeken of er geen trackers onder zaten, en er was niets.'

'Ik vertel het je: je zult niets zien.' Udins bril fixeerde zich op hem met griezelige precisie, zoals zo vaak. 'Ross, toen je de vorige keer bij me langskwam zei je dat je een man in Luxor nodig had met een auto, die je kon beschermen. Nu is het allemaal heel anders. Mijn neef heeft een kapotte auto die de verzekering mogelijk niet vergoedt, maar hij heeft jou niet beschermd, dus ben ik niet blij met hem. Belangrijker nog, je zit in de problemen, heb ik dat goed?'

'Zo simpel is het niet. Als ik kan zal ik proberen Hadidy's schade te vergoeden. Maar luister. Ik dacht dat ik als onderzoeksjournalist een verhaal te schrijven had op basis van het gebazel van een oude, misleide weduwnaar die geloofde dat hij bewijs had van God. Maar nu lijkt het een heel stuk groter en echter dan ik me ooit had kunnen voorstellen.'

'En gevaarlijker?'

'Inderdaad.'

'Dit draait om onweerlegbaar bewijs van Gods bestaan, als ik het goed heb?'

'Dat heb je goed.'

Udin legde zijn hand op zijn borst. 'Soms, in mijn hart, benijd ik mensen die onvoorwaardelijk geloven. Voor hen, als ze hun leven althans hebben geleid zoals Allah het wil, houdt de dood geen angst in. Het is hetzelfde bij alle andere religies. Iedereen op aarde die in één god gelooft. Moslims, christenen, joden, sikhs. Ze interpreteren hem allemaal alleen maar anders. Misschien de sikhs nog wel het meest. Hun doel is om de goddelijke orde te zien die God aan alles heeft gegeven en daardoor de aard van God te begrijpen. Misschien staan zij in hun overtuigingen wel het dichtst bij de mijne; dat er een intelligent ontwerp is. Maar dat maakt niet uit. Wat me nu zorgen baart is dat een vriend van mij in groot gevaar is. Die vriend ben jij, Ross. Dat is wat ik hoor.'

'Wat weet je, Udin?'

'Ik heb vele vrienden in mijn thuisland Egypte. Van hen hoor ik dat wat je mee terug hebt genomen een voorwerp van het allergrootste belang is. Om die reden ben je in heel groot gevaar.'

'Waarom zeg je dat?'

'Ik heb gehoord dat je iets hebt meegebracht wat toebehoort aan een heel andere religie, een voormalig vijand van de islam en andere geloven. Als dat voorwerp echt is – als het is wat jij denkt dat het kan zijn – dan is het een heel gevaarlijk iets om te bezitten. Veel mensen zullen het willen hebben. Eén groep heeft je er al bijna voor omgebracht. Ze zullen niet stoppen totdat ze het hebben, en hun middelen zijn eindeloos.'

'Weet jij wie ze zijn?'

Udin stak een nieuwe sigaret in zijn mond en probeerde hem aan te steken met de brandende peuk van de vorige. Ross keek naar hem terwijl de twee eindjes elkaar bleven missen, zich afvragend of hij moest helpen. Toen raakten ze elkaar. Udin nam een diepe haal en ontweek de vraag. 'Je hebt een tand meegenomen. Die zou van jullie profeet kunnen zijn, van Jezus Christus. Mogelijk bieden DNA-testen helderheid.'

Ross, starend in die bril, knikte en vroeg zich af: Hoe weet hij dat?

'Stel je eens voor, mijn vriend, dat je DNA verkrijgt van die tand en hij blijkt echt te zijn. En dan stel je met koolstofdatering vast dat hij inderdaad tweeduizend jaar oud is. Je hebt nog een voorwerp, mogelijk de beker waaruit Jezus Christus dronk tijdens het Laatste Avondmaal en waarin, toen hij aan het kruis hing, een deel van zijn bloed is opgevangen. Stel dat het DNA daarvan overeenkomt met dat uit de tand.'

'Hoe weet je dit allemaal, Hussam?'

'Dat heb ik je al verteld, mijn vriend Ross. Ik zit dan misschien opgesloten in dit huis, en ik zal hier bijna zeker ook sterven, maar ik heb mensen in de buitenwereld die me dingen vertellen. Ze luisteren, ze hebben handige connecties, ze weten dingen. Wat jij in je bezit hebt kan helemaal niets blijken te zijn, of het kan echt zijn. Als het echt is zullen er heel veel mensen zijn die het willen hebben en bereid zijn het zich toe te eigenen, en dan word jij als een pion buitenspel gezet.'

'Je zei dat je weet wie heeft geprobeerd me te overvallen, Hussam. Wie zijn het? Ik moet het weten. Vertel het me.'

'Je weet al wie ze zijn. Je bent je er misschien niet van bewust, maar je weet beslist wie ze zijn. We kennen ze allemaal. We slikken hun vitamines en pillen, we poetsen onze tanden met hun tandpasta, nemen hun hoestdrankjes, slikken hun laxeermiddelen als we geconstipeerd zijn, gebruiken hun neusdruppels als we verkouden zijn, en sommigen van ons gebruiken hun middelen om te stoppen met roken. Dit bedrijf doodt elk jaar miljoenen mensen in Afrika en andere arme landen door ze ongeteste of te oude medicijnen te verkopen, of poedermelk zonder de essentiële antilichamen van de moeder die baby's nodig hebben. Denk je dat zij om het leven van één Engelse verslaggever zullen geven?'

Ross staarde hem aan. 'Dat kan elke grote farmaceut zijn. Welke, Udin?'

'Kerr Kluge.'

'Kerr Kluge?' herhaalde Ross.

'Ja.'

'Zoals jij ze omschrijft klinken die mensen als de antichrist.'

'Ze hebben maar één religie, Ross, en dat is geld. De bottomline, koste wat het kost.'

'Zijn ze bang dat Jezus terugkomt? Dat ze failliet zullen gaan omdat hij de zieken kan genezen zonder farmaceutica?'

Udin schudde zijn hoofd, nam een haal van zijn sigaret en blies een rookwolk uit. 'Nee, Ross, ik denk dat ze het helemaal niet zo zien. Wat zij zien is de waarde van het in bezit hebben van de enige bestaande voorwerpen met het DNA van Jezus Christus erin. De marketingwaarde daarvan is voor hen onschatbaar.'

'Misschien moet ik ze dan een deal aanbieden?' zei Ross grijnzend.

'Ik denk dat je zult merken dat de duivel geen deals sluit, mijn vriend.'

61

Vrijdag 10 maart

Terwijl hij terugreed naar Brighton hield Ross een extra oogje op zijn spiegels. Een paar keer stopte hij op willekeurige plekken en wachtte hij een poosje terwijl het verkeer langs raasde. Hij zag geen spoor van iemand die hem schaduwde, maar wees Hussam Udins waarschuwing niet zomaar van de hand.

Maar hoe wist Udin dit? Hoe wisten zijn mensen het? Udin zei dat de mensen die in Egypte hadden geprobeerd hem te vermoorden in de farmaceutische branche zaten. Had de blinde man gelijk?

Hoe wisten die mensen, wie ze ook waren, iets van hem of van wat hij had?

Waarom zouden...

Er liep een koude rilling over zijn rug toen hij zich iets herinnerde.

Shit.

Er was een verkeershaven een paar honderd meter verderop. Een bushalte. Hij zette trillend zijn auto weer stil.

Zijn gesprek met Sally Hughes.

Mijn oom is daar trustee...

Julius Helmsley. Hij is directeur van een farmaceutisch bedrijf...

Ross pakte zijn telefoon, googelde de naam Kerr Kluge en bekeek de lijst van directeuren.

En zag de naam *Julius Helmsley* staan. *Chief operating officer.*

Hij bleef een paar minuten zitten nadenken. Waren zij de mensen in Egypte geweest? Was het een van hun trawanten die hem in zijn gezicht had geschopt toen hij uit de put kwam, die zijn tas had gestolen? De tas die hij er expres had neergezet, met de koektrommel en de doopbeker die hij op de vlooienmarkt van Lewes had gekocht?

Hij reed door en formuleerde een plan. Na een paar kilometer zag hij aan de rechterkant een winkelcentrum en draaide het terrein op. Een eindje verderop stond een groot bord met een lijst van de winkels binnen. Zoals hij al had gehoopt was een ervan een Carphone Warehouse. Hij parkeerde zijn Audi, sloot hem af en ging naar binnen.

Een kwartier later keerde hij naar zijn auto terug met een plastic tasje met een rol stickertjes van een kantoorboekhandel en twee volledig opgeladen prepaid mobiele telefoons; criminelen noemden die dingen 'burners', aangezien ze er meestal maar één keer mee belden en ze dan weggooiden zodat ze niet konden worden getraceerd.

Hij plakte stickertjes op de beide telefoons, gaf ze de nummers 1 en 2. Toen haalde hij het kaartje uit zijn portemonnee dat hij van Sally had gekregen en belde haar met mobiel nummer 1.

De telefoon ging vijf keer over en schakelde toen door naar de voicemail: 'Hallo, met Sally. Ik ben druk, dus laat een boodschap achter en ik bel je terug.'

'Hoi, Sally, met Ross Hunter. Zou je me kunnen terugbellen op dit nummer?'

Hij reed de parkeerplaats af en ging de A23 weer op, opnieuw uitkijkend naar auto's die misschien op afstand bleven om hem te schaduwen, maar zag niets verdachts.

Terwijl hij doorreed verzonk hij weer in gedachten. Als het rapport van ATGC over het DNA een relatie aantoonde tussen de tand en de beker, wat kon hij dan doen? Er moest toch een manier zijn om dit verhaal te schrijven zonder dat hij en Imogen in gevaar kwamen? Als hij nu gewoon in de openbaarheid trad? Misschien na het verkrijgen van het laatste stel coördinaten van die vreemde oude notaris in Birmingham, Robert Anholt-Sperry. Alles in de openbaarheid gooien. En er dan bij weglopen.

Zijn iPhone ging.

'Ross Hunter,' meldde hij zich.

'Meneer Hunter, met hoofdrechercheur Martin Starr van de afdeling Zware Criminaliteit in Birmingham. We hebben elkaar kort ontmoet op het bureau toen u uw verklaring aflegde over doctor Cook.'

'Ja, hallo.'

'Kunt u praten?'

'Ik zit in de auto, maar ik bel handsfree.'

'Praat u liever later verder op een vaste lijn?'

'Nee, ik stop wel even. Wacht, er komt net een afslag aan.' Ross ging de hoofdweg af en stopte. 'Oké,' zei hij.

'Kunt u me nog eens vertellen, meneer Hunter, waarom u de woning aan Rose Cottage in Newhurst Village binnenging in plaats van de politie te bellen?'

Hij dacht zorgvuldig na voordat hij antwoordde. 'Ja. Ik had doctor Harry F. Cook eerder die week ontmoet. Hij had contact met me opgenomen omdat hij had gehoord dat ik hem als journalist zou kunnen helpen met – en dit zal mogelijk vreemd klinken – bewijs van Gods bestaan.'

'Ik begrijp het.' Starr klonk doodnuchter. En een beetje cynisch. 'Van wie had hij dat gehoord, meneer?'

Ross aarzelde. 'Een afgevaardigde van God.'

'Een afgevaardigde van God?'

'Ik beschouwde doctor Cook destijds als een beetje een rare, maar ik was geïntrigeerd; voldoende om hem te ontmoeten en zijn verhaal aan te horen.'

'En dat hebt u gedaan?'

'Hij kwam naar mijn huis in Sussex en vertelde me meer.'

'Over bewijs van God?' De stem van de rechercheur klonk almaar sceptischer.

'Ja.'

'Juist. En wat gebeurde er toen?'

'Na dat gesprek besloot ik dat hij een beetje – laat ik het beleefd zeggen – overenthousiast was, maar...'

'Maar wát, meneer?'

'Ook een beetje... nou, een beetje misleid.'

'En toch besloot u helemaal van Brighton naar Worcestershire te rijden om hem te ontmoeten?'

'Nou, ik belde hem donderdagavond om te zeggen dat ik niet dacht dat ik hem kon helpen, maar hij smeekte me om bij hem langs te komen. Hij zei dat hij informatie voor me had waardoor ik van gedachten zou veranderen. Ik ben journalist, dus vond ik dat ik hem in elk geval moest aanhoren.'

'En toen ging u naar zijn huis, waar u de overledene aantrof?'

'Klopt.'

'En zodra u zijn lichaam had gevonden belde u de politie?'

'Juist.'

'Heeft doctor Cook het tegen u ooit over vijanden gehad, meneer Hunter? Eventuele fanatici die het niet met hem eens waren?'

'Nee, nooit.'

'Kent u iemand die misschien boos op hem was?'

'Nee, dat zou ik niet weten.'

'Ik weet dat u bij mijn collega's al een verklaring hebt afgelegd, maar als ik nog nadere informatie van u nodig heb, zou u dan bereid zijn nog een keer met ons te praten? We kunnen ook naar u toe komen als u dat beter uitkomt.'

'Ja, prima.'

'Dank u, meneer Hunter. Dat is voorlopig alles. Ik neem wel weer contact op.'

Terwijl Ross ophing en op het punt stond door te rijden, hoorde hij een onbekende ringtone. Het was van een van zijn nieuwe toestellen. Die waarmee hij Sally had gebeld. Hij nam op.

'Hallo, Ross!' Ze klonk nog warmer en aardiger dan hij zich herinnerde.

'Hoi, Sally, hoe gaat het?'

'Goed, met jou?'

'Nou, prima... denk ik,' antwoordde hij.

'Het is fijn om een aardige stem te horen. Ik kom net uit een uitzending met een van onze grote theaterhelden. Wat een pompeuze zak. Alsof een interview op de provinciale radio te min voor hem was. Hij gaf ontwijkende antwoorden op elke vraag die ik stelde. *Kijkt u ernaar uit dat uw toneelstuk zal worden opgevoerd in het Bristol Hippodrome, Sir William? Ach, lieverd, moet dat dan? Ik heb begrepen dat u de rol van Archie Rice al heel uw leven wilde spelen? Niet waar, lieverd. Hebt u nog onvervulde ambities, Sir William? Is er nog een rol die u zou willen spelen? Ik heb ze allemaal gespeeld, lieverd.*'

'Ik hoop dat je hem een stomp hebt gegeven.'

'Was dat maar waar. Er zijn wel duizend dingen waarvan ik wens dat ik eraan had gedacht.'

'Daar is een mooi citaat van Oscar Wilde over,' zei Ross. 'Hij was op een feestje met de schilder Whistler, en toen maakte Whistler een heel grappige opmerking, waarop Oscar Wilde antwoordde: "Ik wou dat ik dat had gezegd." En toen zei Whistler: "Dat doe je ook nog wel, Oscar, dat doe je ook nog wel!"'

Ze lachte. 'Ik heb zo van ons interview genoten. Heerlijk om eens met iemand te praten die slim is, en grappig, en die geen ego heeft.'

'Sorry dat ik je heb teleurgesteld, in dat geval.'

'Bij lange na niet. Je was een stuk interessanter dan de meeste mensen die ik in mijn programma krijg.'

'Dat is aardig. Maar goed, de reden dat ik belde... Ik wilde vragen of ik nog eens met je kan kletsen... off the record? Iets heel belangrijks.'

'Tuurlijk. Over de telefoon, of wil je afspreken?'

'Het is beter om af te spreken.'

'Ik ben er dit weekend nog, en dan ga ik een paar dagen skiën.'

Hij dacht snel na. Bristol was ongeveer drie uur rijden vanaf zijn huis. Ze moesten morgenavond naar een feestje bij de Hodges voor Helens verjaardag, en hij zou bepaald geen goede beurt bij Imogen maken als hij zich daaronderuit draaide. 'Als ik nou eens zondag rond lunchtijd naar je toe kom? Misschien kunnen we in een pub ergens snel iets eten?'

'Snel?' Ze klonk teleurgesteld. 'Langdurig lijkt me leuker.'

Weer voelde hij diezelfde klik als toen hij haar voor het eerst had ontmoet, die vonk van aantrekkingskracht tussen hen. Het wond hem op, en hij wist dat dat niet zou moeten. Maar hij wilde ook niet dat het stopte. Tegelijkertijd vroeg hij zich af wat haar echte motieven waren. Was ze misschien onoprecht?

'Een lange lunch klinkt inderdaad gezellig,' zei hij.

62

Zondag 12 maart

Zoals Ross had verwacht was Imogen helemaal niet blij dat hij op zondag naar Bristol heen en weer zou rijden. Haar zus Virginia, zwager Ben, en hun drie kinderen kwamen lunchen en wandelen, en stiekem was hij heel blij dat hij daar niet bij hoefde te zijn. Haar zus was een zedige snob die alcohol afkeurde en altijd de bob was. Ross had al jaren niets meer om over te praten met haar zware drinker van een man die nooit iets interessants te zeggen had en zichzelf eindeloos herhaalde hoe meer hij dronk.

Sally, in een strakke spijkerbroek, suède laarzen en een witte blouse, zag er prachtig uit en wachtte al op hem aan een houten tafeltje in de drukke, moderne pub. Er stond een fles rioja voor haar.

'Sorry dat ik laat ben,' zei hij.

'Geeft niks. Glaasje wijn?' Ze schonk al in zonder op antwoord te wachten en schoof een menu naar hem toe. 'De dagschotels staan op het bord. Ik neem de Franse uiensoep en de rosbief; ze hebben op zondag altijd geweldige rosbief.'

'Klinkt goed, dat neem ik ook.'

'Goed, meneer Ross Hunter, beroemde journalist, wat is er zo belangrijk dat je je zondag opoffert om helemaal hierheen te komen voor een lunch met een radiozwoeger?'

Hij merkte dat het hem moeite kostte om hun bespreking formeel te houden. 'De vorige keer dat we elkaar spraken had je het over je oom Julius.'

'Julius Helmsley?'

'Precies.'

'Je zei dat hij in de directie zit van een farmaceutisch bedrijf?'

'Ja, en behoorlijk hoog ook.'

'Bij welk bedrijf zit hij ook alweer?' vroeg hij ter controle.

'Kerr Kluge.'

'Een kleine toko maar.'

'Inderdaad.' Ze glimlachte. 'Ik geloof dat ze derde van de wereld zijn.'

'Kun je me wat meer over je oom vertellen?'

'Tuurlijk, wat wil je weten?'

Hij nam een slokje wijn en knikte goedkeurend bij haar keus. 'Dit is echt lekker.'

'Averys of Bristol; de economie van de stad is deels gefundeerd op de wijnhandel.'

'Natuurlijk.'

Hij probeerde haar blik te ontwijken, maar het kostte hem moeite. 'Wat voor vent is je oom?'

'We zijn niet close. Hij is de zwager van mijn overleden moeder, zoals ik je geloof ik al had verteld. Ze is vorig jaar overleden.'

'Wat erg.'

'Ja. Ze had een agressieve vorm van borstkanker.' Sally schonk nog wat wijn in haar glas, dat bijna leeg was, en ze wilde het zijne ook bijvullen, maar hij legde zijn hand eroverheen.

'Ik hou het bij één,' zei hij. 'Ik moet nog een eind rijden.'

'Heb je weleens een naaste verloren?' vroeg ze.

'Ja.'

'Toen we elkaar na de uitzending spraken vertelde je dat er iets met je gebeurd was waardoor je van een sceptische agnosticus veranderde in... misschien niet meteen een gelovige, maar dat het je geest had geopend. Je zei dat het te persoonlijk was om over te praten. Wil je het nu wel vertellen?'

'Als we nou eens ruilen?'

'Ruilen?'

'Als ik jou vertel waarom ik ben veranderd, vertel jij me dan over je oom? Alles wat je over hem weet?'

Ze glimlachte weer. 'Oké.'

Hij vertelde haar over de ochtend dat Ricky overleed en wat hem was overkomen in de sportschool in Brighton, en ze luisterde aandachtig, bijna gebiologeerd. Toen hij klaar was zei ze: 'Ross, dat is ongelooflijk. Ik heb eens een arts geïnterviewd die een boek over bijna-doodervaringen had geschreven. Een paar van de verhalen die hij vertelde leken veel op wat er met jou is gebeurd.'

Hij knikte. 'Ja, ik heb er destijds veel over gelezen. Er zijn allerlei theorieën over, over telepathie, over het proces wanneer de hersenen uitschakelen.'

'En leven na de dood?' vroeg ze.

Hij glimlachte. 'Ik neem aan dat we er op een dag wel achter komen... of niet.'

'Ik zou het hier best nog een keer uitgebreider over willen hebben,' zei ze. 'Ik vind het echt fascinerend, want ik denk dat er iets in zit.'

'Oké, dat vind ik prima.'

'Ik vind dat je er een boek over moet schrijven. Dan kan ik je weer in mijn uitzending uitnodigen om het te promoten.'

'Misschien doe ik dat op een dag wel. Oké, jouw beurt!'

'Oké. Nou, weet je, oom Julius was altijd al een beetje raar. Toen ik klein was liet hij me graag chemische experimenten zien; stinkbommen en magnesiumflitsen maken en zo. Alsof hij een goochelaar was. Maar de laatste tijd heb ik bijna geen contact meer met hem. Ik heb geprobeerd hem uit te nodigen in mijn programma, maar hij heeft geen interesse. Ze zijn een heel geheimzinnige organisatie, eigenlijk zoals de meeste farmaceutische bedrijven. Ze zijn heel beschermend over alles; hun octrooien en wat ze in ontwikkeling hebben. Waarom heb je belangstelling voor hem?'

'Alleen maar nieuwsgierig.'

Ze hield haar hoofd schuin. 'O ja. Je bent helemaal hierheen gekomen om vragen te stellen over mijn oom. Volgens mij ben je meer dan alleen maar nieuwsgierig!'

Zijn telefoon trilde in zijn zak. Hij verontschuldigde zich bij Sally, haalde het toestel tevoorschijn en nam op. 'Hallo?'

'Meneer Hunter?'

'Spreekt u mee.'

'Met Jolene Thomas van ATGC Forensics.'

'O, hallo!' zei hij, en hij gebaarde verontschuldigend naar de presentatrice.

'Ik dacht dat u dit wel zou willen weten. Ik heb net van het lab gehoord dat we de eerste resultaten van de twee items voor u hebben. Sorry dat het wat later is geworden dan ik had gehoopt, maar de tand kostte meer tijd. Kunt u morgen langskomen? Dan kunnen we ze doornemen en kan ik ze voor u verklaren.'

'Hebt u er een match tussen gevonden?'

'Ik vrees dat ik om veiligheidsredenen niets aan de telefoon mag zeggen.'

Hij bedankte haar en hing op.

'Goed nieuws?' vroeg Sally Hughes.

63

Maandag 13 maart

Ross maakte op weg naar ATGC Forensics een omweg via Lewes. Hij zette zijn auto op de parkeerplaats van Needlemakers, legde een parkeerschijf achter zijn voorruit en haastte zich naar de antiekhandel om de hoek waar Imogen en hij af en toe in het weekend naartoe gingen.

Bijna drie kwartier later zat hij weer in zijn auto en reed naar Kingston, ten zuidwesten van Londen. Zoals inmiddels de norm was geworden – misschien uit paranoia – hield hij zijn spiegels goed in de gaten om uit te kijken naar tekenen dat hij werd geschaduwd. Hij versnelde af en toe ineens naar honderdvijftig kilometer en zakte dan weer terug naar tachtig in een poging eventuele achtervolgers te ontmaskeren.

Hij parkeerde, ging door de hoofdingang naar binnen en zei tegen de receptioniste dat Jolene Thomas hem verwachtte. De receptioniste scheurde het formulier af waarop hij zijn naam, kenteken en aankomsttijd had genoteerd en vouwde het in een plastic badge aan een koord. Hij deed het om.

Een paar minuten later verscheen de jonge forensische wetenschapper, in een elegante groene jurk, en ze gingen met de lift naar de tweede verdieping. Ze liepen door een labyrint van roomkleurige gangen, door een aantal dubbele deuren, en bleven staan voor een dubbele deur aan de rechterkant. Aan de muur ernaast hing een zwart bordje met witte letters:

PLAATS DELICT
LABS 1/15, 1/18, 1/20, 1/21, 1/22.
LABS 1/1, 1/5, 1/6, 1/7, 1/8.
AFDELING SPECIAAL DNA FORENSISCH DNA
LABS 1/10, 1/12, 1/13
FNDAS
LAB 1/14

Ze zag Ross onthutst naar de bordjes kijken en grijnsde. 'We maken het opzettelijk lastig voor buitenstaanders om hier de weg te vinden. Het maakt allemaal deel uit van onze beveiliging, aangezien het meeste werk op deze afdeling draait om DNA-sporen voor politiekorpsen.'

‘Goed om te weten,’ zei hij, zich bewust van de waarschuwing van Hussam Udin en zijn recente ervaringen. ‘Is er weleens ingebroken?’

‘Even afkloppen, maar nee. We zijn ons ervan bewust dat veel misdadigers dolgraag de bewijzen die we hier verwerken zouden willen vernietigen. Maar alles wat hier binnenkomt krijgt een code toegekend, en het personeel kent het alleen bij die code. Zelfs als iemand ons computersysteem hackte, dat behoorlijk veilig is, zou hij niet weten waar hij moest zoeken.’

‘Dat snap ik,’ zei Ross terwijl hij haar door een volgende doolhof volgde, kijkend naar de bordjes.

BOTEXTRACTIELABORATORIUM 1/22

HANDSCHOENEN EN GELAATSMASKER VERPLICHT

WAARSCHUWING! RUIMTE NIET BETREDEN INDIEN LAMP BOVEN DE DEUR ORANJE KNIPPERT

Jolene kwam uiteindelijk tot stilstand bij een deur met een paneeltje van veiligheidsglas. Ze hield een kaart voor een lezer, voerde een code in, stapte naar binnen en hield de deur voor hem open.

Ross betrad een lange kantoortuin met ongeveer twintig mensen achter werkstations, allemaal blijkbaar diep geconcentreerd. Jolene liep naar een onbezette terminal aan het eind, schoof een stoel voor hem naar achteren en kwam naast Ross zitten. Ze voerde een wachtwoord in op het toetsenbord. Onder de monitor op het volle werkblad stond een doos tissues, er lag een stapel documenten en er stond een kartonnen koffiebeker met een plastic deksel erop.

Het scherm kwam tot leven. Linksonder leek een soort index te staan van getallen die hem niets zeiden. Midden op het scherm stond een aantal kolommen met pieken van verschillende hoogtes en cirkeltjes met getallen erboven.

Ze keek Ross aan. ‘Hebt u weleens eerder DNA gezien?’

‘Nee.’

‘Oké, dit komt van de beker die u ons had gegeven. Resultaten van het geronnen bloed dat erin zat.’

‘Bloed?’

‘Ja, heel beslist, dat is bevestigd.’

‘Bloed?’ herhaalde hij. Was het Christus’ bloed? Van toen hij aan het kruis hing?

‘Ik vrees dat het DNA daarin vrij ernstig gedegenereerd was. Wat we van de tand hebben is beter. Elk paar pieken dat u hier ziet vertegenwoordigt het mannelijke en vrouwelijke paar. Zoals u had verzocht hebben we standaard-, mitochondrische en Y-STR-DNA-testen gedaan op zowel de beker als de tand. Ik zal u zo meteen de mitochondria en Y-STR laten zien.’

'Kunt u dat DNA van de beker op wat voor manier dan ook dateren?'

'Nee, dat zou u moeten laten koolstofdateren. Maar ik kan u wel vertellen dat ik denk dat het heel oud is.'

'Enig idee hoe oud?'

Ze schudde haar hoofd. 'Het hangt ervan af hoe en waar het opgeslagen heeft gelegen. Ik denk minimaal een paar honderd jaar, en mogelijk veel ouder. Maar dat is alleen maar een gok, moet ik benadrukken, op basis van wat u me had verteld.'

Ze tikte weer op het toetsenbord.

Er verscheen een nieuwe afbeelding. Hierop waren veel meer pieken te zien, sommige zo dicht bij elkaar dat ze wel een hekje leken en niet meer te zien was wat de paren waren. Een volgende afbeelding stond vol kolommen die blokken bevatten met de letters ACGT, in talloze mutaties.

'Dit is het mitochondriale DNA van de inhoud van de beker,' zei ze. 'En hier wordt het erg interessant.'

Ze tikte weer op het toetsenbord en er verschenen opvallender piekenparen, weer met genummerde cirkels erboven. Het waren er veel meer dan in de eerste afbeelding.

'Dit is wat we hebben verkregen na het vermalen van de tand. Ziet u?'

Hij keek er aandachtig naar, niet helemaal zeker wetend wat hij moest zien. 'Ik denk het.' Toen ze weer op het toetsenbord tikte verschenen er kolommen met getallen, net zo betekenisloos voor hem als de vorige. Hij staarde ernaar. 'Wat moet ik hier zien, Jolene?'

Ze wees naar de verschillende getalparen in de kolommen. 'Dit zijn de punten van overeenkomst van het standaard-DNA tussen de tand en de beker. We hebben hetzelfde bij het mitochondrische DNA; of in feite nog beter. En we hebben ook, tot mijn verbazing, want het is het minst stabiele van allemaal, een heel duidelijke Y-STR-match tussen de twee voorwerpen.'

'Hoe goed is die match?'

Ze keek tevreden. 'Nou, als ik dit moest voorleggen aan een aanklager bij de rechtbank, zou ik zeggen dat er een match tussen de twee bestaat die in termen van wiskundige waarschijnlijkheid boven alle gerede twijfel verheven is. Eén op miljarden. Er zitten zeven specifieke mutaties in het mitochondrische DNA, heel zeldzame mutaties, en zeven verschillende in het Y-chromosoom, ook heel zeldzaam. Precies diezelfde mutaties zijn aanwezig in het DNA van zowel de beker als de tand.'

Ross voelde een merkwaardige rilling, alsof er statische elektriciteit door hem heen ging. 'En het is hetzelfde bij zowel het standaard-DNA als het mitochondrische, en de Y-STR?'

'Ja.'

'Als ik je goed heb begrepen wordt mitochondrisch DNA door de vrouwelijke lijn doorgegeven, ongewijzigd?'

'Ja, precies.'

'En de Y-STR gaat door de mannelijke lijn, ook ongewijzigd?'

'Correct.'

'Hoeveel generaties kan dat standhouden, Jolene?'

'Zolang het voortplantingsproces doorgaat, waarin er een vrouw wordt geboren voor het mitochondrische en een man voor de Y-STR, die zich dan op hun beurt ook weer voortplanten, eindeloos lang.'

'Onveranderd?' vroeg hij nog eens, voor de zekerheid.

'Onveranderd.'

Hij wilde niet te veel onthullen, maar had het gevoel dat hij deze vrouw kon vertrouwen. 'Oké, laten we zeggen dat dit DNA tweeduizend jaar oud is. Begrijp ik goed wat je zegt, dat jullie iemand die tegenwoordig nog leeft zouden kunnen identificeren als een directe afstammeling, via haar mitochondrische DNA met een uniek genetisch profiel?'

'Dat zou kunnen, meneer Hunter, als het een vrouw is. Ja.'

'En via de Y-STR?'

'Een man, ja.'

Hij voelde dat hij gloeide. 'Is er nog iets over van de tand die jullie hebben vermalen? Wat dan ook?'

'Ja,' zei ze. 'Het zit in een glazen flesje, opgelost in een vloeistof.'

Hij voelde zich enorm opgelucht. 'Dat is geweldig, fantastisch!'

'U moet een paar vrijgaveformulieren en een ontvangstbewijs ondertekenen. Wilt u de beker ook terug?'

'Ja, alsjeblieft.'

64

Maandag 13 maart

Veertig minuten later nam Ross de afslag van de M25 naar de M23, zuidwaarts in de richting van Brighton. Hij hield zich aan een rustige honderdtien kilometer per uur op de linkerbaan, want hij was in gedachten verzonken. Er was weinig verkeer. De zon stond vrij laag boven de verre heuvels van de South Downs en scheen recht in zijn ogen, waardoor hij bijna niets zag. Toen hij de zonneklep omlaagdeed viel er een oud parkeerkaartje tussenuit. Even afgeleid pakte hij het en legde het op de passagiersstoel.

Toen merkte hij de vrachtwagen op die naast hem reed, op de middelste baan. De wagen was naast hem komen rijden, maar deed geen poging om hem in te halen. Hij leek gelijke tred met hem te houden. Waarom ging hij er niet gewoon langs, terwijl de weg voor hem vrij was?

Toen werd zijn binnenspiegel gevuld door de radiator van een SUV. Het voertuig zat vlak achter hem, gevaarlijk bumperklevend.

Zijn intuïtie vertelde hem dat er iets niet klopte. Hij drukte het gaspedaal in en de wagen sprong naar voren, bijna tegen de achterkant van een wit busje dat de vrachtwagen had ingehaald en pal voor hem was komen rijden.

Ross toeterde kwaad.

De remlichten van het busje gingen aan. Het begon te vertragen, en de vrachtwagen naast hem ook.

Het duurde even voordat Ross in de gaten had wat er gebeurde. Dit leek wel een klassieke manoeuvre die de politie gebruikte voor het tot staan brengen van voertuigen, waarbij drie of soms vier wagens het doelwit insloten en dan geleidelijk afremden om hem tot stoppen te dwingen.

Verderop was een afslag. Net toen hij had besloten die te nemen, veranderde de SUV achter hem plotseling van rijbaan, kwam binnenlangs en blokkeerde zijn mogelijkheid om af te slaan. Ross remde, en de SUV remde ook.

Toen hij langs de afslag was, ging de SUV weer pal achter hem rijden.

Hij keek naar de vluchtstrook. Moest hij daarnaartoe zwenken en dan versnellen langs het busje voor hem, via de binnenkant?

Maar de bestuurder van het busje leek zijn ideeën te doorzien en ging een stukje naar links, en een tel later kwam de vrachtwagen dichter naar hem toe en bleef dichterbij komen. Ross zou er ofwel tegenaan botsen, ofwel hij moest een stukje naar links, deels de vluchtstrook op.

Shit, shit, shit.

Hij schoof op, maar de vrachtwagen kwam nog dichterbij en dwong hem steeds verder de vluchtstrook op.

De remlichten van het busje gingen fel branden toen de wagen afremde en hem dwong om ook vaart te minderen. Vijfennegentig kilometer... negentig... vijfentachtig. Hij moest iets doen.

Toen herinnerde hij zich iets over remlichten. Ze gingen aan als je het rempedaal intrapte, maar niet bij de handrem.

Hij keek even in de spiegel, bereidde zich voor, trok met een ruk de handrem aan en hield vast.

Hij hoorde het krijsen van zijn blokkerende achterwielen. Voelde de auto zigzaggen, het stuur rukkerig bewegen in zijn handen. Hoorde het gekrijs van de banden van de SUV en zag hem toen in zijn spiegel langszwenken aan de binnenkant, rakelings langs de achterkant van zijn auto. Er verscheen een regen van vonken toen de SUV de vangrail raakte, en een tel later leek hij te worden gelanceerd van de vangrail, schoot over de vluchtstrook terug, raakte de zijkant van de vrachtwagen en sloeg om.

Ross keek om en reed zo hard mogelijk achteruit, woest zwenkend terug over de vluchtstrook, vurig nadenkend. Hij was de afslag nog maar een paar honderd meter voorbij, maar wat hij deed was verboden en gevaarlijk. Als de politie langskwam, geweldig, dan zou hij ze vertellen wat er was gebeurd. Zo niet, dan nam hij die afslag.

Snel omkijkend zag hij de SUV ondersteboven op de vluchtstrook liggen, deels ingebed in de zijkant van de vrachtwagen als een dier dat aan een karkas vrat. Het witte busje was verdwenen.

Hij bereikte de afslag, wachtte op een opening in het lichte verkeer dat toch al afremde en maakte toen de gevaarlijke manoeuvre door achteruit over de toegang naar de afslag te rijden en snel gas te geven.

Zijn hoofd bonsde, zijn handen trilden. Hij wist één ding: wat er net was gebeurd maakte het des te belangrijker dat hij zo snel mogelijk op zijn bestemming aankwam.

Iets minder dan een uur later, nog altijd erg ontdaan door het incident op de snelweg, reed Ross de parkeerplaats van de U-Store in Shoreham op. Hij bleef nog even zitten, zich afvragend of hij de politie had moeten bellen om te melden dat hij bij een ongeluk betrokken was geweest. Was het geen overtreding om daarbij weg te rijden? Hingen er camera's die het hadden gezien? Hem achteruit hadden zien rijden? Daar zou hij zich later maar mee bezig moeten houden. En was hij wel echt betrokken geweest bij het ongeluk, strikt genomen, aangezien zijn auto niet was geraakt?

Ross sprong uit de wagen en haastte zich naar de achterbak. Nadat hij behoedzaam om zich heen had gekeken greep hij zijn weekendtas en liep ermee naar het beveiligingsloket.

De veel te dikke, verveeld kijkend man van in de dertig, met vet, onverzorgd haar en een gouden oorringetje, die Ross herkende van de vorige keer, zat achter de balie voor een rij bewakingsmonitoren. Er waren beelden op te zien van de buitenkant van het gebouw en het interieur van het pakhuis. De dikzak las een boek van Terry Pratchett en at een broodje waaruit klodders saus lekten. Het stonk er naar curry. Volgens een naambadge op de revers van zijn gekreukte, slecht passende uniform heette hij Ron Spokes.

'Hoi, Ron!' zei Ross vrolijk.

De chagrijnige bewaker keek op, maar vertoonde geen tekenen van herkenning. 'Ja?'

'Ben je fan van Pratchett?'

'Ja, hij schrijft wel leuk.'

'Ik lees hem ook graag,' zei Ross.

Zijn reactie was een lege blik.

Ross schreef zich in.

Ron Spokes wees naar de achterste deur en drukte op een knop; het slot klikte open. Hij nam nog een hap van zijn enorme broodje en las verder in zijn boek, zich niets aantrekkend van de klodder saus die op zijn kin was beland.

Ross liep met zijn tas de deur door. Een stukje verderop was de metalen doorgang naar het pakhuis. Hij voerde zijn code in op het paneeltje en wachtte tot de deur kletterend omhoogrolde. Gelukkig was hij net als de vorige keren de enige hier. Hij wachtte tot de deur dichtging voordat hij door de enorme ruimte naar zijn eigen box liep. Hij zette de tas neer, voerde de combinatie in op het eerste slot en opende het tweede met zijn sleutel.

Nadat hij zijn tas binnen had gezet deed hij de deur weer op slot. Hij controleerde beide hangsloten een paar keer, bijna obsessief, voordat hij terugliep naar het bewakingsloket en vervolgens naar buiten.

In de Audi bekeek hij de e-mails op zijn telefoon, maar er was niets van belang bij. Hij programmeerde het adres van zijn volgende bestemming in de navigatie, reed de parkeerplaats af en wachtte tot hij kon invoegen in het drukke verkeer op de hoofdweg langs de haven van Shoreham. Een stukje naar rechts, aan de overkant voor een kantoorgebouw, stond een wit busje geparkeerd met een embleem van een satellietschotel en de naam KEITH HAWKINS AERIALS.

Terwijl Ross links afsloeg en in de richting van zijn huis reed keek een man in het witte busje hem van achter het getinte glas in de achterdeuren door een verrekijker na. Een wagen, onderdeel van de huidige ploeg surveillancevoertuigen die steeds afwisselend achter hem hadden gereden sinds hij die ochtend van huis was gegaan, begon hem weer te schaduwen, zorgvuldig afstand houdend.

65

Maandag 13 maart

Thuis aangekomen opende Ross de kofferbak van de Audi en haalde er drie enorme tassen uit met de winkelnaam SAFE HOUSE SECURITY SYSTEMS. Hij liep ermee de garage in en zette ze voorzichtig neer. Ze bevatten vijf buitencamera's en een besturingsunit waarmee hij overal waar hij was de beelden op zijn telefoon of laptop kon bekijken. Hopelijk zou Imogen zich daardoor wat veiliger voelen, naast het inmiddels functionerende alarmsysteem; en hijzelf ook.

Hij was nooit erg goed geweest in doe-het-zelven, maar de man in de winkel had hem verzekerd dat de installatie heel simpel was. Aangezien het hele systeem draadloos was en op batterijen werkte hoefde hij alleen maar de camera's met een paar schroeven op te hangen en dan de eenvoudige instelinstructies op te volgen. Hij twijfelde nog wel. De ervaring had hem geleerd dat als mensen zeiden dat iets simpel was, ze eigenlijk bedoelden: het is simpel als je een raketgeleerde bent.

Altijd als Imogen hem met een hamer, zaag of schroevendraaier in zijn handen zag keek ze hem ongerust aan. Dus besloot hij ermee te beginnen zodra hij iets had gegeten en nog een paar dringende telefoontjes had gepleegd, zodat hij haar kon verrassen als ze vanavond thuiskwam.

Uitgehongerd maakte hij een boterham met cheddar en Branston-pickle, tot Monty's blijdschap, want zijn baasje stopte hem een paar brokjes kaas toe.

'Je weet toch wel, Monty, dat je eten hoort te proeven, hè? Jij slokt alles gewoon maar op, het maakt niet uit wat het is.'

De hond blafte.

'Wil je nog wat?'

Hij blafte weer.

'Niet bedelen!' zei Ross plichtmatig, wetend dat Imogen er niet van hield als de hond dat deed.

Monty ging zitten en staarde hem met zijn tong uit zijn bek verwachtingsvol aan.

'Dus nu probeer je de smekende blik?'

Monty hield zijn kop scheef en keek berouwvol.

Ross sneed een groot stuk kaas af en gaf het hem. Het was binnen twee seconden weg.

'Maar niks tegen het vrouwtje zeggen, hè? Deal?'

Monty blafte weer.

'Nee! Genoeg, oké? Afgelopen! Klaar! Ik ga straks wel met je lopen. Ik moet eerst wat dingen doen.'

Ross ging met zijn broodje aan de keukentafel zitten. Tijdens het eten bladerde hij door de kranten. Een kop op een pagina van *The Times* ving zijn blik.

PREDIKANT WAARSCHUWT: PAS OP VOOR DE GROTE BEDRIEGER

Het artikel luidde:

Dominee Wesley Wenceslas, de meest populaire evangelist in Engeland ooit, beweert dat het politieke wereldklimaat van fragmenterende gevestigde orde, woede en de opkomst van agressieve politici allemaal worden voorspeld in de Bijbel, en dat het de perfecte omgeving schept voor de komst van de antichrist.

Hij waarschuwde zijn afgeladen kerk in Kensington gisteren: 'De Bijbel vertelt ons dat een oeroud serpent, de duivel, die Eva heeft misleid in de Hof van Eden, zal verschijnen en zich zal voordoen als God of de Zoon van God. De duivel zal verschijnen in alle grote steden op aarde, een voor een. Als hij verschijnt zal de wereld in een wanhopige situatie verkeren en zullen overal noodkreten te horen zijn. De vader van leugens en ongeluk, de vijand van de hele mensheid, zal medelijden veinzen met het verschrikkelijke menselijke leed dat hij ziet. Om die misleiding geloofwaardig te maken zal hij grote wonderen verrichten, zoals het genezen van de zieken en het voeden van de hongerigen. Veel mensen zullen worden misleid en geloven dat de duivel de Almachtige God is. Mijn pad is het juiste pad, pas op voor de Grote Misleider.'

Dominee Wesley Wenceslas heeft vier kerken in Engeland en nog eens drie in de VS. Zijn YouTube-kanaal, Wenceslas Ministries TV, heeft wereldwijd meer dan 5 miljoen abonnees. Vorig jaar stond hij met een persoonlijk fortuin van 172 miljoen pond op de 830e plaats in de *Sunday Times* Rich List.

Tijdens ons exclusieve interview gaf Wenceslas omzichtige antwoorden op vragen die van tevoren waren doorgenomen door zijn publiciteitsagent, die ook bij het interview aanwezig bleef. Toen we hem vroegen naar zijn behoefte aan een eigen Boeing 737 – en zijn huidige 'Bid voor een airmile'-actie om geld bij zijn volgelingen op te halen om het toestel te vervangen door een nog groter exemplaar – antwoordde de publiciteitsagent dat de predikant zich in de lucht het dichtst bij God voelde staan en dat hij daar vaker moest zijn, weg bij aardse invloeden.

Ross scheurde het artikel uit de krant en vouwde het op. Er was niet veel veranderd sinds zijn artikel over de predikant een paar jaar eerder. Die oude oplichter haalde nog steeds goedgelovige sukkels binnen; wat een lef van hem om over misleiders te praten.

Terwijl hij een kop koffie voor zichzelf maakte vroeg hij zich af of Wenceslas misschien lucht had gekregen van Harry Cooks verhaal. Hij nam zijn mok mee naar boven, samen met het artikel, ging achter zijn bureau zitten en bekeek peinzend zijn e-mail.

Er was een verzoek van zijn redacteur bij *The Sunday Times* om naar Straatsburg te vliegen en een aantal Europarlementsleden te interviewen over hun inzichten ten aanzien van de nieuwste Brexit-onderhandelingen. Het was een lucratieve klus, maar hij zou er een paar dagen voor weg moeten. En hij kon niet loslaten waar hij nu mee bezig was. Hij stuurde een antwoord.

Natalie, ik ben een verhaal op het spoor dat je, als het lukt, van je sokken zal blazen. Ik kan dat nu niet loslaten. Je begrijpt het wel als je het van me krijgt. Ik weiger liever geen klus, maar kun je Straatsburg aan iemand anders geven? Ross X

Ze antwoordde meteen.

Heb een groot verhaal nodig voor komende zondag. Wanneer kan ik het zien? Kun je het donderdag bij me hebben? X

Ross staarde over zijn scherm uit het raam, naar zijn smerige Audi op de oprit voor zijn huis en de straat erachter. Donderdag? Zijn redacteur had geen idee hoe groot dit zou kunnen zijn.

Maar, dacht hij spijtig, hij ook niet.

De DNA-match tussen een tand die misschien van Jezus Christus kwam en een beker die mogelijk het bloed van Christus had bevat.

Hoe groot was de kans dat een tand uit een berggrot in Egypte een DNA-match zou opleveren met een houten beker die hij uit een put in Glastonbury in Engeland had gehaald?

Hij wilde net antwoorden, toen er nog een e-mail binnenkwam. Deze was van Imogen.

En hoe was het bij het lab?

Hij antwoordde:

Interessant! Vertel je later alles.

Toen antwoordde hij zijn redacteur:

Misschien volgende week donderdag – als ik dan nog leef.

Het antwoord kwam binnen enkele seconden.

Ik neem aan dat je een grapje maakt.

Hij stuurde terug:

Was het maar waar.

Hij opende zijn contactenlijst, zocht het nummer van de notaris in Birmingham op en belde het. Hij herkende de stem van de dragonder die opnam, gaf zijn naam en vroeg of hij Robert Anholt-Sperry kon spreken.

'Ik vrees dat hij in bespreking is met een cliënt. Kan ik vragen of hij u terugbelt? Weet hij waar het over gaat?'

'Ja,' antwoordde Ross. 'Dat weet hij.'

Vervolgens deed hij een poging om contact te leggen met een man die hij sinds zijn terugkeer uit Afghanistan niet meer had gesproken. Hij wist niet eens of hij nog wel leefde. Hij googelde de website van de plek waar zijn oom Angus woonde en vond een telefoonnummer. Hij belde het.

'Is het mogelijk om de prior te spreken te krijgen?' vroeg hij aan de kalme, verrassend joviaal klinkende man die opnam.

'Daar spreekt u mee.'

Ross legde uit wie hij was en wat hij wilde.

'Meneer Hunter, u beseft toch wel dat onze broeders hier heremieten zijn die onder een collectief dak wonen? Ze hebben gekozen voor een stil leven van gebed en contemplatie, veilig weg bij de afleidingen – en indringingen – van de wereld. Het enige wat ik kan doen is het broeder Angus vragen via een briefje bij zijn avondmaal. Ik kan u geen antwoord beloven.'

Zodra Ross had opgehangen schoot hem iets te binnen, en hij googelde de term 'reageerbuisjes laboratorium'.

Na een paar minuten zoeken op drie sites vond hij precies wat hij wilde.

66

Maandag 13 maart

Pas na tweehonderd bladzijden lezen in zijn boek van Pratchett begon Ron Spokes in de gaten te krijgen dat hij het al kende. Dat soort dingen overkwamen hem heel vaak. En zijn maag leek wel een kernreactor: bruisend en gorgelend. Er had iets in dat broodje gezeten wat vreemd had gesmaakt, en hij had het moeten uitspugen. Zou hij nu ook nog een voedselvergiftiging oplopen, naast al het andere?

Het enige goede nieuws was dat het vijf voor zes was. Nog maar vijf minuten te gaan. Dan kon hij naar huis via de shoarmatent; of misschien maar niet, zoals zijn maag nu aanvoelde. Maar misschien had hij juist meer eten nodig. Hij kon het proberen en zijn avond besteden zoals gepland, zich volproppen met lamsvlees en honing-pecanijs en die oude *The Matrix*-film kijken waar zijn maat Mick van de dartsclub zo vol van was.

Zes uur.

We zijn klaar!

Hij hees zich van zijn kruk. Zijn knieën klaagden omdat hij veel te lang had gezeten toen hij naar het paneel van het nachtalarm strompelde om het in te schakelen. Terwijl hij de voordeur uit liep naar de vochtige, mistige duisternis van de parkeerplaats kreeg hij een aanval van maagkrampen. Hij voelde het opbouwen van gas in zijn ingewanden terwijl de krampen verergerden en boog zich met tranen van pijn in zijn ogen naar voren totdat ze eindelijk wegebden.

Toen liep hij door naar zijn verroeste rammelbak. De twintig jaar oude Honda Accord die al een jaar geen onderhoudsbeurt meer had gehad. Over vier dagen liep de apk af, en hij zou nooit door de keuring komen. Drie gladde banden en een verrotte uitlaat. Zonder die auto zou hij niet weten hoe hij naar zijn werk moest komen. En hij had sinds kort iets met een nieuwe dame, Madeleine. Zou hij haar straks mee uit moeten nemen met de bus? Daar zou ze vast niet van onder de indruk zijn.

Hij stak zijn sleutel in het slot, al hoefde hij die wagen eigenlijk helemaal niet op slot te doen, want alleen een nog grotere loser dan hij zou hem stelen. Hij liet zich achter het stuur zakken, trok het portier dicht en moest in het donker een paar pogingen doen om de sleutel in het contact te krijgen. Toen liet hij een keiharde scheet.

'Charmant,' zei een mannenstem achter hem.

Spokes schrok zich kapot en voelde iets hards en kouds tegen zijn nek drukken.

'Dit is wat je denkt dat het is,' zei de stem. En even later: 'Jezus, wat heb jij gegeten?'

'Wat wil je?'

'Ik kom je de keus geven. Ik kan ofwel je beul zijn, ofwel je goede fee.'

'Heel grappig.'

'Het is geen grapje.'

De koude loop van het vuurwapen drukte harder in zijn nek.

'Ik weet hoeveel schulden je hebt, en ik heb genoeg cash bij me om ze allemaal af te betalen – tienduizend pond –, dus we kunnen zakendoen als je wilt.'

'Wat voor zaken?'

'Je hoeft me alleen maar binnen te laten, de camera's uit te schakelen en me naar de opslagruimte te brengen van een van je klanten, ene Ross Hunter.'

'Dat kan ik niet doen.'

'O, jawel hoor, dat kun je wel, en je gaat het ook doen, hè?'

'Weet je wel hoeveel problemen me dat kan opleveren?'

'Niet zo veel problemen als dood zijn.'

67

Maandag 13 maart

'Ross, wat ben je in vredesnaam aan het doen?' vroeg Imogen toen ze uit haar auto stapte.

Hij stond op een wankele ladder tegen de voorgevel van het huis, worstelend om de camera aan de muur onder de dakbalken te bevestigen. 'Bijna klaar!'

'Met wat? Zelfmoord plegen?'

De schroevendraaier, samen met twee pluggen die hij in zijn mond had, kletterde op de grond. Meteen gevolgd door de boormachine, die van de bovenste sport van de ladder viel. 'Shit, shit, verdomme!'

'Kom naar beneden!' Ze klonk woedend en greep de ladder vast.

Schaapachtig klom hij naar beneden, met de camera in zijn linkerhand. 'Ik heb deze vanmiddag gekocht. Ik dacht dat we ons er veiliger door zouden voelen.'

'Thuiskomen en jou op een ladder aantreffen moet me een veiliger gevoel geven? Dat lijkt me niet. Jij en klussen gaan niet samen. Je hebt een groot talent voor schrijven, maar je bent geen elektricien.'

'Ze zijn niet moeilijk op te hangen.'

'Dat zie ik.'

Hij haalde zijn schouders op. 'Nou ja, misschien is het iets moeilijker dan ik dacht.'

'Waarom bellen we de elektricien niet en vragen hem om het morgen te komen doen, als hij kan?'

'Dat is misschien wel een goed idee.' Hij glimlachte. 'Hoe was je dag?'

'Prima, tot rond lunchtijd, toen ik ineens enorme zin kreeg in zoute chips met azijn.' Ze keek hem schuldbewust aan. 'Ik heb drie zakjes leeggegeten. Of grote zakken eigenlijk. En nu heb ik dorst.'

Ze gingen naar binnen. Ross sloot de voordeur achter hen en schoof het kettinkje ervoor.

Terwijl hij neerknielde om Monty te aaien vroeg Imogen: 'En, wat is er gebeurd op het lab?'

'Nou,' zei hij, 'het DNA is een match. Gestoord, hè? Kun je het geloven?'

'Een match tussen de tand en de beker?'

'Ja.'

Ze verbleekte. 'Speeksel aan de beker?'

'Nee, ze hebben het geïdentificeerd als behoorlijk vergaan bloed.'

Ze staarde hem zwijgend aan. 'Ik heb een borrel nodig,' zei ze. 'Een glaasje witte wijn... dat zal toch wel kunnen?'

'Op de avond dat je ontdekt dat je man mogelijk in het bezit is van het DNA van Jezus Christus lijkt een klein glaasje wijn me wel toegestaan.'

'Doe niet zo lichtzinnig.'

Hij liep naar de koelkast, pakte zwijgend een fles albariño en begon hem open te maken. 'Ik doe niet lichtzinnig.'

'Dit bevalt me niet. Zoals ik al eerder heb gezegd, dit gaat boven je pet, Ross.'

Hij bracht haar het glas en ging zitten.

'Doctor Cook is hiervoor vermoord,' ging ze door. 'Jij bent bijna vermoord in Egypte. Ik heb dreigementen gekregen. Is een stom verhaal het waard om ons leven voor te wagen? Dit is gevaarlijke-gekkenterrein. Religieus fanatisme.'

'Kom op!'

'Nee, Ross. Wees realistisch.'

'Wat is er nou realistischer dan een DNA-match tussen een tand uit een grot in Egypte en een beker in een oud omhulsel uit Chalice Well? Stel even dat het waar is, dat Cook echt een boodschap had gekregen van God. En dat ik was uitverkoren om het aan de wereld te vertellen... en erbij wegliep. Ik denk niet dat ik daarmee zou kunnen leven.'

'De wereld heeft verdomd weinig aan je als je dood bent,' zei ze.

'Ik moet dit doorzetten. Ik moet, oké?'

'Waarom? Omdat je het doctor Cook verschuldigd bent? Je zei zelf dat hij gek was.'

Hij nam een slokje wijn. 'Zo gek lijkt hij niet meer.'

'O nee?'

Ross ging naar zijn werkkamer en keerde terug met de uitdraaien die Jolene Thomas hem had gegeven. Hij legde ze op tafel en vertelde Imogen erover.

'Wat moet ik nou zeggen?' zei ze toen hij klaar was. 'Dat ik onder de indruk ben?'

'Vertel me wat ik hier fout doe, Imo. Dit is dynamiet. Het is misschien wel het belangrijkste verhaal ooit. Kun je je de krantenkoppen voorstellen?'

'Ja, en daar word ik bang van. Je hebt me verteld wat die bisschop tegen je zei. Alle religieuze groeperingen die er bestaan, en de niet-religieuze.'

'Potentieel bewijs van God aan de wereld leveren? Kunnen we dat echt negeren?'

‘Ik zou het wel kunnen,’ zei ze. ‘Als God het zo belangrijk vindt om de wereld te redden, kan Hij vast wel iemand anders vinden.’

‘Jij gelooft, Imogen. Veel meer dan ik. Jij gaat regelmatig naar de kerk.’

‘Klopt. Maar ik geloof niet in die waanzin waar jij bij betrokken bent geraakt.’

Ross staarde naar haar en zag de angst op haar gezicht. Hij was zich ten vollc bewust van het gevaar waarin ze verkeerden. Hij was nog steeds ontdaan door wat er eerder op dc snelweg was gebeurd. Maar toch. Dit was groter dan zomaar een krantenartikel, veel groter. Dlt was nog maar één sleutel voor het geheel dat hij nog moest verkrijgen, en met een beetje geluk gebeurde dat morgen.

‘Ik ga morgen naar Birmingham, nog een keer bij Cooks notaris langs. Ga met me mee, zodat je het zelf kunt zien.’

‘Ik kan niet, Ross, dat weet je. Ik moet naar mijn werk.’

‘Oké. Hij gaat me het laatste puzzelstukje geven. Dat zal met zekerheid aantonen of er echt iets in dit verhaal zit of dat het alleen maar het waanidee is van een gestoorde oude man. Daarna zal ik mijn besluit nemen.’

‘En als er iets in zit, wat dan, Ross?’

Hij staarde even naar het tafelblad voordat hij haar weer in de ogen keek. Hij had geen antwoord.

68

Dinsdag 14 maart

Lancelot Pope had ook geen antwoord. Het was tien uur 's morgens. Hij zat met stomheid geslagen tegenover Wesley Wenceslas in de directiekamer met witte vloerbedekking op de eerste verdieping van Gethsemane Park. De grote ramen boden uitzicht op de terrassen van perfect groen gras en het meer. Er was een kunstmatig eiland in de vorm van een kruis, en in het midden daarvan stond een zes meter hoog witmarmeren standbeeld van de predikant, met zijn armen gespreid alsof hij naar de hemelen gebaarde.

Aan de muren hing de Wenceslas-iconencollectie, in de loop van tien jaar aangekocht op veilingen overal ter wereld. Op de tafel voor twintig personen lag een kleine tand naast een houten beker. De stilte werd even verbroken door het gezoem van Popes trillende mobiele telefoon. Hij drukte de oproep weg en gaf Wenceslas een update van het surveillanceteam van de vorige dag, inclusief hoe hun rivalen Hunter bijna van de weg hadden gedrukt.

'Nou?' vroeg Wenceslas woedend. 'Ik zie mijn Smilealot niet echt lachen. Jij wel?'

Pope staarde weer zwijgend naar de twee voorwerpen.

'Ik wacht op je verklaring, Lancelot. En intussen begint mijn eigen beker van royaal geduld leeg te raken.'

Pope pakte de houten beker op en draaide hem voor de derde keer rond in zijn handen. Hij keek schaapachtig. 'Dit is wat... wat er in Ross Hunters opslagruimte lag.'

'En jij hebt er tienduizend pond voor betaald.'

'Jij had dat goedgekeurd, baas.'

'Ik had een uitgave van tienduizend pond goedgekeurd voor het verkrijgen van de Heilige Graal en de tand van Jezus Christus, zodat we die konden behoeden en beschermen in naam van onze Heer.' Hij reikte over tafel en griste de beker uit de hand van de managing director. Hij draaide hem op de kop en hield de voet vlak voor Popes neus. 'Ik kan me niet voorstellen dat de authentieke kelk van onze Heer, de *Heilige Graal*, een stickertje "Made in China" onderop heeft. Jij wel? Lijkt het je waarschijnlijk dat China tweeduizend jaar geleden al houten bekers naar het Heilige Land exporteerde?'

Pope aarzelde. 'Waarschijnlijk niet.'

'Verdomd weinig kans, nee!' brieste Wenceslas, die de beker met een klap weer op tafel zette.

'We hebben hier te maken met een heel slim iemand, baas. Het kan zijn dat Hunter dat stickertje van iets anders heeft gehaald en het op de kelk heeft geplakt om ons te misleiden.'

'Denk je dat echt?' Hij pakte de tand op. 'En denk je ook dat Jezus Christus onze Heer een vampier was?'

'Een vampier?'

'Ik weet niet hoe tandartsen in de tijd van onze Heer waren, maar ik betwijfel of ze tanden bijvijlden tot slagtanden. Of ontgaat me soms iets?'

Pope onderdrukte een nerveuze grijns. 'Nee, je zou best eens gelijk kunnen hebben, baas.'

'Dit is geen mensentand, hij is van een dier, een wild dier. Ik weet niks van tanden, maar ik weet wel dat deze niet menselijk is. We hebben tienduizend pond betaald die ook naar de armen had kunnen gaan, voor een waardeloos houten prul en de tand van een dode hond. We zijn genaaid.'

'Misschien is Hunter genaaid,' antwoordde Pope zwakjes. 'Dit lag in zijn opslagruimte.'

'Dan zijn de Heilige Graal en de echte tand van onze Here Jezus Christus ergens anders. Niet in Hunters opslagruimte. Ga ze zoeken, en snel.'

'Laat het maar aan mij over, baas.'

Wenceslas staarde hem aan. 'We hebben niet veel tijd. Het zal uitkomen wat die Hunter heeft. Wordt hij nog altijd gevolgd en geobserveerd?'

'De klok rond.'

'Waar is hij dan nu?'

Pope bekeek een app op zijn telefoon. Even later keek hij Wenceslas behoedzaam aan. 'Hij is twintig minuten geleden uit Brighton vertrokken en door het dorpje Henfield gereden, ongeveer vijftien kilometer ten noorden daarvan. Het team is tijdelijk het visuele contact met hem kwijt.'

Wenceslas sloeg met beide vuisten een paar keer op tafel. 'Wat? Wat? Wat?'

'Het geeft niet, ze zitten niet ver achter hem, dus ze vinden hem wel weer.'

'Tuurlijk. Net zoals jij de Heilige Graal hebt gevonden. Ik zal je vertellen waar ze moeten gaan zoeken. Wat dacht je van een souvenirkraam op een straatmarkt in Shanghai?'

69

Dinsdag 14 maart

Ross was talloze keren langs het bord gereden, net als honderdduizenden anderen, zonder het echt op te merken. En hij miste het nu ook bijna.

ST HUGH'S CHARTERHOUSE

Op het gras voor een slordige heg markeerde het witte bordje discreet de ingang van het klooster.

Hij stampte op de rem, stak zijn hand uit om te voorkomen dat zijn rammelende tas van de passagiersstoel schoof en sloeg haaks rechts af een geplaveide oprit op. Hij reed langs een kleine cottage zonder tekenen van leven. De oprit maakte een bocht en ging toen onder een poorthuis door. Recht vooruit stond een indrukwekkend gebouw dat hem deed denken aan een van de grootse universiteitsgebouwen van Cambridge. Het hoogste deel, met drie spitsen erop, werd aan beide kanten geflankeerd door zuilengangen met glas en had een grote eiken deur.

Hij parkeerde zijn auto, stapte uit, tilde de kletterende tas van de passagiersstoel en haalde zijn rugtas uit de kofferbak.

De deur werd opengedaan door een mollige man van in de zestig in een wit gewaad, met een wit kalotje en Birkenstocks. Hij kwam Ross tegemoet met een vriendelijke glimlach, en hij had meer het air van een bon vivant dan van een ascetische monnik. 'Meneer Hunter?'

'Ja.'

De man stak zijn hand uit. 'Ik ben pater Raphael, de prior. We hebben elkaar gisteren gesproken. Welkom in ons nederige stulpje.'

Ross antwoordde glimlachend: 'Zo nederig ziet het er niet uit!'

'Nou ja, eigenlijk zijn we gezegend. We hebben onder andere de langste zuilengangen van alle kloosters in het Verenigd Koninkrijk.'

'O ja?'

'Ja, inderdaad. Zoals de acteur Michael Caine zou kunnen zeggen: "Niet veel mensen weten dat!"'

Ross grijnsde, verbaasd dat de prior zo wereldwijs was.

'Maar u bent vast niet gekomen, meneer Hunter, om over de lengte van onze zuilengangen te horen. Ik zal u naar uw oom Angus brengen. Hij was heel blij om van u te horen – tot mijn grote verrassing –, maar dat is goed. Ik ben van mening dat contact met de buitenwereld niet altijd slecht is, zelfs niet voor lieden in het kloosterleven. Hij is niet in opperbeste gezondheid, dus ik hoop dat uw bezoek hem zal opmonteren.'

Ross volgde hem door een geplaveide gang met een hoog plafond, kale stenen muren en vele pilaren. Ze liepen langs een houten prikbord met een namenlijst. Hij kon er in het voorbijgaan maar een paar lezen: FRA WILLIAM, DOM PACHOMIUS, FRA ALBAN, DOM IGNATIUS, DOM HENRY, DOM STEPHEN MARY. En daarna een klein roomkleurig bordje: KAPPER 9.30–10 UUR.

Ze gingen een hoek om en betraden een lange, smalle zuilengang. Er lagen grijze flagstones en de witte muren waren kruiselings doorschoten met balken tot een heel eind in de verte. Met steeds zo'n twintig meter ertussen zaten er gesloten, druk bewerkte houten deuren in met Latijnse inscripties erboven.

Een stukje verder bleef de prior voor een van die deuren staan. Ross keek naar het Latijn, maar had geen idee wat het betekende.

MIHI ENIM VIVERE CHRISTUS EST, ET MORI LUCRUM.

De prior klopte aan.

Ross probeerde zich te herinneren hoelang het geleden was dat hij voor het laatst met zijn oom had gesproken. Angus was door zijn ouders heel lang het zwarte schaap van de familie genoemd. Op foto's had hij schouderlang haar en een getint rond brilletje en droeg hij een zwart T-shirt, een strakke spijkerbroek en laarzen met schuine hakken. Ross had het altijd cool gevonden om een oom te hebben die rocker was.

Nu had hij geen idee wat hij kon verwachten, maar toen de deur heel langzaam openging, alsof er een oud vrouwtje achter stond dat bang was voor indringers, was hij toch geschokt door de uitgemergelde gedaante die verscheen. Met zijn bleke huid en geschoren hoofd, in een pij met een puntige kap, zag zijn oom eruit als een spook. Die ooit ondeugend fonkelende nootbruine ogen waren nu net uitgedoofde sterren in een instortend heelal, en de grijns die Ross zich herinnerde, de grijns vol zelfvertrouwen alsof de hele wereld één grote grap was, was nu een ijle, droevige glimlach.

'Ross? Ross? Je bent het echt, hè? O, Ross!' zei hij met een stem die nog iets van zijn vroegere bruisende energie bevatte. Hij stak een breekbare, benige hand uit en Ross drukte die voorzichtig. Zijn oom tuurde naar hem. 'Kom binnen. Ik vrees dat het niet de presidentiële suite van het Four Seasons is.'

Ross keek naar de prior, die verzaligd glimlachte. 'Ik zal jullie alleen laten.'

Toen zijn oom de deur sloot stond Ross in een smalle, betegelde gang met aan het eind, op tien meter afstand, een beschilderd beeld van de maagd Maria op een boomstam. Een ingelijste icoon hing aan de muur aan het eind, badend in het licht dat door een raam binnenkwam.

'Ik heb niet in veel andere kloosters gewoond, maar blijkbaar heb ik erg veel geluk, Ross,' vertelde zijn oom. 'Ze hebben dit gebouw ooit neergezet voor tweehonderd monniken, maar wij zijn maar met ons drieëntwintigen. Ik heb twee hele verdiepingen, een leuke werkplaats en een tuin helemaal voor mezelf. Het is net mijn eigen huis, maar dan zonder lawaaiige buren! Kom binnen.'

Het was maar een korte stenen trap, maar Ross kon zien hoe ziek zijn oom was; het kostte hem een eeuwigheid om de treden te beklimmen en hij moest veelvuldig pauzeren om even op adem te komen.

Boven was een spartaanse kamer met kale vloerplanken. De enige meubelstukken waren een tafel en stoel en een scharnierende bureaulamp, er lagen een paar boeken, waaronder een bijbel, en er hing een kalender. Er stond een niet-aangestoken houtkachel en er was een nis met een kruis aan de muur; Ross vermoedde dat het een bidnis was. Door een open deur zag hij een turquoise waterkruik aan een haak hangen en een smal bed in een andere nis staan.

'Ik heb een cadeau voor je meegebracht, oom Angus,' zei hij, en hij gaf hem de tas.

'Een cadeau?' De monnik pakte de tas met een afwezige glimlach aan. Alsof er een oude herinnering was bovengehaald. Zijn oom zette de tas op de vloer alsof het gewicht ervan hem te veel was en leek bijna in tranen. 'Ik kan me de laatste keer niet herinneren dat ik een cadeau heb gekregen. Dit is heel aardig. Heel aardig.'

Ross was zo geroerd door zijn oprechte verbazing dat hij zelf ook tranen in zijn ogen voelde komen. 'Ik dacht... Ik wist niet of dit mocht...'

De monnik haalde de vier flessen rode wijn tevoorschijn, een voor een, hield ze tegen het licht en bekeek ze met een uitdrukking van pure blijdschap, waardoor er jaren van hem af gleden. 'Rode wijn? Franse wijn? Het is jaren geleden – járen – dat ik nog iets anders dan miswijn heb gedronken!' Hij groef dieper in de tas en haalde er nog iets uit. 'Een kurkentrekker! Wat attent van je, God zegene je!'

Ross bleef opgelaten staan, niet goed wetend hoe hij moest reageren op de pure blijdschap van de oude man. Hij wenste nu dat hij meer flessen had meegebracht.

Toen opende hij zijn rugtas en haalde er de zorgvuldig ingepakte houten beker in het houten omhulsel uit, en een glazen flesje met een paar druppels ondoorzichtige vloeistof en een witte dop erop. Hij legde ze op de tafel van zijn oom.

70

Dinsdag 14 maart

Twee uur later stopte Ross bij een benzinepomp om te tanken. Volgens de navigatie had hij nog een uur en twintig minuten te gaan tot aan zijn bestemming. Het effect van het kleine glaasje rode wijn was allang verdwenen. Hij moest dringend plassen en had behoefte aan cafeïne en iets te eten. Hij reed van de pomp door naar een parkeerplek en ging het propvolle wegrestaurant in.

Sinds zijn vertrek uit het klooster had hij een vreemde mengeling van gevoelens over zijn oom gehad. Het was moeilijk geweest om de broze, eenzame man in zijn sobere, maar verrassend ruime onderkomen te vereenzelvigen met de wilde rocker van vroeger. En toch roerde het overduidelijke geloof van zijn oom hem diep. Net als de grote blijdschap van de oude man bij het zien van de flessen wijn.

Hoe kon een hedonist zoals oom Angus zichzelf isoleren van de wereld, een solitair leven van doorlopend gebed gaan leiden en alle vormen van genot afwijzen? Zou iedereen dat kunnen, gesteund door het geloof? Als het diep genoeg zat?

Zijn oom was niet dom. Hij was net als talloze andere intelligente mensen overal op de wereld die geloofden; een geloof dat intact bleef, ongeacht wat er met hen gebeurde. In sommige opzichten hadden ze geluk.

Hij dacht weer aan Harry F. Cook. Twee stellen coördinaten. Die hem naar een beker in een put in Glastonbury en een tand in een grot in Egypte hadden geleid. Een aanslag op zijn leven. Zijn vrouw bedreigd. De waarschuwingen van Benedict Carmichael. De boodschap van zijn overleden broer.

Deze planeet waarop hij vastgeplakt zat door de zwaartekracht. Een van de misschien wel honderd miljard triljoen – of nog meer – in het heelal. Deze mooie planeet. Deze meedogenloze, vervuilde, wonderbaarlijke plek, elke dag weer verscheurd door haat, die zo vaak voortkwam uit verschillende religieuze overtuigingen. Verschillende groeperingen binnen hetzelfde geloof.

Zulke minuscule verschillen tussen zo veel religies; vermeend onderscheid tussen sommige andere. Allemaal uiteindelijk gelovend in één hoogste God. Soennieten. Sjiieten. Rooms-katholieken. Anglo-katholieken. Vrije kerken.

Charismatische en conservatieve protestanten. Het Leger des Heils. Darbysten. Quakers. Joden. Hindoes. Sikhs. De lijst was eindeloos. Zouden ze tot in alle eeuwigheid verdeeld blijven? Totdat alle verschillende religies op deze onvoorstelbare planeet waren verteerd door kernstof?

Of had Harry F. Cook echt iets wat de wereld kon veranderen, zoals hij had beweerd?

Ross dacht aan de woorden van astronaut Frank Borman in de Apollo 8: 'Als je eindelijk daarboven op de maan bent en omkijkt naar de aarde, lopen al die verschillen en nationalistische trekjes min of meer in elkaar over en krijg je het idee dat dit misschien echt één wereld is, dus waarom kunnen we niet gewoon allemaal samenleven als fatsoenlijke mensen?'

Zo voelde Ross zich ook, kijkend naar de bordjes in het wegrestaurant. Burger King. WHSmith. Costa. En naar alle andere reizigers die in en uit liepen, velen van hen met een vermoeid aanzien door wat voor tocht ze dan ook maakten. Iemand botste tegen hem aan en haastte zich verder zonder zich te verontschuldigen. Een stel liep langs met een baby in een buggy. Dat zouden hij en Imogen over een paar maanden ook zijn. In wat voor wereld zou hun zoon geboren worden, vroeg hij zich af terwijl hij het restaurantgedeelte in liep, grimassend om de verschaalde lucht van gefrituurd eten. Een wereld die misschien niet standhield, behalve als er iets ingrijpend veranderde. Een verandering, hoe onwaarschijnlijk ook, die hij misschien wel zou ontsluiten. Hij was het zijn ongeboren zoon verschuldigd om deze vreemde missie door te zetten. Ross wist diep vanbinnen dat als hij hier nu bij wegliep, hij zijn zoon later nooit recht in de ogen zou kunnen kijken.

Hij pakte een dienblad en liep langs de counters, langs de salades en andere gezonde opties. Hij had behoefte aan iets warms en voedzaams, iets wat hem energie zou geven. Hij vroeg de medewerker om fish-and-chips en erwtenpuree, en verderop bestelde hij een grote koffie en pakte een flesje mineraalwater.

Hij betaalde, pakte bestek en schonk melk in zijn koffie, nam een paar zakjes ketchup, azijn, zout en peper mee en liep met zijn eten naar een tafeltje bij het raam. Buiten zag hij twee vrouwen staan roken in de motregen. Hij zette zijn dienblad op tafel en ging zitten.

Net toen hij een ketchupzakje wilde openscheuren, schoof er een slanke veertiger op de lege stoel naast hem. De man had keurig, kort donker haar en droeg een pak met een trenchcoat erover. Hij had een kartonnen beker met een dekseltje bij zich.

Geërgerd om de verstoring van zijn privacy, terwijl er meer dan genoeg lege tafels stonden, keek Ross kwaad naar hem. Maar de man glimlachte terug alsof hij hem herkende. Hij had een sterk gezicht en een serieuze uitdrukking, en Ross zag dat hij een zegelring om zijn ringvinger droeg.

Omdat hij geen zin had in gesprekjes met een verveelde medereiziger maakte Ross aanstalten om op te staan en naar een ander tafeltje te verkassen.

Maar de man sprak hem met een zijdeachtige, zelfverzekerde stem aan. 'Ross Hunter?'

'Ja?'

De vreemde keek even om zich heen voordat hij zijn stem dempte. 'Stuart Ivens, van het ministerie van Defensie.' Hij klapte discreet zijn portefeuille open en liet zijn legitimatie zien. 'Sorry dat ik bij uw lunch stoor,' zei hij beleefd. 'Kan ik u heel even spreken?'

'Waarover?' Ross staarde naar de ID en las het kleine, maar duidelijke MI5.

Een paar jaar geleden had hij een stuk geschreven over de mysterieuze dood van een vermoedelijke MI5-agent die was gevonden in een flat in Londen, in een grote weekendtas geritst, van top tot teen in latex gehuld en met een sm-masker op. Al zijn pogingen om feiten bij de veiligheidsdienst na te trekken waren mislukt. Hij had nooit kunnen vaststellen of de man was overleden als gevolg van een uit de hand gelopen bondagespel of dat hij was vermoord. Maar dit kon toch niet met dat artikel te maken hebben, na al die tijd? Hij had een vrij aardig idee waar de man hem wel over wilde spreken, en hij had gelijk.

'Ik geloof dat u de overleden doctor Harry Cook kende,' zei Stuart Ivens op vriendelijke toon.

'Wat weet u over hem?' vroeg Ross argwanend.

'Waarschijnlijk niet zo veel als u, meneer Hunter,' zei hij, en hij haalde het dekseltje van zijn dampende koffie. 'Maar genoeg om zeer bezorgd te zijn om de nationale veiligheid, en die van u.'

Ross staarde hem aan.

'Luister, laten we er geen doekjes om winden. Sinds uw ontmoeting met doctor Cook hebt u nu iets in uw bezit waarvan u gelooft dat het mogelijk bewijs is van Gods bestaan, correct?'

'Hoe weet u wat ik heb?'

'In deze tijden van verhoogde paraatheid is het onze taak om dingen te weten. Noem het maar nationale veiligheid, een toeziende taak,' zei de man rustig en nog steeds beleefd. 'U denkt dat u een potentieel verhaal hebt, maar het heeft verreikende consequenties die u zich mogelijk niet realiseert. En het vormt een heel reële dreiging voor uw eigen leven.'

'Daar ben ik me van bewust.'

'O ja?' Stuart Ivens keek hem vragend aan. 'Als wat u hebt inderdaad echt is, begrijpt u dan werkelijk de implicaties? Zelfs als het niet echt is, maar u een plausibel verhaal schrijft, is het potentiële gevolg een nachtmerriescenario van burgerlijke onrust in ons land en daarbuiten.'

Ross keek hem aan. 'Wat denkt u dan dat ik heb, of mogelijk heb?'

'Iets wat het bestaan van God zou kunnen bewijzen, meneer Hunter.'

Ross voelde zich verschrikkelijk onbehaaglijk. 'Ik heb nog geen bewijs, ik ben er nog een heel eind bij vandaan, als het überhaupt echt is en als het zelfs maar mogelijk is om zoiets te bewijzen. En zelfs al kon ik het bewijzen, zou de wereld me dan geloven? Het kan ook allemaal nutteloos blijken te zijn. Bent u van plan me te arresteren of zo? Me op te sluiten en te martelen?'

Ivens glimlachte dunnetjes. 'Helemaal niet. En ik ben hier ook niet om u op wat voor manier dan ook te bedreigen. U bent een gerespecteerd journalist, u weet even goed als ieder ander wat een gevoelig onderwerp religie tegenwoordig is, in ons land en in vele andere delen van de wereld.'

'Dus u wilt dat ik het laat zitten?'

'Dat is niet wat ik kwam vragen. Ik wil alleen maar dat u nadenkt over de verantwoordelijkheid die u hebt. Dat u nadenkt over de consequenties van wat u eventueel publiceert. Zou u bereid zijn uw verhaal aan ons voor te leggen voordat u het publiceert?'

Ross keek de man aan. Deze hele situatie voelde surrealistisch. 'Daar zou ik over moeten nadenken, en het met mijn redacteur bespreken. Ik kan niks beloven.'

Ivens blies rustig op zijn koffie en nam een slok.

Was dit echt? Zat hij echt in een wegrestaurant met een spion te praten?

'U bent een intelligent man, meneer Hunter. Hoeveel plekken kunt u opnoemen waar ze in God geloven? En waar dat geloof hen verscheurt en al jaren of tientallen jaren heeft verscheurd? Belfast, Jemen, Syrië, Iran, Irak, Nigeria? Hoe ver moet je terug in de geschiedenis?' Ivens nam nog een slok koffie. 'Heeft doctor Cook u precies verteld van wiens God hij u bewijs zou geven?'

'Nee,' antwoordde Ross even later. Het voelde onbehaaglijk om met de realiteit geconfronteerd te worden.

'Precies. Elke tak van elk geloof heeft zijn eigen interpretatie.' Ivens haalde een visitekaartje tevoorschijn en schoof het naar Ross toe. 'U bent een invloedrijke journalist en de Britse pers zal veel publiceren van wat u schrijft. U hebt al veel belangrijke onderwerpen behandeld in uw carrière, inclusief een voor de overheid gênant artikel over de apparatuur van ons leger in Afghanistan.'

'Volledig terecht.'

'Daar zou ik niets over kunnen zeggen.' Ivens glimlachte vreemd.

'O ja? Moet ik dat opvatten als bevestiging?'

Ivens glimlachte weer. 'Laten we daar maar niet op ingaan, behalve dan dat ik respect heb voor uw lef. Maar nu hebben we met iets heel anders te maken. Denk hier eens aan. Misschien – en ik wil niets afdoen aan uw inte-

72

Dinsdag 14 maart

De groene lijn op de kaart van Ross' navigatiescherm stuurde hem door de doolhof van Spaghetti Junction. Dit moest echt de lelijkste en ingewikkeldste rotonde zijn die ooit was gebouwd. Er moest toch ergens diep in het hart van de ontwerper iets van fatsoen en gemeenschapszin hebben gezeten... hoezeer dat ook ontbrak in het eindresultaat.

De kaart verdween en werd vervangen door een dikke witte streep die een lus maakte en terugliep. De doordringende vrouwelijke stem van de navigatie zei dat hij moest omkeren.

Ja hoor. 'Ik zit verdomme op de snelweg!' antwoordde hij, opgefokt van zijn lange rit en de verstoring van zijn lunch door de glad pratende Stuart Ivens van MI5. De stromende regen deed zijn humeur ook geen goed.

Zijn telefoon ging. Hij drukte op de toets om handsfree op te nemen.

'Ross?' Het was Imogen, en ze klonk onbehaaglijk.

'Hoi! Hoe gaat het?'

'Waar ben je?'

'Ergens buiten Birmingham. Ik moet zo ergens een plek vinden om te keren. Wat is er?'

De kaart verscheen weer en de pijl van de navigatie wees naar de afslag verderop; de vrouwenstem droeg hem op af te slaan. Hij deed dat en zag dat hij precies de kant op ging waar hij niet heen wilde: over de M6 naar het zuiden. De richting waar hij net vandaan was gekomen. *Verdomme.*

'Er kwam op kantoor een vent naar me toe,' zei Imogen.

Had zij ook een bezoekje gehad van die gast van MI5, die Stuart Ivens?

'Wie dan? Wat wilde hij?' Ross tuurde door de voorruit, zoekend naar de volgende afslag.

'Ene monseigneur Giuseppe Silvestri of zo. Hij kwam aan met een auto met chauffeur en beweerde een afgevaardigde te zijn van het Vaticaan. Hij zei dat hij me onder vier ogen moest spreken, dus ging ik met hem naar een vergaderkamer.'

'En?'

'Hij zei dat als jij kunt bewijzen dat wat je hebt echt is, ze bereid zouden zijn die voorwerpen te kopen. Hij zinspeelde erop dat je zo'n beetje zelf mag zeggen hoeveel je ervoor wilt hebben.'

'Het Vaticaan?'

'Ross, waarom doe je dat niet? Kijk wat ze bieden; dan kunnen we afstand nemen van deze hele toestand.'

'Ik mag zelf zeggen hoeveel ik wil hebben?'

'Ja! Ik kreeg het gevoel dat ze serieus geld zouden betalen. Heel serieus geld.'

'Imo, moet je horen, ik heb geen –'

'Ross,' smeekte ze. 'Luister alsjeblieft. Waar je ook mee bezig bent, waar we bij betrokken zijn geraakt, ik word er doodsbang van. Je bent slim en een geweldige verslaggever, maar dat verhaal waar je mee bezig bent is te gevaarlijk. Laat in elk geval die man morgen naar je toe komen en hoor hem aan.'

'Ik ga eerst naar die bespreking hier in Birmingham, en dan zal ik verder kijken, oké?'

De volgende afslag naderde.

'Ik weet niet of ik hier nog wel deel van wil uitmaken, Ross.'

'Luister, ik bel je zodra ik Anholt-Sperry weer heb gesproken, oké? Ik moet nu op de weg letten.'

'Oké,' zei ze somber. 'Bel me terug zodra je kunt. Wanneer ben je thuis?'

'Rond een uur of zeven zou ik wel terug moeten zijn.'

'Dan ben je eerder thuis dan ik. Ga met Monty lopen als je kunt. Ik ben niet voor tien uur thuis. Ik ga een hapje eten met een oude schoolvriendin die in de stad is voor een congres.'

'Wie dan?'

'Jennie Elkington. Ik heb haar sinds de brugklas niet meer gezien.'

'Oké, leuk, veel plezier.' Ross had die naam nooit eerder gehoord, en hoe hij ook zijn best deed, er bleef altijd een knagende twijfel. Hij vroeg zich af met wie ze echt had afgesproken.

Haar gedrag van de laatste tijd – of al een paar maanden eigenlijk – riep herinneringen op aan de tijd dat ze die affaire had. Ze had pas later opgebiecht dat die al een paar maanden aan de gang was. Als hij terugdacht aan die tijd, zoals hij in de nasleep vaak had gedaan, besefte hij dat hij de tekenen al had gezien voordat hij naar Afghanistan was vertrokken, maar ze had genegeerd. Dezelfde tekenen die hij nu weer zag, ook al was ze zwanger.

Of zag hij ze vliegen?

73

Dinsdag 14 maart

Vijfentwintig minuten later parkeerde Ross zijn auto een stukje bij het kantoor van Anholt-Sperry Brine vandaan. Hij stapte uit en haastte zich ineengedoken tegen de regen langs een op de stoep geparkeerde Ducati-motor met twee zadelkoffers, rende de treden naar de voordeur op en belde aan.

Er klonk bijna meteen een scherpe klik; hij duwde de zware zwarte deur open. Een figuur die eruitzag als een koerier, gehuld in zwart leer en met een motorhelm met het vizier omlaag en een koffertje in zijn hand, wurmde zich zonder verontschuldiging langs hem heen. Op hetzelfde moment voelde Ross heel even een vreemde trekkracht naar de man toe, als een onzichtbare hand, en het Sint-Christoffelmedaillon dat Imogen hem ooit had gegeven leek tegen de voorkant van zijn overhemd te duwen. Verbeeldde hij zich dat maar?

Het was heel druk in de receptieruimte. Alle stoelen waren bezet; het deed denken aan de wachtkamer van een huisarts. Een paar Indische mensen waren ernstig in gesprek. Een jong stel zat hand in hand en staarde somber voor zich uit. Een ongerust ogende vijftiger hield onopvallend een e-sigaret vast en zat te dampen. Op een andere stoel zat een vrouw in een boerka met een krijsende baby.

Dezelfde feeks van zijn vorige bezoek zat achter de hoge houten balie, en ze keek Ross ijzig aan toen hij naar haar toe liep. 'Ja?'

'Ik heb een afspraak met meneer Anholt-Sperry.'

Ze bladerde door een afsprakenlijst. 'Drie uur?'

'Ja.'

'Het is hier vandaag een chaos en zijn secretaresse is niet komen opdagen, maar ik heb zijn laatste afspraak net zien vertrekken.' Ze drukte op een intercom. Toen schudde ze haar hoofd en verzachtte haar gezichtsuitdrukking een beetje. 'Hij heeft toch geen idee hoe dat ding werkt. Gaat u maar gewoon naar boven; u weet de weg.'

'Klopt.'

Hij liep drie smalle trappen op en klopte op de deur aan de rechterkant.

Er kwam geen reactie.

Ross klopte wat harder en wachtte weer. Er kwam nog steeds geen reactie. Toen hij langzaam de deur openduwde zag hij hetzelfde rommelige kantoor dat hij zich herinnerde van zijn vorige bezoek, met overal op de vloer dossiers en stapels papieren op het bureau.

Robert Anholt-Sperry met zijn hangwangen, moedervlekken en het haar over zijn kale hoofd gekamd, zat er kaarsrecht achter met zijn handen op de leren bovenkant van zijn bureau. Hij was net als de vorige keer gekleed in een gerafeld, geruit overhemd en een scheef geknoopte Old Harrovian-stropdas, en hij staarde met een verdwaasde blik glazig voor zich uit.

'O, sorry dat ik zomaar kom binnenlopen. De dame beneden zei dat ik naar boven mocht gaan.'

De notaris reageerde niet.

Hij bleef roerloos zitten. Knipperde niet eens met zijn ogen.

'Meneer Anholt-Sperry?'

Ross deed een stap dichterbij. En zag dat de man niet ademde.

Hij had het gevoel dat hij een koelcel was binnengestapt en iemand de deur achter hem had gesloten. Hij rende terug naar de receptie.

74

Dinsdag 14 maart

Toen broeder Angus de weelderige werkkamer van de prior in stapte – hij was hier in al zijn jaren in het klooster nog nooit geweest – keek hij vol ontzag om zich heen. Naar de planken vol boeken, de comfortabele leren stoelen, de computer, de printer en de televisie aan de muur.

Het had net zo goed het kantoor kunnen zijn van de directeur van een multinational in plaats van dat van de hoeder van drieëntwintig bij elkaar geraapte monniken. Het deed broeder Angus denken aan alles wat hij had achtergelaten toen hij tot de orde was toegetreden. Maar het herinnerde hem er ook aan dat hij niets daarvan miste.

De eenvoud van zijn leven van contemplatie – of eigenlijk zijn twéédé leven, na zijn wilde jeugd – had hem een gevoel van vrede en tevredenheid geschonken dat hij nooit had gevonden in alle drugsrijke jaren van optredens, seks met groupies en bakken vol geld. Er was toen een tijd geweest dat het idee van de dood hem ontzettend beangstigde. Dat was allemaal veranderd toen hij tot de kloosterorde van Oros Athos was toegetreden en zijn geloof had ontdekt, en hij was nog meer gesterkt toen hij hierheen was gekomen nadat hij zijn moeder had begraven.

Geen angst. Geen ongerustheid. Geen verantwoordelijkheden behalve zijn dagelijkse gebeden voor de wereld. Straks zou zijn lichaam ook begraven worden, net als dat van zijn moeder. Gewoon een leeg omhulsel. Zijn geest, zijn ziel, zou naar een hoger doel worden geroepen.

'Je stille contemplatie was vandaag al een keer verstoord, broeder Angus,' zei de prior met zijn warme, innemende stem. 'Ga maar aan mijn bureau zitten. Pleeg je telefoontje. Er gebeurt iets in je leven, hè?'

'Iets, ja, prior.' Angus ging zitten, dankbaar dat hij wat energie kon sparen.

'Ik voel het ook, broeder Angus. De Heer vertelde me bij mijn ochtendgebed dat je een extreem belangrijke taak hebt gekregen, voor ons allemaal. Heb ik dat goed?'

'Ik geloof van wel, vader Raphael.'

De twee mannen zwegen een poosje. De prior zou de privacy van de monniken hier nooit schenden en drong niet aan.

'Broeder Angus, mijn deur staat altijd open. Ik zal je alleen laten om te telefoneren. Als je ooit wilt praten, kom dan alsjeblieft naar me toe. Wacht er niet te lang mee. Kun je me dat verzekeren?'

'Dat verzeker ik u, vader Raphael.'

De prior liep de kamer uit en sloot de deur.

Broeder Angus staarde naar het moderne telefoontoestel in de oplaadunit. Het was lang geleden dat hij voor het laatst had gebeld. Hij vouwde het papiertje uit dat hij had meegenomen, streek het glad op het tafelblad, pakte schoorvoetend het toestel en belde het internationale nummer.

Het bleef lange tijd stil. Misschien was het nummer niet meer in gebruik.

Toen hoorde hij één piep. En nog een. En nog een.

Eindelijk hoorde hij een klik, en daarna een norse, argwanend klinkende Griekse stem. In zijn jaren in het klooster van Simonopetra op Oros Athos had hij wat Grieks moeten leren om te kunnen communiceren met de meeste andere monniken daar.

In het Grieks zei hij nu: 'Hallo, je spreekt met broeder Angus. Ik woonde enkele jaren geleden bij jullie. Ik moet heel dringend mijn neef spreken, de Amerikaanse broeder Pete. Is hij nog bij jullie?'

De stem bleef nors en argwanend, alsof de man zich ergerde aan de verstoring. Hij liet broeder Angus weten dat broeder Pete inderdaad nog steeds de gastenmeester van hun klooster was.

'Het is heel belangrijk,' zei broeder Angus. 'Dit is voorgeschreven door God.'

Na een lange stilte zei de monnik aan de andere kant van de lijn: 'Je mag om tien voor zeven vanavond bellen, na ons avondmaal. Ik zal tegen broeder Pete zeggen dat hij toestemming heeft om met je te praten, als hij dat wil.'

Broeder Angus bedankte hem uitgebreid.

75

Dinsdag 14 maart

Dominee Wesley Wenceslas zat samen met Lancelot Pope in de suite van zijn hotel in Leeds te kijken naar de laatste bewerking van zijn wekelijkse YouTube-uitzending op Wesley Wenceslas Ministries Faith TV. De predikant dronk Krug, waarvan een fles in een ijsemmer op tafel stond, en Pope had een single malt. De resten van hun hamburgermaaltijd lagen nog op de eettafel.

In de video, begeleid door soulmuziek, was Wenceslas te zien. Zijn vroeggrijze haar was stijlvol geknipt en hij was elegant gekleed in een zwart Armanipak in Chinese stijl, met een zwart overhemd en een witte boord. Met een microfoon in zijn hand ijsbeerde hij voor de parochie van zeventienhonderd man die zijn kerk in Leeds vulde. Tussendoor waren zorgvuldig geselecteerde close-ups te zien van bezoekers, afgespeeld op enorme schermen achter hem. Gezichten van mensen van alle rassen, leeftijden en geslachten die psalmen zongen, baden of met een uitdrukking van vervoering op hun gezicht naar hem luisterden.

'En de Heer zegt, gij zult de naam van de Heer uw God niet ijdel gebruiken. En de Heer zegt, hou van geld, o ja, dat zegt Hij! Want 1 Timotheüs 6 vers 10 vertelt ons dat geldzucht de wortel is van alle kwaad, maar... luister goed! *Als het geld van de Heer wordt teruggezaaid in het evangelie van de Heer, dan zal onze Heer, niemands schuldenaar*, zo heeft Hij ons beloofd in het evangelie volgens Marcus hoofdstuk 10 vers 30, *ons het honderdvoudige teruggeven van het bedrag dat wij in het offermandje doen!*'

De predikant bleef zwijgend ijsberen en gaf zijn volgelingen de tijd om dat heel belangrijke feit te overpeinzen. Toen ging hij door. 'Het huwelijk is voorgeschreven door God en staat een heilige seksuele verbintenis toe tussen een man en zijn vrouw. Van elke andere verbintenis zegt uw God dat het een abominatie is.'

Hij ijsbeerde zwijgend verder, wendde zich af en draaide toen met een ruk weer terug om iedereen in de zaal aan te kijken, uit te dagen en aan te spreken. 'Geef elkaar de hand! Wil je het? Neem het op in Jezus! De glorie van onze Heer zal vanavond in golven over ons neerdalen. Neem het op, neem het op.' Hij begon te zingen: 'Halleluja! Halleluja!'

De menigte deed mee.
'Wie wil er vanavond gezalfd worden?' vroeg hij.
Een man van middelbare leeftijd in een blauw pak stapte naar voren.
Twee van Wenceslas' helpers stapten discreet ook naar voren. Een van hen ging achter de man staan.
'Hoe heet je?' vroeg de predikant.
'Brian.'
'Ben je klaar om Jezus te omhelzen, Brian?'
De man knikte nederig.

Wenceslas bewoog zijn handen langs Brians gebogen hoofd. 'Brian, wat God nu met je gaat doen zal voor de rest van je leven bij je blijven. O, Jezus de immer Luisterrijke, bereid in ons Uw tempel voor!' Hij tikte de man om beurten op beide schouders en boog zich nog verder naar voren. 'Wat de Heer me nu vertelt is prachtig, echt prachtig, Brian! Leg je vertrouwen in de Heilige Geest, want Hij is met ons allen vanavond.'

Wenceslas draaide zich om naar het altaar, getooid met enorme bloemstukken en kristallen en verlicht in fluorescerend blauw en groen. Aan de zijkant zat een orkest van vijftien man. Hij knipte met zijn vingers. 'Jezus, immer Roemrijke, creëer Uw tempel in ons!'

Hij draaide naar de man terug en tikte hem weer op de schouders. 'Ben je klaar om Hem te ontvangen, Brian? Wat de Heer me vertelt is zo prachtig.' Hij onderdrukte een snik. 'Zo prachtig. Echt prachtig!'

Met verstrengelde handen liet de man zich op de vloer vallen en bleef roerloos op zijn zij liggen.

'Wat God nu met hem doet is echt schitterend!' ging Wenceslas door met een stem die oversloeg van emotie. Hij ijsbeerde, veegde met de rug van zijn hand tranen uit zijn ogen en snufte. Hij pakte zijn zakdoek, veegde snuffend langs zijn ogen en sprak weer tot de parochie. 'Hef je handen en bid, alsjeblieft. Kom op! Soms maken wij plannen, maar verandert God die. Hef je handen en bid tot de Heilige Geest, want God is nog niet klaar. God heeft Brian vanavond gered, maar kan Hij jullie allemaal redden? Alleen diegenen die gered willen worden. Degenen die dat willen, God en Jezus en de Heilige Geest verzoeken je naar voren te stappen, maar luister eerst naar mij. Hoor wat er gebeurt. Het Grote Beest – de antichrist – kan al onder ons zijn, vermomd als onze redder zoals in de Bijbel staat. Ik moet tegen hem strijden, voor Brian, voor jullie allemaal, voor de hele mensheid. Wie van jullie helpt me het Beest te ontmaskeren?'

Hij priemde met zijn vinger naar willekeurige mensen in het publiek, waarop hartstochtelijke kreten van 'Ik! Ik! Ik!' opgingen.

'Matteüs 24 vers 24 vertelt ons: "Want er zullen valse christussen en valse

76

Dinsdag 14 maart

De motor van de Ducati snorde stationair terwijl de vermoeide bestuurder zich opzij boog en een knop indrukte op het paneel naast de hoge witte hekken van het huis op Richmond Hill, in het zuidwesten van Londen. Hij was zich bewust van de camera die op hem gericht was en hield zijn vizier omlaag.

'Hallo?' vroeg een vrouwenstem.

'Pakketje.' Hij maskeerde zijn Amerikaanse accent zo goed mogelijk, en de helm hielp zijn stem te vervormen.

De poorten gingen open. Een oprit met grind. Big Tony haatte grind. De aanblik ervan maakte hem nog chagrijniger. Hij had twee uur in de file gestaan op de M40 dankzij een idioot die zijn caravan had laten omkiepen, waarop de politie de hele weg had afgesloten. Hij reed langzaam de oprit op, met zijn benen gespreid om zijn hakken in de grond te kunnen zetten als de machine onder hem uit dreigde te glippen. Terwijl hij het grote, moderne landhuis van rode baksteen naderde gingen er buitenlampen aan.

Bij de voordeur zette hij de motor af, schopte de standaard omlaag en positioneerde hem zorgvuldig, om zeker te weten dat het ding stevig stond voordat hij wegliep. Hij zorgde goed voor zijn machines. Nadat hij had gecontroleerd of het kenteken uit Monaco nog steeds volledig werd bedekt door de Engelse namaakplaat liep hij de imposante treden naar de voordeur op en belde aan.

Nog een lichtstraal van een camera bescheen hem.

Binnen hoorde hij woest geblaf. Een roodharige vrouw van begin veertig, in een joggingpak en gympen, deed open en tuurde naar hem. 'Had je een pakketje?' vroeg ze in wat in zijn oren klonk als bekakt Engels. Ergens achter haar ging het geblaf door.

'Voor meneer Brown. Maar ik moet eerst iets ophalen,' antwoordde Big Tony.

'Ik geloof dat mijn man je behoorlijk wat eerder verwachtte.'

'O ja? Misschien had hij dan iets aan het verkeer moeten doen.'

'Hij is net bezig met een conferencecall; kan ik ook tekenen voor de levering? Wat kom je ophalen?'

'Ik moet uw man spreken, maar ik wacht niet op mensen die aan de telefoon zitten, dame,' zei hij, en nu liet hij zijn Amerikaanse accent er wel doorheen glippen. 'Wat ik voor hem heb is dan zeker niet belangrijk genoeg.' Hij liep de treden weer af. Onderaan draaide hij zich om en riep haar toe: 'Zeg maar tegen meneer Brown dat Big Tony langs is geweest. Hij weet hoe hij me kan bereiken.'

'Wacht!' riep ze. 'Hij komt er net aan. Meneer Brown, zei je? Dan denk ik dat je het verkeerde –'

Big Tony zag de lange, slungelige man die hij kende als meneer Brown zich de deur uit haasten. Hij droeg een pantalon en rode bretels over een overhemd zonder stropdas, een rood brilletje en pantoffels met monogram.

'Tony, hoi! Sorry dat ik je liet wachten! Viel de reis tegen?'

Big Tony keerde hem de rug toe en zwaaide zijn been over het zadel.

De man kwam naar hem toe rennen. 'Heb je hem... de USB-stick?'

'Ja. Ik dacht dat je hem wilde hebben, heb behoorlijk wat moeite voor je gedaan, maar zo dringend schijnt het niet te zijn. Misschien breng ik hem maar weg en reken de opslagkosten aan je door, en dan hoor ik het wel wanneer je hem wilt komen ophalen.'

'Nee, alsjeblieft, we hebben hem echt nodig.'

'Misschien moet ik de prijs dan nog maar wat verhogen?'

'Ik heb het geld voor je. Ik heb het al uit de kluis gehaald, het ligt in mijn werkkamer. Wacht alleen één minuutje.'

'Ik heb al tegen die dame gezegd dat ik niet wacht, op niemand. Ik geef je precies één minuut.' Hij trok de manchet van zijn handschoen omlaag om op zijn horloge te kijken.

De man rende de treden weer op, maar ging onderuit. Big Tony glimlachte. Die chique bril was van zijn neus gevallen. Terwijl de man opstond en hem weer opzette zag Big Tony bloed over zijn wang lopen. Hij mocht meneer Brown niet, hij mocht hem echt niet. Hij was in zijn leven meer dan genoeg kwaadaardige mensen tegengekomen; zo kwaadaardig als maar kon, net als hij. Maar deze man, die nu de gang van zijn huis in strompelde, was haast gemarineerd in het kwaad, alsof het in alle poriën van zijn huid was getrokken.

Big Tony keek op zijn horloge. Vijfenvijftig seconden voorbij. Achtenvijftig. Zestig.

Hij startte zijn motor, rolde de machine van de standaard, zette hem in de versnelling en scheurde over het opspattende grind, terwijl de achterkant van de motorfiets woest zigzagde, naar de nog openstaande poorten terug.

77

Dinsdag 14 maart

Ross reed moe, uitgehongerd en heel erg ontdaan zuidwaarts over de M40 in het donker en de nog altijd gietende regen. Een nieuw gevaar, dat zijn reis nog meer vertraagde dan het verkeer, was de almaar dichter wordende mist. Hij speelde een paar van zijn lievelingsnummers van Glen Campbell om zichzelf op te vrolijken. Nu luisterde hij naar 'Rhinestone Cowboy'.

'*Now I really don't mind the rain... And a smile can hide all the pain...*'

Sorry, Glen, dacht hij. Ik baal wel van de regen, en mij zie je niet lachen.

En zijn vrouw belde hem niet terug. Hij had twee voicemails achtergelaten en een berichtje gestuurd.

Hij haalde een vrachtwagen in, waarbij opspattend water hem even verblindde, en toen was hij erlangs, veegden de ruitenwissers de voorruit schoon en kon hij de achterlichten een eindje voor hem weer zien.

Onder het rijden hield hij een veilige afstand tot zijn voorganger en dacht de hele tijd na over de gebeurtenissen van de afgelopen paar uur.

De receptioniste had een ambulance gebeld, en ook de politie vanwege de verdachte manier waarop de vorige cliënt zich naar buiten had gehaast. Ross had gewacht en was toen met haar en de twee ambulanceverpleegkundigen naar boven gegaan. Ze hadden vanuit de deuropening toegekeken terwijl de mannen de notaris probeerden te reanimeren; de vrouw had overstuur huilend naast hem gestaan.

In de drukte had Ross van de kans gebruikgemaakt om ongemerkt achter het bureau te stappen en de namen op de dossiers die daar lagen te lezen. Hij zag zijn eigen naam bijna meteen, op een groene map. Toen hij zeker wist dat niemand naar hem keek sloeg hij de map open. Hij was leeg.

Na ongeveer tien minuten staakten de verpleegkundigen hun pogingen en verklaarden ze de notaris dood. Er waren geen duidelijke sporen op het lichaam van de man te zien, dus hun voorlopige conclusie was dat hij een hartaanval of beroerte had gehad.

Ondanks de schijnbaar natuurlijke doodsoorzaak wekte de vorige cliënt argwaan bij de politie; en ook bij Ross, hoewel hij er niets over zei. Was de notaris overleden terwijl die cliënt in zijn motorpak bij hem was? Zo ja, waarom was hij dan niet meteen naar buiten gerend om iemand te waarschuwen? En de identiteit van die man was ook een mysterie. Hij had zijn afspraak met de notaris gemaakt onder de naam 'Terence Dunn', als nieuwe cliënt die juridisch advies wilde over een omstreden erfenis. Een snelle controle door de politie had onthuld dat zijn telefoonnummer dat van een prepaid mobieltje was. Er werd niet opgenomen toen ze het belden.

Aangezien Ross de man had zien vertrekken en de notaris dood had gevonden, was hij met de twee rechercheurs meegegaan naar het politiebureau om een verklaring af te leggen. Hij had nog niet besloten hoeveel hij hun zou vertellen, maar in de wachtkamer kwam er een netjes geklede man van eind dertig naar hem toe. 'Leuk om u weer te zien, meneer Hunter. Hoofdrechercheur Martin Starr van de afdeling Zware Criminaliteit van Birmingham. Het lijkt erop dat u er een gewoonte van maakt om op te dagen voor afspraken met dode mensen.'

De hoofdrechercheur vertelde hem nadrukkelijk dat hij niet onder arrest stond en ook geen verdachte was, maar dat hij alleen maar wilde dat Ross hem alles vertelde wat hij zich kon herinneren. Ze kregen gezelschap van een vrouwelijke brigadier, Maria Stevens, die er duidelijk anders over dacht en hem meer als een verdachte dan als een getuige behandelde.

De eerste vraag die Starr hem stelde was of hij iemand daadwerkelijk uit het kantoor van Robert Anholt-Sperry had zien komen. Hij antwoordde van niet, maar dat een motorrijder, van wie hij had aangenomen dat het een koerier was, zich langs hem had gedrongen toen hij in het gebouw was aangekomen; die man voldeed aan het signalement van de vorige cliënt van de notaris zoals de receptioniste hem had beschreven. Ross kon geen nader signalement geven omdat de motorrijder zijn donkere vizier omlaag had gehad, maar hij – of mogelijk ook een zij – had een koffertje bij zich gehad en er had een Ducati-motor voor het gebouw gestaan. Hij vertelde de twee rechercheurs dat hij die had opgemerkt omdat hij er zelf altijd al een had willen hebben.

Starrs vragen werden ongemakkelijk toen hij vroeg hoeveel Ross wist van de relatie tussen de overleden notaris en Cook. Dankzij zijn journalistieke opleiding wist Ross dat er een strikte code van geheimhouding bestond bij notarissen, en hij besloot daar indien nodig gebruik van te maken.

'Dus er was geen verband tussen doctor Cooks beweringen over bewijs van God en uw bezoek aan meneer Anholt-Sperry?' had Maria Stevens gevraagd.

'Ik had besloten met meneer Anholt-Sperry te gaan praten om meer te ontdekken over zijn overleden cliënt, voor een artikel dat ik voor *The Sunday Times* schrijf,' had Ross ontwijkend geantwoord.

Hij had een verklaring ondertekend en beloofd indien nodig terug te komen voor een uitgebreidere verklaring. Uiteindelijk was hij even voor acht uur 's avonds begonnen aan de lange rit terug naar Brighton.

Had de dood van de oude notaris te maken met alles wat er gaande was? Was het gewoon toeval? Anholt-Sperry was oud en te dik geweest, met een hartaandoening, en had er bepaald niet gezond uitgezien toen Ross hem voor het laatst had ontmoet. Het kon stress zijn geweest.

Of?

Een paar jaar geleden had hij een artikel geschreven over een notaris die was vermoord door een ontevreden cliënt. Misschien had Robert Anholt-Sperry in het verleden iemand kwaad gemaakt.

Dat betwijfelde hij. Hij was ervan overtuigd dat de dood van Cook en Anholt-Sperry met elkaar te maken hadden. Maar er waren geen zichtbare verwondingen geweest bij de notaris.

Hij dacht aan het lege dossier met zijn naam erop dat op het bureau had gelegen. Had de motorrijder de inhoud meegenomen? Of had de notaris op het punt gestaan er iets in te stoppen?

De cruciale derde set coördinaten?

Toen hij er weer aan dacht dat Imogen had gezegd dat ze laat thuis zou zijn omdat ze had afgesproken met een vriendin had hij geprobeerd haar te bellen voordat hij was vertrokken om te melden dat hij pas na elf uur 's avonds thuis zou zijn. Maar ze had niet opgenomen.

Hij belde haar nummer nu nog een keer handsfree. Tot zijn opluchting nam ze bijna meteen op.

'Hoi!' zei hij. 'Ik was ongerust. Ik had je gebeld en berichtjes gestuurd. Alles goed?'

'Nee, Ross,' zei ze ontdaan, en toen begon ze hysterisch te schreeuwen. 'Ik ben net thuis en het gaat helemaal niet goed. HET GAAT HELEMAAL NIET GOED.'

78

Dinsdag 14 maart

Boris leek het door te krijgen, dacht Ainsley Bloor terwijl hij naar de aap keek die op het toetsenbord zat te rammen. Hij sloeg steeds vaker op de 'i' en de 'k' en pakte dan gretig de pinda, druif of het plakje banaan dat daarop door de trechter kwam glijden. En aan de uitdraaien te zien die uit de printer rolden had Boris ook uitgevogeld dat het typen van het hele woord 'het' hem een bijzondere traktatie opleverde: een hele appel, sinaasappel of banaan.

Geen van de andere vijf apen had daar ook nog maar iets van ontdekt. En de volledige werken van Shakespeare waren nog een heel eind weg.

Bloor had een nieuw algoritme ontwikkeld om Boris te belonen wanneer hij een langer woord typte, maar tot nu toe had het stomme beest daar nog niet op gereageerd. Hij bleef maar rammen op losse toetsen, en af en toe typte hij *het*.

Maar op dit moment, huiverend in de vochtige kilte, was zijn experiment wel het minste van Bloors problemen. Hij geeuwde, vermoeid van een lange en frustrerende dag, en verheugde zich erop om naar binnen te gaan en een stevige borrel voor zichzelf in te schenken. Zijn piloot had hem laten weten dat de mist te dicht was om naar huis te vliegen, dus was hij met de auto gegaan, maar zijn chauffeur had belachelijk langzaam moeten rijden vanwege het slechte zicht. Het was al na halfnegen, en morgenochtend vroeg had hij een interview bij Radio 4's *Today* over het werk van zijn bedrijf op het terrein van gentherapie en daarna een directievergadering in Londen.

Wat hem nog kwader maakte was dat het telefoontje waarop hij wachtte niet was gekomen. Was iedereen in zijn organisatie dan zo incompetent als die stomme apen?

'Kom op, Boris, je kunt het!' schreeuwde hij.

De aap draaide even zijn kant op, alsof hij zijn baasje gehoord had, en toen tikte hij weer op het toetsenbord. Er kwam een druif door de koker.

Weer een *ik*.

'Stommeling!' riep zijn baas tegen hem en tegen alle zes de apen. 'Jullie weten niet hoe goed jullie het hebben, stomme dwerggorilla's!'

Hij draaide zich kwaad om en beende over het natte gras naar het huis, dat achter de mist verscholen ging. Zijn telefoon ging. Het schermpje gaf de naam van de beller weer.

'Ja, Julius?' zei hij toen hij opnam. 'Heb je het?'

'Houston, *we have a problem*,' zei Helmsley.

79

Dinsdag 14 maart

Het was kwart over elf 's avonds toen Ross, die zijn ogen nog amper kon openhouden, naast Imogens auto voor hun huis stopte. Ondanks zijn uitputting was het inmiddels een tweede natuur geworden om zorgvuldig om zich heen te kijken voordat hij uit de Audi stapte. De straat was verlaten. Hij had de hele rit niemand gezien die hem leek te volgen.

Binnen waren lampen aan. Te veel. De ramen van alle kamers waren verlicht, en dat was vreemd. Terwijl hij de portieren van de Audi op slot deed keek hij naar de drie camera's onder de dakbalken, die waren opgehangen door hun elektricien. Er kwam een misselijk gevoel in zijn maag op.

Van allemaal waren de lenzen aan gruzelementen.

De voordeur ging al open voordat hij er aankwam. Imogen stond daar, in een tuinbroek en wit T-shirt, met haar haar in de war en een lijkbleek gezicht met sporen van tranen.

'Hoi!' Hij beende met uitgestoken armen naar haar toe, maar ze deinsde achteruit.

'Ga maar even kijken wat er met je huis is gebeurd, Ross. Ons huis. Wat ons huis wás.' Ze trilde over haar hele lichaam.

Hij stapte naar binnen en bleef abrupt staan. Met zwarte spuitbus waren op de muur van de gang twee omgekeerde kruisen gekledderd. Boven een ervan stond in bloedrode letters: ROSS HUNTER, VRIEND VAN DE ANTICHRIST, en boven het andere: IMOGEN HUNTER, AANTSTAANDE MOEDER VAN DE ANTICHRIST.

Zijn bloed verkilde.

De laden van het tafeltje in de gang waren eruit getrokken en lagen op de vloer, en de inhoud lag overal rondgestrooid.

'Het is niet alleen hier, Ross, maar overal. Dit is wat ik aantrof toen ik thuiskwam.'

Hij liep door naar de keuken. Monty, die normaal gesproken meteen naar hem toe zou komen rennen, bleef ineengedoken in zijn mand liggen.

KNECHTJES VAN DE DUIVEL was met grote letters op de ene muur geschreven. Alles hier was ook uit de laden gehaald, van de planken getrokken en op de grond gesmeten.

Hij liep terug naar de gang en zag langs de trap naar boven nog meer woorden: EN ZIET, IN DIEN HOORN WAREN OGEN ALS MENSENOGEN, EN EEN MOND, GROTE DINGEN SPREKENDE.

Hij opende de binnendeur naar de garage en deed het licht aan. Zijn gereedschap en golfclubs lagen overal verspreid en zijn fiets lag op de grond; het frame was opengehakt.

Hij rende terug naar binnen en de trap op. Boven stonden nog meer religieuze teksten op de muren. En in hun slaapkamer, op de muur links van hun bed, stond met grote zwarte letters: LAAT HEM DIE VERSTAND HEEFT HET GETAL VAN HET BEEST BEREKENEN.

Ook in zijn werkkamer waren alle muren beklad. De laden van zijn archiefkast waren open en zijn papieren lagen overal. Zijn externe harde schijf, zag hij, stond niet langer op zijn bureau.

Een klein puntje van troost te midden van deze verschrikking was dat hij zijn laptop bij zich had gehad in de auto. Anders zou die beslist ook weg zijn geweest.

Hij draaide zich om naar Imogen, die achter hem in de deuropening stond.

'Genoeg gezien?' vroeg ze.

'Hoe zijn ze binnengekomen? Hebben ze een raam ingeslagen?'

'Maakt dat uit?'

'Ja, dat maakt uit, want ik wil zeker weten dat het huis veilig is, voor het geval ze besluiten terug te komen. Heb je de politie gebeld?'

'Natuurlijk heb ik de politie gebeld. Ze waren er binnen een paar minuten. Ze wezen me erop dat al onze prachtige camera's kapot zijn. Ze zeiden dat het erop leek dat ze waren beschoten met een luchtbuks. Er komen nog rechercheurs of CSI's of wat dan ook om vingerafdrukken te nemen. Ze zeiden dat ze zouden proberen vanavond nog iemand te sturen, en anders wordt het morgenochtend.'

'Schat.' Hij wilde haar omhelzen, maar ze deinsde weer achteruit.

'Ik heb Virginia gebeld,' zei ze. 'Ik ga vannacht bij haar en Ben logeren. Jij mag ook mee, als je wilt.'

Haar zus en zwager woonden met hun drie kinderen in een dorpje ongeveer vijfentwintig kilometer ten noorden van Patcham.

'En Monty dan? Ben is toch allergisch voor honden?'

'Die hond kan me niet schelen. Onze baby is momenteel voor mij het belangrijkst. Als ik moet pendelen, doe ik dat wel. Ik blijf hier niet slapen totdat –'

'Totdat?'

'Totdat jij deze hele toestand vergeet. Ik kan gewoon niet geloven dat je die klus om Europarlementariërs in Straatsburg te interviewen hebt afgeslagen. Die zou je drieduizend pond hebben opgeleverd. We hebben het geld nodig. Waarom moeten we door deze hel gaan? Laten we wat je hebt aan het Vaticaan verkopen als ze het menen. Misschien krijgen we wel genoeg geld om de hypotheek af te betalen.'

'Dat kan ik niet doen. Niet voordat –'

'Voordat wat, Ross? Voordat we allebei dood zijn? Is dit gestoorde verhaal het waard om alles te riskeren wat je... wat wij hebben?'

'Gestoord verhaal? Jij bent gelovig. Jij bent christelijk. Wat is er gestoord aan dit verhaal?'

Ze gebaarde naar de teksten op de muren. 'Is dit niet gestoord? Ik heb geen bewijs nodig, ik heb geen ultiem bewijs nodig, want ik gelóóf, ja, en dat is genoeg voor mij. De wereld is al kwetsbaar genoeg zonder dat jij een religieuze storm in gang zet op basis van het gewauwel van een ouwe gek.'

Ross staarde haar aan. 'Als Cook zo gék was, waarom zou het Vaticaan dan... Hoe heette die vent die naar je toe kwam ook alweer? Spinoni?'

'Silvestri. Monseigneur Giuseppe Silvestri.'

'Waarom zou hij ons dan geld bieden?'

'Alleen als het écht is, Ross.'

'Best, dat is precies wat ik probeer te doen: uitzoeken of het echt is.'

Ze wees weer naar de muren. 'Is dit niet echt genoeg? Waren de mails die ik heb gekregen niet echt genoeg? Iemand stuurt behoorlijk duidelijke signalen dat het ze niet bevalt wat je doet, Ross.'

Het onthutsende beeld van Robert Anholt-Sperry achter zijn bureau kwam bij hem terug.

En daarna de waterige, smekende ogen van Harry Cook.

U begrijpt dat u en ik de wereld moeten redden?

Hij keek zijn vrouw aan. En naar de lichte bolling van haar buik. Hun kind.

Kon hij iets inbrengen tegen wat ze zei?

Hij staarde naar alle krankzinnige kreten die op de muren van zijn huis waren gekledderd en werd kwaad. Hij dacht aan de helikopter in Egypte. Harry Cooks gemartelde lichaam. De dode notaris.

De wereld die zijn ongeboren kind wachtte.

Zijn overleden broer.

De klootzakken die hem tegen zijn hoofd hadden geschopt toen hij uit Chalice Well was bovengekomen.

Wie kon hij vertrouwen? Stuart Ivens van MI5?

Of de man over wie Imogen hem had verteld, monseigneur Giuseppe Silvestri, die beweerde een afgevaardigde te zijn van het Vaticaan?

Kon hij dit verhaal gewoon laten vallen, erbij weglopen en weer gaan schrijven over politiek, oorlog en klimaatverandering? Maakte dat allemaal wel uit in het grotere plaatje dat hij hier mogelijk had?

Misschien wel het grootste verhaal ooit?

Groot genoeg om te proberen hem te vermoorden, om doctor Cook en mogelijk zijn notaris in Birmingham te vermoorden? Had de man in het motorpak het laatste stukje van de puzzel meegenomen? Dat Anholt-Sperry van plan was geweest aan Ross te geven?

Hij had moeite om Imogen in de ogen te kijken. Haar te vertellen wat hij moest doen. Hij wist dat het voor anderen absurd klonk. Alleen was het bewijs dat het misschien niet absurd was op de muren gekalkt van hun huis, hun thuis, hun toevluchtsoord.

Door indringers.

Wie?

Religieus gemotiveerde fanatici? Zou hij zich door hen de mond laten snoeren? Misschien was dat precies wat ze wilden. Dat hij zich liet intimideren. Dat hij zou weglopen. Maar hij liep niet weg. Hij kon nooit ergens bij weglopen.

Hij keek zijn vrouw weer aan. 'Imo, ik begrijp het, ik snap hoe je je voelt.'

'O ja? Geweldig. Dan gaan we nu meteen. Ik heb al gepakt. Ga ook wat spullen in een tas gooien, ik wacht wel.'

'En Virginia en haar gezin ook in gevaar brengen? En wat moeten we dan met Monty doen?'

'Die kan naar het pension.'

'Schat, luister –'

'Luister wát?'

'Ik heb je nodig.'

'O ja? Ik heb het gevoel dat ik je niet meer ken, Ross. Je bent een man met een missie, maar het is een missie waar ik niet meer aan mee wil doen. Je staat er alleen voor.'

80

Woensdag 15 maart

Ross werd de volgende ochtend moe, duf en vervuld van angstgevoelens wakker. Hij bleef nog even liggen voordat hij zijn ogen opende en zijn hand uitstak naar Imogen, maar voelde alleen een koud kussen.

Ze was echt weg.

Hij voelde zich hol.

Het was een mooie, zonnige ochtend. Daglicht stroomde naar binnen door de gordijnen. Hij hoorde de stemmen van werklui aan de overkant van de straat.

Het was niet allemaal een nachtmerrie geweest. De teksten stonden echt op de muur.

LAAT HEM DIE VERSTAND HEEFT HET GETAL VAN HET BEEST BEREKENEN...

Wie had dat gedaan? Dezelfde engerd die die e-mails had gestuurd?

Maar dit was het werk van meerdere personen. Er stonden minstens twee en mogelijk drie verschillende handschriften op de muren. Hoe waren ze binnengekomen zonder het alarm te activeren of gefilmd te worden door de camera's? Hadden ze buiten in een auto gezeten en stilletjes de camera's kapotgeschoten voordat ze het alarm hadden uitgeschakeld?

Wie wisten er waar hij mee bezig was?

Met hoeveel mensen had Cook contact opgenomen voordat hij Ross had benaderd? Het was duidelijk dat mensen bij Chalice Well – en daarna Kerr Kluge – het wisten. Nu wist MI5 het, en blijkbaar ook het Vaticaan. Kon de indringing van gisteren het werk zijn van KK? Probeerden ze hem bang te maken? Of een steenrijke evangelist zoals Wesley Wenceslas? Of een andere fanatieke religieuze sekte?

Ross betwijfelde of dit dezelfde mensen waren geweest die hadden geprobeerd hem te vermoorden in Egypte. Die hem waren gevolgd naar de grot en hadden geprobeerd de tand in handen te krijgen. Waarschijnlijk waren dat ook degenen geweest die Cook hadden gemarteld. Dit, het overhoophalen van zijn huis, was een heel andere stijl. Het riekte naar iemand die hen bang wilde maken.

Om ervoor te zorgen dat hij zijn informatie verkocht?

Iemand zoals monseigneur Giuseppe Silvestri?
Hij keek op zijn wekkerradio: het was 7.20 uur.
Normaal gesproken wekte Radio 4 hem om precies 6.30 uur.
Shit.
De radio was aan en moest al bijna een uur aan zijn. Hij had erdoorheen geslapen. Een presentator van Radio 4 interviewde een arrogant klinkende wetenschapper.
'We hebben de genen geïdentificeerd die verantwoordelijk zijn voor empathie,' vertelde de wetenschapper. 'We denken dat over niet al te lange tijd – nog tijdens ons leven – ouders zullen kunnen kiezen hoeveel empathie hun kind krijgt. Wil je een lief, aardig jongetje? Maar dan kan hij later in zijn leven onder de voet worden gelopen. Wil je een sterk, taai knaapje? Maar dan wordt hij misschien de bullebak van de school, en mogelijk zelfs een sociopaat.'
'En hoe past God in dit alles?' vroeg de presentator.
'Nou, dat hangt ervan af aan welke kant je staat,' zei de wetenschapper gladjes. 'Intelligent ontwerp of natuurlijke selectie.'
'En aan welke kant staat u?'
'Stel me die vraag over een paar maanden nog maar eens, dan heb ik misschien een antwoord.'
'O ja? Kunt u een tipje van de sluier oplichten?'
'Niet nu.' De hooghartigheid, de arrogantie in zijn stem was tastbaar.
'Nou, u maakt mij – en veel luisteraars, vermoed ik – wel nieuwsgierig. Uw bedrijf kondigt vandaag een grote doorbraak aan in behandelingen met gentherapie. Kunt u uitleggen wat dat allemaal zal betekenen?'
'Zeker. De doorbraak in gentherapiebehandelingen die Kerr Kluge aankondigt zal de hele geneeskunde veranderen.'
Ross ging rechtop zetten en zette de radio harder. *Kerr Kluge*. Hij kon zijn oren amper geloven.
'Het zal twee dingen betekenen, John,' ging de man rustig en zelfverzekerd door. 'Ten eerste zullen we binnen tien jaar veel van de belangrijkste dodelijke ziekten op de wereld kunnen genezen. Ik heb het niet over het verlengen van de levensverwachting van bijvoorbeeld kankerpatiënten met farmaceutica. We hebben het dan over een totale genezing dankzij veranderingen in de DNA-structuur van individuen.'
'Cynisch gezegd, doctor Bloor, u runt een bedrijf dat afhankelijk is van de wereldwijde verkoop van farmaceutica. De medische aandoeningen die het meest winstgevend zijn voor een bedrijf als het uwe, denk ik, zijn de chronische, waarbij mensen jaren of zelfs tientallen jaren van medicijnen afhankelijk zijn. Schiet u zichzelf niet in de voet als u daar een ogenblikkelijk werkzame remedie tegen biedt?'

'Integendeel. En het tweede, John, is dat we een enorme verschuiving zullen bewerkstelligen in de manier waarop we het menselijk bestaan bekijken. Voor het eerst in de geschiedenis van het menselijk ras, dankzij het werk dat wij bij Kerr Kluge doen, zullen mensen zichzelf kunnen bevrijden van allerlei soorten tirannie die het menselijk bestaan hebben gedomineerd sinds het intelligente leven zoals wij dat kennen is begonnen. Door het identificeren van verouderingsgenen en het omkeren daarvan zullen we niet langer de vernederingen van ouderdom of verlammende kwalen hoeven te doorstaan. We zullen iedereen bevrijden van de tirannie van Moeder Natuur. Wij geloven dat Kerr Kluge de pionier zal zijn van een heel nieuw tijdperk van de mens.'

'Voor diegenen die zich dat kunnen veroorloven?'

'De keus zal beschikbaar zijn voor iedereen,' antwoordde Bloor gladjes.

'Iedereen die het zich kan veroorloven? Zal dit geen scheiding in de wereld veroorzaken, tussen arm en rijk? Loopt u niet het gevaar dat u een genetische onderklasse creëert? Ik vrees dat we door onze tijd heen zijn, dus kunt u ons een heel kort antwoord geven?'

'Integendeel, John. Wij zullen zelfs een soort gelijkheid bieden die de wereld nooit eerder heeft gezien.'

'Ainsley Bloor, chief executive officer van Kerr Kluge, we zullen het hierbij moeten laten. Dank u voor dit gesprek.'

'Jij bedankt, John.'

'En dan nu Rick Anderson met het laatste sportnieuws en racetips.'

Ross draaide het volume omlaag.

Ainsley Bloor. De CEO. De directeur van het bedrijf dat mogelijk had geprobeerd hem te vermoorden in Egypte. Met welke reden?

Hij begon het nu beter te begrijpen. De waarde van wat hij in handen had voor Bloor en zijn bedrijf. Hoeveel wist Sally Hughes' oom Julius Helmsley hiervan?

Hij kon zich de cynische marketingcampagne al voorstellen.

Mogelijk gemaakt door de bewaarders van Jezus Christus' DNA!

Hij staarde naar de graffiti op de slaapkamermuren. Dit was overduidelijk een poging om hem bang te maken. Het was ze in elk geval gelukt om Imogen bang te maken.

Was het stom van hem om zelf niet bang te zijn?

Eerlijk gezegd was hij wel bezorgd. Maar hij was ook kwaad en vastbesloten zich niet te laten intimideren. Hij was al eerder bedreigd tijdens onderzoekswerk. Een paar jaar eerder had hij de eigenaar van een frauduleus Spaans timesharingplan benaderd in zijn landhuis in Essex. De man had hem een blauw oog gestompt en twee rottweilers op hem afgestuurd, en een ervan had een stuk uit zijn been gebeten, waarop Ross hechtingen en een tetanusinjectie nodig had gehad. Een andere keer, toen hij onderzoek deed naar een bende die Roemeense straatkinderen dwong te werken in een sekclub in Bedford, was hij bedreigd met een pistool, in elkaar geslagen door twee kleerkasten en de deur uit gesmeten. Dat had hem twee gebroken ribben en vijftienhonderd pond aan tandartskosten opgeleverd.

Maar misschien had zijn korte tijd in Afghanistan hem gehard tegen angst. In plaats van hem af te schrikken maakten dergelijke reacties hem nu alleen nog maar vastberadener. En op dit moment was die vastberadenheid sterker dan ooit. Wat het ook kostte.

Er verscheen een berichtje op zijn Apple-horloge. Het was van Imogen.

Mis je. Wees verstandig en kom naar me toe. Ik hou van je. XX

Hij pakte zijn telefoon en antwoordde:

Hou ook van jou, maar moet dit afhandelen. X

Hij ging naar beneden. Zijn woede op KK was intenser geworden door de arrogantie van de CEO op de radio daarnet. Toen hij de keuken in stapte kwam Monty langzaam, bijna aarzelend naar hem toe, met zijn staart tussen zijn poten. Zijn gedrag was vreemd, totaal anders dan anders. Normaal vloog Monty 's morgens kwispelend en met een brede grijns op zijn snuit op hem af.

Ross knielde neer en sloeg zijn armen om de nek van de hond. 'Wat is er gebeurd, jochie? Wie heb je gisteren gezien? Wie is hier geweest? Hoe zijn ze binnengekomen? Jij hebt ze niet binnengelaten, toch? Jij hebt toch niet de deur voor ze opengedaan?'

En waar was de surveillancewagen die Tingley had geregeld eigenlijk geweest?

De hond trilde.

'Maak je geen zorgen, ik breng je niet naar het pension. Ik zorg voor je, en we komen hier samen wel doorheen. Toch?' Hij drukte zijn gezicht tegen de snuit van de hond en voelde een natte neus tegen zijn wang.

Wat hadden die klootzakken met Monty gedaan waardoor hij nog steeds zo van streek was? Hadden ze hem iets gegeven met een verdovingsmiddel of gif erin? Niet dat dat nodig was, want hij was een totale softie en zou elke indringer verwelkomen als een oude vriend.

'Ik hou van je, Monty.' Hij drukte zijn gezicht weer tegen de snuit van de hond. 'Ik hou echt van je.' Hij rook zijn warme vacht. 'Rustig maar, het is oké. Het is oké. Het is allemaal oké.'

Hij wenste dat hij het zelf kon geloven.

81

Woensdag 15 maart

Onder de douche draaide Ross de warme kraan zo ver open als hij kon verdragen. Ondanks zijn uitputting begon hij helderder na te denken.

Hij was het hele huis door geweest op zoek naar de plek waar de indringers hadden ingebroken, maar had geen sporen kunnen vinden. Geen gebroken ramen, geen geforceerde deuren. Hij had onder de bloempot in het schuurtje in de achtertuin gekeken, waar de reservesleutel lag, en die was er gewoon nog. Daarna had hij nog een rondje gelopen en foto's gemaakt van alle bekladde muren.

Een stel gestoorde fanatici zou zich waarschijnlijk gewoon met geweld toegang hebben verschaft. Het feit dat ze op vakkundige manier waren binnengekomen wees er voor hem nog meer op dat dit een professionele klus was geweest. Het werk van mensen met middelen.

Het hele huis zou moeten worden opgeknapt, elke kamer, en dat zou een paar duizend pond gaan kosten. Plus alles waarvan Imogen en hij nog ontdekten dat het was gestolen, naast zijn externe harde schijf. Hopelijk dekte de verzekering alles.

Hij stapte onder de douche vandaan en begon zich af te drogen. De deurbel ging en Monty blafte.

Ross wikkelde de handdoek om zich heen en haastte zich naar beneden toen de bel nog een keer ging. Bij de voordeur keek hij door het spionnetje en zag een man staan, en achter hem een busje. Hij controleerde of het veiligheidskettinkje op de deur zat en deed hem een stukje open.

'Pakketje,' zei de man met een Oost-Europees accent, gebarend met een kartonnen doos met het logo van Amazon. Het kon een boek zijn; Ross had een paar bestellingen bij hen uitstaan voor verschillende religieuze boeken.

Hij haalde het kettinkje van de deur, nam het pakketje aan, tekende op de tablet van de bezorger en deed de deur weer dicht. Terwijl hij met één hand de hond aaide, keek hij door het spionnetje naar de man die terugliep naar zijn busje en wegreed.

Toen nam hij de doos mee naar de keuken en zette hem op tafel. Hij voelde heel licht, bijna te licht voor een boek, behalve als het heel dun was. Hij schudde ermee en hoorde iets rammelen. Toen hij wat beter naar het pakketje keek, zag hij dat het geen normale, nette Amazon-verpakking was. Er zat zwarte klustape omheen, alsof het een oude doos was die was hergebruikt.

Aarzelend en onbehaaglijk staarde hij ernaar. Kon het een bom zijn?

Ross draaide de doos om en bekeek hem aandachtig, op zoek naar aanwijzingen over de afzender. Maar er stond niets op. Moest hij hem laten liggen, de politie bellen? Hen laten komen om ernaar te kijken?

Misschien was hij paranoïde.

Hij pakte een mes uit de la en sneed voorzichtig de zwarte tape door, en toen peuterde hij heel langzaam de twee kartonnen helften van elkaar los. Dat was stom, wist hij. Hij zou gewoon de politie moeten bellen en hun moeten vragen het te doen. Maar hij was bijna op het punt aanbeland dat het hem niet kon schelen. Hij scheurde de doos open en staarde naar het voorwerp dat erin lag.

Een klein plastic crucifix. Op het hart van Jezus was met een afgebroken cocktailprikker in de vorm van een dolk een envelop gepind.

Ross maakte snel een foto met zijn telefoon, trok de dolk los en opende de envelop. Er zat een getypt briefje in:

Want de toorn Gods wordt geopenbaard van den hemel over alle goddeloosheid, en ongerechtigheid der mensen, als die de waarheid in ongerechtigheid ten onder houden. Romeinen 1:18

Hij draaide het briefje om, en op de achterkant stond:

Ik kon je post op Twitter niet waarderen. Je bevindt je in gevaarlijke, godslasterlijke wateren, mijn vriend. Ik adviseer je om je gewone werk weer op te pakken.

Ross was al heel lang immuun voor nare reacties. Hij was in het verleden meerdere keren lastiggevallen over controversiële stukken die hij had geschreven. Maar dit briefje verontrustte hem en hij was blij dat Imogen niet thuis was. Hij stopte alles terug in de Amazon-doos, nam die mee naar zijn werkkamer en zette hem in een bureaula. Misschien zou hij hem nog aan de politie laten zien, of gewoon bewaren als bewijs voor later, voor het geval dat...

In de badkamer wreef hij scheergel over zijn vochtige stoppels en begon zich te scheren, overpeinzend wat hij moest doen. Hij moest ervan uitgaan dat de coördinaten die Robert Anholt-Sperry hem had zullen geven nu in andermans handen waren.

Hij had ook een vrij aardig idee in wiens handen: die van Kerr Kluge.

De cruciale derde set coördinaten waarvan Cook had gezegd dat ze te maken hadden met de Wederkomst.

Maar had het bedrijf daar echt iets aan zonder de DNA-resultaten? Misschien viel er te onderhandelen? Kon hij MI5, de Vaticaan-afgevaardigde monseigneur Giuseppe Silvestri en Kerr Kluge tegen elkaar uitspelen?

Hoe gevaarlijk zou dat zijn? Het Vaticaan had de reputatie dat ze geen genade toonden. Hervormingsgezinde pausen gingen niet lang mee. Roberto Calvi, die bekend had gestaan als Gods bankier, werd in 1982 hangend aan Blackfriars Bridge in Londen aangetroffen. Zijn dood was een elegante oplossing voor een onaangenaam schandaal voor de Vaticaanbank.

Had Imogen gelijk dat dit veel te hoog gegrepen voor hem was? Was er nog een andere uitweg, behalve gewoon doorgaan?

Hij kleedde zich aan, ging naar zijn werkkamer en haalde de zwartleren portefeuille op die hij twee jaar geleden voor kerst van Imogen had gekregen. Toen hij met zijn vinger langs de donkerbruine voering streek voelde hij het geruststellende knisperen van het papiertje dat hij erin had gestopt, samen met het piepkleine reageerbuisje, waarna hij de voering weer had vastgelijmd.

Op het papiertje zo groot als een postzegel stonden details over het standaard-DNA, het mitochondrische en de Y-STR die Jolene Thomas van ATGC Forensics had verkregen uit de beker en de tand. In het buisje zat een heel klein beetje reservevloeistof van de gemalen tand die Ross aan oom Angus had gegeven om veilig te bewaren.

Het DNA van Jezus Christus?

Zou hij er ooit achter komen zonder de ontbrekende derde set coördinaten?

Zouden ze hem lang genoeg laten leven?

Hij belde het mobiele nummer van de elektricien en de man nam bijna meteen op. Ross vertelde hem in het kort over de inbraak en het vandalisme en vroeg of hij de komende paar dagen tijd had om de cameralenzen te repareren of de camera's te vervangen. De elektricien beloofde vandaag even te komen kijken en het probleem dan morgenochtend vroeg op te lossen.

Ross ging naar beneden, voerde Monty, maakte een sterke kop koffie voor zichzelf en zette een kom havermout in de magnetron. Terwijl dat opwarmde sneed hij een appel in partjes en gooide een Berocca-tablet in een glas water; Imogen had hem er onlangs van overtuigd dat hij er elke dag een moest nemen. Het was een mooie, zonnige dag. Hij zette zijn drankjes op het terras, liep naar de voordeur en pakte de kranten van de mat. Terwijl hij ze meenam naar het terras viel een van de krantenkoppen hem op:

MOEDER VERMOORDDE EIGEN BABY

Zijn telefoon ging. Op het schermpje stond een nummer dat hij niet herkende.

'Ross Hunter,' zei hij behoedzaam toen hij opnam.

'Meneer Hunter, u spreekt met Quentin Grieg. Het spijt me dat ik u stoor, maar ik bel uit naam van de aartsbisschop van Canterbury. Ons team heeft gehoord over een verhaal waaraan u werkt.' De man klonk ontzettend beleefd en aardig.

'Kunt u me uw nummer geven, dan bel ik u meteen terug.'

Na een korte aarzeling gaf Grieg het hem, en Ross schreef het op. Hij belde meteen terug op zijn prepaid telefoon. 'Over welk verhaal hebt u het?' vroeg Ross. 'Ik werk namelijk aan een aantal verhalen tegelijk.'

'Dit is van religieuze aard, als we het goed hebben?'

'Ja,' antwoordde Ross. 'Dat klopt.'

'De aartsbisschop is geïntrigeerd. We hebben in dit stadium slechts heel summiere informatie, maar hij vraagt of u bereid zou zijn wat van uw kostbare tijd vrij te maken om het met hem te bespreken.'

Ross, stomverbaasd over dit telefoontje, dacht snel na. Dit was een gouden kans. De aartsbisschop van Canterbury, het hoofd van de Anglicaanse Kerk, wilde hem spreken. Hoe het ook afliep met dit verhaal, als hij er een of twee citaten van de aartsbisschop in kon verwerken zou het dat enorm veel geloofwaardigheid geven.

'Ja, ik wil best met hem praten.'

'Ik heb een paar tijdstippen waarop hij in Lambeth Palace in Londen zal zijn en wat tijd vrij heeft in zijn agenda. Maar ik heb opdracht gekregen om te zeggen dat als die u niet schikken, de aartsbisschop bereid is andere afspraken te verzetten.'

Ross voelde een vreemde tinteling. De aartsbisschop van Canterbury was bereid afspraken af te zeggen om hém te kunnen spreken? Hij kon zijn oren amper geloven. Was dit soms een grap? Of was er een onderliggende agenda? Had Benedict Carmichael de aartsbisschop gewaarschuwd?

'Hij kan u vanmiddag om halfvier of morgenochtend om elf uur ontvangen.'

'Ik kan vanmiddag,' zei Ross.

Grieg gaf hem een routebeschrijving en vertelde dat er een parkeerplek voor hem gereserveerd kon worden als hij die nodig had.

Toen hij had opgehangen piepte de magnetron.

Hij ging naar binnen en haalde zijn kom havermout op. Met zijn ontbijt aan de tuintafel bladerde hij door *The Argus*.

En las nieuwsgierig verder toen weer een krantenkop zijn aandacht trok.

GESCHEIDEN OMDAT HIJ TE HARD DRUKTE

Het was een verhaal over een accountant die twintig jaar getrouwd was toen zijn vrouw hem begon te verdenken van overspel. Ze had geen concrete bewijzen kunnen vinden, maar toen had ze deukjes gezien in een blocnote waarvan de bovenste pagina was verwijderd. Ze kon ze niet ontcijferen, maar toen herinnerde ze zich een televisieprogramma over een faciliteit in een forensisch laboratorium van de politie. Daar hadden ze een apparaat gehad, een ESDA, waarmee ze handschriften konden bovenhalen uit de lichtste indrukken in een vel papier.

Dat laboratorium was ATGC Forensics geweest.

Er ging Ross ineens een lichtje op. Hij dacht terug aan het bezoek van doctor Cook.

Aan het manuscript dat de man bij hem had achtergelaten.

Ik heb uiteraard de kompascoördinaten doorgestreept, meneer Hunter, voor het geval dit in de verkeerde handen zou vallen.

Hij pakte snel zijn telefoon.

Monty draafde met zijn riem in zijn bek naar hem toe.

Ross legde de telefoon neer en aaide hem. 'Sorry, jochie, geen lange wandelingen gisteren, en vanochtend ook al niet. Ik maak het goed als ik terug ben, beloofd. Vanavond gaan we een heel eind wandelen, oké?'

De hond schonk hem een blik die zei dat het eigenlijk helemaal niet oké was.

De deurbel ging. Ross haastte zich naar binnen, keek behoedzaam door het spionnetje en zag een jongeman met een tas staan. Het was een forensisch onderzoeker, die zich voorstelde als Alex Call.

Een uur lang zocht Call overal in huis naar vingerafdrukken. Ross liet hem zijn werk doen. Toen hij klaar was vertelde de onderzoeker hem dat er tot nu toe geen matches waren gevonden met iemand in hun systeem.

Zodra Call weg was pakte Ross zijn autosleutel en zette zijn Audi in de garage. Hij stapte uit en trok de garagedeur achter zich dicht, want hij wilde iets in de kofferbak leggen zonder dat iemand hem kon zien.

82

Woensdag 15 maart

Julius Helmsley strompelde even voor tien uur 's morgens met een zak croissants in de ene hand en een stijve bruine envelop in de andere het kantoor in. 'Goed radio-interview, Ainsley. Heel goed,' zei de chief operating officer.

'Huh.'

Voordat hij aan de vergadertafel bij het raam plaatsnam vroeg Helmsley: 'Je neemt dit niet op, hè?'

'Ik ben niet achterlijk, Julius. Nee. Koffie?'

Helmsley knikte en Bloor schonk in. 'Wat heb je met je gezicht gedaan?'

Gegeneerd raakte Helmsley de pleister op zijn linkerwang aan. 'Gestruikeld.'

'Gestruikeld? Gevloerd? Je been bezeerd, je gezicht opengehaald? Dat was vast een geslaagd feestje.'

'Heel grappig.'

Een boot met een blauw-geel geschilderde kajuit en het woord POLITIE op de boeg voer langs over de Theems.

Bloor schoof het kopje en een kannetje melk over de tafel naar Helmsley toe. 'Nou, wat is er gebeurd?'

'We hebben een fout gemaakt. We hebben een wild beest ingehuurd, en nu heeft hij ons in de tang.'

'Niet *wíj*, Julius. *Jíj*. Die man uit Monaco?'

Hij knikte.

'Die zijn prijs verdubbelde toen je hem sprak?'

'Ja.'

'Jij had hem aanbevolen.'

'Hij was aan ons aanbevolen. Onberispelijke geloofsbrieven. Een behoorlijk indrukwekkende staat van dienst.'

'Ja, nou, ik ben enorm onder de indruk. Tot nu toe heeft hij ons al acht miljoen afhandig gemaakt, en nu gijzelt hij ons.'

'Ik vlieg wel naar Monaco om alles recht te zetten.'

'Monaco heeft geen vliegveld,' zei Bloor geprikkeld.

'Dan vlieg ik naar Nice en neem de helikopter.'

'Nee, je neemt de helikopter niet, en je vliegt ook niet in luxe. Dit is jouw blunder. Ga maar met EasyJet en neem verdomme de bus.'

Helmsley grijnsde, maar toen zag hij dat Bloor geen grapje maakte.

'Weten we wel zeker dat hij ze heeft?'

'Hij heeft ze, dat weet ik zeker. De derde set coördinaten. Die die notaris in Birmingham, Robert Anholt-Sperry, gistermiddag aan Ross Hunter zou geven,' zei Helmsley. 'Of eigenlijk moet ik zeggen de gewézen notaris.'

'Ross Hunter,' zei Bloor zuur. 'Hij doet me denken aan de woorden van Henry II: "Wie verlost mij van dat lastpak van een priester?"'

'Ik geloof dat hij eigenlijk "laaggeboren" zei,' zei Helmsley. 'Lastpak is een foutief citaat.'

Bloor keek hem verongelijkt aan. 'Dit lijkt me niet het moment voor kommaneukerij.'

'Sorry, baas.' Hij schonk wat melk in zijn koffie. 'Maar het zou niet slim zijn om Hunter in dit stadium te vermoorden. Ik ben er vrij zeker van dat hij de sleutel heeft.'

'Denk je dat hij zaken met ons zou doen?'

'Hunter?'

'Hij heeft het niet breed, al een paar jaar niet. Journalistiek betaalt almaar slechter. We weten dat hij een hoge hypotheek heeft, creditcards die bijna aan de limiet zijn, en een kind op komst.'

Helmsley keek hem bevreemd aan. 'Als we dan toch aan het citeren zijn: "Wie met de duivel wil dineren heeft een lange lepel nodig." Hunter is listig en gevaarlijk, dat hebben we al gezien. Hij heeft machtige persconnecties en al ons onderzoek naar hem toont aan dat hij zich niet laat motiveren door geld. Een paar mensen en organisaties die hem in het verleden hebben geprobeerd af te kopen hebben het deksel op hun neus gekregen. Eén ding waarvan we wel zeker zijn is dat hij ergens iets heeft waarvan wij denken dat het DNA van Jezus Christus bevat, en dat hebben we nodig.'

'En dat manuscript waarvan men zegt dat hij het in zijn bezit heeft, dat Cook hem had gegeven en dat we niet in Cooks huis konden vinden?' Bloor pakte een croissant uit de zak. 'Deze dingen doen me altijd aan krabben denken,' zei hij terwijl hij er een stuk af scheurde en het omhoogstak. 'Net een krabbenklauw, vind je ook niet?'

'Dat is nooit bij me opgekomen.'

'Een heleboel dingen komen nooit bij je op, hè, Julius?'

'Hoe bedoel je?'

'Ik heb soms het gevoel dat jij alles als een spelletje ziet. Maar we spelen hier geen spelletje. Als we krijgen wat we hebben willen, dan besef je toch wel wat dat voor ons bedrijf kan betekenen? Het DNA van Jezus Christus als basis van onze producten? Je hebt een mooi aandelenpakket. Dat heeft je al rijk gemaakt, op papier. Maar dit zou ons naar een heel ander niveau kunnen tillen. Dit zou een miljardair van je kunnen maken, hè? Dus doe even normaal.'

'Hoe gaat het met je apen?' kaatste Helmsley als een mokkend kind terug. Even dacht hij dat zijn CEO een hartaanval zou krijgen.

Bloor stond op uit zijn stoel en sloeg met beide vuisten op tafel. 'Wat hebben mijn verrekte apen hiermee te maken?'

Helmsley stak verzoenend zijn handen omhoog. 'Ik probeer alleen maar te achterhalen hoe je die apen hiermee rijmt.'

'Wáármee rijmt?'

Julius Helmsley tuurde naar hem door zijn rode bril. 'Dat experiment dat je met die apen doet zou moeten bewijzen – of in elk geval suggereren – hoe de wereld kan zijn ontstaan door puur toeval in plaats van door intelligent ontwerp. En toch geloof jij dat de toekomstige groei van ons bedrijf gekoppeld kan zijn aan het DNA van de Zoon van God. Een lichte tegenstelling, nietwaar?'

'Ik noem het záken, Julius. Er zijn 2,2 miljard christenen op de wereld. Als jij christen was –'

'Ben ik ook,' onderbrak Helmsley hem.

'Mooi. Misschien kun je me dan iets vertellen. Stel je voor dat je een ongeneeslijke ziekte hebt. Ga je dan voor je gentherapie naar het bedrijf dat het DNA van Jezus heeft, of naar een willekeurig ander bedrijf?'

'Daar is maar één antwoord op mogelijk, Ainsley.'

'Precies wat ik bedoel. Dus laten we even realistisch blijven. Die derde set coördinaten moet in dat verrekte manuscript van doctor Cook en op die USB-stick staan.'

'En denken we dat die journalist de coördinaten heeft? In dat manuscript?'

'Nee, dat denk ik niet, Julius. Daarom ging hij gisteren naar Birmingham. Als die coördinaten in het manuscript stonden, had hij dat niet hoeven doen.'

'Oké, dus hij heeft ze niet. Laten we aannemen dat ze in de koffer zitten van een motorfiets ergens tussen hier en Monaco, in de handen van een schurk van een huurmoordenaar die niet beseft wat hij heeft. Ross Hunter is naar ATGC Forensics geweest. Wat ze hem ook hebben gegeven, ze moeten daar nog gegevens van hebben.'

'Kunnen we proberen ze te hacken of bij ze in te breken, Julius?'

Helmsley schudde zijn hoofd. 'Daar heb ik al naar gekeken. Het is een fort. Een van de belangrijkste DNA-labs voor veel Britse politiekorpsen. Er zijn meer dan genoeg boeven die er dolgraag zouden willen binnenkomen, maar dat is nooit gelukt. We hebben ze uitgetest en hun beveiliging is goed. Alles is gecodeerd, en zelfs hun labpersoneel kent de identiteit van hun cliënten niet, alleen een code.'

'Er moet daar iemand werken die toegang heeft tot Hunters gegevens en die we kunnen omkopen of ontvoeren,' zei Bloor.

'Dat lijkt me geen goed plan. Het is beter als we rustig blijven, zorgen dat we krijgen wat onze vriend in Monaco dan ook heeft, Hunter in de gaten houden en kijken waar hij ons heen leidt. Dat heb ik al geregeld.'

'En waar denk je dat hij ons heen zal leiden?'

Julius Helmsley glimlachte. 'Naar het beloofde land.'

83

Woensdag 15 maart

Even na tien uur 's morgens zat Ross in een kleine vergaderkamer op de eerste verdieping van het moderne kantoor van zijn notaris. Hij staarde uit het raam naar de Brightonse Jubilee-bibliotheek aan de overkant, een gebouw dat hij erg mooi vond, en dronk een kopje thee terwijl hij wachtte tot zijn document zou worden gebracht. Zijn telefoon deed *ping*.

Het was een berichtje van Imogen.

Moet thuis wat spullen ophalen op weg terug van mijn werk. Hoe laat ben jij er? Wil niet alleen naar binnen. X

Hij antwoordde:

Weet ik niet. Ik heb een bespreking in Londen vanmiddag. Waarschijnlijk rond 18.30 uur. Zal ik je bellen als ik onderweg ben? X

De deur ging open en de assistente van zijn notaris kwam binnen met een grote archiefdoos, die ze aan Ross liet zien. 'Ik denk dat u deze bedoelt?'

Er stond op: ROSS HUNTER – PRIVÉ.

Hij opende het deksel en keek erin. 'Ja, dit is hem, dank je.'

'Ik zal u alleen laten.' Ze wees naar de telefoon op tafel. 'Bel maar even 21 als u klaar bent of nog iets anders nodig hebt.'

'Ik heb misschien ergens een kopie van nodig.'

'Geen enkel probleem. Geef maar een gil.'

Terwijl ze de deur sloot, tilde hij het manuscript uit de doos en legde het op het glanzende tafelblad. Toen hij het eerste van de twee elastieken eraf haalde, knapte het omdat het rubber uitgedroogd was. Hij haalde het tweede er voorzichtig af en begon het manuscript blad voor blad door te werken, denkend aan Cooks woorden.

Ik heb uiteraard de kompascoördinaten doorgestreept, meneer Hunter, voor het geval dit in de verkeerde handen zou vallen.

Het kostte hem iets minder dan een uur om ze te vinden, op pagina 565.

Hij had ze de eerste keer over het hoofd gezien omdat de doorgestreepte delen zo klein waren.

Op een van de regels werd de naam *Chalice Well* gevolgd door een stukje van twee centimeter dat was doorgestreept met een viltstift. Twee regels later werd *Egypte, Vallei der Koningen* gevolgd door een gelijksoortige uitwissing. En nog eens twee regels lager zag hij het woord dat hij zocht.

Wederkomst.

Gevolgd door weer een stukje van twee centimeter dat was doorgestreept.

Hij legde voorzichtig het vel papier opzij, pakte het vel er direct onder, pagina 566, en hield het onder de lamp. Het was vaag, maar er was heel beslist iets te zien. De indruk van het handschrift op de bladzijde erboven.

De coördinaten?

84

Woensdag 15 maart

Julius Helmsley, nog aangeslagen door de woede van zijn CEO en zich er onbehaaglijk van bewust dat hij een grote blunder had begaan, zat in zijn kantoor en staarde naar zijn computerscherm. Er stond een wegenkaart op, met een deel van de ringweg M25 rondom Londen. Een rood puntje bewoog zich gestaag door het lichte verkeer op de late ochtend. Hij zag het puntje afslaan naar de M3, noordwaarts in de richting van Londen.

Ross Hunters Audi.

De journalist die dacht dat hij zo slim was zou de tracker nooit vinden, zelfs niet als hij zijn hele auto uit elkaar haalde. Het ding zat verborgen in een van zijn remlichten.

Vijftig kilometer verderop, in zijn kantoor op de eerste verdieping van de westelijke vleugel van Gethsemane Park, nipte Lancelot Pope van een kopje kruidenthee. Hij keek op zijn iPhone naar het stipje dat zich noordwaarts bewoog over de M3, van de data die hem werd toegevoerd door het surveillanceteam van acht auto's dat momenteel dienst had.

Hij was nog steeds woedend op de idioten die Hunter niet hadden kunnen insluiten op de snelweg toen hij terugreed van ATGC met de felbegeerde spullen in zijn auto. Maar hij kreeg er wel, voor zover hij dat nog niet had, respect voor Ross Hunters sluwheid van. Net zoals de rotvos die had weten binnen te komen in de afgeschermde tuin bij zijn weekendhuisje in Dorset en alle Pochard- en Whistler-eenden in zijn vijver had doodgebeten.

Hij bleef naar het stipje kijken terwijl dat zich naar Kingston bewoog.

Terug naar ATGC Forensics, rechtstreeks vanaf zijn notaris in Brighton?

Wat was hij aan het doen?

Gisteren was Ross Hunter voor de tweede keer naar een notariskantoor in Birmingham gegaan. En op het plaatselijke nieuws was kort melding gedaan van de plotselinge, onverklaarde dood van de managing partner, Robert Anholt-Sperry. Vermoedelijk een hartaanval of beroerte.

Doctor Harry Cooks notaris.

Een halfuur later bleek Pope gelijk te hebben. Ross Hunter reed de parkeerplaats van ATGC Forensics op. Op dat moment ging zijn telefoon.

'Ja?'

'Ik wilde je even laten weten, baas, dat het doelwit de parkeerplaats van ATGC Forensics op is gereden.'

'Dat zie ik. Wat doet hij daar?'

'Hij is uitgestapt. Loopt naar binnen met een envelop onder zijn arm.'

'Volg hem! Zoek uit wat er verdomme in zit.'

85

Woensdag 15 maart

Ross keerde na een korte bespreking met Jolene Thomas bij de receptie van ATGC Forensics naar zijn auto terug. Ze zou met de bladzijde die hij uit Cooks manuscript had verwijderd, pagina 566, naar het ESDA-team gaan. Al terwijl ze het bij de receptie onder de lamp had gehouden had ze duidelijke indrukken gezien van het handschrift van de bladzijde erboven. Met het weinige dat ze wist over ESDA was ze zeker van een positief resultaat.

Ross startte de motor en programmeerde de route van zijn huidige locatie in Kingston naar Lambeth Palace in de navigatie.

De reistijd zou zevenenveertig minuten bedragen.

Het was nu kwart over een, en zijn afspraak was pas om halfvier vanmiddag. Dat gaf hem meer dan voldoende tijd om onderweg ergens te lunchen en zijn plan uit te voeren.

Het was veel drukker op de weg in de buitenwijken van Londen. Hij reed naar het westen met volgens de navigatie een aankomsttijd van 14.21 uur, stak voor de eerste keer de kronkelende Theems over bij Twickenham, nog een keer bij Richmond en nog een keer bij Kew. De telefoon voorspelde de aankomsttijd nu als 14.48 uur. En toen 14.37 uur.

Een halfuur later, toen hij over de Chelsea Embankment reed, meldde het toestel dat hij rechts moest afslaan over de Vauxhall-brug.

Nadat hij de Theems nog een keer was overgestoken zette hij zijn auto langs de kant van de weg en zocht via de navigatie naar parkeergarages. Er was er een recht vooruit, bij de drukke rotonde van Elephant and Castle. Hij miste de afslag de eerste keer, zocht de juiste rijbaan op en nam die bij zijn tweede ronde. In de parkeergarage moest hij doorrijden naar de vierde verdieping voordat een bord aangaf dat er vrije plekken waren.

Hij parkeerde achteruit in, wachtte op het piepen van zijn parkeersensoren en reed toen weer een stukje naar voren; voldoende, schatte hij, om de kofferbak te kunnen openen. Toen stapte hij uit, liep naar de achterkant van de auto en tilde zijn zware Brompton-vouwfiets uit de kofferbak. Hij sloot zijn auto af, zeulde de Brompton naar de voorkant van de auto en vouwde de fiets uit. Toen hij zijn gele fietsjack had aangetrokken, zijn sportzonnebril en helm had opgezet en zijn telefoon in de houder op het stuur had geplaatst suisde hij de autohelling af, vrij.

Vrij van iedereen die hem volgde!

Hij fietste de straat op, oppassend voor het verkeer. Hij had al een paar maanden niet meer in Londen gefietst, maar met het groeiende netwerk van fietspaden en het verbeterde bewustzijn van bestuurders – op een paar idioten na – genoot hij er altijd van. Vooral vandaag, met die strakblauwe lucht.

En met een uitgelaten gevoel over wat hij mogelijk achter zich had gelaten.

Hij reed over de Albert Embankment, langs de Theems en aan de overkant de prachtige Houses of Parliament. Toen hij een paar moderne gebouwen was gepasseerd kwam het imposante gebouw met de twee torens van Lambeth Palace in zicht.

Hij keek op zijn horloge en zag dat hij nog iets minder dan een uur te gaan had tot aan zijn afspraak. Aan de overkant was een café. Hij stapte af, stak gehaast over, klapte zijn fiets in en nam hem mee naar binnen. In de pub koos hij een plekje waar hij uitzicht had op de voordeur en de straat.

Het menu op de muur gaf aan dat een ontbijt de hele dag te krijgen was, en er stond ook een selectie van gezonde opties. Als hij hier met Imogen was geweest zou hij de vegan optie hebben gekozen, of in elk geval de vegetarische. Maar in zijn eentje, omdat hij behoefte had aan koolhydraten, bestelde hij friet met ei en ham.

Terwijl hij op zijn eten wachtte, een oogje houdend op de straat en het passerende verkeer, keek hij op zijn telefoon, maar er was niets nieuws. Zijn handen trilden, besefte hij. Hij voelde de druk van de afgelopen dagen en vroeg zich af wat er nog meer te gebeuren stond. Wat zou het eindspel zijn? Kon het nog erger worden? Misschien had Imogen wel gelijk. Maar hij kon nu niet stoppen.

Hij was ontzettend nieuwsgierig waarom de aartsbisschop hem zo graag persoonlijk wilde spreken, maar wat het doel ervan ook was, het zou gewicht verlenen aan zijn uiteindelijke verhaal. En net zo belangrijk: als het hoofd van de Kerk van Engeland aan zijn kant stond, zou hem dat vast wat meer bescherming bieden. Kon hij de Kerk van Engeland meer vertrouwen dan het Vaticaan?

Net toen zijn eten werd gebracht ging zijn telefoon, maar er verscheen geen nummer op het schermpje.

'Hallo?' zei hij behoedzaam toen hij opnam.

Een gladde, overdreven vriendelijke stem met een licht Italiaans accent vroeg: 'Spreek ik met meneer Ross Hunter?'

'Met wie spreek ik?'

'Mijn naam is Giuseppe Silvestri. Uw vrouw heeft me uw nummer gegeven. Bel ik gelegen?'

De man van het Vaticaan. Ross herkende de naam meteen.

'Eerlijk gezegd heb ik het nogal druk.'

'Het is een extreem belangrijke zaak, meneer Hunter. Mag ik dan misschien later vandaag terugbellen?'

'Vanavond, dan.'

'Ik kan niet genoeg benadrukken hoe belangrijk dit is.'

Hij vond de stem van die man irritant. Terwijl hij de telefoon tegen zijn oor klemde, pakte hij een tube mosterd en kneep er wat van op zijn bord. 'Nou, meneer Silverstone, als het zo belangrijk is, belt u vast terug.'

Hij hing op.

86

Woensdag 15 maart

Drie kwartier later leidde een beleefde, keurig geklede man Ross een mooi kantoor vol boeken en met een fraai antiek karpet in. Er hingen olieverfschilderijen aan de muren en een raam bood uitzicht op de Houses of Parliament en Big Ben aan de overkant van de Theems.

Een fit en energiek uitziende zestiger, wiens gezicht bekend was dankzij vele optredens in de media, stond op van achter een groots bureau. Zijn grijze haar dunde en hij droeg een rond brilletje met een iel montuur, een paars overhemd met een witte boord, een grijs jasje en een groot gouden kruis aan een zware ketting om zijn hals.

Met uitgestoken hand, met een gouden bisschopsring waaraan een paarse steen prijkte, kwam hij om zijn bureau heen en glimlachte verwelkomend. Zijn stem was krachtig, met het accent van een particuliere Engelse school. 'Meneer Hunter! Wat ontzettend aardig van u om bij me langs te komen!'

'Integendeel, meneer, het is een eer voor me dat ik hier ben uitgenodigd.'

Hij vond dat ook echt. Het was een vreemd, bijna overstelpend gevoel om hier in dit kantoor te zijn en de achtenswaardige Tristram Tenby te ontmoeten, de machtigste kerkleider in het Verenigd Koninkrijk, en Ross was meteen gecharmeerd door de uitstraling van de man.

Maar toch bleef hij op zijn hoede.

De aartsbisschop dirigeerde hem naar een comfortabele stoel voor het raam, bij een laag vergadertafeltje, en Ross vroeg zich af of hij daar opzettelijk was neergezet zodat hij het schitterende uitzicht kon zien.

Even later kwam er een assistent binnen met een zilveren dienblad met daarop een pot thee, porseleinen kommetjes en een bordje koekjes.

'Is thee goed, of hebt u liever koffie?' vroeg de aartsbisschop.

'Thee is perfect.'

Een paar minuten later, toen ze helemaal voorzien waren en de assistent was vertrokken en de deur had gesloten, glimlachte Tenby hartelijk naar hem. 'Ik neem aan dat u wel weet waarom ik met u wilde babbelen, meneer Hunter? Of mag ik Ross zeggen?'

'Ross is prima, meneer... aartsbisschop.'

'Tristram is ook prima,' antwoordde de man, en hij knipoogde bijna samenzweerderig.

'Dank je. Nou... ik heb wel een idee waarom ik hier ben.'

'Ik geloof dat jij en de bisschop van Monmouth vrienden zijn?'

'Oude vrienden, meneer – Tristram – ja. Benedict en ik kennen elkaar al een hele poos, van toen hij dominee was in Brighton. Ik ben erg op hem gesteld.'

'Nou, ik ook. Ik ben erg overtuigd van zijn vaardigheden. Maar hij vertelde me dus over jullie bespreking van laatst, omdat hij zowel geïntrigeerd als erg ongerust was over wat je hem had verteld.'

'Ongerust in welk opzicht?'

'Nou, ik neem aan ten eerste door hoe je de informatie had gekregen, van een zekere doctor Harry Cook, die er een deel van had ontvangen in een consult met een spiritueel medium.' De aartsbisschop pakte zijn kop en schotel en zette ze op zijn schoot. 'Je weet vast wat de Bijbel over mediums zegt, en hoe wij geestelijken ze bekijken?'

Om hem op de proef te stellen antwoordde Ross: 'Is dat misschien omdat ze binnendringen in jullie lijntjes met Gene Zijde? Kan het zijn dat de Kerk denkt een monopolie te hebben op communicatie met de spirituele wereld en alle afschrikwekkende waarschuwingen in de Bijbel aanwendt om ze ongeloofwaardig te maken?'

Tenby glimlachte. 'Daar zal ik maar niet op ingaan, anders zitten we hier nog dagen. Laten we dat even parkeren en de diepere vragen met betrekking tot bewijs van God bespreken. Je kent vast het oude gezegde dat de wetenschap vraagt *hoe*, terwijl religie vraagt *waarom*?'

Ross knikte.

'Wetenschappelijke proeven draaien allemaal om bewíjzen, maar geloofsproeven zoeken naar betékenis. In onze moderne wereld zie ik het als een plicht van de Kerk om te proberen die twee bij elkaar te brengen. Het zijn heel verschillende dialogen. *Betekenis* en *normen*. De recente controverses die we hebben gezien in de VS en Europa tonen aan dat mensen een ommekeer wensen, een verandering van het vorige model aan de hand waarvan we hebben geleefd, naar de normen waarvan ze vinden dat we die zouden moeten omhelzen. Relaties, vrijheid, gelijkheid, menselijke gemeenschapszin. De wereldorde die wij lange tijd hebben gekend kalft af en een nieuwe orde komt op. Zal die beter of slechter zijn?'

Ross staarde hem aan. 'Is er überhaupt iemand die dat nu al weet?'

'Ik hou het erop dat de jury nog in beraad is. Als ik het goed heb beweerde doctor Cook drie sets coördinaten te hebben die bewijs van God zouden leveren. Maar Benedict had je verteld dat hij voor dergelijk bewijs meer nodig zou hebben.'

'Klopt, ja. Maar we hebben het er niet over gehad waar die coördinaten naartoe zouden kunnen leiden.'

'Natuurlijk.' De aartsbisschop nam een slokje thee en zweeg een poosje. 'Weet je, door de hele geschiedenis heen hebben veel monotheïstische religies geloofd in een verlosser die naar de wereld zou komen. Moslims geloven dat Jezus Christus zal terugkeren, maar als een profeet, niet dé profeet; die profeet zal voor hen altijd Mohammed zijn. De joden geloven in de Komst van de Messias. Wij christenen geloven in de Wederkomst van Jezus, maar we zijn altijd op onze hoede geweest voor bedriegers die zich als Hem voordoen. En als de boodschap dat God zich zorgen maakt om de toestand van de wereld via een spiritueel medium komt, dan gaan er alarmbellen af, vrees ik, Ross.'

Tenby zette zijn kop en schotel weer op tafel. 'Waarmee ik niet regelrecht van de hand wijs wat doctor Cook je heeft verteld. Het zou echt kunnen zijn, een nuttige herinnering aan het belang van God in een tijd waarin de wereld zo verandert. Misschien een wijzigende orde om deze wereld meer respect bij te brengen voor mensen en gemeenschappen. Vertel eens: wat voel jij in je hart, Ross? Ik heb veel van je artikelen gelezen. Je bent een zeer intelligent en opmerkzaam man. Vertel me wat je echt voelt.'

'Ik denk dat doctor Cook een fatsoenlijke man was. Misschien ietwat te obsessief om serieus te nemen; de dood van zijn vrouw heeft hem mogelijk een beetje verward. Maar sinds ik het stokje van hem heb overgenomen, eerlijk gezegd, ben ik bang geworden.'

'Bang? Waarom?'

'Om eerlijk te zijn was ik aanvankelijk sceptisch en stond ik op het punt hem af te doen als een ongevaarlijke gek. Maar gebeurtenissen daarna hebben me tot andere inzichten gebracht. Doctor Cook en zijn notaris zijn allebei overleden. Ik ben aangevallen in Glastonbury, achtervolgd en beschoten in Egypte door mensen in een helikopter. Mijn huis is overhoopgehaald, er waren religieuze kreten op alle muren gekalkt en mijn vrouw is bedreigd.'

Tenby keek oprecht geschokt. 'Wil je me daar meer over vertellen?'

Ross voelde zich voldoende bij de man op zijn gemak om hem het hele verhaal te vertellen, van het eerste telefoontje van Cook tot zijn bezoeken aan Egypte en Chalice Well. En zelfs waarom hij het laatste deel van de tocht hierheen op de fiets had afgelegd.

Toen hij klaar was stond de aartsbisschop met een verontschuldiging op, liep naar zijn bureau, pakte de telefoon en vroeg zijn secretaris om zijn volgende afspraak te waarschuwen dat hij mogelijk uitliep. Toen ging hij weer zitten.

'Ross, wat me altijd opviel in de artikelen die ik van je heb gelezen, is je menselijkheid. Alle religies draaien uiteindelijk om geloof in dezelfde God.

Wat ze in wezen allemaal voorstaan is om goed te leven. Gelijkheid. Vrijheid. Het gezamenlijk belang. Sommige mensen hebben langer nodig dan anderen om dat punt te bereiken, en ik zou de eerste zijn om toe te geven dat het christendom een heel duister verleden heeft. Draai de klok duizend jaar terug naar de gruweldaden van de kruisridders; het martelen en levend verbranden van ketters nog eeuwen daarna. Sindsdien zijn de meesten van ons geëvolueerd tot iets heel anders, tot een tolerante en positieve sociale structuur. Een koninkrijk van gerechtigheid en waarheid. We geven de wereld hoop. Het is een schitterend en positief beeld. Wat we mensen uiteindelijk proberen te bieden is betekenis. Daar draait religie om. Zoals ik al eerder zei, de wetenschap vraagt *hoe*, maar wij zoeken het antwoord op *waarom*.'

'Heb je dat antwoord zelf al gevonden, Tristram?'

'Nee, nog niet. Ik heb mijn geloof en blijf zoeken.'

'Zou je er dan mee zitten als ik ook blijf zoeken?'

De aartsbisschop keek heel serieus. 'Ik zou liegen als ik zei dat ik me geen zorgen maakte om je veiligheid, Ross. Veel anderen hebben gezocht naar het DNA van onze Heer. Misschien heb jij het echt gevonden. Maar het baart me zorgen dat iets van deze informatie van een medium is gekomen, ongeacht jouw gevoelens over dat onderwerp. Er zijn veel mensen met immense macht en middelen die het in handen zouden willen krijgen. En die mensen hebben er ook belang bij dat jij er niet mee in de openbaarheid treedt.'

'Gevaar is me niet onbekend. Ik ben in mijn carrière wel vaker bedreigd.'

'Maar dit is op een andere schaal dan alles waar je ooit eerder in bent gedoken. Je bent nu bezig met de meest fundamentele vraag voor de mensheid. En er zijn veel mensen op de wereld die hun religieuze overtuiging gebruiken om geweld te rechtvaardigen. Mensen die niet alleen bereid zijn om te sterven voor hun overtuigingen, maar ook om ervoor te moorden.'

Hij zweeg even en zijn gezicht verzachtte.

'Ik voel aan dat je een fatsoenlijke man bent in een duistere, onrustige wereld, Ross, zoekend naar het ongrijpbare licht. Laat het me weten als je het vindt. Tot die tijd zal ik voor je bidden. Weet alsjeblieft dat ik hier altijd voor je ben als je me nodig hebt, en dat geldt voor ons allemaal hier. God zij met je. Zullen we samen bidden?' Hij verstrengelde zijn handen en sloot zijn ogen.

Ross voelde zich een beetje opgelaten, maar hij deed hetzelfde omdat hij de aartsbisschop niet wilde beledigen.

87

Woensdag 15 maart

Op weg naar huis door het langzaam rijdende spitsverkeer bleef Ross de hele tijd nadenken over zijn gesprek met de aartsbisschop. Tenby had hem veel tijd en wijsheid gegeven, maar hoe serieus had de aartsbisschop hem echt genomen?

Was hij misschien heel subtiel en intellectueel op een zijspoor geschoven? Was Tenby's uitspraak over het feit dat de informatie via een medium was gekomen alleen maar sluwe pr van de Anglicaanse Kerk om hem aan zijn bronnen te laten twijfelen?

Zijn telefoon ging. Hij keek naar het schermpje op het dashboard. Het was een nummer dat begon met 0121. Het kengetal van Birmingham.

'Ross Hunter,' meldde hij zich.

Hij hoorde een vrouwenstem met een licht Birminghams accent, die hij herkende. Het was Anholt-Sperry's oude receptioniste, die stukken vriendelijker tegen hem was gaan doen in de onmiddellijke nasleep van de dood van de notaris. Hij had haar zijn privénummer gegeven en ze hadden elkaar af en toe een berichtje gestuurd.

'Meneer Hunter, met Irene Smither.'

'Hallo, Irene,' zei hij vriendelijk. 'Hoe gaat het?'

'Het gaat wel. We zijn hier allemaal in shock, kunt u zich vast voorstellen.'

'Ja, inderdaad.'

'Ik dacht dat u wel een update zou willen.'

'Ja, dank je, wat heb je gehoord?'

'Hoofdrechercheur Starr is net langs geweest. Hij had de voorlopige resultaten van meneer Anholt-Sperry's sectie. Het lijkt erop dat zijn pacemaker ermee is gestopt.'

'Pacemaker? Ik wist niet dat hij een pacemaker had.' Toen herinnerde hij zich dat Anholt-Sperry het over zijn 'rikketik' had gehad.

'Ja, al een paar jaar. Eigenlijk was dit zelfs zijn tweede, anderhalf jaar geleden geplaatst. De pacemaker is naar het lab gestuurd om te kijken of...' Haar stem brak en hij hoorde haar snuiven alsof ze zich herpakte. 'Om te kijken of hij misschien defect was.'

Ross verkilde toen hij zich iets herinnerde. De motorrijder die langs hem was gelopen in de hal bij de notaris. Het vreemd trekkende gevoel dat hij op dat moment had ervaren. Zijn Christoffelmedaillon dat tegen de voorkant van zijn overhemd leek te duwen.

Hij herinnerde zich een artikel dat hij onlangs op internet had gelezen over methoden om mensen ondetecteerbaar te vermoorden. Sommige moderne soorten pacemakers konden worden gehackt, en dan kon je de elektrische puls daarvan wijzigen of stopzetten.

Ze werden ook beïnvloed door krachtige magneten.

Had die motorrijder, mogelijk Robert Anholt-Sperry's vorige mysterieuze cliënt, zo'n magneet bij zich gehad?

Hij hoorde de stem van de vrouw in de verte, vaag als een echo. 'Hallo? Hallo? Meneer Hunter, bent u er nog?'

'Ja, sorry, slechte ontvangst. Ik zit in de auto.'

'O, misschien moet ik dan later terugbellen.'

'Geeft niet, ik bel handsfree. Zei de rechercheur nog meer?'

'Ja, hij zei dat ze nog altijd geen spoor hebben van de cliënt die voor u kwam. Meneer Terence Dunn.'

'Denkt hij dat er een verband kan zijn tussen hem en meneer Anholt-Sperry's dood?'

'Hij zei dat ze in dit stadium nog niets uitsluiten. Ik... Het is gewoon verschrikkelijk.'

'Robert was een aardige man,' zei hij zwakjes.

'Ik zal het u laten weten als ik nog meer hoor.'

'Graag.'

Toen hij ophing ging de telefoon meteen weer. Het was Imogen.

'Waar ben je, Ross?'

Hij keek op het dashboardklokje. 18.00 uur. 'Net op de kruising van de M25 en de M23. Het verkeer is een ramp.'

'Hoelang ben je nog onderweg?'

'Drie kwartier tot een uur.'

'Ik wacht wel.'

'Gordon de elektricien komt morgen om de camera's te herstellen.'

'Typisch Ross,' zei ze verbitterd. 'Altijd de put dempen als het kalf verdronken is.'

'Hé, Imo, dat is niet –'

Ze had al opgehangen.

88

Woensdag 15 maart

Aan de tafel in de grootste directiekamer van Gethsemane Park, alleen met Lancelot Pope, staarde dominee Wesley Wenceslas de invallende duisternis in. Hij was niet blij.

Zijn vrouw Marina riep hem op via de intercom. 'Kom je de kinderen nog welterusten zeggen en voorlezen, lieverd?'

'Nee, schat, ik moet een probleempje oplossen. Zeg maar welterusten voor me.'

'Hoe laat wil je eten?'

'Weet ik niet. Ik bel je wel, oké, liefje?'

'Probeer het niet te laat te maken.'

Terwijl Wenceslas ophing grijnsde Pope naar hem. 'Huiselijk geluk, hè?'

Wenceslas negeerde die opmerking. 'Smilealot, Ross Hunter heeft vanmiddag geen tweeënhalf uur zitten niksen in zijn auto in een parkeergarage in Elephant and Castle. Waar is hij heen gegaan?'

'Weet ik niet. Hij heeft ons afgeschud. Maar we hebben hem nu weer.' Pope knikte naar het computerscherm. Het blauwe stipje bewoog zich gestaag zuidwaarts over de M23 naar Brighton, momenteel langs de afslag van het vliegveld Gatwick.

'Dat zie ik.' Wenceslas wees met twee vingers naar zijn ogen. 'Ik heb deze dingen in mijn hoofd die de Heer me heeft gegeven... op hetzelfde moment dat Hij jouw hoofd vulde met zaagsel. Wat ik niet kan zien is wat Hunter in die tweeënhalf uur heeft gedaan.'

'Kan God je dat niet vertellen?'

Wesley Wenceslas loerde kwaad naar zijn managing director. 'Hoelang laat je je nog door die verslaggever in de luren leggen? Er zijn tijden dat ik denk dat je dit allemaal als één grote grap ziet. Als ik je nou eens ontsla, zou je dat grappig vinden?'

Smilealot keek hem aan en glimlachte zelfingenomen. Ze wisten allebei dat Wenceslas hem in nog geen miljoen jaar zou ontslaan. Zijn hele imperium zou instorten en in brand vliegen als Pope naar de pers stapte met een kast vol schandalen. 'Rustig, baas, dit is niet goed voor je bloeddruk.'

'Jíj bent niet goed voor mijn bloeddruk.'

'Wees blij! We volgen alles wat hij doet – zijn gesprekken, zijn bewegingen, zijn locatie – vierentwintig uur per dag. En we volgen de volgers. We weten dat hij íéts naar ATGC heeft gebracht, en deze keer als hij het gaat ophalen hebben we het te pakken voordat hij zelfs maar van de parkeerplaats af is.'

'Zo niet, dan ligt jouw kop op het hakblok.'

Pope schudde zijn hoofd. 'Nee, mijn kop ligt nooit op het blok. Bedreig me niet, Daar hou ik niet van. Ik denk dat ik een boek over woedebeheersing voor je moet kopen. Echt.'

'Lancelot, weet je wat altijd de bron van mijn woede is? Jij.'

'Jij projecteert je frustraties alleen maar op mij. *Het wijzende vingertje*. Het is een van de dingen waar je zelf tegen predikt, dominee. Tut, tut.'

'Ik kan je wel wurgen.'

'Gij zult niet doden; het zesde gebod.'

Wenceslas keek weer naar het scherm. 'Je snapt toch echt wel hoe serieus deze situatie is, hè?' vroeg hij.

Pope keek hem aan. 'In al je kwaadheid vergeet je iets, oké? Ik heb je zien preken voor een parochie van vijftig man in een roestig schuurtje in Tooting. Ik was net boventallig verklaard en ontdekte bij thuiskomst dat mijn partner naar Ibiza was vertrokken met een andere vent. Ik liep wat over straat en vroeg me af wat ik verdomme moest doen, toen ik jouw stem door de open deur hoorde.'

'De Heer heeft je bij me gebracht.'

'Nee, zo'n hekel had Hij nu ook weer niet aan me.'

Wenceslas had het fatsoen om te glimlachen.

'Ik hoorde je preek en dacht bij mezelf dat je potentie had. Ik zag de lyrische gezichten van je publiek.'

'Parochie,' corrigeerde Wenceslas hem.

'Het zal wel. Ik zag een zakelijke kans, oké? Zo simpel was het. Jouw skills als predikant en mijn zakeninstinct. En al die jaren later doen we het toch vrij goed, hè?'

'Maar nu staan we op de rand van de afgrond. Ross Hunter staat op het punt de Grote Bedrieger tegenover de wereld te ontmaskeren. Besef je wat dat betekent? Hij laat Satan op ons los!'

'Kom op,' zei Pope. 'Je hebt het niet tegen een van je goedgelovige volgelingen. Dat gelul geloof je zelf niet. Jij hebt veel grotere zorgen, nietwaar, ouwe oplichter?'

'Wie is de grootste oplichter?' kaatste Wenceslas terug. 'De mislukte accountant die zijn weg naar het fortuin zag door het manipuleren van een nederige predikant? Nou?'

'Of,' zei Pope, 'de nepgeestelijke die een manier ontdekte om aanbidding om te zetten in een imperium? En die nu doodsbang is dat de echte Heer op het punt staat terug te keren, of er misschien al is, en hem zal ontmaskeren? Dominee, je gedraagt je als een verwend kind. Dit is niet het moment om je speelgoed uit de kinderwagen te smijten. We moeten serieus zijn. Realistisch zijn.'

Even later knikte Wenceslas en leek hij wat rustiger. 'Je hebt gelijk.'

'Ik heb altijd gelijk.'

89

Woensdag 15 maart

Vijftig kilometer verderop, op de vierenveertigste verdieping van het KK-gebouw, staarden Ainsley Bloor en Julius Helmsley naar het rode puntje dat zich op het grote scherm zuidwaarts over de A23 bewoog, steeds dichter bij Brighton.

'Hunter heeft echt geen tweeënhalf uur in een parkeergarage in Vauxhall gezeten,' zei Bloor kwaad. 'Wat een stel klootzakken heb je ingehuurd. Hoe kan hij ze zo lang hebben afgeschud? En belangrijker nog, waar is Hunter geweest? Wat is daar in de buurt?'

'De South Bank?' zei Helmsley.

'O, tuurlijk. Wat heeft hij dan gedaan? Een theater bezocht om een toneelstuk te bekijken?'

'Ik denk het niet.'

'De Houses of Parliament? Of Lambeth Palace? Misschien is hij wel op bezoek geweest bij de aartsbisschop van Canterbury! En Zijne Heiligheid de Paus als hij toch bezig was.' Bloor snoof.

'Dat zou ik ook niet uitsluiten,' antwoordde Helmsley.

'Ha ha. Maar waarom is hij teruggegaan naar ATGC Forensics? Wat deed hij daar weer?'

'Daar kom ik wel achter.'

'Met dezelfde meedogenloze efficiency waarmee je erachter kwam wat die notaris in Birmingham aan Hunter zou geven?'

'Ik vlieg morgenochtend naar Monaco om het op te halen, Ainsley.'

'Terwijl de prijs met minstens nog een miljoen is verhoogd.'

'Peanuts. Echt peanuts vergeleken met wat het voor ons waard is.'

'Onze vriend in Monaco weet dat.'

'Hij is niet achterlijk. Hij weet ook dat het voor hem geen waarde heeft, dus hij zal een deal moeten sluiten. Laat het aan mij over.'

Bloor staarde naar het scherm. 'Waar is Hunter in die tussenliggende tweeënhalf uur geweest?'

'Bekijk het van de positieve kant. Hij is een man met een missie. Wat hij ook doet, uiteindelijk doet hij het voor ons. We moeten gewoon rustig blijven. En als het moment komt, springen we één stap op hem vooruit.'

'Maar op dit moment, Julius, lopen we twee stappen op hem achter.'

Helmsley glimlachte naar zijn CEO. 'Vergeet dat oude gezegde niet: "Het is altijd de tweede muis die de kaas bemachtigt."'

'Stinking Bishop-kaas?'

'Alle bisschoppen stinken.'

90

Woensdag 15 maart

Toen Ross zijn straat in reed zag hij Imogens auto voor hun huis staan. Ze was achteruit de oprit op gereden, waarschijnlijk zodat ze iedereen kon zien die aankwam.

Hij zette zijn auto naast de hare en stapte uit.

Ze opende haar portier en zwaaide haar benen naar buiten. Ze zag er vreselijk uit, met kringen onder haar ogen en haar haar in de war, en droeg een wijde trui en gekreukelde spijkerbroek. Ze keek hem bevreemd aan. 'Hoi,' zei ze.

In plaats van haar te omhelzen of zoenen knikte hij alleen en liep naar de voordeur. Hij deed hem open, en meteen kwam Monty aanrennen met een piepeendje in zijn bek; de hond negeerde hem en rende rechtstreeks door naar Imogen.

Terwijl zij neerknielde en Monty aaide pakte Ross de post van de mat en dumpte die zonder ernaar te kijken op tafel.

'Brave hond, je hebt een cadeautje voor me!' zei Imogen. 'Brave hond!'

Monty rende naar Ross toe, liet hem zo trots als een pauw de piepeend zien en kwispelde als een dolle. Vanuit zijn ooghoeken zag Ross Imogen snel door de post kijken.

Ze pakte een envelop, opende hem en haalde er een brief uit, maar maakte er meteen een prop van. 'Je koopt verdomme één keer ergens een jurk, en vijf jaar later vallen ze je nog steeds lastig met speciale aanbiedingen.'

'Je had ze je adres niet moeten geven,' zei Ross. 'Dat ben je niet verplicht, weet je.'

'We doen allemaal weleens dingen waar we niet toe verplicht zijn,' zei ze met broze stem. Ze liep naar de binnendeur naar de garage, maakte hem open en liep door. Ze keerde terug met een koffer en sloot de deur achter zich. 'Jij bent ook niet verplicht om samen met mij bij Ben en Virginia te komen logeren, maar het zou leuk zijn als je het toch deed.'

'Dit is ons huis.'

Ze keek naar de bekladde muren. 'Het voelt niet meer als ons huis, Ross. Het was ons toevluchtsoord, maar het is geschonden, het voelt vreselijk. Ik voel me hier niet meer veilig. Ik zal me pas weer veilig voelen als jij die hele toestand met Harry Cook vergeet.'

'Is dat waarom je die eng klinkende vent van het Vaticaan, Silvestri, mijn nummer had gegeven? In de hoop dat ik door de knieën zou gaan en hem alles zou geven wat ik heb?'

'Ross, we moeten van dit gevaar af. Laat het Vaticaan het overnemen. Zij zijn groot genoeg om hiermee om te gaan; jij niet.'

'Jij zei dat Silvestri aanbood om de voorwerpen te kopen als ik kan bewijzen dat ze echt zijn. Zo te horen doet hij nog geen onvoorwaardelijk aanbod.'

'Heb je in elk geval met hem gepraat, Ross?'

'Hij belde toen ik zat te lunchen. Ik zei dat hij moest terugbellen.'

'Normaal zit het je nooit dwars om te telefoneren als je zit te eten.'

'Ja, nou, Silvestri zat me wel dwars.'

Ze schudde haar hoofd. 'Jezus, ik geloof dit gewoon niet. Ons leven is in gevaar, vanuit het niets komt er een mogelijke oplossing, en jij wijst die af.'

'Ik wijs niks af, Imo.'

'Hoe staat het er dan voor met het bewijs?'

'Ik kom dichter bij... ik weet niet. Dichter bij het laatste stukje van de puzzel.'

'Dichterbij,' zei ze, heel irritant knikkend, zoals ze altijd deed als Ross iets zei wat ze niet geloofde. 'Als ze je lang genoeg laten leven.'

'Als wíé me lang genoeg laat leven?'

'Je weet waar ik het over heb, Ross. Je weet het heel goed. Het zou leuk zijn als je lang genoeg blijft leven om je zoon geboren te zien worden... en om mij te helpen hem groot te brengen.'

'Imo,' zei hij terwijl hij een stap naar haar toe deed. 'Luister, ik weet hoe dit allemaal op jou overkomt, en ik neem je niet kwalijk dat je de veiligheid opzoekt bij je zus totdat het voorbij is, maar ik denk dat je te heftig reageert. Ik weet dat je gestrest bent vanwege je zwangerschap –'

'Wat?' Ze schreeuwde het bijna, met fonkelende ogen. 'Kom niet met dat gelul aan. Ik probeer realistisch te zijn.'

'Ik ben ook realistisch, Imo. We hebben een enorme hypotheek op dit huis en jij zult de komende maanden geen inkomsten binnenbrengen.'

'Dus misschien, heel misschien, kan een deal met Silvestri al onze problemen tegelijkertijd oplossen: onze financiële en onze veiligheidsproblemen.'

'Best, dan stap ik toch naar Kerr Kluge en zeg dat we een veiling houden? Zij en het Vaticaan en wie er verder nog interesse heeft. We verpatsen het DNA van Christus aan de hoogste bieder. Is dat wat je wilt?'

'Ik wil me gewoon veilig voelen,' antwoordde ze. 'Ik wil gewoon dat alles weer wordt zoals het was, voordat je werd gebeld door die verrekte kerel.'

'Dat kan niet.'

'Nee, natuurlijk kan dat niet.' Ze pakte de koffer op. 'Niet nu jij de wereld moet redden.'

91

Woensdag 15 maart

Nadat Imogen was weggereden voelde Ross zich heel eenzaam. En uitgeput. En leeg.

Hij ging aan de keukentafel zitten en probeerde de bekladde muren te negeren. Alsof Monty zijn stemming aanvoelde kwam de hond naar hem toe en liet zich zuchtend naast hem op de vloer zakken.

Ross boog zich opzij en aaide hem. 'Weet je, Monty, je beseft het waarschijnlijk niet, maar je hebt het goed voor elkaar. Je krijgt eten en liefde, en het enige waar jij je druk om hoeft te maken is wanneer je volgende wandeling is. Toch?'

De hond zuchtte weer, jankte zachtjes en keek zijn baasje aan.

'Wil je nu gaan wandelen, is dat wat je bedoelt? Je hebt hier de hele dag liggen maffen en op botten liggen knagen en je verveelt je, hè? Oké! Ik denk dat we allebei wel wat frisse lucht kunnen gebruiken.'

Toen Ross opstond blafte Monty opgewonden.

Hij haalde de riem, trok zijn oude wandeljas aan en zette een honkbalpet op, stopte een paar plastic zakjes in zijn zak en greep een zaklantaarn. Het kostte meerdere pogingen om de riem aan Monty's halsband vast te maken, omdat het beest zo opgewonden was.

Ze stapten de vochtige duisternis in en Ross keek zorgvuldig om zich heen voordat hij de deur achter zich sloot. Hij ging linksaf en liep heuvelopwaarts, wachtend terwijl Monty aan bijna elke lantaarnpaal snuffelde en er vervolgens tegenaan plaste. Imogen had een keer grappend geopperd dat het misschien de hondenversie van e-mail was: de geur van andere honden oppikken en die van zichzelf achterlaten.

Boven aan de heuvel was een lang, smal parkje met bomen erlangs. Ross bukte zich en maakte de riem los. Meteen rende Monty opgewonden weg. Ross schrok van een stem met een buitenlands accent pal achter hem.

'Meneer Hunter?'

Hij draaide zich om, trok de zaklantaarn uit zijn zak, deed hem aan en richtte hem op de vreemde die vlakbij stond, met zijn handen in zijn zakken. Hij stond te dichtbij, en Ross ging een paar stappen achteruit. De man bleef staan.

Hij was in de veertig, gekleed in een duur ogende regenjas met ceintuur, knap en heel zelfverzekerd.

'Ja. Wie bent u?' vroeg Ross.

'Vergeef me dat ik uw avondwandeling verstoor, meneer Hunter. Ik ben Giuseppe Silvestri. We hebben elkaar eerder gesproken, weet u vast nog?'

Ross herkende zijn beschaafde Italiaanse accent. 'Ik dacht dat u zou bellen?'

'Mijn verontschuldigingen,' zei hij met zo veel charme en oprechtheid dat Ross bijna geloofde dat hij het meende.

Silvestri haalde een gehandschoende hand uit zijn zak en stak hem uit. Ross staarde er even naar en drukte hem toen met tegenzin, terwijl hij om zich heen keek op zoek naar Monty. Tot zijn opluchting zag hij een hondvormige schaduw verderop, snuffelend aan de grond, iets op het spoor.

De Italiaan stak een visitekaartje uit, Ross bescheen het met zijn zaklantaarn. Er stond een reliëf op van een goudkleurig wapen van gekruiste sleutels en een Latijnse tekst, en de naam *monseigneur Giuseppe Silvestri* met een titel eronder: *Speciaal afgevaardigde van het Vaticaan.*

'Komt het u gelegen om even te praten, meneer Hunter?'

'Waarover?'

'Misschien wilt u liever naar uw huis – of mijn auto – voor meer privacy?'

'Hier is prima.'

'Natuurlijk.' Hij hield zijn charmeoffensief gaande. 'Ik denk dat u wel weet waarom ik u wilde spreken?'

'Mijn vrouw was heel summier. Zou u bij het begin willen beginnen?'

Monty begon te blaffen. Een vrouw die Ross niet herkende als een van de vaste wandelaars hier was het park in gekomen met een schnauzer. Ze liep pal langs hen heen. Beide mannen zwegen even.

'Goedenavond!' zei de vrouw.

'Goedenavond,' antwoordde Ross.

Toen ze buiten gehoorsafstand was zei Silvestri: 'Er wordt veel gesproken over uw missie, meneer Hunter. Ontdekkingen die u hebt gedaan. Voorwerpen die van groot historisch belang zouden kunnen zijn. Maar die u en uw vrouw ook in groot gevaar kunnen brengen.'

'Is dat bedoeld als dreigement?'

'Begrijp me alstublieft niet verkeerd. Maar als wat u hebt datgene is wat ik hoor, dan moet u begrijpen dat de consequenties immens zijn, en extreem gevaarlijk. En niet alleen voor u en uw familie, meneer Hunter. Het is noodzakelijk dat u dat begrijpt.'

'Wie heeft u dit verteld, en wát is u precies verteld?'

De Italiaan glimlachte. 'Alstublieft, meneer Hunter. Zoiets belangrijks, geloof me, ik weet het. Er zijn heel veel mensen die het weten.'

'Hoe? Hoe weten ze dat?'

Het bleef een hele poos stil. Silvestri keek hem aan, nog steeds glimlachend. 'Meneer Hunter, dit soort ontdekkingen blijven nooit geheim.'

Ross werd even afgeleid door een voertuig dat langzaam door de straat reed. Hij keek opzij en zag dat het een politieauto was.

'Wooky! Wooky!' riep de hondenbezitster.

Hij draaide zich om en zag Monty stoeien met de kleinere hond.

'Wooky!' riep ze nog een keer bazig.

'Gaat u nou zeggen dat God het u heeft verteld?' vroeg Ross.

'U hebt zware hypotheeklasten, heb ik gehoord,' zei de Italiaan. 'En er zijn mensen in uw huis geweest die er nare dingen hebben geklad.'

'Wat heeft mijn vrouw u nog meer verteld?'

'Zij heeft me dit niet verteld, meneer Hunter. Ik ben gestuurd door een heel hoog gezag om u te helpen.'

'Tuurlijk, de paus zelf zeker?'

'Wooky!' De vrouw kwam naar hen toe lopen terwijl de honden bleven stoeien. 'Pardon, maar kunt u uw hond in bedwang houden?'

'Monty! Monty!' riep Ross. 'Monty!'

Het duurde even, maar de hond kwam naar hem toe rennen. Ross hurkte neer en deed hem zijn riem om.

'Misschien is het beter om dit gesprek ergens te voeren waar we meer privacy hebben?' opperde Silvestri.

Ross draaide zich om, trok zachtjes aan de riem en liep de heuvel af.

De Italiaan liep met hem mee. 'Begrijp alstublieft dat ik het goed met u voorheb en u niet wens te krenken. Ik wil u helpen, dat is alles.'

'Ik red me wel.'

'Nee, dat denk ik toch niet, meneer Hunter. Als wat u in uw bezit hebt echt een tand is van onze Heer Jezus Christus en de beker waaruit Hij dronk tijdens het Laatste Avondmaal – en waarin Zijn bloed werd gegoten terwijl Hij aan het kruis hing – dan heb ik het gezag om u een heleboel geld te betalen. Voldoende om niet alleen uw hypotheek af te lossen, maar om een rijk man van u te maken. Het zou discreet gebeuren, natuurlijk. De betaling kan worden gestort op een Zwitserse bankrekening. Niemand zou het ooit weten.'

'O ja? Als God u vertelt wat ik heb, waarom twijfelt u dan nog aan de herkomst ervan? En als u inderdaad twijfelt aan de herkomst ervan, waarom zou ik u dan geloven?'

'Ik zou graag wat meer willen weten. Een klein beetje meer informatie. En die voorwerpen zien, natuurlijk. Ze laten onderzoeken.'

'Uw religie is de rijkste ter wereld,' antwoordde Ross. 'De Katholieke Kerk heeft meer rijkdom dan alle Russische oligarchen bij elkaar. Bent u bang dat bewijs van God daar invloed op heeft? Dat uw religie voor al uw volgelingen niet langer de exclusieve doorgang zal zijn naar God?'

Silvestri glimlachte. 'Helemaal niet. Bewijs van God zou prachtig zijn. Maar God leren kennen is niet hetzelfde als God kénnen.'

'Dus je moet katholiek zijn, niet anglicaans of moslim of jood of sikh of hindoe, om God te kénnen?'

'Liefde, waarheid en schoonheid, dat zijn de dingen die nodig zijn om God te kennen,' antwoordde Silvestri rustig. 'De Wederkomst zal het moment zijn waarop niemand Gods bestaan nog kan ontkennen. Het zal onmiskenbaar zijn. Het ultieme bewijs van wie Jezus beweerde te zijn. Ultiem bewijs, denken wij, zou iedereen blij maken.'

'Zolang de Katholieke Kerk dat nieuws maar bezat en overbracht?'

'Nee, meneer Hunter, dat is helemaal niet wat ik zeg.'

'Waarom biedt u mijn vrouw en mij dan nu enorme sommen geld?'

Een paar honderd meter verderop, zag Ross, was de politiewagen gestopt naast een grote Mercedes-limousine met diplomatiek kenteken die voor zijn huis geparkeerd stond. Op de stoep was een vrouwelijke agent met de bestuurder in gesprek.

'Uw auto?' vroeg Ross aan de man.

'Ja.'

Toen Ross de agente naderde, zei hij: 'Goedenavond. Ik ben Ross Hunter.'

'Is alles goed?' vroeg ze.

'Niet echt, nee.' Hij knikte naar de Italiaan. 'Ik word lastiggevallen.'

'Is dit uw auto, meneer?' vroeg ze aan Silvestri.

'Dat klopt, ja.'

'U hebt gehoord wat die meneer zei.' Ze keek hem beleefd maar streng aan.

De Italiaan opende het achterportier en stapte in. Kijkend naar Ross zei hij op dezelfde beleefde en charmante toon: 'Meneer Hunter, u hebt mijn kaartje. Ik ben van mening dat we ons gesprek moeten voortzetten.'

Terwijl de auto wegreed wendde Ross zich tot de agente. 'Dank u.'

'We hebben dienst tot halftwaalf vanavond,' zei ze. 'Als u zich ergens zorgen om maakt, bel dan alstublieft meteen het alarmnummer. Ik zal ervoor zorgen dat de volgende ploeg ook op de hoogte is.'

Ross bedankte haar nog eens en ging naar binnen. Hij maakte Monty's riem los, en de hond schoot via de keuken rechtstreeks naar buiten door het kletterende hondenluik naar de tuin. Ross keek naar de bekladde muren met de spelfout erin.

ROSS HUNTER, VRIEND VAN DE ANTICHRIST

IMOGEN HUNTER, AANTSTAANDE MOEDER VAN DE ANTICHRIST

Hij liep naar de keuken, maakte een espresso voor zichzelf, belde Imogens nummer en ging aan tafel zitten.

Ze nam bijna meteen op. 'Hoi, alles goed?'

'Niet echt. Zeg? Die Italiaanse engerd die gisteren naar je toe kwam, Giuseppe Silvestri?'

'Hij was geen engerd, ik vond hem heel charmant.'

'Tuurlijk. Ik had genoeg olie van zijn gezicht en haar kunnen schrapen om er een ei in te bakken. Wat heb je hem verteld over onze financiële toestand? Over het vandalisme in ons huis?'

'Niks, Ross, eerlijk. Hij leek het gewoon te weten van onze financiën, dat we er niet zo best voor staan. Zei je dat hij het ook had over het vandalisme in ons huis?'

'Ja.'

'Ross, daar kan ik niks over hebben gezegd, want dat wist ik toen nog niet. Ik was nog niet thuis geweest.'

Ross vroeg zich ineens af of hun huis werd afgeluisterd. Hij doorzocht de woning anderhalf uur lang van boven tot onder, maar vond niets.

92

Woensdag 15 maart

Een poosje bleef hij heel stil in de keuken zitten, aangeslagen. De implicaties begonnen tot hem door te dringen. Hij belde Imogen weer.

'Misschien heeft hij het van de politie gehoord. Misschien heeft hij daar een contactpersoon en heeft die het gezegd?' opperde ze.

Ross antwoordde niet. Hij dacht na. Was Silvestri verantwoordelijk geweest voor het vandalisme? Als onderdeel van zijn intimidatietactieken?

'Luister, Ross, waarom kom je niet hierheen? Het kan toch niet fijn zijn om daar te zitten met al die verschrikkelijke teksten op de muren? Er is hier een leuke pub in de buurt, de Cat, daar kunnen we gaan eten.'

'Ik moet wat dingen doen,' zei hij, zich ervan bewust dat hij afstandelijk klonk. Omdat hij een afstand vóélde.

'Ben is op zakenreis, dus je kunt zijn kantoor gebruiken.'

'Ik heb hier veel te veel te doen, en daarnaast komen de schilders om een offerte te maken.'

'Zal de verzekering alles dekken?'

'Weet ik niet. Ik hoop het.'

'Heb je ze nog niet gesproken?'

'Nee,' zei hij; haar stem irriteerde hem. 'Dat doe ik morgen. En ik heb je al verteld, de elektricien komt de camera's repareren.'

Hij hing op.

Silvestri.

Er zijn mensen in uw huis geweest die er nare dingen hebben geklad.

Silvestri's mensen?

Hij dronk zijn koffie op, haalde een vispastei uit de vriezer, las de instructies op de verpakking en zette hem in de magnetron. Toen zag hij het knipperende lampje op het antwoordapparaat van hun vaste lijn. Eén nieuw bericht. Hij speelde het af.

'Hallo, u spreekt met rechercheur Harris in Brighton. Ik bel naar aanleiding van het gemelde vandalisme in uw huis. Kan meneer Hunter terugbellen om een afspraak te maken, of met een van mijn collega's als ik er niet ben, met verwijzing naar het volgende dossiernummer?'

Ross noteerde het telefoonnummer en dossiernummer, en toen ging hij naar zijn werkkamer.

Er was een e-mail van Jolene bij ATGC.

Hallo, meneer Hunter, we hebben resultaten voor u van de ESDA op uw document. Ben hier morgen de hele dag.

Hij dacht even na en kreeg een idee. Hij mailde haar terug met de vraag of ze het resultaat en de manuscriptpagina met een koerier naar zijn notaris in Brighton kon sturen.

Toen werd zijn blik gevangen door de opgevouwen bladzijde die hij uit *The Times* had gescheurd.

PREDIKANT WAARSCHUWT: PAS OP VOOR DE GROTE BEDRIEGER

Hij voerde de link naar Wesley Wenceslas' YouTube-kanaal in Google in en wachtte.

Er verscheen een witte Boeing, getooid met een logo van een gevleugelde vis en een kruis. Daarboven stonden de woorden: BID VOOR EEN AIRMILE. HELP ONZE PREDIKANT WESLEY WENCESLAS VOOR U MET GOD COMMUNICEREN EN HET EVANGELIE VERDER OVER DE WERELD TE VERSPREIDEN. ALLE CREDITCARDS WELKOM.

Toen verscheen de predikant zelf. Samen met de tekst: BID VOOR PREDIKANT WESLEY WENCESLAS. HELP HEM VOOR U TE BIDDEN!

Het beeld van het vliegtuig werd vervangen door dominee Wesley Wenceslas in een duur pak met een witte boord. Met een microfoon in zijn hand liep hij heen en weer voor een enorme parochie. Achter hem hing een zes meter hoog verlicht kruis, er zat een orkest en er was een verblindende lichtinstallatie opgesteld.

Hij sprak zachtjes en oprecht. Zijn volgelingen waren stil, gebiologeerd. De camera zoomde in op gezichten. Allemaal knikten ze alsof de predikant tot ieder van hen persoonlijk sprak.

'Hoe belangrijk is je ziel voor je? Denk je daar weleens over na?'

Hij zweeg even om dat te laten inzinken. 'Ik wil vanavond met jullie praten over de man die hierheen kwam om jullie te redden. Zijn naam is Jezus. Jezus Christus, die is gekruisigd, gestorven en begraven. En op de derde dag stond Hij weer op. Hij stond op, klaar om terug te komen en jullie te redden. En als Hij terugkomt, zal Hij jou dan redden? Waar denk je dat Hij terug zal komen? In een van de grote christelijke steden? Of eerst op een plek die gered moet worden? Jullie zijn allemaal hier omdat jullie in Jezus geloven.'

Er klonk een refrein van kreten uit de zaal: 'Halleluja!'

Hij knikte met een nederige, vrome uitdrukking op zijn gezicht. 'Lees het Boek van de Heer, Matteüs 24. Hij vertelt ons wat we kunnen verwachten voordat Jezus terugkomt.' Hij dempte zijn stem en richtte een smekende blik op zijn parochie. 'Hij zei dat we problemen moeten verwachten. Grote beproevingen. Jezus is eerlijk, Hij heeft ons de waarheid verteld over de toekomst, Hij heeft niets verborgen.'

Toen verstrengelde Wenceslas zijn handen en hief zijn hoofd. 'Dank u, Jezus, omdat u eerlijk bent.'

Hij zweeg even terwijl er nog meer kreten van 'Halleluja' opgingen.

Hij glimlachte en liep een stukje naar voren over het podium, dichter naar zijn volgelingen toe. 'Luister, ik zal jullie de waarheid vertellen. Er staan ons allemaal grote problemen te wachten totdat Jezus terugkomt. Er is niets zonder lijden, geen kroon zonder het Kruis. Er komen problemen aan. Matteüs 24 heeft een helder beeld geschetst, toen de discipelen vroegen wat de tekenen van Zijn Komst zouden zijn. Hij gaf vier duidelijke tekenen, en een waarschuwing over misleiding. Weten jullie nog wat de tekenen zijn? Het eerste: jullie zullen rampen in de wereld zien. Aardbevingen, oorlogen, hongersnood.' Hij zweeg weer even, spreidde zijn armen en ging zachtjes door. 'Maak je geen zorgen: dat zijn geen doodsstuipen, het zijn geboortestuipen! Als niet-christenen zeggen dat ze niet weten waar het met de wereld heen gaat, zeggen de christenen als één: Wij wel!'

Ross keek toe, kwaad om de manier waarop die man zijn publiek manipuleerde en wachtend tot hij weer om geld zou gaan vragen.

'Er zullen valse messiassen komen die beweren de Verlosser te zijn. Daniël schreef over de *verwoestende gruwel*. Er komt een man in voor die denkt dat hij God is, die opstaat. Hij is wetteloos, belooft vrede en veiligheid. Maar hij is het Beest. Een heel gevaarlijke figuur. Een politieke dictator. Gelukkig zal zijn bewind kort zijn.'

Hij zweeg weer even, te midden van steeds luider geroep van 'Halleluja!'

'In Openbaring kun je lezen over de vier ruiters van de Apocalyps. De eerste is wit, ten teken van militaire agressie. De tweede is rood, voor bloedvergieten. De derde is zwart, voor hongersnood. De vierde is bleek, voor pestilentie. In plaats van Vader, Zoon en Heilige Geest krijgt u Satan, Antichrist en Valse Profeet voorgeschoteld. Ik vertel u, het is allemaal voorspeld in de Bijbel. Elke voorspelling in de Bijbel tot nu toe is uitgekomen. Maar als ware christenen kunnen jullie worden gered!'

Hij draaide zich weer om naar het altaar, knielde neer en hief zijn handen in een smekend gebed. Toen stond hij op en sprak zijn publiek weer toe. 'Op een dag, binnenkort, zullen jullie naar de lucht kijken en zien dat de zon, de maan en de sterren zijn uitgedoofd. Klaarlichte dag zal veranderen in middernacht. God doet het licht in huis uit. Maar dan! Dan komt er een plotseling, verblindend licht. Het doek gaat op, en je ziet Jezus en stralende engelen!'

Honderden mensen riepen tegelijkertijd: 'Halleluja!'

Hij rende het podium af alsof er aan hem werd getrokken door een onzichtbare kracht. Op het grote scherm verscheen de tekst: DONEER NU OM GERED TE WORDEN. DONATIEBOXEN BIJ DE UITGANG. BEZOEK MIJN WEBSITE VOOR WONDERENPRIJSLIJST. ALLE CREDITCARDS WELKOM.

Daarna verscheen de video van de Boeing 737 weer.

BID VOOR EEN AIRMILE!

Ross sloot ziedend de pagina af. Beseften ze niet wat een bedrieger hij was? Wat konden mensen toch stom zijn. Hij had al eens eerder geprobeerd Wenceslas te ontmaskeren, maar dat had duidelijk niet veel effect gehad.

Hij keek weer naar het *Times*-artikel over dominee Wesley Wenceslas. Hij stond er versteld van hoe mensen zich door hem lieten inpakken. Maar toen dacht hij: misschien op dezelfde manier als hij zelf door Cook was ingepakt?

Hij schrok van het piepje van een binnenkomend berichtje en pakte zijn telefoon. Het was van Sally Hughes.

Hoi Ross. Hoe gaat het? XX

Vanaf het moment dat Imogen en hij iets met elkaar hadden gekregen kon hij oprecht zeggen dat hij nooit was vreemdgegaan of zelfs maar, zoals sommige van zijn vrienden het bot verwoordden, had gekeken wat er nog meer te koop was. Maar deze radiopresentatrice had iets, moest hij toegeven, wat hij steeds aantrekkelijker vond. Daarnaast wilde hij graag weten waar ze mogelijk mee bezig was.

Hij stuurde een behoedzame reactie.

Ik voel me een beetje zoals in die oude Chinese vloek: 'Moge je in interessante tijden leven.' X

Even later antwoordde ze al.

O? Vertel? XX

Hij typte:

Een beetje te veel voor in een sms. Een keer koffie of een borrel drinken? X

Zij antwoordde:

> Moet morgen naar Brighton. Doe onderzoek naar hoeveel schrijvers er in jouw stad wonen. Als je tijd hebt? Cafeïne vs alcohol? Alcohol wint het bij mij altijd! XX

Hij fronste zijn voorhoofd. Had ze niet gezegd dat ze deze week ging skiën? Was er een sinisterder reden voor dit bezoek? Iets wat te maken had met Harry Cook en haar oom?

> Je stijl bevalt me wel. Bel maar als je in de stad bent. X

93

Donderdag 16 maart

Het was nog donker toen Ainsley Bloor in joggingoutfit de droge, milde ochtend in stapte. Hij deed wat rekoefeningen, schakelde zijn hoofdlamp in en begon aan zijn route over het kronkelende sintelpad dat hij een paar jaar eerder langs de randen van zijn landgoed had laten aanleggen.

'Grenzen verleggen', noemde hij deze ochtendronden graag. Er waren rode en roze strepen in de lucht te zien. Geen nevel of mist. Mooi. Zijn helikopter kon hem naar kantoor brengen en op het dak van het KK-gebouw landen, zodat hij er minstens veertig minuten eerder zou zijn dan over de weg.

Terwijl hij door het hertenpark rende dacht hij na over Ross Hunter. Wat moest hij verdomme met hem aan? Hoe konden ze van hem krijgen wat ze wilden? Hij jogde om het grote meer heen en rende de laatste halve kilometer voluit. Hijgend en zwetend kwam hij aan bij de oranjerie, waar het licht de hele nacht aan bleef. Er begon een idee bij hem op te komen.

Hij ging naar binnen, liep langs de zes apenkooien en keek bij elk ervan even naar binnen. Zoals verwacht hadden de eerste vijf kapucijnaapjes nog steeds niets geproduceerd, maar het leek erop dat er een paar pagina's in de opvangbak van zijn grote ster lagen.

De aap keek vanaf een hoge tak argwanend naar Bloor toen hij binnenkwam, naar de printer liep en het deksel van de opvangbak opende. 'Ben je geniaal geweest, Boris?' vroeg hij. 'Laten we eens kijken hoe geniaal, hè?'

De aap bleef stil zitten terwijl Bloor de uitdraai bekeek.

Bloor verstilde ook. Alle bladzijden waren bedekt met één herhaald woord: *het het het het het het het het het het het het het het het het...*

Alle acht pagina's.

'Tut tut tut!' zei hij. 'Boris! Ik wil iets beters dan dit!'

De aap sprong krijsend van de tak naar de trapeze.

Bloor vouwde de pagina's op en nam ze mee naar het huis, geërgerd en diep teleurgesteld. Hij liep door naar het binnenzwembad, kleedde zich om, zette een chloorbrilletje op en begon aan zijn dagelijkse twintig minuten zwemmen. Terwijl hij baantje na baantje crawlde gingen zijn gedachten alle kanten op. Hij zette Ross Hunter even van zich af en dacht na over Boris.

het het het het het het het het het het het het het het het het...

Uit angst om uitgelachen te worden had hij dit experiment helemaal stilgehouden. Slechts een paar van zijn collega's wisten ervan, en thuis maar één vertrouwd staflid: zijn chef-hovenier. Elke dag maakte de man de kooien schoon en vulde het voer van de apen bij. Bloors vrouw Cilla vond het experiment maar idioot.

Misschien had ze gelijk.

Maar zij had nooit Richard Dawkins gelezen, behalve *God als misvatting*. Bloors inspiratie voor dit experiment was *De blinde horlogemaker* geweest. Dawkins had beter dan wie ook aangetoond hoe de evolutie plaatsvond over miljoenen – miljarden – jaren. Hoe het menselijk oog zich dankzij evolutie had ontwikkeld vanuit één enkele cel.

Filosoof Antony Flew, ooit de meest beruchte atheïst ter wereld, was voor zover Bloor wist de laatste beroemde figuur die serieus belangstelling had getoond voor het experiment met de aap en de typemachine. Dat was op een rampzalige mislukking uitgelopen, en het had bijgedragen aan Flews bekering tot het geloof in een intelligent ontwerp.

En nu stevende zijn eigen experiment, hoewel het pas zes maanden liep, ook op een mislukking af.

het het het het het het het het het het het het het het het het...

Had hij het beloningenstelsel verkeerd aangepakt? Was het gewoon toeval, omdat de toetsen dicht bij elkaar zaten en Boris het patroon leuk vond? Of was er iets anders gaande in de hersenen van de aap?

En hoe veranderde hij de instelling van dat beest? Grotere beloningen voor andere woorden? Maar dan zou het niet meer willekeurig zijn.

Bloor parkeerde dat even, want momenteel had hij een groter probleem aan zijn hoofd. En grotere beloningen. Het apenexperiment was zijn persoonlijke belang. Ross Hunter was de toekomst van zijn bedrijf.

Hij richtte zijn aandacht op de directievergadering die over een paar uur zou plaatsvinden. Er moest een belangrijke beslissing worden genomen.

94

Donderdag 16 maart

Omdat hij niet goed kon slapen stond Ross rond halfzeven 's morgens op en ging hij met Monty wandelen. Terwijl het licht werd stak hij de voetgangersbrug over de A27 over, controleerde of er geen schapen liepen, maakte de riem los en liet de hond over de weilanden rennen.

Met zijn handen in de zakken van zijn aftandse Barbour liep hij langzaam door en probeerde alles op een rijtje te zetten. Er waren zo veel dingen af te wegen, maar veel ervan hing af van het resultaat dat ATGC voor hem had. Dat moest hij eerst zien, en daarna kon hij een besluit nemen.

Weer thuis keek hij naar het *Breakfast*-journaal van acht uur, douchte en maakte ontbijt voor zichzelf en Monty. Er was geen berichtje van Imogen, dus stuurde hij haar er een.

Hoop dat alles met jou oké is. X

Hij bladerde door de kranten terwijl Monty zijn eten opschrokte, waarbij zijn hondenpenning tegen de rand van zijn bak kletterde.

Zodra hij zijn muesli ophad, haastte Ross zich naar boven. Hij belde het nummer dat rechercheur Harris had ingesproken en maakte een afspraak voor halfelf vanochtend. Daarna keek hij snel even op Twitter. Niets nieuws. Hij had nog steeds hetzelfde aantal volgers als de vorige keer: 7.865. Hij bekeek Instagram op zijn telefoon en besefte dat het meer dan een maand geleden was dat hij daar voor het laatst iets had geplaatst. De foto die Imogen van hem had gemaakt toen hij probeerde de zondagskrant te lezen terwijl Monty zijn kop ertussen duwde stond er nog steeds, met het onderschrift *Speurneus?* Hij had zevenenveertig likes.

De bel ging. Het was de elektricien die de kapotte camera's kwam vervangen. Ross maakte een beker thee voor hem en een kop sterke koffie voor zichzelf en ging naar boven.

Er was net een e-mail van Jolene binnengekomen. Een koerier zou geen probleem zijn, meldde ze. Kon hij haar bellen om de betaling te regelen?

Denkend aan de mogelijkheid dat zijn vaste lijn en eigen telefoon werden afgeluisterd stuurde hij haar een berichtje op een van zijn prepaid toestellen, gaf haar het adres van zijn notaris en vroeg haar de creditcardgegevens te gebruiken die ze al van hem had.

Daarna stuurde hij een berichtje naar zijn notaris over de verwachte levering. Hij vroeg hem een kopie te maken van wat er binnenkwam, de kopie in dezelfde kluis te stoppen als het manuscript en het origineel dan zo snel mogelijk met een koerier naar zijn privéadres te sturen.

Hij bekeek de mails van afgelopen nacht, gooide de overduidelijke spam weg en zag er toen een van Natalie bij *The Sunday Times*.

Hallo, vreemdeling. Komt dat grote verhaal waarvan je zei dat je eraan werkte misschien nog deze eeuw?

Hij stond op en keek naar buiten. Er stond een busje van een aannemer aan de overkant, met een trailer erachter waar ze steigerpijpen van aan het lossen waren. Verder zag hij geen onbekende voertuigen. Hij ging weer zitten.

Het grote verhaal.

Hoe stond het daar eigenlijk mee? Wat zou deze dag brengen?

Wanneer het pakje van zijn notaris aankwam wist hij misschien heel wat meer.

Hij overpeinsde enkele van zijn gesprekken van de afgelopen dagen: met Stuart Ivens van MI5 bij het wegrestaurant, met de aartsbisschop van Canterbury, en gisteravond met de Italiaan Giuseppe Silvestri.

Die man zat hem dwars. Er zat iets heel sinisters onder zijn charme.

Speciaal afgevaardigde van het Vaticaan.

Wat betekende dat nu echt? Trawant van de paus?

Toen hij journalistiek studeerde in Londen hadden veel van zijn medestudenten gedroomd van *het grote verhaal*. Een van de hoogleraren daar die hij graag had gemogen, Jim Coheny, was een ontspannen vent met een indrukwekkende staat van dienst geweest. Op een nogal dronken avond in een pub had Coheny hem verteld dat er elke dag een miljoen onderwerpen waren om over te schrijven. Maar een echt groot verhaal kwam maar eens in de tien jaar of misschien zelfs maar eens in je leven voorbij. Het zou niet altijd meteen duidelijk zijn. Intuïtie, vasthoudendheid, doorzettingsvermogen, geloof in jezelf en alles op alles zetten; dat was nodig om zo'n verhaal binnen te slepen, had Coheny hem verteld. Coheny citeerde de droom van elke verslaggever, het exclusieve verhaal van Woodward en Bernstein in 1972, waarmee het Watergate-schandaal was onthuld en de Amerikaanse president Richard Nixon ten val was gebracht.

Toen had Coheny hem in de ogen gekeken. 'Als zo'n kans zich ooit bij je aandient, Ross, wat het ook kost, grijp hem dan. Dat zal jouw kans zijn op je dag in de zon. Je zult het in je hart weten als het komt. Het kan het verschil betekenen tussen op een dag je eigen column hebben in *The Times* of de *Guardian*, of je carrière eindigen met schrijven over braderieën en vermiste honden voor een provinciaal krantje dat op zijn laatste benen loopt. Jij hebt het, jongen. Jij hebt de kloten ervoor. Ik voel het aan. Stel me niet teleur.' Hij had zijn bierglas neergezet en tegen zijn oren getikt. 'Luister.' Toen wees hij naar zijn ogen. 'Kijk.' Toen hief hij zijn armen, kromde zijn vingers tot klauwen en siste: 'Val aan!'

Ross zou nu wel met Coheny willen praten, zijn advies inwinnen over wat hij moest doen, maar de verslaggever was vijf jaar geleden omgekomen toen hij in Syrië aan een artikel over IS werkte. Zijn *grote verhaal*?

Denken aan Coheny herinnerde hem aan de woorden van zijn grootvader vlak voordat die overleed, toen hij zei dat Ross nooit bang moest zijn om de juiste keus te maken.

Maar hij voelde zich gedeprimeerd. En in een vreemde situatie. Alleen.

Imogen was gevlucht en hun huis was overhoopgehaald. Hun financiën stonden er slecht voor. De redacteur van *The Sunday Times* begon duidelijk haar geduld te verliezen. De gebeurtenissen van de afgelopen weken waren traumatiserend geweest en hij besefte dat hij eigenlijk banger zou moeten zijn. Maar dat was hij niet. Misschien was hij te moe om helder na te denken? Werkte hij alleen maar op de automatische piloot?

Moest hij Silvestri bellen en onderhandelen?

En dan? Weglopen met financiële zekerheid?

Zou hij daar ooit mee kunnen leven?

Leven met de herinnering aan de smekende ogen van Harry Cook, nog maar een paar weken geleden? En de wetenschap dat hij mogelijk iets van echte waarde had kunnen doen voor de mensheid, maar in plaats daarvan het geld had aangenomen en ervandoor was gegaan? En hoe ver kon je eigenlijk wegrennen in een wereld die uit elkaar viel?

Hij dacht weer aan Coheny's woorden.

Intuïtie, vasthoudendheid, doorzettingsvermogen, geloof in jezelf en alles op alles zetten.

Het *grote verhaal*. Imogen wist van zijn droom en had hem altijd gesteund... tot aan de inbraak.

Zijn mobiele telefoon ging.

'Ross Hunter,' meldde hij zich.

'Hoe ziet jouw dag eruit?' vroeg een montere vrouwenstem die hij meteen herkende.

'Ben je er al, Sally?'

'Met de trein gekomen.'

'Heb je lunchplannen?'

'Niks wat ik niet kan verzetten voor de man die bewijs heeft van God.'

Hij glimlachte, meteen opgevrolijkt. 'Wat eet je het liefst?'

'Bekeerde christenen. Bij voorkeur gegrild.'

'Vissige?'

'Vis is goed. Heel christelijk.'

Hij sprak met haar af bij English's restaurant om één uur die middag. Zodra hij had opgehangen belde hij daarheen en reserveerde een tafel.

95

Donderdag 16 maart

De directeuren van Kerr Kluge hadden zich verzameld in de vergaderkamer op de bovenste verdieping. Ze hadden ieder een kopie van het document, gedownload van de USB-stick die Julius Helmsley uiteindelijk van zijn contactpersoon in Monaco had verkregen.

Ainsley Bloor las de coördinaten die erop stonden.

34°4'56.42"N 118°22'56.52"W

Op het computerscherm aan de muur was een stratenkaart te zien van West Hollywood, Los Angeles.

'Mooi werk, Julius,' zei Bloor met een stem waar de bitterheid vanaf droop. 'Weet je wel hoe groot dat gebied is? Wil je er nog iets aan toevoegen?'

'Dit is wat die notaris in Birmingham, Anholt-Sperry, in zijn dossier had, waarschijnlijk om aan Ross Hunter te geven,' antwoordde Helmsley.

'Maar kun je het zoekgebied niet verkleinen? Waar zoeken we naar?'

'We weten één ding, Ainsley,' zei Helmsley. 'Hiermee dwarsbomen we Hunter.'

Bloor staarde hem aan. 'Tot nu toe hebben we niet in handen weten te krijgen waar Ross Hunter achteraan zat in Chalice Well. We hebben niet in handen gekregen waar hij achteraan zat in Egypte. Nu hebben we weer iets waar hij achteraan zit, maar we weten niet wat het is, hè? Een kaart zonder sleutel.'

'Misschien heeft Hunter de sleutel, maar niet de kaart?' opperde Alan Gittings, hun hoofd Research & Development.

'Heeft iemand er al eens aan gedacht dat we dit misschien verkeerd aanpakken?' zei Ron Mason, de directeur die Bloor het meest vertrouwde in zijn team.

'In welk opzicht, Ron?' vroeg Julius Helmsley.

Mason legde een uitdraai voor hem neer. 'Dit is Ross Hunters huidige financiële situatie. Lees maar eens.'

Helmsley bekeek het document. 'Een hypotheek van vierhonderdvijftigduizend pond, en hij heeft zijn bank om tijdelijk uitstel gevraagd. Hij heeft zijn roodstandlimiet van tienduizend al bijna bereikt. Achthonderd pond krediet over op zijn AmEx-creditcard. Vijftienhonderd op zijn Visa.'

'Wat vertelt ons dat?' spoorde Mason hem aan.

'Zoals we al wisten heeft hij geld nodig. Dringend,' antwoordde Helmsley.

Bloor glimlachte. 'Wat is ons bedrijfsmotto, Julius?'

'*The company that cares.*'

'Nou, ga met hem praten. Bied aan zijn hypotheek en zijn creditcards af te betalen, en doe er een leuk extraatje bij; veel meer dan zijn krant hem ooit zou betalen.' Bloor glimlachte zijn onberispelijk witte tanden bloot. 'Laat zien dat we om hem geven.'

96

Donderdag 16 maart

Rechercheur Mike Harris was vol shock en medeleven toen hij de muren van hun huis zag. Hij had van zijn collega Alex Call gehoord dat er geen nieuw bewijs was gevonden en vroeg Ross wat hij dacht dat hier de aanleiding voor kon zijn geweest.

Vanwege zijn angst voor afluisteren nam Ross Harris mee naar buiten en vertelde hem de waarheid over Harry Cooks eerste telefoontje en bezoek en wat hij in Cooks huis had gevonden, en hij gaf hem de naam van de hoofdrechercheur in Birmingham, Martin Starr. Hij vertelde hem ook wat hij wist over Robert Anholt-Sperry's dood. Harris zei dat hij contact met hoofdrechercheur Starr zou opnemen.

Vlak nadat de rechercheur was vertrokken arriveerde de envelop van zijn notaris.

Ross opende hem in de keuken en vond de gegevens die waren bovengehaald door ATGC. Op een wit vel papier stonden handgeschreven coördinaten:

34°4'56.42"N 118°22'56.52"W

Hij ging naar zijn werkkamer, opende Google Earth en voerde de coördinaten in. Even later zoomde het beeld in op een deel van West Hollywood. De kruising van Fairfax en Melrose. Waren die coördinaten opzettelijk vaag, vroeg hij zich af, net zoals voor Chalice Well, zodat ze hem in de richting wezen, maar nog niet de exacte plek aangaven?

Hij ging naar Streetview en keek rond. Hij zag een klein winkelcentrum, de Fairfax Farmers Market, een tandtechnicus, een benzinepomp, een groot complex van gebouwen en open ruimte, de Fairfax High School, cafés, bars, winkels en een sjofel blauw schuurachtig gebouw met daarop een geel bord met de tekst: CENTERFOLD NEWS STAND.

Waar moest hij naar zoeken? Dit zag er nou niet meteen uit als een buurt waar een wereldschokkende gebeurtenis zou plaatsvinden. Maar dat had je waarschijnlijk ook kunnen zeggen van een stal in Bethlehem.

Hij stopte en dacht aan Anholt-Sperry's woorden.

Kom weer bij me als u hebt gevonden wat er op het tweede stel coördinaten ligt. Dan zult u het zeker weten... Met het derde stel zult u de locatie vinden voor de Wederkomst van Christus Zelf.

Hij voelde een plotselinge steek van opwinding. Een idee dat zou kunnen lukken. Hoopte hij.

Hij zocht Jolene Thomas' nummer op, ging naar buiten en belde het met een van zijn prepaid toestellen. Ze nam snel op.

Hij maakte zich bekend.

'Hallo, meneer Hunter!' zei ze vrolijk. 'Zijn uw documenten veilig aangekomen?'

'Ja, dank je,' zei hij. 'Ik vroeg me af of je me nog ergens bij kon helpen.'

'Ik zal het proberen!'

'DNA-databases. Zijn er afzonderlijke nationale en internationale databases voor standaard-DNA, mitochondrisch DNA en Y-STR-DNA?'

'Ja, die zijn er zeker. Veruit de meest uitgebreide zijn de databases met standaard-DNA – er is nu zo'n beetje een wereldwijde dekking tussen politiekorpsen – onderworpen aan de privacyregels van bepaalde landen en bepaalde staten in de VS. Mitochondrische databases zijn minder wijdverbreid. De Y-STR is zeg maar de nieuweling; daarvan zijn momenteel nog de minste databases. Dat zal wel veranderen, maar het zal nog een paar jaar duren voordat die het standaard-DNA hebben ingehaald.'

'Gewoon even zodat ik het absoluut zeker weet: standaard-DNA is verschillend voor elk mens?'

'Correct, behalve bij eeneiige tweelingen en in sommige gevallen eeneiige drielingen.'

'En mitochondrisch is het vrouwelijke DNA, dat onveranderd via de vrouwelijke lijn wordt doorgegeven?'

'Ja.'

'Generaties lang, toch?'

'Ja, van moeder op dochter op kleindochter, eindeloos, totaal onveranderd.'

'En Y-STR doet hetzelfde, maar dan via de mannelijke lijn?'

'Ja, zolang die mannelijke lijn doorgaat. Het heeft veel waarde bij vaderschapstesten en genealogie. Maar je moet je ervan bewust zijn dat er soms mutaties optreden, en hoe langer de lijn is, hoe meer kans daarop bestaat.'

'Hoe groot is die kans?'

'Vrij klein.'

'Klein genoeg om onwaarschijnlijk te zijn?'

'Ja, zeer. Maar je moet de mogelijkheid altijd in gedachten houden.'

Ross maakte snel aantekeningen. 'Je zei dat er nog niet zo veel Y-STR-DNA-databases zijn.'

'Correct.'

'Waar zijn de grootste databases?'

'Voor Y-STR?'

'Ja.'

'Er zijn er nu een paar in Engeland, en het worden er meer. Een aantal in Europa. De Republiek Tsjechië is om de een of andere reden heel progressief op dat gebied.'

'En Amerika?' vroeg hij.

'Ja, daar zijn er behoorlijk wat. New York State, Illinois, Florida; de grootste is in het zuiden van Californië.'

'Zuid-Californië?'

'Ja.'

'Weet je of ze daar een net zo grote mitochondrische database hebben?'

'Ja, die hebben ze. In feite is die op het moment nog veel groter dan hun Y-STR.'

'Kan iedereen toegang krijgen tot die databases? Ik, bijvoorbeeld?' vroeg hij.

'Nee, ze zijn allemaal strikt afgeschermd. Hier in Engeland vallen ze onder de wet op de gegevensbescherming. Ik zou je bijvoorbeeld niet eens je eigen DNA kunnen geven als het in een database zat. Overzee hangt het af van de wetten in de afzonderlijke landen of Amerikaanse staten. Op sommige plekken kunnen politiekorpsen er vrij toegang toe krijgen, in andere hebben ze een gerechtelijk bevel nodig.'

Terwijl Ross Jolene bedankte en het gesprek beëindigde gonsde de opwinding door hem heen.

Zuid-Californië.

Los Angeles lag in Zuid-Californië.

97

Donderdag 16 maart

Ross bekeek de aantekeningen die hij had gemaakt tijdens zijn gesprek met de DNA-wetenschapper. *Allemaal strikt afgeschermd.*

Hij keek op zijn horloge. Vijf voor twaalf. Hij moest uiterlijk over een kwartier weg om op tijd in de stad te zijn en zijn auto te parkeren voor zijn lunchafspraak met Sally. Hij moest toegang zien te krijgen tot die databases. Op de een of andere manier.

Hoe?

Toen dacht hij aan iemand die hem kon helpen.

Hoewel de ochtend al bijna om was wist hij dat het nog veel te vroeg was voor de nachtbrakende computerhacker. De nerd hield er niet van om voor het eind van de middag gestoord te worden, op zijn vroegst. Jammer dan. Hij zocht Zack Boxx' nummer op, ging de tuin in en belde het met een prepaid toestel.

'Jrrr?' meldde een duf klinkende stem zich.

'Zack, met Ross Hunter.'

'Jrrr.'

Het bleef een hele poos stil. Ross wachtte geduldig, maar er was niets te horen. 'Zack?'

'Heb je enig idee hoe laat het is?'

'Middag.'

'Niet in San Francisco. Het is vier uur 's morgens, in godsnaam, Ross!'

'Ben je in San Francisco?'

'Nee, in Brighton. Ik probeer te slapen. Wat wil je?'

'Ik heb hulp nodig.'

'Die heb ik je al gegeven. Shit. Wil je gratis hulp?'

'Ik ben bereid te betalen.'

'Dat zou voor het eerst zijn.'

'Ik meen het. Kan ik naar je toe komen? Ik vertrouw telefoons niet. Ben je nog op dezelfde plek?'

'Bedoel je mentaal? Fysiek? Geografisch? Astronomisch? Astrologisch?'

'Residentieel.'

'Eigenlijk woon ik in een mooi appartement op Mars, aangezien je ernaar vraagt. Dat lijkt tegenwoordig de slimste plek. Mijn aardse residentie is nog steeds Elm Grove in Brighton, maar hopelijk niet veel langer meer.'

'Lang genoeg om even bij je langs te komen? Dringend?'

'Kan het wachten tot vier uur vanmiddag?'

'Dat is prima.'

'Best. Rot dan nu op en laat me pitten.'

98

Donderdag 16 maart

Er werd een hoge metalen standaard met een groot bord vol West Mersea-oesters voor hen neergezet, samen met citroen, bakjes vinaigrette met gehakte ui en bruin brood met boter.

Sally zag er geweldig uit. Ross tilde zijn wijnglas naar haar op. 'Proost!' Ze tikten met hun glazen tegen elkaar. 'Het is heel leuk om je weer te zien!'

'Grappig dat je dat zegt. Ik dacht hetzelfde.' Ze grijnsde ondeugend.

'Dus je bent hier om schrijvers te interviewen,' viste hij. 'Met wie heb je tot nu toe gesproken?'

'William Shaw en Elly Griffiths; allebei heel aardig. En een heel grappige culinaire schrijver die Andrew Kay heet. Ken je die?'

Ross knikte. 'Ja, Andrew Kay doet veel met de plaatselijke media en hij is ook een interessante romanschrijver. Shaw en Griffiths heb ik ook allebei gelezen; heel goede auteurs.'

'En hoe gaat het met meneer God?' vroeg ze. 'Of is het mevrouw?'

'Goeie vraag.'

'Hoe staat het met je artikel? Heb je het al geschreven?' Ze pakte een schelp, kneep citroensap op de oester, lepelde er wat vinaigrette op, gooide de mossel in haar mond, kauwde één keer en slikte. 'Wauw!' zei ze. 'Sensationeel!' Ze hief haar glas en nam een slok. 'Oké, *interessante tijden*, zei je in je berichtje. Vertel.'

Behoedzaam bracht Ross de radiopresentatrice op de hoogte en vertelde haar zo veel als hij met haar wilde delen. Hij zei niets over de LA-coördinaten.

Toen hij klaar was met zijn verhaal keek ze hem een poosje zwijgend aan. 'En wat ga je nu doen?'

'Eerlijk?'

Ze knikte.

'Ik krijg steeds meer de boodschap van mijn vrouw dat als ik ons huwelijk wil redden, ik moet verkopen.'

'Aan die gluiperige Silvestri?'

'Het geld van het Vaticaan aanpakken.'

'Ga je dat doen?'

'Ik ben niet iemand die opgeeft, Sally. Dit is een totaal surrealistische situatie, maar ik kan nu niet stoppen. Ik denk dat ik er al te diep in zit.' Hij keek haar doordringend aan, met een glimlach, en nam een slok wijn. 'Heb je je oom nog gesproken?'

'Enge oom Julius Helmsley?'

Omdat die opmerking zijn interesse wekte, vroeg hij: 'Hoezo éng?'

'Heb je ooit een foto van hem gezien?'

'Ja, ik heb de hele directie van Kerr Kluge gegoogeld.'

'Hij is zo iemand bij wie je de neiging krijgt om je handen te wassen – of te gaan douchen – als je bij hem bent geweest. Een viezerik.'

'O?'

'Hij heeft nooit iets bij me geprobeerd, maar ik voel het gewoon; dat heb ik altijd al bij hem gehad. Het komt door zijn uiterlijk, met die belachelijke rode bril en dat stomme haar. En hij maakt nooit oogcontact als hij met je praat, maar staart zeg maar langs je heen. Ieuw! Hij komt altijd zo superieur en neerbuigend over. Als hij vroeger bij ons thuis kwam, toen ik klein was, vond ik hem altijd poenerig en uit de hoogte. Met zijn prachtige huis in Londen en zijn weekendlandgoed op het platteland en zo.'

'Hoe is zijn vrouw?'

'IJzig. Mam was artistiekerig, een beetje chaotisch en bohemien. Tante Antonia was altijd kil en hard, en erg met wetenschap bezig. Mijn moeder tolereerde Antonia omdat ze zussen waren, maar ik geloof dat ze het nooit erg goed met elkaar konden vinden.' Ze aarzelde en bloosde. 'Dit klinkt misschien stom, maar mijn oom Julius heeft zo ongeveer alles rondom kerst voor me verpest toen ik zes was.'

'Ik ben dol op de kerstdagen, dus dat klinkt helemaal niet stom. Wat deed hij dan?'

'Hij en mijn tante waren bij ons met Kerstmis. We hadden een boom, cadeautjes eronder, je weet wel, allemaal leuke dingen. Hij nam me apart, zette me in een rustige kamer en legde een halfuur lang heel ernstig en wetenschappelijk uit waarom de Kerstman niet kon bestaan. Dat rendieren geen vleugels hadden en dus niet konden vliegen, bijvoorbeeld. Hij had alles nagerekend en liet me dat zien in uitgebreide, eenvoudig te begrijpen overzichten. Hij wees erop hoeveel huizen er alleen al in Engeland stonden – iets van vijfentwintig miljoen – en dat als de Kerstman slechts twee minuten in elk ervan doorbracht, hem dat vierendertigduizend dagen zou kosten – ongeveer vijfennegentig jaar. Ik kan me nog steeds zijn gezicht voor de geest halen, heel wreed, alsof hij ervan genoot om me dat allemaal te vertellen.'

'Wat een klootzak. Ik haat het wanneer mensen kinderen hun fantasieën ontnemen.'

Ze knikte. 'Echt wel. Maar geldt dat dan ook voor hardcore atheïsten zoals Dawkins?'

'Weet je, zelfs in mijn meest atheïstische periode, mijn agnostische fase, waren er dingen van de reductionistische wetenschappers die me niet lekker zaten. Wetenschappers hebben met een heel grote paradox te maken.' Hij nam nog een slokje wijn.

'En die is?'

'Oké, er zijn wetenschappers die beweren dat de wereld is begonnen met de oerknal, ja?'

'Ja, mijn oom hoort daar ook bij.'

'Nou, hier is de paradox: een basisprincipe van de wetenschap is dat elk experiment herhaalbaar moet zijn in een laboratorium. Het is een van hun belangrijkste argumenten tegen geesten, mediums, telepathie en andere paranormale zaken. Ken je de term "methodologisch naturalisme"?'

Ze fronste haar voorhoofd. 'Nee.'

'Dat is wat je oom en een aantal andere wetenschappers volgen: het is de term voor het wetenschappelijk bestuderen van de wereld, met volstrekte uitsluiting van alle bovennatuurlijke oorzaken. Het is de absolute aanname dat God geen rol mag spelen in wetenschappelijke fenomenen.'

'En de paradox?'

'In het methodologisch naturalisme moeten wetenschappers in de wereld om ons heen verklaringen zoeken die zijn gebaseerd op wat we kunnen observeren, testen en repliceren. Ze kunnen proberen de oerknal te repliceren in een deeltjesversneller, maar –' hij spreidde zijn armen – 'gaan ze dan dit universum repliceren? Dit restaurant? Jij en ik die hier zitten? Deze fles Pouilly-Fuissé?'

'Dus de paradox is dat kosmologen niet voldoen aan de voorwaarden die worden gesteld door de wetenschap? Denk je niet dat ze een beetje pissig worden als ze horen dat hun werk niet telt als wetenschap?'

'Ik vind het tijd worden dat de arrogantie van sommige militante atheïsten wordt doorboord. Als ze de wereld exact kunnen repliceren, in dezelfde staat als waarin de evolutie van alles nu is, dan zal ik ze onvoorwaardelijk geloven. Tot die tijd moeten ze andere mogelijke verklaringen – inclusief God – ook een beetje ruimte geven.'

'Op voorwaarde dat ze deze West Mersea-oesters ook kunnen repliceren?'

'Natuurlijk!'

'En het higgsdeeltje?' vroeg ze.

'Het godsdeeltje, dat ze hebben ontdekt bij CERN? Bewijst dat daadwerkelijk iets? De vraag blijft wie het heeft gemaakt.'

Sally nam nog een oester.

Ross nam er ook een.

Ze keek hem met twinkelende ogen aan en vroeg: 'Je weet toch wel dat ze zeggen dat oesters een afrodisiacum zijn?'

Hij glimlachte terug. 'Ja. En het was ook boerenkost. Standaardvoedsel voor monniken, omdat het goedkope proteïne was.'

'Probeer je nu opzettelijk een romantisch moment de nek om te draaien?' plaagde ze.

'Ik ben getrouwd.'

'En ik zou nooit en te nimmer proberen je van dat pad af te lokken.'

'En ik geloof je.'

Er viel even een aangename stilte tussen hen.

Ze tikten hun glazen weer tegen elkaar.

'Nog een fles, meneer?'

Ross keek de serveerster aan. Hadden ze echt al een hele fles leeggedronken? Misschien, dacht hij, liet Sally iets los als ze nog wat meer had gedronken. 'Dat lijkt me wel,' zei hij. 'Anders zou het onbeleefd zijn.'

Sally was het daarmee eens.

Ross verontschuldigde zich en stond op. 'Even plassen, ben zo terug.'

Terwijl hij wegliep hoorde Sally zijn telefoon piepen. Een berichtje.

Ze zag Ross de trap af lopen en draaide snel uit nieuwsgierigheid zijn telefoon om. Het was een berichtje van een reisbureau, Travel Counsellors, met de bevestiging van een vlucht naar Los Angeles. Ze draaide de telefoon weer om en wachtte tot hij terugkwam.

Ze zei niets toen hij weer ging zitten.

99

Donderdag 16 maart

Imogen stopte even na drie uur 's middags voor hun huis. Ze wist niet of ze blij was of juist niet dat de auto van Ross niet op de oprit stond. Zodra ze naar binnen stapte rende Monty opgewonden op haar af.

Ze knielde neer en aaide hem. 'Ik heb je gemist, knapperd!'

Na even knuffelen met de hond liep ze door naar hun slaapkamer om wat extra kleren op te halen. Op dat moment ging de deurbel. Ze haastte zich de trap weer af en deed open.

Er stond een lange man met een paardengebit. Hij droeg een zakenpak, een nogal artistiek rood brilletje, had een modern kapsel waar hij twintig jaar te oud voor was, en er zat een pleister op zijn wang.

'O, hallo,' zei hij. 'Is meneer Ross Hunter toevallig thuis?'

'Nee, maar ik ben mevrouw Hunter, toevallig.'

Hij glimlachte opgelaten.

'Kan ik iets voor u doen?'

'Eh...' Hij aarzelde. 'Misschien moet ik een andere keer terugkomen?'

'Kan ik mijn man een boodschap doorgeven?'

'Nou, ja.' Hij gaf haar een visitekaartje. 'Ik ben Julius Helmsley, chief operating officer van een bedrijf dat Kerr Kluge heet.'

Ze hield haar hoofd schuin. '"Een bedrijf dat Kerr Kluge heet". Denkt u dat ik daar nog nooit van heb gehoord of zo?'

'Nou, ik... ja, we zullen wel algemeen bekend zijn.'

'Dat kun je wel zeggen.' Ze glimlachte. 'Komt u ons tandpasta verkopen? Zeep? Slaappillen?' Ze bekeek het kaartje.

'Nee, eigenlijk is het een financiële kwestie.'

'Is Kerr Kluge een erg seksistisch bedrijf, meneer Hamley?'

'*Helmsley*,' corrigeerde hij haar. 'Nee, helemaal niet. Zeer zeker niet. We zijn zelfs een van de pioniers van seksegelijkheid op de werkvloer, mevrouw Hunter. Al onze vrouwelijke medewerkers verdienen hetzelfde als hun mannelijke evenknieën.'

'Mooi. In dat geval kunt u mij vertellen wat u mijn man wilde gaan vertellen. Wilt u binnenkomen voor een kopje thee?'

'Nou, als het geen moeite is.'
'Het is geen moeite.'

100

Donderdag 16 maart

Sally kon goed tegen drank en dat beviel Ross wel, net als haar animo voor eten. Ze leek een levenslust te bezitten die aanstekelijk was.

Imogen was ook zo geweest in hun begintijd, dacht hij spijtig.

Ze hadden de tweede fles wijn leeggedronken en toen, om hun samenzijn nog wat langer te rekken, had hij een cognac besteld en zij een Cointreau met ijs. Toen ze even na halfvier 's middags als de laatste gasten het restaurant verlieten, voelde hij zich een beetje wankel. En hij wist nog steeds niet helemaal hoe ze in elkaar zat.

Buiten bleven ze staan en staarden elkaar aan. Sally glimlachte warm en verleidelijk.

'Dat was leuk!' zei hij.

'Moeten we nog eens doen.'

'Zeker.'

Er volgde een opgelaten moment.

'Ik denk...' Hij aarzelde.

'Je denkt?'

Ross keek haar spottend aan. 'Ik denk weleens, ja!'

Ze boog zich spontaan naar voren en kuste hem op zijn wang. Toen draaide ze zich om, stak haar hand omhoog en riep: 'Tot ziens!'

Hij bleef staan en keek haar een beetje aangeschoten na toen ze wegliep, met haar elegante witte jas om haar lichaam gesnoerd en haar strakke spijkerbroek in hooggehakte leren laarzen gestopt.

Ross had veel te veel gedronken om nog te rijden. Hij zou een taxi nemen naar Zack Boxx en dan morgen terugkomen om de auto uit de garage onder het Waterfront Hotel op te halen.

Hij liep naar de taxistandplaats aan East Street. Onderweg probeerde hij zich te concentreren op wat hij Boxx moest vragen. Maar hij werd een beetje afgeleid door de geuren van Sally's parfum en haar.

Er gingen alarmbelletjes in zijn hoofd af.

Zijn telefoon deed *ping* in zijn zak.

Hij pakte het toestel en keek ernaar.

Het was een berichtje van Sally.

Dat noem ik nog eens een lunch! De volgende keer trakteer ik. X

Al zijn instincten vertelden hem dat hij pas moest reageren als hij weer nuchter was. Maar toen hij in een taxi zat en de chauffeur het adres van Zack Boxx had gegeven, stuurde hij terug:

Gauw, hoop ik ☺

101

Donderdag 16 maart

Zack Boxx was niets veranderd. Hij woonde nog steeds in dezelfde donkere, chaotische studio die hij tien jaar geleden als student had betrokken en nog steeds deelde met dezelfde vijandige Siamese kat. Het was een kelder onder een victoriaans rijtjeshuis dicht bij de renbaan van Brighton, en de gordijnen zaten er altijd dicht. Het rook er bedompt, een beetje zurig met een vage geur van wiet; er moest dringend wat daglicht en frisse lucht worden binnengelaten.

Boxx droeg een vaal Gandalf-T-shirt, een onmodieuze spijkerbroek en pantoffels die hij mogelijk van een overleden opa had geërfd. Zijn sluike haar had nog dezelfde vormeloze stijl, maar het begon dunner en grijzer te worden, viel Ross op. Het donshaar op zijn kin van tien jaar geleden was uitgegroeid tot iets wat vaag leek op designerstoppels, en dat zag er vreemd uit op zijn ietwat mollige babyface. Hij had de teint van een spook.

Terwijl Ross tussen een doolhof van computermonitoren, toetsenborden en servers door liep waarmee zo'n beetje de hele vloer van de woonkamer was bedekt, naast lege mokken en dozen van afhaalmaaltijden, dirigeerde Boxx hem naar een half ingezakte bank tegen de achterste muur. De enige nieuwe dingen sinds Ross' vorige bezoek waren twee enorme televisieschermen, een ervan uitgeschakeld en het andere bijna net zo breed als de muur, waarop een video van het heelal werd afgespeeld.

'Dus dat was geen grapje over Mars, Zack?'

'Het is een livefeed van het Britse observatorium op Mauna Kea in Hawaii. En daar is het inderdaad nog nacht, aangezien je ernaar vroeg,' zei hij sarcastisch. Hij aaide de kat, die zijn rug kromde en wegsloop. 'Ik zoek een plek waar ik heen kan verhuizen voordat het te laat is. Ik heb alleen nog een paar technische details uit te zoeken, zoals een plek vinden die op koolstof gebaseerde levensvormen gunstig gezind is... en een manier om er te komen.'

De nerd, vloeiend in zeven talen, had nog steeds dezelfde vijandige houding als vroeger, net als zijn kat. Alsof de hele wereld tegen hem was en iedereen maar beter op afstand kon blijven. En nog hetzelfde aperte gebrek aan sociale vaardigheden.

Toen Ross op de bank ging zitten voelde hij een geknapte veer in de zitting. Boxx negeerde hem een paar minuten totaal, knielde neer op de vloer en logde eerst in op de ene en vervolgens op de andere computer om te kijken naar wat voor Ross totaal betekenisloze rijen algebraïsche tekens waren, terwijl hij mompelde: 'Idioot... Ongelooflijk... Wat hebben jullie gedaan? Stelletje stomkoppen! Serieus! ... Wat... Wat is dit?'

Na een poosje keek hij zijn bezoeker aan. 'Ik kom zo bij je. Ik moet GCHQ helpen met een probleem en de CIA heeft een of ander probleempje in Irak.'

'Geeft niet, red de wereld maar.'

'Eerlijk waar, je zou soms denken, je weet wel... Die gasten, ze...' Hij viel stil, tikte op het toetsenbord en tuurde aandachtig op het scherm. 'Ik bedoel, nou... Weet je? Belachelijk.'

Ross voelde zich nog steeds een beetje dronken. 'Heb je toevallig koffie?'

'In de keuken. Pak maar. Oplos of Nespresso. Je ruikt trouwens als een pub.'

Ross liep naar de keuken, die eruitzag alsof er een tornado doorheen was geraasd. Na wat rommelen vond hij de zo te zien enige schone beker in de kastjes en een stapeltje koffiecapsules naast de koffiemachine. Hij maakte een driedubbele espresso en nam die mee naar de woonkamer.

Toen hij weer zat wendde Boxx zich tot hem. 'En?'

'Hoe staat het leven?' vroeg Ross.

'Een beetje klote. Ik werk aan mijn evacuatieplan. We moeten hier allemaal zo snel mogelijk weg.'

'Ik zal je niet tegenspreken.'

'Ik zeg het je. Armageddon. Zoek een planeet, echt waar. Dit is geen gezelligheidsbezoekje, hè?'

'Nee, ik vroeg me af of je me kunt helpen. Ik moet wat databases gehackt hebben.'

'Uh-huh?'

Ross liet een paar details weg toen hij hem vertelde wat hij wilde.

Zack Boxx voerde aantekeningen in op een toetsenbord terwijl Ross vertelde. Toen hij klaar was zei hij: 'Oké. Juist. Standaard-DNA, mitochondrisch en Y-STR, Los Angeles of eigenlijk zuidelijk Californië. Wil je dat ik in hun databases kijk?'

'Ja.'

'De wet overtreed?'

'Wat ervoor nodig is. Ik neem aan dat je weet hoe je je sporen moet verbergen.'

'Ik doe dit soort shit niet meer voor de lol, Ross, of gewoon omdat ik het kan. Het zijn nu zaken, mijn broodwinning. Snap je wat ik bedoel?'

'Ik snap het.'

'Ik wil hier echt weg. Ik ben aan het sparen.'

'Uit deze studio weg?'

Boxx keek hem aan alsof hij gek was. 'Van deze kloteplaneet af. Als je slim bent, ga je mee.'

'Ik probeer hem te redden.'

'Veel succes daarmee.' Hij tikte weer op een paar toetsen, waarop zijn scherm veranderde. 'Oké, ik zal proberen in die drie databases te komen en er iets achter te laten wat zal zoeken naar een match of me zal waarschuwen als er in de toekomst een match opduikt.'

'Hoe ver in de toekomst?' vroeg Ross.

'Zo ver als je wilt.'

'Hoe snel kun je resultaat krijgen?'

'Dat hangt ervan af wat daar is, en ik moet nog een behoorlijk groot programma schrijven voor mijn opdrachtgevers. Misschien later vanavond of morgen.'

'Oké.'

'En voordat ik begin... Niet lullig bedoeld, maar ik moet betaling vooraf vragen.'

'Hoeveel reken je?'

Boxx glimlachte nu voor het eerst. 'Vriendenprijsje? Tweeduizend voor de zoekopdrachten. Duizend bonus voor elke hit die ik krijg, met een maximumbonus van drieduizend pond. Oké?'

'Accepteer je creditcards?'

'Ha ha.'

102

Donderdag 16 maart

De abt, een broze man met dikke brillenglazen en een warrige halvemaanvormige witte baard, zat achter zijn bureau. Achter hem stond een smal raam open. De randen ervan waren oneffen, uit de muur gehakt rond het jaar 1366, toen dit klooster op de rotspunt was gebouwd die destijds bekendstond als Simons Rots, hoog boven de Egeïsche Zee.

Broeder Pete stond voor hem, met zijn handen op zijn rug. Beide mannen waren identiek gekleed in zware zwarte pijen en orthodoxe oostelijke hoofdtooien, de *kalymafki*; een ronde zwarte hoed met een sluier aan weerskanten van het gezicht en over de schouders. Het enige waarin de abt afweek was het oeroude gouden kruis dat aan een ketting om zijn hals hing, bijna tot aan zijn middenrif.

Het was hetzelfde kruis dat was gedragen door een eerdere, allang overleden abt op de ingelijste zwart-witgroepsfoto aan de muur tegenover het raam. Daarop stonden drie rijen monniken, de achterste twee rijen staand en de voorste zittend, op het plein van het klooster. Ze hadden allemaal een zware baard, waardoor alleen de bovenste helft van hun gezicht zichtbaar was, en een paar droegen een bril. Hun leeftijden liepen uiteen van begin twintig tot negentig, maar allemaal zagen ze er ernstig en plichtsgetrouw uit.

Broeder Pete had die foto eerder gezien; hij was meer dan vijftig jaar geleden gemaakt. De monniken zagen er vandaag de dag nog steeds hetzelfde uit, net als het plein. En het plaatje zou min of meer hetzelfde zijn geweest als de foto vijfhonderd jaar geleden was gemaakt. En het zou er over vijfhonderd jaar nog steeds hetzelfde uitzien, als...

Als alles hetzelfde bleef. Als de tijd hier bleef stilstaan.

Als de fondsen bleven komen, dankzij Gods begeleiding.

Als de wereld...

De abt knikte naar hem alsof hij zijn gedachten las en het ermee eens was. Na een lange stilte zei hij: 'Broeder Pete, als ik je toestemming geef om te gaan, hoe weet ik dan zeker dat je terugkomt?'

'Waarom zou ik niet terugkomen, vader abt? Ik wil nergens anders zijn.

Dit is mijn thuis en dat zal het altijd blijven, gezegend door de maagd Maria totdat ik door de Heer naar een hogere plek word geroepen.'

De abt keek peinzend. 'Maar vertel eens, waarom wil je die reis precies maken?'

'Mijn neef Angus is stervende. U herinnert zich broeder Angus nog wel; hij was de reden dat ik hierheen kwam.'

'Ik herinner me hem nog goed. Ik gaf hem toestemming om bij zijn zieke moeder op bezoek te gaan en hij kwam nooit meer terug.' Hij glimlachte flauwtjes. 'Hij hoefde niet bij haar op bezoek te gaan; zijn reis was niet nodig. Zijn gebeden van hieraf zouden even effectief zijn geweest, daarvan ben ik overtuigd. Waarom wil jij de moeite nemen van die reis? Waarom bid je niet gewoon voor je neef?'

'Ik denk dat dit de laatste keer is dat ik hem kan zien, vader abt. Hij heeft niet lang meer te leven.'

'De laatste keer dat je hem kunt zien?' Er verscheen een vreemde twinkeling in de ogen van de oude man. Een spoortje van een glimlach. 'Vast niet. Toch vast alleen maar de laatste keer híér, broeder Pete? Tot de dag dat jullie worden herenigd in de glorie van Gods aangezicht?'

'Mijn neef wil me iets geven om veilig te bewaren. Dat telefoontje dat ik eergisteren van hem kreeg, dat u zo vriendelijk was om me toe te staan, toen vroeg hij het. Zijn laatste wens. Er is hem de bescherming toevertrouwd van twee voorwerpen waarvan hij me vertelt dat ze van het allergrootste belang zijn voor het christelijke geloof. Hij maakt zich zorgen over wat ermee zal gebeuren als hij overlijdt.'

'Weet je wat het zijn? Zijn ze echt?'

'Hij denkt van wel.'

'Je moet oppassen, broeder Pete. De geschiedenis van ons geloof is ondergesneeuwd door neprelikwieën, allerhande namaakartikelen en grappen. Sommige zijn het werk van de antichrist. Sommige zijn gewoon het werk van opportunisten, van mensen die geld proberen te verdienen aan goedgelovige lieden.'

'Broeder Angus gelooft dat we heel binnenkort bewijs zullen zien van hoe echt deze zijn.'

'Moeten we wachten op dat bewijs voordat je gaat? Moeten we het uittesten?'

'Ik ben bang dat als hij overlijdt, vader abt, die voorwerpen voor altijd verloren gaan.'

De abt knikte peinzend. 'Denk je niet dat als ze echt van God komen, ze via Hem hun rechtmatige plek ook wel zonder onze inmenging zullen vinden?'

'Misschien, vader abt, is het ons lot dat dit klooster de rechtmatige plek ervoor is?'

De oude man glimlachte droevig. 'Leg me uit wat die voorwerpen zijn, en dan zal ik mijn besluit nemen.'

Aarzelend vertelde broeder Pete het hem.

103

Donderdag 16 maart

Ross zat achter in de hotsende, oncomfortabele taxi op weg naar huis vanaf Zack Boxx, bij een chauffeur die roekeloos hard reed en ruziede met iemand aan de telefoon die hij tegen zijn oor hield.

Er kwam een berichtje binnen van Imogen:

Hé vreemdeling! Hoe gaat jouw dag? Ik zou je vanavond best willen zien. Kom je naar ons toe? XX

Hij staarde ernaar en voelde zich schuldig vanwege Sally. Dat ze hem voor English's had gekust. Terwijl zijn vrouw zwanger was van hun kind.

'Dus de Seagulls doen het goed, ja!' schreeuwde de buitenlandse bestuurder ineens over zijn schouder tegen hem, nog steeds met zijn telefoon in zijn hand.

'Ja, geweldig.'

Hij keek nog een keer naar het berichtje.

Twee tellen later kwam er een binnen van Sally.

Volgens mij was ik een beetje tipsy na onze lunch en heb ik je niet fatsoenlijk bedankt. Hoop dat je bespreking goed ging? ☺

Hij fronste zijn voorhoofd en probeerde zich de details te herinneren van hun gesprek bij de lunch en wat hij haar over Zack Boxx had verteld, hopend dat hij niet te veel had verklapt. Door de minachtende manier waarop ze over haar oom Julius Helmsley had gesproken leek het er niet op dat ze naar hem toe zou rennen om hem dingen te vertellen. Maar Ross kon er niet zeker van zijn.

Hij antwoordde Imogen.

Bedankt maar kan niet. Heb met de schilders gesproken. Ze komen langs voor een prijsopgave en om te zeggen wanneer ze kunnen beginnen. X

Daarna beantwoordde hij Sally Hughes' berichtje.

Redde het om wakker te blijven, maar weet niet hoe samenhangend ik was. Maar de lunch was super! Beslist nog een keer, binnenkort! XXXX

Er kwam weer een berichtje binnen van Imogen.

Blij te horen dat de lunch super was. En wie verdiende er die vier XXXX'en?

Het koude zweet brak hem uit. *Shit, shit, shit.*

Hoe was dat gebeurd?

Hij keek naar het draadje. En ja hoor, hij had het antwoord per ongeluk naar Imogen gestuurd.

Er kwam een reactie binnen van Sally.

Eh? Schilders?

Hij vervloekte zijn stommiteit en dacht vurig na. Heel zorgvuldig typte hij een antwoord naar Imogen.

Mijn redacteur! XX

Een paar tellen later kwam er weer een reactie van haar.

O, tuurlijk. Wist niet dat je haar moest naaien om je commissie te krijgen.

104

Donderdag 16 maart

'En?' vroeg Wesley Wenceslas.

'En?' antwoordde Pope.

'Vertel. Geef me een antwoord,' zei de predikant in zijn headset, onbehaaglijk kijkend naar de regen op de ruiten van de helikopter en de duisternis buiten.

'Dat hangt van de vraag af,' zei Pope. 'Als je wilt weten wat de hoofdstad is van Peru, dat is Lima. Of de betekenis van het leven? Volgens Douglas Adams is dat nummer tweeënveertig.' Hij keek weer naar het spiekbriefje van de predikant voor zijn preek vanavond in Leicester.

'Dit is geen moment voor grappen,' snauwde Wenceslas.

De helikopter hotste en slingerde in de turbulentie bij de afdaling naar het vliegveld East Midlands. De predikant kneep zijn ogen dicht en verstrengelde zijn handen op zijn schoot.

'O? Heb je nooit Kurt Vonnegut gelezen?' vroeg Pope.

'Wie?'

'Tut tut.'

'Kurt wie?'

'Een grote Amerikaanse auteur. Hij snapte het. Een van de meest wijze uitspraken die ooit zijn geschreven: "Luister, we zijn op deze aarde gezet om maar wat aan te klungelen, en laat niemand je wat anders wijsmaken."'

Wenceslas keek hem aan. 'Is het ooit bij je opgekomen dat je misschien een beetje oneerbiediger bent dan goed voor je is?' Hij schudde zijn hoofd. 'Waar heb ik jou toch aan verdiend?'

'God had me voor je uitgekozen, weet je nog? Schrijf het maar toe aan Zijn gevoel voor humor.'

Recht onder hen waren landingslichten te zien. De helikopter zweefde vlak boven een gemarkeerd stuk asfalt en Wenceslas ontspande zich eindelijk. Hij wierp een blik op Pope. 'Ik kan alleen maar zeggen dat als God je voor mij heeft uitgekozen, Hij een offday moet hebben gehad.' Terwijl de machine landde zetten allebei de mannen hun headsets af. 'Maar serieus, Smilealot, hoe staan we ervoor met Ross Hunter? Het baart me zorgen, ik blijf maar –'

Hij werd onderbroken door een *ping*. Pope keek naar zijn telefoon en las een berichtje. 'Van onze elektricien.'

'Onze elektricien?'

'Die de man die de camera's bij Ross Hunters huis repareert heeft betaald. Vijf jaarsalarissen voor hem. We hadden hem waarschijnlijk wel voor minder kunnen krijgen, maar hé, wij doen niet aan goedkoop, hè, dominee?'

'Dat kun jij makkelijk zeggen terwijl je mijn geld uitgeeft.'

'Óns geld.'

'Je bent een boef.'

'O, juist, excuseer. Wanneer heb jij voor het laatst echt gebeden boven een zakdoek waar je vijfentwintig pond voor rekent?'

'Het is symbolisch.'

'Natuurlijk is het dat! Is dat wat je God gaat vertellen op de Dag des Oordeels? Aangenomen dat Hij toevallig thuis is als je bij de Hemelpoort aankomt.'

'Hij zal begrijpen dat ik echt een man van het volk was, die miljoenen mensen dichter bij Hem bracht door hen te vullen met de Heilige Geest.'

Pope keek hem aan. 'Dat is een groot deel van je probleem, hè? Dat je je eigen propaganda echt gelooft.'

'En een groot deel van jouw probleem, Pope, is dat als jij grappen blijft maken, die slijmbal van een journalist Ross Hunter je pensioenvooruitzichten serieus kan verkloten.'

'En de jouwe.'

'Dus je hebt Hunters elektricien betaald?'

'Om zich te laten helpen door ónze elektricien. We hebben nu de controle over zijn buitencamera's en een tap op zijn vaste telefoonlijn. Zodra hij vanavond thuiskomt van een lunch in Brighton en een bezoekje ergens in de buurt van de renbaan daar, zouden we ook zijn mobiele telefoongesprekken op afstand moeten kunnen afluisteren. Als hij tenminste dom genoeg is om zijn bluetooth aan te laten staan.'

'En zo niet?'

Smilealot maakte zijn bijnaam waar met een brede glimlach. 'Dan zetten wij die voor hem aan.'

Wesley Wenceslas wiebelde met zijn vinger. 'Jij bent een heel stoute spion!'

'Is dat niet precies wat je God doet?' kaatste Pope terug. 'Ons allemaal bespioneren?'

De predikant keek hem aan. 'Je moet oppassen met dat soort uitspraken. Je staat op het randje van godslastering. Is het nooit bij je opgekomen dat je in de hel kunt terechtkomen?'

'Moet ik me daar zorgen om maken? Jij blijft iedereen verzekeren dat het hiernamaals zo veel beter is dan hier. Dan denk ik dat de hel dat ook moet zijn. Kom maar op, zeg ik!'

'Smilealot, soms drijf je me tot wanhoop. Ik bid voor je ziel.'

'En dat maakt mij uniek.'

'Uniek? Hoezo?'

'Ik krijg jouw gebeden gratis!'

105

Donderdag 16 maart

Het huis was donker toen Ross thuiskwam. Hij betaalde de taxichauffeur en liep naar de voordeur, waarbij hij zoals altijd zorgvuldig om zich heen keek. Binnen hoorde hij een blaf.

Terwijl hij naar binnen stapte en Monty op hem af rende ging zijn telefoon. Op het schermpje was geen nummer te zien.

'Ross Hunter,' meldde hij zich.

'Goedenavond, meneer Hunter, het spijt me dat ik stoor. Ik vroeg me af of u nog hebt nagedacht over ons gesprek van gisteravond?'

Het was Giuseppe Silvestri.

'Totaal niet meer,' antwoordde hij.

'Ik zou echt heel graag nog eens met u praten en een voorstel bespreken. Ik heb toestemming van mijn superieuren om u een onvoorwaardelijk aanbod te doen.'

Ross klemde de telefoon tegen zijn oor, knielde neer en aaide zijn hond. 'Voor wat precies?'

'Voor de kelk en de tand waarvan wij denken dat u die hebt.'

'Een onvoorwaardelijk aanbod... over hoeveel hebben we het dan precies?' vroeg hij.

'Hoe klinkt drie miljoen euro, overgemaakt op een bankrekening die u bepaalt, waar ook ter wereld?'

Ross zweeg even, enigszins verbaasd. Drie miljoen euro was bijna drie miljoen pond bij de huidige wisselkoers. Serieus geld. Meer dan hij ooit kon hopen te verdienen, zelfs met meerdere spin-offs, aan zijn uiteindelijke artikel. Zelfs na aftrek van de belasting kon hij de hypotheek afbetalen en nog een enorme som overhouden. En alle dreigingen wegnemen. Maar toch...

Hij probeerde helder na te denken. 'Meneer Silvestri, gisteren twijfelde u aan de herkomst van wat ik heb – of mogelijk heb. Nu niet meer?'

'Kunnen we elkaar ontmoeten om dit nader te bespreken, meneer Hunter? Ik kan nu meteen naar uw huis komen, als dat schikt?'

'U moet begrijpen dat dit niet om geld gaat. Ik besef dat u me een enorme som biedt. En ik wijs uw aanbod niet meteen van de hand, maar ik heb tijd nodig om erover na te denken. Ik heb uw contactgegevens. Ik wil graag wat tijd.'

'Meneer Hunter, deze situatie is te belangrijk om er lang mee te wachten, en het gevaar dat die voorwerpen in de verkeerde handen vallen wordt almaar groter.'

De man klonk bijna agressief.

'O ja? Ik laat me door niemand intimideren, moet u weten. Ik ben aangevallen en bedreigd en mijn huis is vernield. Ik zal u iets vertellen: ik hou niet van dreigementen. Is dat duidelijk?'

'Ik zal u ook iets duidelijk maken, meneer Hunter. Ik heb directe toestemming om met u te praten van Zijne Heiligheid de Paus, de Stedehouder van Christus, de Bisschop van Rome, de Heilige Stoel. Onze paus is de symbolische afstammeling van de apostel Petrus. Hoofd van de Katholieke Kerk.'

'Ik respecteer uw geloofsbrieven, meneer Silvestri. Maar u hebt het over de Katholieke Kerk, die er slechts één van vele is. Hoe zit het met de Jehova's getuigen? Of de presbyterianen? De Oosters-Orthodoxe Kerk? De baptisten? Lutheranen? Quakers? Calvinisten? Methodisten? De Pinksterkerk?'

'Meneer Hunter,' antwoordde Silvestri kalm en beleefd als altijd. 'Laten we niet verzanden in woorden. Als u echt de Heilige Graal en een tand van onze Heer Jezus Christus hebt, dan is hun rechtmatige plaats in Rome, in de zetel van het christendom.'

'Dat is uw mening.'

'Meneer Hunter, wat ik u vertel is een feit.'

'Ik kan u verzekeren, meneer Silvestri, dat die voorwerpen in veilige handen zijn. Ik respecteer ze en heb stappen genomen om ze te beschermen. Als en wanneer ik besluit dat u de juiste hoeder ervoor zou zijn, zal ik u dat vertellen. Ik zal uw aanbod overwegen. Goed?'

'U mag dan geloven dat u die voorwerpen hebt beschermd, maar misschien beseft u niet dat er mensen zijn met, staat u mij toe, minder hoge normen dan Zijne Heiligheid. Ze zijn vastbesloten om ze koste wat het kost in handen te krijgen, zelfs als het u uw leven kost, meneer Hunter. U hebt vele vijanden. Wij zullen proberen u te beschermen tot u de voorwerpen aan ons hebt overgedragen. En uiteraard zullen u en uw familie ook daarna veilig zijn.'

'U bedreigt me tóch, meneer Silvestri?'

'Begrijp me alstublieft niet verkeerd.'

'Hoe moet ik u dan begrijpen?'

'Beschouw me als een vriend.'

'Oké, mijn vriend, ik ga nu ophangen, en ik bel je als en wanneer ik weer bereid ben te praten.'

Ross hing op en staarde naar de kreten op de muren. Toen ging hij met Monty buiten lopen in het donker. Diep in gedachten. En weer compleet nuchter.

Toen hij in het park de hond van de lijn had gelaten keek hij nog eens naar het berichtje van Imogen.

O, tuurlijk. Wist niet dat je haar moest naaien om je commissie te krijgen.

Hij stuurde een antwoord.

Charmant. Maar eigenlijk werkt het zo niet. X

Toen stuurde hij een berichtje aan de radiopresentatrice.

Bespreking erna was niet zo leuk als onze lunch. X

Bijna meteen kwam er antwoord van Sally.

Besloot vannacht in Brighton te blijven. Ben uit eten. Als je straks nog wat wilt gaan drinken, laat maar weten. XX PS Ik ben best goed in schilderen.

Hij grijnsde. Maar toen besloot hij dit in te tomen en antwoordde:

Ik wou dat ik kon komen. Veel plezier! X

Hij had geen honger, maar wist dat hij iets moest eten. Bij thuiskomst vond hij in de vriezer een risottoschotel met champignons, die hij alvast op het aanrecht zette. Eerst ging hij naar boven en bekeek zijn sociale media. Er was een Instagram-foto van Imogen en Virginia met de kinderen op de bank; een gelukkig gezinstafereel.

Hij ging terug naar de keuken en zette een kop koffie voor zichzelf. Toen opende hij het raam, haalde een pakje Silk Cut en een aansteker uit de keukenla en stak een sigaret op. Tijdens het roken dacht hij aan Sally. En aan de drie miljoen pond. Hij tikte zijn as af in de asbak die altijd in de vensterbank stond.

Vorig jaar had hij een artikel geschreven over Russische oligarchen. Een van hen, Boris Berezovski, had besloten dat anderhalf miljard pond niet genoeg was om van te leven, en volgens één theorie had hij zichzelf opgehangen.

Daarmee vergeleken leek drie miljoen peanuts.

Vergeleken met potentieel het sensationeelste krantenartikel aller tijden.

Al zou het hun hypotheek wegnemen en hun een heel aardig bedragje voor de toekomst opleveren.

Aanpakken?

Het probleem doorschuiven naar Silvestri, het geld aanpakken en wegwezen? Misschien de prijs nog wat verder opdrijven?

Of het risico nemen, zoals Benedict Carmichael had gewaarschuwd, dat hij vermoord zou worden.

Hij staarde naar de heldere nachthemel. Naar de sterren. De hemel. Het firmament. Dat allemaal was ontstaan door twee stofjes die tegen elkaar aan waren gebotst en de oerknal in gang hadden gezet? Als dat echt zo was, de hele oorzaak van alles wat bestond, maakte dit dan allemaal wel uit? Was het hele menselijke bestaan gewoon een willekeurige, onbelangrijke gebeurtenis?

Op een dag zou het klompje cellen in Imogens baarmoeder een lopend, pratend mens zijn. Hun kind. Dat kind zou op zijn knie zitten, hem in de ogen kijken en hem vragen stellen. Dezelfde vragen die hij zijn ouders vroeger stelde.

Waar kom ik vandaan?

Wat gebeurde er voordat ik werd geboren?

Wat gebeurt er als ik dood ben?

Waarom besta ik?

Zou hij zijn zoon in de ogen kunnen kijken en zeggen: ‘Ik had je misschien het antwoord op die vragen kunnen geven, maar in plaats daarvan heb ik voor het geld gekozen?

106

Donderdag 16 maart

‘Ik was waardeloos, hè?’ zei Wenceslas terwijl hij de opname van de dienst van vanavond in zijn kerk in Leicester stilzette. Hij zakte onderuit op de bank en staarde over de salontafel van hun enorme hotelsuite naar Lancelot Pope.

‘Ze waren dol op je! Ze zijn altijd dol op je, dominee. Zelfs wanneer je optreden… hoe zal ik het stellen… misschien meer om profíjt dan om Bijbelse proféten draait?’

‘Rotzooi niet met mijn hoofd, Smilealot.’

‘Dat laat ik aan God over.’

Even later zei Wenceslas: ‘En de correcte kerkterm, Smilealot, is niet profíjt, het is collécteschaal.’

‘Excuseer.’ Pope keek weer naar zijn eigen laptop. ‘Goede reacties op Twitter. Niks dan goede. Luister maar:

> O wat bid ik dat mensen de ware kracht zouden begrijpen van de #HeiligeGeest (God) wauw! Indringende preek @domineeWenceslas. Amen

‘En deze:

> Wauw. Zo intens. Dank u @domineeWenceslas

‘En deze vind ik mooi:

> Meneer ik geniet met volle teugen laat alles binnenkomen. De Heilige Geest raakt mij via u. #Godszegen

‘Ontzettend ontroerend,’ zei Pope, draaiend met zijn ogen. ‘Je zou blij moeten zijn.’

‘En Facebook?’

‘Heb ik net naar gekeken. Meer van hetzelfde. Ze zijn dol op je. Aanbidden je!’

'Ik ben slechts een nederig doorvoerluik, Smilealot. Altijd al geweest. Ze zijn dol op me omdat de geest van onze Heer via mij in hun hart stroomt.'

'Moge onze Heer je nog lang blijven bijvullen.'

Wenceslas keek hem zogenaamd kwaad aan.

'Even over iets alledaagsers, baas. Ik heb roomservice gezegd dat ze je ontbijt om zes uur al moeten brengen. De weersvoorspelling ziet er niet gunstig uit om te vliegen, dus ik heb de auto alvast gereserveerd, want we hebben om negen uur een directievergadering in Gethsemane. Vind je dat oké?'

'Heb ik een keus?'

De bel ging. Lancelot Pope sloot zijn laptop, sprong op en liep naar de deur. Een nerveus uitziende ober van roomservice rolde een rammelende kar naar binnen. Hij werd vergezeld door de geur van friet. Op het witlinnen kleed stonden twee metalen cloches, een mandje brood, een fles mineraalwater en twee glazen. 'Wilt u dat ik dit in de eetkamer hiernaast neerzet, heren?'

'Nee, hier is prima,' antwoordde Wenceslas.

De ober klapte beide uiteinden van de trolley omlaag om er een tafel van te maken. Hij tilde de cloches op en onthulde de biefstuk met friet die Wenceslas had besteld en de quinoasalade van Pope.

Wenceslas stond op, sloot zijn ogen en hief zijn handen ten hemel, en hij bad met de stem die hij meestal voorbehield voor zijn preken. 'Dank U, goede Heer, voor dit voedsel. En voor Uw zegen vanavond, die aan mij, Uw nederige en trouwe dienaar, bevestigt dat U hebt besloten mij te verheffen boven andere mensen. Amen.'

Dat ámen leek Pope wakker te schudden. Hij sprong weer op van zijn stoel en vroeg: 'Waar is de champagne?'

'Champagne?' De ober leek het niet te begrijpen.

'Die had ik tegelijk met het eten besteld.'

'Het spijt me. Ik zal kijken wat er gebeurd is en het meteen ophalen!' Toen wendde hij zich tot Wenceslas. 'Meneer, ik had vanavond graag naar uw dienst willen komen, maar mijn baas wilde me geen vrij geven.'

'Hoe heet je?' vroeg de predikant.

'Melvin,' antwoordde de ober.

'Melvin, kniel maar voor me neer.'

De jongeman gehoorzaamde.

Wenceslas legde zijn handen op zijn hoofd. 'Mijn kind, ben je klaar om de Heer te ontvangen? Ben je klaar voor Jezus?'

'Ja, meneer.'

'Voel je Zijn geest? Voel je Zijn kracht en warmte in je lichaam binnenkomen? In je hart en je diepste ziel?'

'Ja, ja, ja.'

'Prijs de Heer!'

Wenceslas gaf een zachte, maar stevige zet tegen zijn hoofd. De ober viel op de grond en bleef stil liggen.

De predikant knielde bij hem neer. 'O Heer, zegen deze man! Vergeef hem zijn zonden! Vul hem met Uw geest! Help hem met Uw eindeloze goedertierenheid om een goede ober te zijn. Een man die U op een dag persoonlijk zal bedienen aan uw tafel in de hemel!'

Langzaam kwam de ober uit zijn trance en keek versuft om zich heen.

'Melvin, wees dankbaar dat je nu niet meer slechts een kind van God bent, je bent ook een van mijn zonen!' verklaarde Wenceslas.

De jongeman krabbelde duizelig overeind en keek de predikant aan. 'Dank u. Dank u, dominee.' Hij liep wankel naar de deur. 'Belt u maar... het nummer van roomservice... als u de trolley wilt laten ophalen.'

'De Heer zal het je laten weten, mijn zoon. Vergeet niet te doneren op de website van Wesley Wenceslas Ministries, zodat je vanavond echt gezegend kunt zijn. Elk bedrag wordt op prijs gesteld.'

De ober liet zijn hoofd zakken en leek overstelpt. 'Ja, ja, dat zal ik doen.' Toen glipte hij de deur uit.

Pope verplaatste het eten naar de salontafel en schonk twee glazen water in. 'Ik kan niet anders dan bewondering voor je hebben, baas. De meeste mensen geven die gasten van roomservice een fooi. Jij zorgt dat hij jou betaalt.'

'Zijn respect betuigt aan onze Heer,' corrigeerde Wenceslas hem.

Pope ging weer tegenover hem zitten. 'Ja, tuurlijk. En op zijn beurt leidt onze Heer dat geld door naar jou. In Zijn tomeloze genade of hoe je het ook noemt.'

Wenceslas negeerde dat. 'Maar je zei dat je een update hebt?'

'Ja. Het lijkt erop dat we een rivaal hebben: niemand minder dan mijn naamgenoot, de paus zelf.'

'Wat?'

'Ik heb een rapport gekregen van het afluisterteam van Hunters huis. Het lijkt erop dat ene Giuseppe Silvestri, als ik het goed uitspreek, speciaal afgevaardigde van het Vaticaan, met Hunter onderhandelt om twee voorwerpen die hij in zijn bezit heeft: de Heilige Graal en een tand van Jezus Christus. Hij biedt er drie miljoen pond voor.'

'Nou, ga dan meer bieden.'

'Zo te horen wordt Hunter niet gemotiveerd door geld.'

'Iedereen heeft een prijs.' Wenceslas staarde in zijn waterglas.

'Wacht je tot Jezus komt om dat in wijn te veranderen?' sarde zijn managing director.

'Smilealot, je drijft me tot wanhoop. Shit, waar blijft die champagne? Ik heb iets fatsoenlijks te drinken nodig.' Hij kneep ketchup op zijn biefstuk en friet. Toen knikte hij naar de salade. 'En waarom eet je dat konijnenvoer?'

'Het is quinoa. Heeft God je daar niet over verteld? Het nieuwe superfood.'

'Heeft Hij jou niet verteld over het vetgemeste kalf? Dat eet ik nu. De terugkeer van de Verloren Zoon. Mijn probleem is dat de Verloren Zoon nooit is vertrokken, en nu zit hij konijnenvoer te eten en mij te veroordelen.'

'Hadden ze friet bij het Laatste Avondmaal?'

Wenceslas keek hem zijdelings aan. 'Nee, maar wel bij het Een-na-laatste Avondmaal, voordat de frituurpan kortsluiting kreeg en het menu in de war gooide.'

'Dus geen Judas en friet?'

'Ik zeg het je, Smilealot, op een dag slaat God je dood. Maar even serieus. Ross Hunter.'

'Een man van wie we willen dat God hem doodslaat, ja?'

Het bleef een hele poos stil. Wenceslas keek hem aan. 'Als het nodig is. Als het ons die voorwerpen oplevert.'

'Tut tut. Het zesde gebod?'

'De Grote Bedrieger, Smilealot. Moet ik je daaraan herinneren? Wat Ross Hunter doet draait om het inluiden van de Grote Bedrieger. Hij gaat dingen beweren over de Wederkomst. Hij zal de Grote Bedrieger vinden, hem de zuurstof van publiciteit geven in *The Sunday Times* en alle wereldpers en -media en hem erkennen. Weet je wat er gebeurt als er zuurstof bij vlammen komt? Dan branden ze feller. Hunter moet worden tegengehouden. Begrijp je wat ik zeg? Ross Hunter heeft het waanidee dat hij de Wederkomst aan de wereld zal onthullen, maar eigenlijk geeft hij alleen maar zuurstof aan de antichrist. Het gevaarlijkste schepsel op de wereld. Een totale misleider. Hoor je me? Een misleider.'

'Jij kunt het weten,' kaatste Pope terug.

Wenceslas keek hem kwaad aan. 'Waar heb jij vanavond last van?'

Pope glimlachte ontwapenend terug. 'Jij en ik weten allebei waarom je echt wilt dat Ross Hunter wordt tegengehouden... uit de weg geruimd. Ik heb het al eerder gezegd. Nog los van het feit dat hij dat rotartikel over jou heeft geschreven, ben je bang dat deze Wederkomst echt zou kunnen zijn. Dat het misschien helemaal niet de Grote Bedrieger is, maar Jezus Christus die terugkomt. En net zoals de vorige keer dat hij hier was, toen Christus alle geldverstrekkers in de tempel aan de kaak stelde, heeft hij het deze keer misschien wel voorzien op alle neppriesters die al zo lang rijk worden van de God-business. En je weet donders goed dat jij ergens boven aan dat lijstje zult staan, dominee.'

'En dat vind jij amusant? Als ik onderuitga, ga jij mee. Alles wat we hebben gaat door de plee.'

Pope keek hem met een plotselinge, duistere kilte in zijn ogen aan. 'Ik vind dit niet amusant, dominee. Ik ben het volkomen met je eens, en loop zelfs al op je voor. De enige trefzekere manier om Hunter tegen te houden is door hem op te ruimen.' Hij haalde theatraal een vinger over zijn keel. 'En snel.'

Wenceslas keek hem net zo serieus aan. 'Heb je iemand in gedachten?'

'Ja. Iemand die me van harte is aanbevolen. Heel discreet, woont in Monte Carlo. Ik heb hem al ingelicht en het geld overgemaakt naar zijn Zwitserse bankrekening, en hij is ermee bezig.'

'Geen connecties die naar ons te herleiden zijn?'

Pope keek hem in de ogen. 'Nee. Die vent is top.'

'Is hij duur?'

Pope glimlachte. 'Geruststellend duur.'

'Oog om oog?'

'Ik denk dat tand om tand in dit geval toepasselijker is.'

De bel ging weer.

Pope deed open.

Een andere ober van roomservice kwam binnen. Hij had een dienblad bij zich met een ijsemmer waar de hals van een fles uitstak en twee champagneflûtes, en er hing een wit servet over zijn arm. Deze man was ouder en kruiperiger dan de ober die de predikant zojuist had gezegend, met glad achterovergekamd haar en een Oost-Europees accent.

'Krug, heren? Mijn verontschuldigingen voor de vertraging. Mag ik hem voor u openen en inschenken?' Hij maakte een slaafse buiging.

'Dank je.' Pope gebaarde naar de salontafel.

De man zette de emmer erop. Met een zwierig gebaar gooide hij het servet over de fles en tilde hem uit de emmer. Er droop water af. Hij richtte hem op Wenceslas.

Er klonk een gedempt *plop*.

Wesley Wenceslas schoof met een ruk achteruit op de bank.

Eén geschokt moment dacht Lancelot Pope dat de predikant door de kurk in zijn gezicht was geraakt. Toen verstijfde hij en staarde in verstomd ongeloof naar het ronde gaatje in het midden van zijn voorhoofd. Naar het spoortje bloed dat eruit liep.

'Neeee–' schreeuwde Pope.

Het servet werd op hem gericht.

Er klonk nog een *plop*.

107

Vrijdag 17 maart

Ross had een rusteloze nacht met constante nachtmerries. Toen de wekkerradio om halfzeven aanging met de hoofdpunten van het nieuws drukte hij meteen op de snoozeknop; hij had behoefte aan slaap, was niet klaar voor de dag die voor hem lag.

Het leek nog maar een paar seconden later dat de radio weer aanging. Hij drukte nog een keer op de snoozeknop. Toen de radio weer aanging was het tien voor zeven.

Hij ging zitten, dronk wat water en pakte zijn telefoon. Er was een berichtje van Sally, verstuurd rond elf uur gisteravond.

Hoop dat je een goede avond hebt. Welterusten. XX

Niets van Imogen.

Had hij Imogen niet een berichtje gestuurd voordat hij ging slapen? Hij controleerde het.

Welterusten jij, en Caligula ook. Groetjes van Monty. X

Geen antwoord.

Geweldig.

Misschien was ze vroeg naar bed gegaan.

Of misschien was ze nog steeds pissig vanwege het berichtje dat hij haar per ongeluk had gestuurd.

Zet je eroverheen, Imo. Ik lunch zo vaak met mensen. Het is onderdeel van mijn werk om mensen te ontmoeten en naar informatie te vissen. Dat betekent nog niet dat ik ze naai.

Zelfs al vind ik ze toevallig wel heel leuk. Niet iedereen is zoals jij.

De bel ging. Monty blafte.

Zeven uur. Ross voelde een steek van onbehagen.

Hij wurmde zich in zijn ochtendjas, haastte zich over de overloop naar de logeerkamer aan de voorkant van het huis en keek naar buiten. De twee schilders, Dave en Rob, die ook schilderwerk voor hen hadden gedaan toen ze hier net waren komen wonen, stonden voor de deur. Nu herinnerde hij zich dat ze vroeg zouden komen op weg naar een andere klus. Hij ging naar beneden, aaide de hond om hem te kalmeren, haalde het veiligheidskettinkje van de deur en deed open.

Toen ze de gang in stapten keken beide schilders vol ongeloof naar de muren.

'Tering,' zei Rob.

'Stomme donders, kunnen niet eens spellen!' zei Dave, om zich heen kijkend. Hij wees naar de muur.

ROSS HUNTER, VRIEND VAN DE ANTICHRIST

IMOGEN HUNTER, AANTSTAANDE MOEDER VAN DE ANTICHRIST

'Ik ben misschien maar een doodgewone huisschilder, maar ik kan wel spellen. *Aantstaande?*'

'Hij kan het weten,' zei Rob. 'Hij heeft vijf kids.'

'Heel hulpvaardig,' zei Ross.

'U kent me nog van de vorige keer dat we hier waren, meneer Hunter. *Hulpvaardig* is mijn bijnaam,' zei Dave.

'En de mijne,' voegde Rob eraan toe.

'Als ik erachter ben wie dit heeft gedaan, kan hij misschien terugkomen en de fout corrigeren,' zei Ross droogjes. Hij liet de schilders ook de andere kamers zien.

'Ik wist niet dat krantenverslaggevers fanclubs hadden,' zei Rob.

'Ha ha,' reageerde Ross.

'Het is een hoop werk,' zei Dave. 'Je kunt niet zomaar over die teksten heen schilderen; dat dekt niet genoeg. We zullen het hele behang eraf moeten halen. Verzekeringswerk?'

'Dat hoop ik maar, verdomme.'

'We zullen een prijsopgave maken, die komt dan later vandaag of morgen. Als het verzekeringswerk wordt, kunnen we ook twee offertes maken, als u snapt wat ik bedoel.' Hij knipoogde.

Ross grijnsde en bedankte de mannen. Toen hij hen had uitgelaten trok hij een joggingpak en gympen aan en ging een eind hardlopen met Monty in een poging zijn gedachten op een rijtje te krijgen.

Hij keerde rond kwart over acht terug, zette de televisie op het ontbijtnieuws en begon een walgelijk ruikende rol hondenvoer te prakken; een zogenaamd gezond dieet dat Imogen sinds kort voor Monty kocht.

Flitsende lichten op het scherm vingen zijn blik. Op tv was de ingang te zien van een groot zakenhotel afgezet met politielint. Er stonden kriskras politievoertuigen voor geparkeerd, en er was een hele menigte verslaggevers en fotografen. Een banner langs de onderrand van het scherm meldde: *Extra bulletin*.

Er werd overgeschakeld naar de studio, waar de keurig geklede presentator, Charlie Stayt, somber in de camera keek. 'Eerder vanochtend zijn de lichamen van twee mannen aangetroffen in een hotelsuite op naam van de populaire evangelische predikant Wesley Wenceslas. We gaan nu live naar het Hinckley Point Hotel in de buurt van Leicester, waar de politie op het punt staat een verklaring af te leggen.'

Een gedrongen, zelfverzekerd ogende veertiger met zwart haar dat met gel achterover was gekamd en gekleed in een donker pak stond voor het kordon met het hotel op de achtergrond. Zijn stropdas wapperde in de sterke wind te midden van een barrage van cameraflitsen.

Een banner op het scherm maakte bekend: *Adjudant Paul Garradin, politie Leicestershire.*

'Ik kan bevestigen dat twee mannen levenloos zijn aangetroffen, vermoedelijk neergeschoten, in een suite in dit hotel,' zei hij. 'We behandelen de sterfgevallen als een dubbele moord. We houden later vandaag een uitgebreidere persconferentie, nadat de identiteit van de slachtoffers is bevestigd. Op dit ogenblik heb ik geen nadere informatie. Dank u.' Er werden allerlei vragen geroepen, maar die negeerde hij.

Ross bleef naar het scherm staren. *Dominee Wesley Wenceslas.* Hij had de man eens benaderd bij de deur van zijn kerk in Londen, toen hij aan zijn stuk over evangelisten werkte, en een van de oppassers van de predikant had hem zo hard geduwd dat hij was gevallen. Wenceslas had pogingen gedaan om *The Sunday Times* en hem aan te klagen nadat het artikel was gepubliceerd.

Dominee Wesley Wenceslas was een grote smeerlap, een heel slimme en charismatische oplichter. Had hij eindelijk zijn verdiende loon gekregen? Ongetwijfeld zou het nieuws in de komende uren over niets anders gaan.

Maar iets aan dit nieuwsitem bezorgde Ross een zeer onbehaaglijk gevoel. Hij dacht terug aan zijn gesprek met Giuseppe Silvestri van gisteravond.

U mag dan geloven dat u die voorwerpen hebt beschermd, maar misschien beseft u niet dat er mensen zijn met, staat u mij toe, minder hoge normen dan Zijne Heiligheid. Ze zijn vastbesloten om ze koste wat het kost in handen te krijgen, zelfs als het u uw leven kost, meneer Hunter. U hebt vele vijanden. Wij zullen proberen u te beschermen tot u de voorwerpen aan ons hebt overgedragen. En uiteraard zullen u en uw familie ook daarna veilig zijn.

Hij had zich al eerder afgevraagd: was dominee Wesley Wenceslas een van die vijanden?

Was dat naar wie de Italiaan had verwezen?

Wilde speculatie, wist hij, maar was er een verband tussen die schietpartij en hem? Een Silvestri-connectie?

Monty jankte.

'Sorry, jochie!' Hij voltooide het klaarmaken van het hondenvoer, waarbij hij probeerde niet te veel van de stank in te ademen, en zette de bak op de grond.

Maar in plaats van er uitgehongerd op aan te vallen, liep de hond naar zijn mand en ging erin liggen.

'Hé, wat is er? Ik dacht dat je honger had. Wat is er? Mis je het vrouwtje?'

Ross haalde de net bezorgde kranten van de mat en goot toen wat muesli voor zichzelf in een kom. Hij sneed een appel in stukjes, deed er blauwe bessen, druiven en Griekse yoghurt bij en ging ermee aan tafel zitten.

Hij staarde naar de televisie, wachtend op een volgende ontwikkeling in de moorden. Maar er kwam niets nieuws. Iets over een protest van de EU tegen het Amerikaanse beleid ten aanzien van klimaatverandering. Een minister die een motie van wantrouwen indiende tegen de voorzitter van het Lagerhuis. Meer over de gezondheidszorg en de opstandige minister van Gezondheid die verhit zijn meest recente acties verdedigde.

Hij voelde een trilling van de Apple Watch om zijn pols.

Nu pas zag hij dat er vannacht een e-mail van Zack Boxx was binnengekomen.

Hoi, Ross, ik zei toch dat ik £2k rekende voor de zoekopdracht? En een bonus van £1k voor elk resultaat? Nou, ik heb goed nieuws – of misschien is het voor jou slecht nieuws. Ik krijg £5k van je!

Zich ervan bewust dat hij waarschijnlijk op dit tijdstip niet wakker was, mailde Ross hem opgewonden terug.

Wat heb je???

Hij wachtte een paar minuten, maar er kwam geen antwoord. Ongeduldig pakte hij zijn prepaid toestel, zocht het nummer van de nerd op en belde het.

Na vier keer overgaan werd hij doorgeschakeld naar de voicemail: 'Hallo, met Zack Boxx. Als je een verstandig woord uit me wilt krijgen, bel dan na vier uur 's middags terug. Welterusten! En als je echt wanhopig bent, laat dan een bericht achter.'

Ross liet een kort bericht achter.

En bleef zitten nadenken. Hij at zijn muesli zonder veel trek. Wat had Boxx gevonden?

Op het nieuws van negen uur herhaalde de BBC het verhaal over de dubbele moord dat hij om halfnegen ook al had gehoord.

Hij besloot even op Twitter te kijken en vond daar snel een heleboel meer informatie, verspreid door een personeelslid van het hotel, zo leek het, in een tweet die al viraal was gegaan. Een ober van roomservice die het ontbijt van de predikant kwam brengen had beide mannen dood aangetroffen, allebei met één kogelwond in het hoofd.

Hij huiverde.

Zijn iPhone ging. Het was Imogen.

'Hoi,' zei hij bij het opnemen.

'Heb je het nieuws gezien?' vroeg ze.

'Over Wesley Wenceslas?'

'Ja.' Ze klonk grimmig. 'Iemand van zijn staf heeft een condoleancepagina geopend op Facebook, en er staan al honderden reacties.'

'Wat maakt de dood van die boef uit?'

'Je snapt het niet, hè, Ross? Wéér twee moorden. Ik ben echt bang dat wij de volgende zullen zijn.'

'Maar Imogen, ik heb niets met die gasten te maken, behalve dat ik heb geprobeerd ze te interviewen, jaren geleden.'

'Ross, kom op, doe even realistisch! Dit is geen toeval. Er lopen allerlei fanatici rond; religie is verdomme een mijnenveld. Kom hierheen totdat we veilig zijn.'

'Imogen, ik denk niet dat ik echt in gevaar ben. Ik heb wat zij willen, en zolang ik dat heb, ben ik veilig. En jij bent een stuk veiliger als we niet bij elkaar zijn. Bovendien breng ik Monty niet naar een pension alleen maar omdat Ben allergisch is. Laten we later vandaag nog een keer bellen, oké?'

'Sorry, ik wilde niet storen bij je liefdesnestje.'

'Hè, waar heb je het over?'

Er kwam geen reactie. Ze had al opgehangen.

Hij belde haar terug, maar werd meteen doorgeschakeld naar de voicemail. 'Imogen, ik ben hier alleen, oké?' sprak hij in.

Nadat hij zich snel had gedoucht, geschoren en aangekleed bekeek hij zijn telefoon. Imogen had hem nog steeds niet teruggebeld. Hij probeerde het nog eens. En kreeg weer haar voicemail.

Hij hing kwaad op. Kwaad op haar, kwaad op zichzelf.

Aan zijn bureau ging hij verder met het schrijven van zijn artikel.

Precies om vier uur belde hij Zack Boxx en hoorde zijn slaperige stem.

'Ja?'

'Met Ross.'

'O ja.'

'Je zei dat je een resultaat voor me had.'

'Klopt. Ja.'

Het bleef een hele poos stil. Ross vroeg zich af of hij weer in slaap was gevallen.

'Ben je er nog, Zack?'

'Ik ben er nog. Je kunt beter hierheen komen. Ik denk dat het gemakkelijker is als ik het je laat zien.'

'Nu?'

'Nu is prima,' zei hij, al klonk hij aarzelend.

Toen herinnerde Ross zich dat zijn Audi nog in de parkeergarage onder het Waterfront Hotel stond. 'Ik ben over een uur bij je.'

'Ik zal hier nog zijn, helaas. Vastzittend op aarde.'

108

Vrijdag 17 maart

Even na vijf uur die middag hurkte Ross Hunter ongemakkelijk naast Zack Boxx op de smoezelige beige vloerbedekking. De kat sloop ineengedoken langs aan de andere kant van de kamer. Ross had Boxx nog nooit zo opgewonden gezien.

Op het scherm voor hen stonden rijen getallen en letters die Ross helemaal niets zeiden. Maar Boxx wees er opgewonden naar en ging met zijn vinger langs een rij. 'Zie je die DNA-match?'

'Niet echt,' antwoordde Ross.

Boxx ververste het beeld en er verscheen een volgend stel getallen, al net zo betekenisloos voor Ross. 'En dit?'

'Nee.'

Hij ververste het beeld opnieuw. 'En deze?'

'Nee.'

Boxx harkte door zijn haar en keek Ross aan alsof hij een sukkel was. 'Oké, laten we teruggaan naar het eerste beeld.' Hij drukte op wat toetsen, en binnen een paar seconden werd het scherm weer gevuld met rijen getallen. 'Je hebt geluk, Ross. Ik denk dat we heel, heel veel geluk hebben! Met het standaard-DNA, het mitochondrische en de Y-STR.'

'In welk opzicht?'

'In alle opzichten! Oké, die eerste is de mitochondrische DNA-database van de politie in Los Angeles. Ik heb een match met het mitochondrische dat je me gaf. De zeven mutaties zijn aanwezig in beide profielen.'

'O ja? Met wie?'

'Ene Arlene Katzenberg.'

'Arlene Katzenberg?'

'Ja. Zegt die naam je iets?'

'Niet meteen. Wat had ze gedaan dat haar DNA in het bestand van de politie van Los Angeles zit?'

'Alles zal duidelijk worden.'

Ross staarde een poosje zwijgend naar het scherm. Mitochondrisch. Het DNA dat ongewijzigd werd doorgegeven via de vrouwelijke lijn. Als het DNA van de kelk en van de tand echt van Jezus Christus waren, betekende dit dat deze Arlene Katzenberg rechtstreeks afstamde van Jezus.

'Geniaal werk, Zack.'

'Oké, kijk hier nu eens naar. Je hebt me de Y-STR gegeven – *Y-chromosome short tandem repeat* – die ongewijzigd wordt doorgegeven, net als het mitochondrische DNA, maar dan via de mannelijke lijn. Ik heb hier ook een profielmatch, weer met de zeven mutaties, met Myron Mizrahi, een arts geboren in La Hoya in Californië. Ook in het bestand van de LAPD.'

'Waarom hebben ze zijn DNA?'

'Alles zal duidelijk worden.' Boxx keek hem zelfingenomen aan. 'Ik ga je laten zien dat ik mijn geld verdiend heb.'

'Dat geloof ik nu al.' Ross' hoofd liep om. Dokter Myron Mizrahi. Directe afstammeling, via de mannelijke bloedlijn, van Jezus Christus. Er gingen talloze mogelijkheden door zijn hoofd. 'Hoe denk je over religie, Zack? Geloof je ergens in?'

'Kwantumfysica is zeg maar mijn religie.'

'Daar snap ik helemaal niets van.'

Boxx knikte opgewonden. 'Je zou het eens moeten proberen. Verdiep je erin. Het is... waarschijnlijk de sleutel tot alles.'

'Als iemand het kon begrijpen!'

'Er gebeuren allerlei dingen in de kwantumfysica die niemand kan begrijpen, hè? Verbindingen over de hele wereld die niemand kan verklaren. Dingen die meer zijn dan toeval, meer dan geluk. Bovennatuurlijk? Zou het het werk kunnen zijn van een Intelligente Ontwerper?'

'Is dat wat jij denkt?'

'Ken je de multiversumtheorie?'

'Ik heb ervan gehoord, maar ik weet niet wat het betekent.'

'Om mogelijk te maken dat er leven bestaat op onze planeet, moet er een ongelooflijk aantal elementen bij elkaar komen. Het simpelste voorbeeld is dit: als we een klein stukje dichter bij de zon zouden staan, zouden we gebakken worden en zou er helemaal geen leven op deze planeet kunnen bestaan. Een beetje verder weg, en het zou veel te koud zijn om leven mogelijk te maken. En eindeloos veel meer. De wiskundige, natuurkundige en chemische factoren die nodig zijn voor het leven zoals wij dat kennen zijn gewoonweg verbijsterend. Dus de multiversumtheorie is dat toen de oerknal plaatsvond daarbij honderden, of misschien wel miljoenen of miljarden, universums net als het onze ontstonden. De theorie stelt dat in slechts één ervan het mogelijk is dat alle elementen bij elkaar kwamen, door puur toeval, om het leven te faciliteren zoals wij dat kennen. Onze planeet, de aarde.'

'Geloof jij dat ook?'

'Nee, volgens mij is het gelul. Er zit een categorische fout in. Wat ik veel interessanter vind in kwantumfysica is het effect van de toeschouwer. Dat als je naar iets kijkt, het feit dát je ernaar kijkt datgene verandert.'

'God die naar ons kijkt? Ons verandert?'

'Wie weet? Of het menselijk leven is het gevolg van een vrij groot toeval.'

'Wat bedoelde je met een categorische fout?'

'Ja, oké. Het is zeg maar een soort Paleys horloge –'

'Paleys horloge? Je bent me weer kwijt.'

'Oké, stel dat een auto van Ford wordt gedropt in een afgelegen deel van de wereld, voor een man die nog nooit een auto heeft gezien en niets van moderne techniek weet. Hij stelt zich misschien voor dat er een god – meneer Ford – in die motor zit om hem te laten werken. Hij stelt zich dan misschien ook voor dat als die motor soepel draait, dat komt doordat meneer Ford binnen in de motor hem aardig vindt. En als hij niet wil starten, is dat omdat meneer Ford hem niet aardig vindt en ergens boos over is, oké?'

Ross fronste en vroeg zich af waar dit heen ging.

'Als hij dan een cursus ging volgen en die motor uit elkaar haalde, zou hij zien dat er geen meneer Ford in zat,' ging Zack door. 'Hij zou ook ontdekken dat het ding werkte dankzij interne verbranding. En een stap verder: als hij op dat moment zou besluiten dat hij nu wist hoe de motor werkte en hij dus geen reden meer had om in het bestaan van meneer Ford te geloven, zou hij een categorische fout maken. Als meneer Ford namelijk nooit had bestaan om die mechanismen te ontwerpen, zou niets ervan bestaan.'

Ross liet dat op zich inwerken. Toen vroeg hij: 'Wat geloof je zelf echt, Zack?'

'Daar ben ik nog niet uit. Toeval is een interessant iets, dat spreekt me aan. Einstein noemde toeval "Gods visitekaartjes". Ik ga je zo een toeval geven dat verdomd veel aan een visitekaartje van God doet denken. Ben je er klaar voor?'

Ross glimlachte. 'Ja, ik denk van wel.'

'Oké. Arlene Katzenberg en Myron Mizrahi hebben elkaar ontmoet!'

'Wat?'

'Ze hebben elkaar ontmoet.' Hij glimlachte.

'Wanneer? Hoe weet je dat?'

'In 1946. Arlene Katzenberg en Myron Mizrahi trouwden met elkaar.'

Ross stond volslagen paf. 'Ze trouwden?'

Zack knikte. 'Ja. En in 1947 kregen ze een zoon.'

109

Vrijdag 17 maart

Ross stond met een uitgelaten gevoel op. Een vrouw met een DNA-match met Jezus Christus was getrouwd met een man die ook een DNA-match had met Jezus?

En ze hadden een zoon gekregen?

'Zack,' vroeg hij met aandrang. 'Die zoon... heb je enig idee of die nog leeft?'

'Hij leefde in elk geval drie jaar geleden nog.'

'Hoe weet je dat?'

'Alles op z'n tijd!'

Hoe groot was de kans dat die twee elkaar waren tegengekomen? Allebei afstammelingen van een man die duizenden kilometers ver weg had geleefd, meer dan tweeduizend jaar geleden. Hoe groot was die kans?

Een miljard tegen één? Een triljard tegen één?

Het was niet te bevatten.

'Hoe kom je aan die informatie, Zack?'

'Wil jij mij iets vertellen, Ross?' Zack keek hem veelbetekenend aan.

'Vertel eens over die ouders. Leven die nog?'

Boxx schudde zijn hoofd. 'Zo ben ik aan deze informatie gekomen, uit politiedossiers. Ze zijn vermoord kort nadat ze in 1957 naar Los Angeles verhuisden en de zaak is nooit opgelost. Een soort rituele moord, of zo zag het er in elk geval uit. Gelukkig voor ons – nou, voor jou – heeft de LAPD de zaak recent heropend als onderdeel van hun onderzoek naar historische onopgeloste moorden – cold cases – en hebben ze vers DNA geoogst uit bewaarde bloedmonsters.'

'Rituele moord? Wat is er dan gebeurd? Hoe zijn ze gestorven?'

'Het leek erop dat er religieuze boventonen waren, oké? Ze waren naakt, vastgespijkerd aan de vloer van hun huis, op hun rug, naast elkaar, met gespreide armen en spijkers door hun handen en voeten. Alsof ze gekruisigd waren.'

Ross keek in afgrijzen naar Boxx. 'Stond dat in de dossiers die je hebt gehackt?'

'Alles.'

'En... wat gebeurde er dan met die zoon? Hoe heet hij?'

'Michael. Volgens de politiegegevens kwamen zijn biologische ouders om toen hij tien was. Hij ging naar jeugdzorg, maar daarna is er niets meer over hem te vinden.'

'Maar jij zegt dat hij nog leeft, of in elk geval nog leefde in 2014?'

Zack Boxx knikte grijnzend. 'Dit is waar je echt blij van zult worden, en waarmee ik mijn geld verdien!'

Ross keek hem verwachtingsvol aan.

'In maart 2014, in West Hollywood, werd een man van zevenenzestig, Michael Henry Delaney, gearresteerd voor rijden onder invloed. Er werd bloed afgenomen door de politie, en daaruit is DNA verkregen.' Boxx keek Ross bijna blij aan. 'Michael Delaneys DNA, met de zeven unieke mutaties in het mitochondrische DNA en in de Y-chromosoom, is een honderd procent match met de profielen die jij me hebt gegeven.'

Ross staarde hem aan. 'De vermiste zoon?'

Hij zweeg en dacht na over de implicaties hiervan. Zijn hart bonsde.

'Nou, hoe zit het?'

'Hoe zit wat, Zack?'

'Heb jij mij hier iets over te vertellen?'

'Misschien op een dag, Zack. Maar niet nu. Het is veiliger voor je als je het niet weet.'

110

Vrijdag 17 maart

Ross reed met een verdoofd gevoel bij Boxx weg. De nerd was blijven aandringen, dus had hij nog meer van zijn vragen moeten afweren over waarom hij zo veel belangstelling had voor al dat DNA. Hij had Boxx verteld dat hij onderzoek deed naar historische genetische links met betrekking tot de Joodse diaspora en emigratie naar de Verenigde Staten.

Het duizelde hem.

Michael Delaney.

Michael Henry Delaney.

Als de kelk en de tand echt waren, betekende dat dat Michael Delaneys mitochondrische en Y-chromosoom-DNA identiek waren aan dat van Jezus Christus. Iedereen wist dat Jezus niet getrouwd was, maar zijn Y-chromosoom zou hetzelfde zijn als zijn broers, die wel vrouwen hadden gehad.

Er kwam een berichtje binnen op zijn telefoon, maar hij negeerde het omdat hij zijn gedachtestroom niet wilde onderbreken. Delaneys ouders, rechtstreekse afstammelingen van Jezus Christus via de vrouwelijke en de mannelijke lijn, hadden elkaar ontmoet. Een kind gekregen.

Ross probeerde de implicaties daarvan te overzien.

Arlene Katzenberg en Myron Mizrahi.

Totale vreemden van elkaar. Allebei Joodse namen.

Ze hadden elkaar ontmoet en waren getrouwd.

En tien jaar later waren ze op een symbolische, rituele manier vermoord.

Betekende dat dat iemand in die tijd het had geweten? Als dat zo was, waarom hadden ze dan de ouders vermoord, maar niet de zoon?

Had iemand die de herkomst van de jongen kende hem meegenomen en verstopt? Mensen die Delaney heetten? Hadden die zijn achternaam van een Joodse in een Ierse veranderd? Ross herinnerde zich een stuk uit de Bijbel over koning Herodus en de kindermoord, waarbij elk mannelijk kind tot en met twee jaar oud was afgeslacht in een poging de pasgeboren Jezus te doden.

Hij wenste dat hij meer van de Bijbel wist.

Het toeval bleef hem dwarszitten. Dat die twee mensen elkaar hadden ontmoet. Oké, ze woonden allebei in het zuiden van Californië. Maar met dat

DNA, die genen? En dat ze vervolgens een zoon kregen van wie het DNA een exacte match was met dat wat hij had laten identificeren door het ATGC-lab? Hoe was dat mogelijk? Ouders brachten genen in vanuit de vrouwelijke en mannelijke bloedlijn, die willekeurig werden gemengd in het cel-DNA van een bevrucht eitje. Maar het DNA van deze Michael Delaney was geheel identiek aan dat van Jezus Christus, aan zijn unieke genetische vingerafdruk. Hoe kon dat zijn gebeurd? Door het lot?

Als Delaney nu nog leefde, was hij begin zeventig.

De Wederkomst?

Maar zo ja, waarom had niemand er dan van gehoord?

Of wel?

Delaneys ouders waren vermoord in een ritueel dat verwees naar de kruisiging. Die jongen was mogelijk verstopt, uit angst. Was hij nu nog steeds bang, aangenomen dat hij nog leefde? Hield hij zich gedeisd omdat hij een geheim had dat hij niet durfde te onthullen?

Of, dacht Ross ineens, stel dat hij het niet eens wist.

Een andere, eenvoudiger verklaring was dat de beker en de tand gewoon niet echt waren.

Of was Jezus Christus simpelweg niet de Verlosser waarin sommige religies geloofden? Gewoon een man, een goochelaar en illusionist over wie van alles was geschreven door verschillende mensen, onder wie enkele apostelen, die dachten een religie te kunnen beginnen door een mythe rondom hem te creëren?

Als dat het geval was moest Ross het ze wel nageven. Hun persverklaringen waren zo goed geweest dat ze meer dan tweeduizend jaar hadden standgehouden.

Maar als Michael Delaney echt de Messias was, wat betekende dat dan voor de wereld?

Hij dacht aan het mogelijke verhaal dat hij kon schrijven als hij hem vond. Het sensationeelste exclusieve interview aller tijden?

III

Vrijdag 17 maart

Even voor zes uur 's middags ging Ross zijn huis binnen. Hij hurkte neer en aaide Monty. 'We gaan straks wandelen, oké? Beloofd!'

Hij haastte zich naar boven en startte zijn computer op. Zodra het scherm tot leven kwam, googelde hij de naam 'Michael Delaney'.

Er verschenen honderden resultaten.

Hij verkleinde de zoekopdracht door er 'Michael Henry Delaney Wiki' van te maken.

De link naar Wikipedia verscheen en hij voelde de hoop opvlammen toen hij een vermelding vond.

> Michael Henry Delaney (18 april 1947) is een Amerikaanse goochelaar, voorheen onder contract bij Creative Artists Agency. Onder de artiestennaam Mickey Magic had hij van 1994 tot 1997 zijn eigen televisieshow op ABC. Na de (onopgeloste) moord op zijn biologische ouders, Myron en Arlene (geb. Katzenberg) Mizrahi, werd hij als kind geadopteerd door pleegouders en nam hun achternaam aan.

Ross klikte op *Afbeeldingen*, maar er verscheen slechts één rijtje foto's. Een flamboyante man van eind veertig met golvend bruin haar, elke keer gekleed in een fraai wit pak. Op enkele foto's van zijn show had hij een stralenkrans om zijn hoofd die een halo-effect creëerde.

Er waren geen andere foto's van Michael Delaney, en nergens stond dat hij was overleden. Waar was hij dan nu? En betekende het feit dat die details op Wikipedia stonden dat Delaney niet langer bang was?

Was hij echt een rechtstreekse nazaat van Jezus Christus? Woonde hij ergens in Los Angeles, zoals de coördinaten aangaven, en wist hij niet wie hij werkelijk was?

En was Jezus op zijn eigen manier niet ook een soort tovenaar geweest, in een tijd waarin de wereld nog een stuk minder sceptisch was?

Ross handelde een paar e-mails af waarop een snel antwoord nodig was. Op zijn iPhone stond een berichtje van Imogen, die vroeg of ze morgen konden gaan lunchen als hij vrij was – en niet bezig met 'redactiewerk' –, en er was een berichtje van Sally Hughes die vroeg hoe zijn dag was geweest.

Ross beantwoordde ze geen van beide. Hij ging naar beneden, pakte Monty's riem van de haak en liep met hem het donker in.

Hij dacht na. Formuleerde een plan.

Toen hij een uur later terug was stelde hij een mail op naar zijn redacteur.

> Hoi, Natalie, ik heb echt een klapper van een verhaal. Je zult me maar moeten vertrouwen. Ik heb een onkostenvergoeding nodig om zsm naar LA te vliegen. Heb een voorlopige boeking kunnen maken tegen een goede prijs. Kun je me bellen zodra je dit leest?

Tot zijn verbazing belde ze hem vijf minuten later op zijn prepaid mobiel.

'Wacht even.' Hij liep met de telefoon naar buiten voordat hij zei: 'Oké!'

'Ross, je krijgt niet veel kansen meer. Je wijst elk verhaal af dat ik je voorleg, en ik krijg niets van je. Ik wil heel graag een vervolgartikel van je over de moord op Wesley Wenceslas. Kan ik dat nog voor dit weekend krijgen?'

'Nee, kan niet, ik moet naar LA.'

'Ik hoop maar dat dit goed is. Wat kun je me vertellen?'

'Nou, ik weet niet of je me wel zou geloven.'

'Waag het er maar op.'

Ross waagde het erop.

112

Vrijdag 17 maart

Big Tony hing onderuitgezakt in de kussens op de vensterbank van zijn appartement op de twaalfde verdieping in Monaco. Hij dronk zijn favoriete single-malt whisky en luisterde via zijn headset naar Ross Hunter, telefonerend in zijn woning in Brighton, Sussex.

De kleuren hier waren helder en zonnig, de gordijnen en kussens geel, de vloerbedekking en meubels wit. Na al die tijd in een donkere cel in de extra beveiligde gevangenis hield hij van licht; hij had de zon immers meer dan twintig jaar niet gezien.

Buiten steeg een blauw-witte Héli Air Monaco-shuttle op voor de vlucht van zeven minuten naar het vliegveld van Nice. Kijkend naar de knipperende lichtjes van het toestel dat de donker wordende hemel boven de Med in steeg pufte hij aan zijn Cohiba Robusto.

Hij hield van Cohiba's, de enige sigaar die de controversiële Fidel Castro altijd rookte. De Cubaanse dictator was in zijn begintijd doodsbang geweest dat hij zou worden vergiftigd, dus had hij persoonlijk geselecteerde sigarenrollers aangesteld die uitsluitend voor hem werkten. Big Tony ging ervan uit dat de dictator van het belangrijkste sigarenproducerende land ter wereld de keus had gehad uit het beste van het beste. Als Robusto's goed genoeg waren voor Castro, waren ze goed genoeg voor hem. Hij wist graag dingen. Hij wist ook alles over deze whisky. De Haig-distilleerderij was opgericht in 1824 en was de eerste die graanwhisky distilleerde in hoge stookketels. Het was belangrijk om al het mogelijke over je connecties te weten, vond hij. En hij had de afgelopen dagen via zijn headset heel veel geleerd.

Het was een interessant gesprek. Ross Hunter praatte met een dame – zijn redacteur, zo te horen – en vroeg om geld voor een trip naar Los Angeles. Hij leek er vrij dringend naartoe te willen. Maar zijn stem klonk heel zacht, alsof hij naar buiten was gestapt, waardoor Tony slechts een deel van het gesprek opving. Toch was het genoeg om zijn volgende stap te bepalen.

Het was vreemd hoe het leven liep, overpeinsde hij. Toen hij als twintiger voor vijfentwintig jaar de bak in was gegaan, was het leven in de superbeveiligde gevangenis een hel geweest. Maar sinds die tijd was het goed. En nu zat het hem mee. Als de dobbelstenen de goede kant op rolden, zaten dingen je op zulke fijne manieren mee dat het bijna voelde alsof je van ergens daarboven een handje werd geholpen.

Zij het dan een beetje een perverse hand. Eerst was hij ingehuurd om de man te vermoorden naar wie hij nu luisterde, Ross Hunter, een of andere klojo van een journalist. Alles was afgetikt en de volledige betaling stond veilig op zijn bankrekening. Vervolgens was hem gevraagd de twee mannen aan het hoofd van het bedrijf te vermoorden – Wesley Wenceslas Ministries – die hem hadden ingehuurd om Hunter uit de weg te ruimen. Zijn opdrachtgevers hadden natuurlijk geprobeerd hun identiteit geheim te houden, maar niet veel cliënten kregen het voor elkaar om erg lang geheimen voor hem te bewaren.

Zijn professionalisme had hem ervan weerhouden persoonlijk de executie van Wenceslas en Pope uit te voeren, maar hij wilde de klus ook niet verspelen, dus had hij een zeldzame uitzondering gemaakt op zijn regel om nooit iemand te vertrouwen en had hij een compagnon ingeschakeld voor die taak. Een betrouwbare bron in Boekarest. Voor nog geen tien procent van de vijf miljoen dollar die hij zelf had geëist, had zijn tussenpersoon in Boekarest iemand naar Engeland gestuurd die de klus had geklaard en de volgende ochtend het land alweer uit was. Met zijn deel van het geld kon de huurmoordenaar in zijn eigen land tien jaar lang leven als een koning. En het zou ook zeker tien jaar duren voordat de tussenpersoon hem weer naar Engeland stuurde.

Je zou bijna geloven dat God bestond!

De bedriegerij rondom Wesley Wenceslas Ministries had hem zich doen afvragen of zijn professionele diensten nog wel nodig waren. Maar zo niet, dan zou hij het geld moeten teruggeven, dus had hij besloten door te gaan met zijn opdracht.

Hij ratelde met de ijsblokjes in zijn glas en nam nog een slok. Jammer dat hij hetzelfde niet kon laten gebeuren met de weerzinwekkende Julius Helmsley alias 'meneer Brown'. Maar hé, dat stopte hij wel in zijn achterzak, misschien voor later. Op dit moment had hij iets anders aan zijn hoofd. Zijn doelwit, Ross Hunter.

Hunter probeerde een toelage te regelen voor een trip naar LA. Het leek erop dat de dame aan de andere kant van de lijn akkoord ging, zij het met wat tegenzin. De trip ging door. Big Tony was daar blij om. LA was bekend jachtterrein voor hem.

Bovendien beviel het idee van een bezoekje aan Amerika hem wel. Hij was dan misschien een soort banneling, maar hij was nog steeds door en door Amerikaans staatsburger, ook al was Monte Carlo nu zijn thuis. Hij leefde hier goed. Rijker dan hij ooit had kunnen dromen. Met maar één probleem: er was eigenlijk niets waar hij zijn geld aan hoefde of wilde uitgeven.

Mensen opsporen en vermoorden, dat was wat hij het liefste deed, hoe hij ook had geprobeerd het te ontkennen. Het was de kick. Elke klus was een nieuwe uitdaging, een nieuwe adrenalinestoot. Als hij op jacht was, in de achtervolging, voelde hij pas echt dat hij leefde.

De laptop op tafel voor hem vertoonde tientallen foto's van Ross Hunter. Er stond een goede bij een van de columns die hij voor *The Sunday Times* schreef. Slank, glimlachend gezicht, kort haar, doordringende ogen.

Big Tony had zich dat gezicht ingeprent. Met zonnebril, zonder zonnebril. Met pet, zonder pet. Met stoppels, zonder stoppels. Met baard, met snor, gladgeschoren.

LA zou leuk zijn.

Het zou grappig zijn om er samen heen te reizen, op dezelfde vlucht. Hoewel, te oordelen naar het gesprek dat ze voerden leek Hunter gedoemd om in de toeristenklasse te reizen. Hé, misschien vroeg hij de stewardess van de first class wel om die vent in het getto achterin een glas goede champagne te brengen.

Maar misschien ook niet.

Hij pakte zijn telefoon en belde een contactpersoon in Syracuse, New York, die hem nog iets schuldig was. Die vent had een vertrouwelijke manier om boekingen bij vliegmaatschappijen in de gaten te houden. Hij kon je van iedereen vertellen op welke vlucht ze zaten, of ze al waren opgestegen en hoe laat ze zouden landen. Big Tony gaf hem de naam Ross Hunter en vroeg hem melding te doen zodra Hunter een vlucht naar Los Angeles boekte.

113

Vrijdag 17 maart

'Pak een kaart! Maakt niet uit welke, maar laat hem niet aan mij zien. Pak gewoon een kaart!'

Het was vrijdagavond, St Patrick's Day, in de halfvolle Fairfax Lounge. De verlopen ruimte was ouderwets, maar niet op een hippe retromanier – alleen maar oud. De geur van verschaald bier was in de stoffering getrokken. Aan de ene kant was een lange, glanzende bar en aan de andere een rij gebogen leren bankjes. Laaghangende matgroene lampenkappen gaven de tent de uitstraling van een clandestiene kroeg uit 1930. Op een televisie aan de muur achter de bar was een honkbalwedstrijd bezig waar een handjevol mensen op de barkrukken naar keek. Aan het eind van de ruimte was een klein podium met microfoonstandaards, een paar muziekinstrumenten, een kluwen kabels en twee speakers zo groot als koelkasten. De paar slierten groen-witte vlaggetjes die waren opgehangen, die eens per jaar uit de kast werden gehaald, hingen er slap en stoffig bij. De muzikanten – een gitarist, een drummer, een saxofoonspeler en een platinablonde zangeres van pensioengerechtigde leeftijd die zo veel plastische chirurgie had laten doen dat het leek alsof de chirurg tot op het bot van haar gezicht was gegaan – hadden pauze.

'Elke willekeurige kaart, meneer! Inderdaad, het maakt niet uit welke!'

Mike Delaney, een magere man met een gezicht vol adertjes van het drinken, droeg het enige pak dat hij bezat, lichtgrijs, met wat losgeraakte zomen en versleten ellebogen, een mooi zwart overhemd en verschrikkelijk sleetse laarzen. Een lok van zijn lange, dunnende grijze haar hing voor zijn rechteroog.

Met trillende handen waaierde hij de stok kaarten uit, met de afbeeldingen omlaag. In de nis voor hem zaten vier mensen: een man met een flesje Budweiser, de andere met een glas whisky met ijs en de dames met cocktails in martiniglazen. Een van de mannen, met een kaalgeschoren hoofd en een vest aan, keek zeer vijandig. Hij leek zich te ergeren aan de verstoring door de huisgoochelaar, stak een getatoeëerde arm met een groot Breitling-horloge uit en pakte een kaart.

'Hoe heet u, meneer?'

'Billy.'

Delaneys stem was ijl en doordringend. 'Kijk ernaar, Billy, maar laat hem niet aan mij zien. Laat hem aan de anderen zien, maar niet aan mij!'

De man gehoorzaamde. Hij had de harten acht gepakt.

Delaney gaf hem een zwarte viltstift. 'Zou je je naam op de achterkant willen schrijven, Billy?'

Billy krabbelde zijn naam op de kaart en gaf de stift terug, die de oude goochelaar weer in zijn zak stak.

'Stop de kaart nu terug – waar je maar wilt!'

De man stopte de kaart terug en haalde sceptisch zijn schouders op naar zijn tafelgenoten.

Delaney schoof het pak kaarten in elkaar. Toen hij de kaarten weer uitwaaierde, glipten ze weg en vielen ze op de vloer, waar ze allemaal met de afbeelding omhoog belandden.

'Shit, man, je speelt godverdomme vals!' riep Billy.

Beide stellen leunden over de tafel heen en keken naar de vloer. Alle kaarten waren hetzelfde: allemaal harten acht.

Haastig knielde Mike Delaney neer en veegde onhandig de kaarten bij elkaar. 'Welke kaart had jij gekozen, Billy?'

'Dat weet je godverdomme best, klootzak.'

Delaney gaf hem de kaarten. 'Laat me hem even zien, alsjeblieft.'

'Wat krijgen we nou?'

'Laat me je kaart zien, alsjeblieft, Billy.'

De man draaide de kaarten om. Tot zijn verbazing was de onderste kaart de klaverdame en geen harten acht. Hij fronste en legde de kaart op het lage tafeltje voor hem. De volgende kaart was een schoppen twee. Hij bleef fronsen terwijl hij de stapel doorbladerde. Alle kaarten waren verschillend. En nu keken zijn drie metgezellen met belangstelling toe.

'Zie je jouw kaart, Billy?'

'Godverdomme.' Zwijgend werkte de man zich door de hele stok kaarten heen. Toen hij klaar was en ze allemaal met de afbeelding omhoog op tafel lagen, zei hij: 'Hij zit er niet bij.'

Delaney keek verbaasd. 'Nou, oké, laten we dan iets anders proberen. Als ik je nu eens vertel waar je kaart is, in plaats van dat jij me vertelt welke je had gekozen?'

'Ja, best.'

Delaney haalde uit het niets een lepeltje tevoorschijn. 'Zou je me je glas even willen geven, Billy? Als ik knoei, krijg je een nieuwe van me, oké?'

De man gaf hem met tegenzin zijn glas.

Delaney viste er met de lepel een ijsblokje uit en legde het op tafel. Toen haalde hij, wederom als uit het niets, een zilveren hamertje tevoorschijn. Hij pakte het ijsblokje en tikte het kapot met de hamer. Er zat een opgevouwen speelkaart in. 'Kan dit de kaart zijn die je had gekozen, Billy?'

De man boog zich naar voren, pakte de kaart aan en vouwde hem uit. Toen stak hij hem stomverbaasd omhoog en liet hem aan zijn vrienden zien.

'Is dat jouw kaart, Billy?'

'Nou, het is de harten acht.'

'Draai hem om.'

Dat deed hij. Achterop, in zijn handschrift, stond de naam Billy.

'Jezus!' riep hij. 'Hoe heb je dat verdorie gedaan?'

Zijn metgezellen waren al net zo verbaasd.

Delaney glimlachte. 'Ik moest maar eens gaan. Het wordt al laat. Fijne avond nog samen.' Toen aarzelde hij. 'O, Billy, weet je hoe laat het is?'

'Tuurlijk,' zei de man, en hij keek op zijn horloge. Of eigenlijk waar zijn horloge had gezeten. Hij staarde naar zijn blote pols.

Delaney stak zijn hand in zijn borstzakje, haalde er de Breitling uit en hield hem aan het bandje omhoog. 'Zocht je deze, Billy?'

114

Zaterdag 18 maart

Ross zat tegenover Imogen in hun favoriete vegetarische restaurant, Terre à Terre. Thuis dronken ze nooit bij de lunch, maar Imogen zei dat ze zin had in een glas wijn en hij lustte er beslist ook wel een.

Uiteindelijk had hij een fles albariño besteld.

'Proost!' zei hij na de opgelaten stilte die was gevallen tot de ober was teruggekeerd met de fles en had ingeschonken. Het voelde vreemd om hier met haar te zitten.

Imogen tilde haar glas op. 'Proost,' antwoordde ze zonder enige vrolijkheid. Ze nam een slokje. 'Heel mineralig,' zei ze vlak.

'Normaal gesproken hou je van mineralig.'

'Is er dan nu ook nog maar iets normáál, Ross?'

'Luister, ik weet dat het lastig is geweest. Wat zou je zeggen als ik je vertelde dat Jezus Christus terug was op aarde en dat ik hem misschien heb gevonden?'

'Dat je je moet laten nakijken?'

'Ik meen het, Imo. Ik weet dat je door een hel bent gegaan. Je moet niet denken dat dat voor mij niet geldt. Maar dit is een echte klapper. Ik heb een verhaal dat de hele mensheid paf zal doen staan. Je moet me alleen wat ruimte geven en vertrouwen op mijn intuïtie, oké? Dit verhaal gaat ons rijk maken; rijker dan we ooit hebben kunnen dromen. We kunnen al onze schulden afbetalen en hebben dan nog een heleboel over.'

Ze hield haar hoofd schuin en nam een slokje wijn. 'Ga je me er nog meer over vertellen?'

'Natuurlijk!' Hij hief zijn glas en tikte ermee tegen het hare. Toen vertelde hij haar wat er de afgelopen twee dagen was gebeurd.

'Dus je vliegt morgen naar LA?'

'Ja.'

'En waar ga je beginnen met zoeken? Het is een grote stad, en jij hebt alleen maar coördinaten voor een deel ervan.'

'Ik heb daar een paar contactpersonen. Een oude vriend van me werkt nu bij de *LA Times*, en ik ken een vent bij de politie van LA die me enorm heeft geholpen met dat stuk over beroemdhedenstalkers dat ik een paar jaar geleden schreef. Ik heb ze allebei al gemaild.'

Ze knikte. 'Hoe laat vlieg je?'

'Twaalf uur 's middags.'

'En wat ga je met Monty doen?'

'Ik heb toch een pension voor hem moeten zoeken, en ik heb er een gevonden dat me wel aanstond; we komen er altijd langs als we naar Lewes rijden.'

'Dus je vliegt naar LA om Jezus Christus te ontmoeten?'

'Dat hoop ik.'

'En als Hij nou niet thuis is?'

Hij glimlachte. 'Kom op, doe niet zo cynisch.'

'Sorry, Ross, je zou jezelf eens moeten opnemen en dan terugluisteren. Dan zou je horen hoe belachelijk je klinkt.'

'Is Jezus niet ooit aan het kruis gestorven omdat heel veel mensen niet in hem geloofden, of bang voor hem waren? Jij gelooft, Imo. Je hele religie is gefundeerd op het geloof in de Wederopstanding, dus wat is je probleem?'

'Mijn probleem, Ross, is dat mijn religie gelooft dat voordat Jezus Christus terugkomt – de Wederkomst – we dat luid en duidelijk zullen weten. Wat jij doet is potentieel publiciteit geven aan een gek, met gevolgen die het christelijke geloof ernstig kunnen schaden.'

Hij keek haar aan. 'Ik vind het ongelooflijk dat je me nog steeds niet steunt. Je bent mijn vrouw, we zijn een eenheid. Een eenheid die onlosmakelijk verbonden zou moeten zijn. "Wat God bij elkaar heeft gebracht, laat geen man dat scheiden."' Hij staarde haar doordringend en veelbetekenend aan, en zij had het fatsoen om te blozen.

'Sorry,' zei hij. 'Ik wilde niet –'

'Het verleden oprakelen? De gloeiende sintels die voor jou nooit helemaal zijn gedoofd, toch?'

'Imo, ik heb hier potentieel het grootste verhaal van mijn leven.'

'Ik kan je niet meer steunen, Ross, want je verhaal betekent meer voor je dan ik en onze baby. Ik werd verliefd op een man van wie ik dacht dat hij mij boven al het andere in zijn leven zou stellen. Maar nee, dat had ik mis. Ik begreep al vroeg tijdens ons huwelijk dat je werk altijd op de eerste plaats zou komen. Boven alles. Vind je ooit iets anders belangrijk?'

Hij keek haar kwaad aan. 'Weet je wat? Ik zal je vertellen wat ik het allerbelangrijkste vind: dat ons kind een toekomst heeft, en met de huidige klotetoestand van de wereld weet ik zo net nog niet of dat zo is. Dit is niet zomaar een verhaal, Imo, ik heb het hier over het potentieel veranderen en redden van de wereld.'

'Geloof je dat echt? Het gebazel van een gestoorde oude man? Heb je weleens iets van E.M. Forster gelezen?'

'*Een kamer met uitzicht? Overtocht naar India?*'

'Ja. "Als ik moest kiezen tussen mijn land verraden of mijn vriend verraden, hoop ik dat ik het lef zou hebben om mijn land te verraden."'

'Heb je liever dat ik de wereld verraad, gewoon zodat jij je wat beter voelt?' Hij pakte zijn glas. 'Wat zegt dat over je geloof?'

'Mijn geloof?'

'Jij zegt dat ik de kans om Gods bestaan aan de wereld te bewijzen moet laten zitten zodat mijn gezin niet van streek raakt?'

'Het gaat er niet om dat je gezin van streek raakt. Het gaat erom dat je erom geeft of ik en je kind blijven leven. Dat je ons voorrang geeft boven je verhaal.'

'Het gaat ook om het steunen van je partner, Imo.'

'Dan zijn we het erover eens dat we het hier niet over eens worden.'

Hij schudde zijn hoofd terwijl de woede in hem opborrelde. 'Nee, Imo, wij zijn het nergens over eens.'

115

Zaterdag 18 maart

Zodra Ross thuiskwam van de lunch met Imogen liep hij naar de slaapkamer om zijn spullen te pakken. Monty volgde hem en keek met zijn staart omlaag toe, zoals hij altijd deed wanneer hij koffers zag staan.

'Het is oké, jochie, je gaat naar het pension, maar het is maar voor een paar dagen, ik beloof het.'

Het was vreemd, eigenlijk, dat het hem echt niet kon schelen dat hij Imogen overstuur had gemaakt. Hij zou ermee moeten zitten, maar dat deed hij niet. In plaats daarvan concentreerde hij zich op het inpakken. Het zou allemaal een stuk sneller en gemakkelijker gaan als hij alles in een handbagagetas kon proppen in plaats van in de koffer die hij had klaargelegd, want die zou hij moeten inchecken.

Terwijl hij daarover nadacht ging zijn telefoon. Hij nam op en hoorde een stem met een plat Midlands-accent die hij niet herkende.

'Meneer Hunter? Sorry voor de storing, meneer. U spreekt met adjudant Simon Cludes, van de afdeling Zware Criminaliteit in Leicestershire.'

'Ja?'

'Meneer, u hebt mogelijk gehoord over de dubbele moord op dominee Wesley Wenceslas en meneer Lancelot Pope?'

'Ja, dat kon me niet echt ontgaan; het is constant op het journaal.'

'Mag ik vragen of u een of beide heren kende, meneer?'

'Helemaal niet, nee. Nou, ik heb een keer geprobeerd met Wenceslas te praten, maar ik kwam niet langs zijn lijfwachten. Ik heb hem daarna wel genoemd, vrij hekelend, in een artikel dat ik schreef – ongeveer vijf jaar geleden – over de rijkste evangelistische predikers ter wereld.'

'Hebt u hen mogelijk boos gemaakt, meneer Hunter?'

'Ja, ze dreigden met juridische stappen tegen mij en de krant. Maar ik denk dat ze zich bedacht hebben.'

'Had u ze mogelijk boos genoeg gemaakt om u te willen vermoorden?'

'Ik vrees dat ik in mijn werk een heleboel mensen boos maak,' antwoordde Ross. 'Maar we hebben het over zeker vijf jaar geleden, misschien wel zes. Ik denk dat als ze zo kwaad waren dat ze me wilden vermoorden, ze dat al wel gedaan zouden hebben.'

'Ik vrees dat ik andere informatie heb, meneer Hunter. Onze afdeling Hightech heeft een paar dingen op hun computers gevonden waardoor we denken dat uw veiligheid in gevaar is.'

'Wat voor informatie hebt u dan?'

'Ik vrees dat dat alles is, in dit stadium. U heb recent geen contact meer gehad met de predikant of met Wesley Wenceslas Ministries, waardoor hun woede op u weer kan zijn opgevlamd?'

'Nee, niets. Maar nu Wenceslas dood is, neem ik aan dat die dreiging weg is?'

'We hopen van wel, meneer, maar we weten het niet. We willen graag een verklaring van u; twee rechercheurs van de politie van Sussex kunnen naar u toe komen.'

'Ja, dat kan wel, maar ik vlieg morgen naar Amerika.'

'Ik zal u mijn nummer geven, meneer Hunter. Als u me zou willen bellen zodra u weer in het land bent?'

'Tuurlijk. Kunt u me vertellen... Bedoelt u dat er een huurmoordenaar is ingeschakeld? Wat weet u ervan?'

'Niets meer dan wat ik u al heb verteld, meneer. Er wordt op gezinspeeld, maar Hightech heeft nog geen details kunnen vinden. Ik wil u niet onnodig ongerust maken, maar ik zou nalatig zijn als ik u niet waarschuwde. Ik raad u aan extra waakzaam te zijn totdat we meer weten. Ik zal u natuurlijk op de hoogte stellen zodra dat gebeurt. Bent u op dit nummer bereikbaar in Amerika, meneer?'

'Vierentwintig uur per dag.'

Ross hing op. Had dominee Wesley Wenceslas een huurmoordenaar in de arm genomen om hem te vermoorden? Vijf jaar na zijn artikel over bedrieglijke, geldgeile evangelisten? Wraakgevoelens konden lang sudderen, maar vijf jaar was veel te lang; dit kon niet met dat artikel te maken hebben. Hij was ervan overtuigd dat het te maken had met wat hij nu deed.

Hij bekeek de Facebook-pagina van de predikant en zag een golf van verdriet. De ene na de andere reactie van shock, ongeloof en rouw. Op de Wenceslas-website leidde een link naar het YouTube-kanaal van de predikant. Er was een gebedsdienst bezig in zijn kerk in Londen, geleid door een van zijn hulpjes, en de camera liet een zee van huilende gezichten zien.

Ross keek naar buiten. Het was verrassend stil voor een zaterdagmiddag, waarschijnlijk omdat Brighton & Hove Albion niet in het Amex-stadion speelde maar een uitwedstrijd had.

Waarom zou Wenceslas of zijn organisatie hem dood willen hebben?

Was de predikant bezorgd om de gevolgen van Ross' vondst voor zijn imperium?

Hij opende het bestand met zijn artikel en werkte twee uur aan het logboek van gebeurtenissen dat hij was gestart in de trein naar Birmingham; dat leek al wel een eeuw geleden. Toen verstuurde hij zijn document met een begeleidende e-mail naar zijn redacteur.

> Hoi Natalie, dit is niet voor publicatie, alleen voor de zekerheid. Ik heb een geloofwaardige waarschuwing gehad van een dreigement aan mijn adres. Hopelijk kan ik binnenkort meer kopij aanleveren. Hou dit voorlopig even vast, en als me iets overkomt, heb je alvast wat goed materiaal!

Na het versturen van de mail met bijlage ging hij naar beneden en trok zijn laarzen aan. Hij deed Monty zijn riem om, pakte zijn zaklantaarn en ging de schemering in. Aan de overkant van de voetgangersbrug liet hij de hond in de weilanden los en liep achter hem aan door de vlagerige wind.

We denken dat uw veiligheid in gevaar is.

Hij dacht terug aan zijn gesprek met Benedict Carmichael, de bisschop van Monmouth. Zijn waarschuwing.

Weet je wat ik echt denk dat er zou gebeuren als een geloofwaardig iemand beweerde ultiem bewijs te hebben van het bestaan van God, Ross? Ik denk dat diegene vermoord zou worden.

Nu was Wenceslas dood. Vermoord. Wie had hem vermoord, en waarom?

Terwijl hij daar liep, de geuren van het platteland opsnoof en naar de lichtjes van een boerderij in de verte keek, voelde hij zich erg alleen. Hij dacht aan zijn lunch met Imogen. Met de kwade vreemdeling die zijn vrouw was geworden. De kwade vreemdeling die zijn kind droeg.

Silvestri's geld aanpakken? Een einde maken aan al hun financiële problemen en proberen opnieuw te beginnen? Ze konden hun huis verkopen en naar het platteland verhuizen, wat al heel lang hun droom was. Maar hij kwam steeds terug op hetzelfde. Zou hij zich dan de rest van zijn leven blijven afvragen wat er had kunnen gebeuren als hij zijn ziel niet had verkocht voor dertig zilverstukken?

116

Zaterdag 18 maart

Een uur later liep Ross bij het licht van zijn zaklantaarn terug over de weilanden. Bij het hek voor de doorgaande weg aangekomen riep hij Monty en deed hem zijn riem weer om. Ze staken de voetgangersbrug over en liepen door het netwerk van straten van Patcham naar huis. Toen hij bij de voordeur stond zag hij van achteren felle koplampen aankomen.

Hij draaide zich om.

Er kwam een limousine aanrijden. Het was dezelfde Mercedes met diplomatiek kenteken van drie avonden geleden. Het achterportier ging open en Giuseppe Silvestri stapte uit.

'Ach, meneer Hunter!'

'Goedenavond, meneer Silvestri.'

'Komt het u gelegen als we even praten?'

'Niet echt, nee.'

'Misschien een paar minuutjes?'

'Sorry, maar dit is geen goed moment.'

'Meneer Hunter, ik weet wat u doet.'

'O ja?'

'Beseft u niet wat voor schade u kunt aanrichten? Luister alstublieft naar me.'

'Ik luister al. Schade waaraan?'

Silvestri keek onbehaaglijk om zich heen. 'Dit lijkt me niet zo'n goede plek om te praten. Ik wil ons vorige gesprek graag voortzetten.'

'Over welke schade hebt u het? Schade waaraan, precies?' herhaalde Ross.

'Aan al onze religies, alle geloofsstelsels op de wereld.'

'O ja? De sikhs? Ik denk niet dat zij geschaad zouden worden door bewijs van Gods bestaan. Hun God is in alles. Ze wéten dat hij bestaat.'

'De Katholieke Kerk is geen organisatie die u tegen zich wilt krijgen, meneer Hunter.'

'Bent u bang voor het verlies van uw monopolie, meneer Silvestri? U klinkt meer als een onderhandelaar van de maffia die me een aanbod komt doen dat ik niet kan weigeren, in plaats van als een man van de kerk. Ik dacht dat de tijd van de inquisitie allang achter ons lag.'

‘Meneer Hunter, de wereld maakt duistere tijden door. We horen dingen, we weten dingen, we hebben overal oren. Wij zijn het directe kanaal naar God.’

‘Wat wilt u van me? De kelk en de resten van de tand, die mogelijk het DNA van Jezus Christus bevatten? Waarom wilt u die zo graag hebben?’

‘Jezus Christus is fundamenteel voor het christelijke geloof. Voor ons bestaan.’

‘Stel dat hij nu al terug is.’

‘Op aarde?’ Silvestri keek hem twijfelend aan. ‘Jezus Christus terug op aarde? Ik denk, meneer Hunter, dat wij dat dan als eersten zouden weten.’

‘In dat geval hoeft u zich nergens zorgen om te maken.’ Ross glimlachte beleefd, opende de voordeur, liep met Monty naar binnen, sloot de deur achter zich en schoof het kettinkje ervoor.

Hij maakte de riem van de hond los, rende naar zijn werkkamer, ging naar binnen zonder het licht aan te doen en keek vanuit het raam op straat. Hij zag dat Silvestri nog een paar seconden aarzelend bleef staan voordat hij langzaam terugliep naar zijn limousine en instapte.

De auto reed weg.

Ross deed zijn bureaulamp aan, ging zitten en startte zijn pc op.

Er was een e-mail van zijn contactpersoon bij de politie van LA, rechercheur Jeff Carter.

Ross, bel me als je in de stad bent. Ik denk dat we je man hebben gevonden.

117

Zondag 19 maart

Niet wetend hoelang hij in Los Angeles zou moeten blijven had Ross uiteindelijk besloten een redelijk formaat koffer mee te nemen en die in te checken. Met nog iets meer dan een uur te gaan voordat zijn vlucht vertrok ging hij naar de winkel van WHSmith, kocht een paar zondagskranten en nam ze mee naar een café, waar hij een kop koffie en een broodje bestelde. Aan zijn tafeltje bekeek hij de voorpagina van *The Observer* en bladerde hem door.

En stopte.

Een hele pagina over dominee Wesley Wenceslas. Foto's van rouwende mensen bij een dienst in zijn kerk in Londen. In het artikel eronder stonden een paar citaten van adjudant Simon Cludes.

> Op het moment hebben we geen aanknopingspunten naar de dader van deze vreselijke misdaad tegen de populaire geestelijke en zijn trouwe rechterhand. Ik verzoek eenieder die informatie heeft om zich te melden, eventueel anoniem via het hieronder vermelde telefoonnummer van Crimestoppers.

Ross kon zijn natuurlijke scepsis niet onderdrukken. *De populaire geestelijke. O ja?*

Wat dacht je in plaats daarvan, adjudant Cludes, van 'die akelige ouwe geldgeile bedrieger die je vijfentwintig pond laat betalen om boven een zakdoekje te bidden'?

Even later werd hij opgeschrikt door een bekende stem achter hem.

'Geen oesters vandaag?'

Hij draaide zich om op zijn kruk.

Het was Sally Hughes.

'Hé!' zei hij. 'Wat doe jij hier?'

'Waarschijnlijk hetzelfde als jij: wachten op mijn vlucht.'

'Ik zal wat te drinken voor je halen. Heb je tijd? Thee, koffie?'

'Hoeft niet, dank je.' Ze sprong op de lege kruk naast hem. Sally droeg een suède jack, een spijkerbroek en laarzen en had een grote, chique handtas over haar schouder.

'Wat een toeval! Waar ga jij heen?' vroeg hij.

'LA. Jij?'

'Ga je naar Los Angeles?' vroeg hij stomverbaasd.

'De omroep wil dat ik wat mensen aan de tand voel over het huidige politieke klimaat.'

'LA is vrij hardcore Democratenterrein. Ik denk niet dat je daar veel blije Trumpers zult vinden.'

'En waar ga jij heen?' vroeg ze.

'Geloof het of niet, ook naar LA!'

'Ga weg! Met welke vlucht?'

'BA 1545,' antwoordde hij.

'Serieus?'

'Ja!'

'Ik ook. Maar je zult wel in Club of Business zitten, of op z'n minst Premium Economy,' zei ze.

'Grapje zeker. Gewoon toeristenklasse. Economy, of hoe ze het ook noemen. Achter in de bus. Jij?'

'Ik zit ook in het getto.'

Hij grijnsde. 'Welk stoelnummer?'

Ze pakte haar instapkaart. '43B.'

Hij pakte de zijne, keek ernaar en liet hem haar zien.

'Ik zit pal voor je!' zei ze.

Hij zat op stoel 44B.

Dit was te raar, dacht hij. Het was meer dan toeval. Ze moest iets in haar schild voeren.

118

Zondag 19 maart

'Wat is dit?' vroeg Bloor minachtend toen de stewardess in de Gulfstream hem een dienblad met broodjes aangaf.

'Uw lunch, meneer,' antwoordde ze beleefd. 'Gerookte zalm, kipsalade, ei met mayonaise en hummus met tomaat.'

'Dit zou ik verwachten in economy bij een commerciële maatschappij, maar in een privéjet? Jezus!'

Tegenover hem begon Julius Helmsley het cellofaan van zijn dienblad te pellen. 'Het is anders in een kleine jet, baas.'

'O ja?' kaatste Bloor kwaad terug. 'Betalen we zo veel geld voor een privéjet om stomme broodjes te krijgen?'

'Ik had geen tijd om een vijfgangendiner te regelen.'

'We zouden beter eten hebben gekregen in de eerste klas van British Airways, voor een kwart van wat deze vlucht kost!'

'Jij wilde eerder in LA zijn dan Hunter, Ainsley. Dit is de manier. Ontspan je. Relax! De volgende keer moeten we misschien een groter toestel charteren.'

'Trekt Hunter weer aan ons?'

'Wacht maar tot we terugtrekken,' zei Helmsley. 'Zo hard dat zijn verrekte kop eraf vliegt. Maar nog niet. We hebben onze zaakjes voor elkaar. We weten waar hij logeert en waar hij van plan is naartoe te gaan.'

'Ongeveer,' bracht Bloor hem in herinnering.

'Nou, onze informante wordt goed betaald.' Helmsley glimlachte.

'Heel mooi werk, Julius.'

'We hebben alles geregeld zodat we hem kunnen blijven volgen, en met een beetje geluk, als we het binnen de komende paar dagen nodig hebben, kunnen we één cruciale stap op hem voor lopen.'

'En dan?'

Helmsley glimlachte weer. 'We weten dat hij gelooft dat Jezus Christus terug is, dat hij in LA is. Iemand die hij bij de LAPD kent helpt hem die man op te sporen. Als Christus zelf, of een geloofwaardige bedrieger, in LA is, leidt Hunter ons rechtstreeks naar hem toe.'

Bloor knikte. 'En wat is ons plan dan?'

'Welterusten, Hunter.'

'En dan onderhandelen met Jezus Christus om het gezicht te worden van Kerr Kluge?'

'We kijken hoe echt hij is.' Helmsley nam een hap van zijn broodje; een stukje ei viel op zijn servet. 'Hoe significant het DNA is.'

'Ik kan nog steeds niet echt geloven wat we aan het doen zijn, Julius. Is dit de grootste hopeloze jacht ooit? De halve wereld over vliegen op zoek naar iemand die mogelijk iets van het DNA van Jezus Christus heeft?'

'Dat is niet wat we aan het doen zijn, Ainsley. We hebben allemaal wat DNA van onze verre voorouders. Waar we het hier over hebben is een unieke genetische signatuur in het mitochondrische en Y-chromosoom-DNA van Delaney, die identiek is aan het DNA van Jezus. Groot verschil.'

'Ja, en is de kans dat dat gebeurt niet iets van één op tien miljard of zo?'

'Waarschijnlijk nog kleiner. Ik ben het met je eens: dit kan ook gewoon het meest onvoorstelbare toeval ooit zijn. Maar realistisch bezien is de kans oneindig klein dat de matrilineaire en patrilineaire lijnen meer dan tweeduizend jaar na Christus in hetzelfde individu samenkomen. Waar ik steeds aan moet denken... Als dit echt de Zoon van God is, en hij is bijna zeventig, hoe kan hij dan zijn hele leven onzichtbaar zijn gebleven? Dat belachelijke sprookjesboek van de christenen beweert dat de Wederkomst wordt aangekondigd door allerlei tekenen. Voortekenen. Oorlogen. Catastrofes. Naderend onheil. Wat dan ook.'

Helmsley keek hem serieus aan. 'Vind je niet dat dat wel zo ongeveer de toestand van de wereld beschrijft?'

'Zo is het altijd geweest.'

'Dat ben ik niet met je eens. De hele wereldorde valt uit elkaar. We zijn terug bij hoe het in 1930 was. Ontevredenheid, woede, mensen die het gevoel hebben dat hun rechten hun worden ontnomen, despoten die macht krijgen over de naties van de wereld, religieuze onrust, algemene onlusten. Misschien heeft hij zijn tijd afgewacht, en is dit zijn tijd.'

'Julius, ik meen me uit een van die sprookjes te herinneren dat de Wederkomst wordt beschouwd als de letterlijke terugkeer van Jezus Christus op aarde, dat hij als koning duizend jaar lang in macht en glorie zal heersen. Als hij de zeventig al nadert, kan hij beter opschieten.'

'Hij doet het nu al beter dan de vorige keer. Toen werd hij maar drieëndertig.'

'Ja, nou, ik denk dat we in de komende paar dagen wel zullen ontdekken hoe echt of onecht hij is,' antwoordde Bloor.

'Ja.'

'En als hij echt is, Julius?'

'Dan heb jij als atheïst een probleempje, hè?'

119

Zondag 19 maart

Big Tony was erg ontspannen terwijl hij zijn derde glas Roederer leegdronk. Bij het boarden had hij Ross Hunter in de lange rij voor economy zien staan.

Fijne vlucht, maatje. Geniet van je laatste uren op aarde!

Hij prikte een gekoelde garnaal uit zijn salade en stak hem in zijn mond. Het eten was een beetje kouder dan hem lief was, maar met de bubbels was het goed weg te krijgen.

Hij kwam enorm in de verleiding om een wandelingetje door het vliegtuig te maken en te kijken hoe het met zijn doelwit ging, maar hij bleef voorzichtig. Het had geen zin om onnodige risico's te nemen. Ross Hunter ging nergens heen. Hij had alle tijd van de wereld.

Hij knipte met zijn vingers naar een stewardess. Er verscheen een volgend glas Roederer.

Magie!

'Magie!' zei Ross tegen Sally, die van plaats had geruild met de passagier naast hem, en hij tilde het plastic glas champagne op waarop ze hem had getrakteerd. 'Hoe is dit nou eigenlijk zo gekomen?'

'Weet ik niet, maar het is heel leuk,' zei ze grijnzend. Ze draaide haar hoofd naar hem toe. 'Misschien heeft het lot ons bij elkaar gebracht? Daar ben ik best blij mee.' Ze legde haar gemanicuurde hand op de leuning tussen hen in.

Hij pakte haar hand en kneep erin. 'Ik ook, als ik niet getrouwd was. Hé, ik denk dat we een goed team zouden zijn.'

Ze grijnsde weer. 'Ik begrijp en respecteer je normen. Geef maar een gil als je ooit van gedachten verandert.'

'Doe ik!' Hij grijnsde terug. 'Zeg nooit nooit...'

Hun eten werd gebracht.

Kort na de maaltijd viel Ross in slaap. Toen hij twee uur later wakker werd zat Sally met een koptelefoon op naar een film te kijken die hij niet kende.

Hij haalde zijn laptop uit de stoelzak voor hem en klapte hem open zo ver als mogelijk was met de rugleuning van de stoel voor hem een stukje naar achteren gekanteld. Onhandig las hij het verhaal door dat hij tot nu toe had geschreven en werkte er verder aan, beginnend met de e-mail van de rechercheur in LA die dacht dat hij Michael Delaney had gevonden.

Hij schreef niets over het feit dat hij Sally Hughes op het vliegveld was tegengekomen.

Toen opende hij de kaart van het gedeelte van West Hollywood die hij had gedownload van Google Earth en bekeek het uitgestrekte netwerk van straten. En dacht na.

Los Angeles?

Als Jezus Christus echt terug was, waarom had hij dan LA gekozen in plaats van de Olijfberg in het Heilige Land, zoals was voorspeld in de Bijbel?

Heilig Land. Hollywood? Heilig Bos? Was dat van belang?

Toen zag hij dat Sally naar zijn scherm keek.

Ze zette haar koptelefoon af. 'Wat zoek je? Je bent heel mysterieus geweest over je reden om naar LA te vliegen. Mag ik raden?'

'Ga je gang.'

'De derde set coördinaten van je vriend, doctor Cook?'

'Zou kunnen.' Hij glimlachte ontwijkend.

'De locatie van de Wederkomst?'

'Denk je echt dat hij terug zou komen op aarde in uitgerekend Los Angeles?'

'Eigenlijk wel,' antwoordde ze.

'Waarom?'

'Als ik Jezus was en een maximale impact wilde maken op de wereld, dan is Amerika een goede keus. Mijn opties zouden een stuk beperkter zijn geworden in de afgelopen tweeduizend jaar. Ik denk dat ik het land zou kiezen dat een van de sterkste christelijke tradities in stand houdt en dat de meeste invloed op de rest van de wereld heeft. Als ik God was en ik wilde dat mijn zoon de meest uitgebreide publiciteit kreeg, denk ik dat ik hem naar een van de mediahoofdsteden van de wereld zou sturen. LA is dat allemaal.'

'En als ik Satan was en ik wilde de Grote Bedrieger naar een plek op aarde sturen waar hij de maximale wereldpubliciteit zou krijgen, zou ik dezelfde plek kiezen,' antwoordde hij.

'Is dat wat je denkt, Ross? De reden dat je naar LA gaat? Om een bedrieger te ontmaskeren? Satan die zich voordoet als de Wederkomst?'

'Ik ben verslaggever, Sally, geen orakel. Ik volg alleen maar aanwijzingen, verhalen. Ik weet niet wat ik zal vinden. Als ik al iets vind.'

'Maar als je vindt wie je zoekt, hoe weet je dan wat de waarheid is?'

'Er is een oud gezegde uit Mesopotamië: *Er staan vier vingers tussen de waarheid en een leugen*. Als je het nameet, zul je zien dat het de afstand is tussen je ogen en je oren.'

Ze keek hem aan. 'Tussen wat je hoort en wat je ziet?'

'Precies. Het is een principe dat ik tijdens mijn hele carrière heb aangehangen. De geruchten die je hoort en de waarheid die je daadwerkelijk ziet.'

'Vertel je het me als je de waarheid vindt?'

Hij staarde haar aan. Op dat moment liet de man voor hem zijn stoelleuning nog verder zakken, waardoor het scherm van zijn laptop zo ver omlaag werd geduwd dat hij het niet meer kon lezen. 'Dan vertel ik het jou en de hele wereld.'

Ze stak waarschuwend haar hand op. 'Beloof me één ding.'

'Wat?'

'Gewoon voor het geval het een onaangename waarheid is. Ik wil niet dat je een fatwa tegen je krijgt, zoals Salman Rushdie. Leg het alsjeblieft eerst aan mij voor, oké?'

'Oké.'

'Ik meen het.'

'Ik ook.'

'Beloofd?'

Hij stak zijn rechterhand op. 'Erewoord!'

120

Zondag 19 maart

Broeder Pete Stellos stapte laat in de middag uit het vliegtuig op Heathrow. Hij had dezelfde kleine leren tas bij zich die hij had meegenomen toen hij voor het eerst op Oros Athos aankwam. Hij was lichter dan in die tijd, omdat er weinig meer in zat dan zijn bijbel, tandenborstel en tandpasta. Zo'n beetje alle kleding die hij bezat had hij aan. Zijn zwarte pij, *kalymafki* en zwarte schoenen. Meer had hij niet.

Op weg naar de paspoortcontrole keek hij onthutst om zich heen. De mensenmenigten die overal zwermden. De borden, de afgezette looppaden. Het was vreemd om terug te zijn in een wereld vol kleur en lawaai. Om weer vrouwen te zien. Totdat hij eerder vandaag op het vliegveld van Thessaloniki was aangekomen had hij al tien jaar geen vrouw meer gezien. Of kinderen. Of rennende mensen. Of honden.

Hij bleef abrupt staan. Als aan de grond genageld. Durfde geen stap meer te verzetten. Hij voelde het geroezemoes en gezwerm van de mensenmenigten om hem heen als een enorm, verstikkend gewicht. In een moment van paniek had hij moeite met ademhalen.

Zijn eerste instinct was om zich om te draaien en terug te rennen naar het vliegtuig waar hij net uit was gestapt en te smeken of ze hem weer naar huis wilden brengen.

Maar hij had een belofte gedaan aan zijn neef, broeder Angus.

Er was geen grotere zonde, geloofde hij, dan het verbreken van een belofte.

Een belofte voor het oog van God.

'Kan ik u helpen?' vroeg een vrouw in uniform.

Hij stak zijn handen op. 'Ik... geloof dat ik een beetje in de war ben.'

'Woont u in de EU, meneer?'

'Ja, maar ik heb een nieuw Amerikaans paspoort, uitgegeven door het Pelgrimsbureau in Thessaloniki.'

Ze wees. 'Die kant op, en achter aan de rij aansluiten.'

Hij bedankte haar en schuifelde mee in de rij. Twintig minuten later stapte hij naar de balie van de douanier en overhandigde zijn paspoort.

De man bekeek het zorgvuldig. 'Peter Stellos?'

'Ja.'

'Oké. Vertel eens over die outfit.'

'Ik ben monnik, meneer. In de Grieks-orthodoxe kloostergemeenschap van Oros Athos in Griekenland.'

'En wat brengt u naar Engeland?'

'Ik ben hier op verzoek van mijn neef, ook een monnik, die stervende is.'

'Het spijt me dat te horen.' De douanier gaf hem zijn paspoort terug en wuifde hem door.

Hij liep door het poortje voor NIETS AAN TE GEVEN en kwam bij de *dutyfree* aan, waar hij staande werd gehouden door een man die kaartjes voor de Heathrow Express naar het centrum van Londen verkocht. Hij kocht er een.

In de aankomsthal bleef hij weer even beduusd om zich heen staan kijken. Passagiers haastten zich langs hem heen, allemaal dringend onderweg, velen pratend in hun telefoontjes, sommigen met ongeruste gezichten, anderen met blije. Hij staarde naar een zee van bordjes die omhoog werden gehouden door mannen in zakenpakken. Armen werden om dierbaren heen geslagen. Zakenreizigers liepen naar hun chauffeurs toe. Er hing een sfeer van verwachting, weerzien en haast.

Broeder Pete had die haast niet.

Voor hem stond de tijd stil.

Tien jaar die in stilte voorbij waren geflitst.

Tien jaar waarin de wereld ingrijpend was veranderd. En hij was nog precies hetzelfde. Tien jaar van God dienen. Van bidden voor de wereld.

Hij keek om zich heen en voelde plotseling een irrationele flits van zijn oude woede terugkeren. Wisten al die mensen wel dat hij voor ze bad? Elke dag. Veertien uur per dag. Stelden ze het op prijs?

Hij bekeek de mededelingenborden op zoek naar informatie over de treinen. Een grote man met een rolkoffer botste tegen hem aan en kegelde hem bijna omver, maar de man liep door zonder zich te verontschuldigen.

Even wilde Pete tegen hem tekeergaan, maar toen herinnerde hij zich iets wat de abt een poosje geleden tegen hem had gezegd, nadat hij die journalist had gestompt. Een boeddhistisch gezegde: 'Iedereen die je ontmoet levert een eigen strijd waar jij niets van weet. Wees vriendelijk voor iedereen.'

Pete kalmeerde. Maar ineens liep er een koude rilling over zijn rug. Alsof er iets heel ergs was gebeurd.

Zijn neef?

Toen ze elkaar nog maar een paar dagen geleden aan de telefoon hadden gehad, had Angus heel anders geklonken dan de man die hij zich herinnerde. Zijn stem was zwak geweest, zonder energie of vreugde.

Pete sloot zijn ogen even en bad. Bad dat zijn neef Angus nog leefde.

Vannacht sliep hij in een hotel dat het Pelgrimsbureau in Thessaloniki voor hem had gevonden, dicht bij station Victoria, waar hij morgenochtend een trein zou nemen naar Sussex. Hij had zijn abt verteld dat hij hoopte morgenmiddag te kunnen terugvliegen.

Al had Pete andere plannen.

121

Zondag 19 maart

Ross voelde zich sloom en moe toen hij uit het vliegtuig stapte en de lange wandeling naar de douane begon.

Gewoonlijk zou er een berichtje van Imogen zijn gekomen zodra hij zijn telefoon weer aanzette na een vlucht, maar nu was er niets van haar. En gewoonlijk zou hij er een naar haar hebben gestuurd om te melden dat hij veilig was geland. Maar hij was er niet voor in de stemming. Hij wist niet of dat kwam doordat hij nog steeds kwaad op haar was na hun lunch van gisteren, of doordat hij zich te veel vermaakte met Sally.

Terwijl ze samen bij de bagageband stonden te wachten tot het ding in beweging kwam berekende hij het tijdsverschil. Een vlucht van elf uur, en het was vier uur 's middags in Los Angeles. Laat op de avond in Engeland. Het was toch te laat om haar nog een berichtje te sturen, praatte hij het voor zichzelf goed.

Een kleine man in een tweedjasje, poloshirt en pantalon stond onopvallend pal achter hem met een telefoon in zijn hand. Hij had zijn bluetooth aanstaan en die zocht naar andere apparaten. Tussen de lijst van meer dan twintig apparaten die op het schermpje verschenen stond ook *Ross' iPhone*.

Big Tony glimlachte en drukte op een paar toetsen.

'Heb je al plannen voor het eten vanavond?' vroeg Sally.

Ross schudde zijn hoofd en onderdrukte een geeuw. 'Voor mijn lijf is het al bijna middernacht. Ik had niet over eten nagedacht. Maar een cocktail zou lekker zijn, misschien.'

'Voor mijn vorige baan, bij CNN, moest ik heel vaak heen en weer vliegen over de oceaan. De beste manier om jetlag tegen te gaan is zo lang mogelijk wakker blijven, dan vroeg opstaan en een lange wandeling maken bij daglicht. Als je nu naar bed gaat, word je vannacht om drie uur wakker en voel je je later klote. Ga inchecken bij je hotel en kom dan naar de hotelbar; je logeert toch in het Beverly Hilton?'

'Ja.'

'Een paar cocktails en je slaapt als een roos.'

'O ja?'

'Geloof me, ik ben radiopresentator.'

'En internationaal jetlagdeskundige?'
'Dat ook.'
Ross had een huurauto geboekt op het vliegveld en gaf Sally een lift. Onderweg, terwijl hij de aanwijzingen van de navigatie opvolgde en probeerde te wennen aan de auto en het wegennet, staarde hij naar een landschap dat totaal anders was dan in Engeland. Hij was hier nog maar één keer eerder geweest, vijf jaar geleden, en was er dol op. Beelden van films en televisieseries die hij had gezien speelden zich in zijn hoofd af.

Hij zette haar af bij een erg chic hotel dat Shutters heette, op het strand van Santa Monica. Voordat hij doorreed belde hij het nummer van de rechercheur die hij kende.

Er werd na twee keer overgaan opgenomen door een bruuske maar vriendelijke stem. 'Jeff Carter.'

'Hoi, met Ross Hunter.'

'Ben je in de stad, maat?'

'Net geland.'

'Welkom in LA! Heb je plannen vanavond?'

'Niks wat ik niet kan verzetten.'

'Mooi zo. Waar logeer je?'

'Het Beverly Hilton.'

'Zal ik daar om zeven uur heen komen voor een biertje?'

'Dat zou geweldig zijn, dank je.'

'Komt voor elkaar, vriend.'

Ross hing op en stuurde een berichtje naar Sally.

Sorry, vanavond kan toch niet. Mijn bevriende smeris heeft nieuws. Morgenavond eten?

Even later antwoordde ze.

Klinkt goed. Bel me daarna – ik wil graag horen wat hij zegt. Misschien een laat drankje als je dat nog ziet zitten? Pas op jezelf.

Nadat hij had ingecheckt in zijn hotel besloot hij dat hij Imogen een berichtje moest sturen.

Veilig aangekomen. X

Hij was verbaasd toen ze hem bijna meteen belde.

'Hoi,' zei ze, en ze klonk vriendelijker dan tijdens de lunch.

'Jij bent nog laat op.'

'Ik maak me zorgen om je, Ross. En? Heb je al van je contactpersoon gehoord?'

'Hij komt straks hierheen.'

'Geweldig, bel je me daarna?'

'Dat kan wel drie of vier uur 's nachts worden, jouw tijd.'

'Daar zeg je wat. Mail me dan, wil je? Ik wil er alles over horen.'

'Tuurlijk.'

Hij pakte zijn spullen uit en ging een paar minuten onder de douche staan om wakker te worden. Zes verdiepingen boven hem, in een grotere, luxere kamer, stond Big Tony ook onder de douche. Met het onvoorspelbare verkeer in deze stad leek het hem handiger om dicht bij zijn doelwit te blijven, ook al fungeerde Ross' telefoon nu als zijn ogen en oren. Big Tony kon elk gesprek afluisteren en op zijn kaart precies zien waar Ross Hunter was, tot binnen een afstand van drie meter. Hij moest alleen maar hopen dat die gast het toestel niet kwijtraakte of in het toilet liet vallen. Dat was hem al eens eerder overkomen.

Even voor zeven ging Ross omgekleed naar de bar beneden. Hij nam een leren stoel in de hoek, bekeek het cocktailmenu en bestelde uiteindelijk een biertje.

Een paar minuten later kwam er een slanke man van begin vijftig binnenslenteren. Hij had een borstelkapsel, droeg een bomberjack, een zwart T-shirt, een spijkerbroek en gympen die er fonkelnieuw uitzagen.

Zijn blik vond Ross en hij kwam recht naar hem toe. 'Ross?'

Ross stond op. 'Jeff?'

Hoewel hij de rechercheur een paar keer had gesproken toen hij aan zijn artikel over celebritystalkers werkte, hadden ze elkaar nooit ontmoet.

Hij bestelde een biertje voor Carter en ze gingen tegenover elkaar zitten. Totdat het drankje van de rechercheur aankwam praatten ze over koetjes en kalfjes, over zijn vlucht, over het weer in Engeland. Ross probeerde hem te polsen over zijn ideeën over wapenwetten, maar de rechercheur bleef ontwijkend over dat onderwerp.

Uiteindelijk, toen Carter een glas in zijn hand had, vroeg hij: 'Michael Delaney, toch?'

'Ja.'

'Vertel eens waarom je belangstelling voor hem hebt.'

'O, het is voor een artikel voor een van mijn kranten, *The Sunday Times*.' Hij aarzelde. 'Over schurkachtige evangelische predikanten die goocheltrucs gebruiken in hun werk.'

‘Nou, ik heb de naam Delaney nagetrokken, en er zijn geen evangelische predikanten bij die naam. De match die wij hebben – en die is vrij significant – is van een voormalige goochelaar en lekenpredikant. Mike Delaney, geboren in 1947. Hij had vroeger zijn eigen televisieprogramma onder de artiestennaam Mickey Magic, totdat hij er een jaar of twintig geleden uit werd gezet.’

‘Weet je waarom?’ vroeg Ross.

‘Tussen jou en mij: drankprobleem. Dat hoor ik althans. Hij was verslaafd. Kon zijn publiek alleen maar onder ogen komen met een flinke neut op. Maar citeer me daarover maar niet, oké?’

Ross maakte een ritsgebaar over zijn lippen.

‘In maart 2014 werd hij na een ongeval in West Hollywood opgepakt en beschuldigd van rijden onder invloed; hij was door rood gereden en had een vuilniswagen geramd.’

‘Niet zo’n beste keus om tegenaan te rijden.’

Carter glimlachte sardonisch. ‘Maar als je wordt geramd, kun je wel het beste in een vuilniswagen zitten. De bestuurder had geluk. Niemand raakte gewond, behalve Delaney en zijn rijbewijs.’

‘Je zei dat je hem gevonden had. Weet je waar hij is?’

‘Volgens de gegevens van de sociale dienst,’ zei de rechercheur, ‘werkt Delaney voor een liefdadigheidsinstelling dicht bij de Farmers Market op de kruising van Fairfax en West Third.’

‘Een liefdadigheidsinstelling?’

‘Een afkickkliniek gerund door nonnen. La Brea Detox Sisters.’

Ross schreef dat op. ‘Interessant, dank je. Geweldig.’

De rechercheur keek Ross bedachtzaam aan. ‘Ik weet alleen niet of je veel aan hem hebt voor je krant.’

‘Zo te horen niet.’ Ross glimlachte, maar Carter lachte niet terug. ‘Dit is heel nuttig, Jeff.’

‘O ja? Als je schurkachtige evangelische predikanten zoekt: we hebben er een heel stel op onze radar.’

‘Misschien kom ik daar nog voor bij je terug.’

Carter staarde hem aan. ‘Heb je nog een andere reden waarom je die Delaney wilt zien, Ross?’

‘Nee, mijn redacteur wil per se dat ik met hem praat. Zo zijn redacteuren: als ze iets in hun hoofd hebben, krijg je het er niet meer uit.’

De rechercheur knikte. ‘Kan ik verder nog iets voor je doen zolang je hier in de Stad der Engelen bent?’

‘Heb je een privéadres van Delaney, Jeff?’

‘Ik heb de leidster van het afkickcentrum gesproken. Zij dacht dat hij een kamer ergens in de buurt huurde, maar ze wist niet waar.’

'Nogmaals bedankt, ik ben er echt blij mee dat je hier op een zondagavond heen bent gekomen.'

'Geen probleem.' Carter dronk zijn bier op.

'Nog een?' bood Ross aan.

'Bedankt, maar ik kan beter gaan. Mijn zoon is net met school begonnen en is niet al te blij, en het is zondagavond, dus morgen moet hij weer. Ik heb beloofd dat ik op tijd terug zou zijn om hem nog voor te lezen. Heb jij kinderen?'

'Eentje onderweg.'

'Dan krijg jij het allemaal nog.'

Ze gaven elkaar een hand en de rechercheur vertrok. Ross bestelde nog een biertje en ging toen naar buiten om in de milde avondlucht een sigaret te roken. Hij keek naar het verkeer op Wilshire Boulevard en de gestage stroom auto's en taxi's die voor het hotel stopte.

Daarna belde hij Sally en praatte haar bij om haar reactie te peilen.

'Zeker weten dat je geen slaapmutsje wilt?' vroeg ze.

Hij aarzelde. Kwam in de verleiding. Maar hij was nu echt doodmoe. 'Ik zou heel graag willen, maar ik ben kapot. Ik wil niet in slaap vallen waar je bij zit.'

'Dat zou ik niet laten gebeuren!' zei ze plagend.

Hij grijnsde. Ze maakte hem aan het lachen, en dat vond hij heel leuk. 'Morgenavond eten?' vroeg hij.

'Ik heb toevallig al gereserveerd, bij een tent die de conciërge me heeft aanbevolen,' antwoordde ze.

'Ik kan niet wachten.'

'Ik ook niet.'

Hij ging terug naar binnen en dronk zijn bier op, overpeinzend wat de rechercheur hem had verteld, voordat hij naar zijn kamer ging en Imogen met een mailtje op de hoogte bracht. Toen trok hij totaal uitgeput zijn kleren uit, poetste zijn tanden, zette de wekker en liet zich in bed vallen.

Big Tony luisterde een paar minuten naar zijn zware ademhaling om zeker te weten dat hij sliep. Hij zette zijn toestel uit, pakte een flesje whisky uit de minibar en pleegde een paar telefoontjes.

'Eerlijk?' Broeder Pete keek hem doordringend aan.

'Geen enkel ander antwoord heeft waarde.'

'Ik hoor altijd dat je als monnik absoluut en onvoorwaardelijk moet geloven. Dat als je twijfels hebt, je op de verkeerde plek bent. Hebt u ooit twijfels gehad, prior?'

'We worden allemaal geboren met één zekerheid, broeder Pete: dat we op een dag zullen sterven.'

Pete knikte. 'En de vraag op ieders lippen is wat er na de dood gebeurt.'

'Zullen we aan Gods rechterhand zitten?'

'Of wegrotten op de begraafplaats die ik daarbuiten zie.'

De prior glimlachte. Broeder Pete kon zien dat hij zijn ogen ten hemel sloeg.

'Ik bid veertien uur per dag, elke dag, prior. Soms voel ik een verbintenis met een hogere macht, soms voel ik me – het spijt me dat ik het zeg – een totale klootzak. Alsof ik alleen maar oud word zonder ooit te hebben geleefd. Dat ik op een dag wakker word op mijn tachtigste – als ik dat al red – en me afvraag wat ik eigenlijk met mijn leven heb gedaan. Hebt u dat ook weleens?'

De prior schudde zijn hoofd. 'Mijn geloof kwam tot me na jaren van misbruik van mijn lichaam met genotmiddelen. Het leven is geen geschenk, het is een verantwoordelijkheid. Iets wat intelligente mensen wordt opgedragen. Er is maar één ding dat God van ons verwacht in ruil voor Zijn geschenk van het leven, en dat is dat we stuk voor stuk de wereld achterlaten als een betere plek dan toen wij er aankwamen. Kun jij dat beweren, broeder Pete?'

'Ik werk eraan.'

'Ik ook. En broeder Angus, God hebbe zijn ziel, deed dat ook.'

123

Maandag 20 maart

De kamer in het afkickcentrum van de La Brea Detox Sisters had een rode tegelvloer. Langs drie wanden waren roestvrijstalen werkbladen aangebracht waarop, als couverts in een restaurant, papieren servetten met keurig uitgestalde lepels en injectienaalden lagen.

Er hing een zure geur, een mengeling van ontsmettingsmiddel en ongewassen kleding. Ross staarde naar een man in een groezelig joggingpak met vet, grijzend haar en een tonsuur als van een monnik; hij was waarschijnlijk veertig, maar hij zag eruit als zestig. Hij zat voorovergebogen in naarstige concentratie op een kruk, omringd door vloeitjes, en hield een aanstekervlam onder een lepel gevuld met een borrelende vloeistof.

Ross stond een verdieping hoger op het observatieniveau met zuster Marie Delacroix, die was gekleed als een aardmoeder. Zachtjes en met een lijzig zuidelijk accent zei ze tegen Ross: 'We laten ze dit doen. We verstrekken schone naalden, en als ze een overdosis nemen, hebben we hier vierentwintig uur per dag vrijwillige artsen die kunnen helpen. Als ze dan toch drugs gebruiken, hebben we liever dat ze dat in een hygiënische, veilige omgeving met medische hulp bij de hand doen.'

Ross onderdrukte een geeuw. Hij was al sinds vier uur vanmorgen wakker, had liggen woelen en draaien tot hij er uiteindelijk genoeg van had gehad en een wandeling was gaan maken zodra het licht werd. Het was nu tien uur 's morgens. 'En de politie vindt dat oké?' vroeg hij.

'Ze begrijpen ons werk, ja, en knijpen een oogje toe. Ik heb ditzelfde werk gezien in gelijksoortige klinieken in Duitsland en Nederland. Ze redden veel levens.'

'Ik zou er een artikel over moeten schrijven, over uw werk en die klinieken in Europa.'

'Ja, dat zou u moeten doen. We kunnen alle publiciteit goed gebruiken. Maar wat kan ik voor u doen, meneer Hunter?'

'Ik hoor dat u hier een vrijwilliger met de naam Michael Delaney hebt.'

Haar reactie verbaasde hem: ze keek alsof ze in extase raakte. 'Mike Delaney!' zei ze met grote eerbied. 'Die man is – hoe zeg je dat – een heilige!'

'O ja?'

'Echt waar, meneer Hunter.' Ze dempte samenzweerderig haar stem. 'Ik zal u vertellen hoe het personeel hier hem noemt: Wonderman!'

'Wonderman?'

'Echt! Hij is ongelooflijk, alsof hij magische krachten heeft. Hij geneest iedereen met wie hij praat. Binnen een paar weken, hoelang ze ook al aan de drugs zijn, zijn ze clean. Een slagingspercentage van honderd procent. Hij kwam een paar jaar geleden ineens binnenlopen en vroeg of hij misschien ergens mee kon helpen. Hij is ongelooflijk. Als je in wonderen gelooft, dan is hij dat. Een echte verrichter van wonderen.'

'Hoe doet hij dat?' vroeg Ross, die probeerde zijn opwinding niet te laten blijken.

'Hij legt zijn handen gewoon op ze, lieverd. Dat is het enige wat hij doet. Legt alleen maar zijn handen op ze.'

'Wanneer verwacht u hem hier?' vroeg Ross.

Ze haalde haar schouders op. 'Dat is het probleem. Hij komt opdagen wanneer het hem uitkomt.' Ze dempte haar stem weer. 'Als hij de avond ervoor niet te veel heeft gedronken.'

'Dus hij komt vandaag misschien niet?' drong Ross aan.

'Nee, lieverd, hij is een beetje onvoorspelbaar.'

'Weet u waar hij woont?'

Haar houding veranderde; ze leek slecht op haar gemak. 'Hij verhuist vaak, naar verschillende pensions. Maar ik zou u zijn huidige adres niet kunnen geven, niet zonder zijn toestemming.'

'Natuurlijk.'

'Als hij vandaag niet hier komt, zou u vanavond de Fairfax Lounge kunnen proberen.'

'De Fairfax Lounge?'

'Een bar een paar straten hiervandaan. Meneer Delaney was vroeger een vrij beroemde goochelaar, ik denk totdat de drankduivel hem te pakken kreeg.' Ze stak haar hand op en kantelde hem heen en weer. 'De bar betaalt hem een vast salaris om langs de tafels te gaan met zijn trucs. Met dat geld en de fooien die hij krijgt kan hij drank kopen. Wij geven hem ook een schijntje. Ik probeer altijd iets voor hem mee te nemen voor de lunch, een broodje of zo.'

'Is hij elke avond in de Fairfax Lounge?'

'Meestal wel, zegt hij. Hoewel ik denk dat hij soms zo veel drinkt dat hij niet eens weet wat voor dag het is. Succes als u hem wilt interviewen.'

'Zo te horen heb ik het nodig.'

'Ja, lieverd. Hij praat helemaal niet veel. Ik denk dat hij nogal droevig is.

Geen familie, geloof ik. Hij lijkt me een verloren ziel. En toch...' Ze aarzelde.
Ross wachtte geduldig.

'Soms als ik naar hem kijk,' ging ze door, 'heb ik het gevoel dat ik in een bodemloze put staar. Er zijn verborgen diepten daarbinnen die misschien alleen God ziet.'

'Misschien,' beaamde Ross.

124

Maandag 20 maart

Ross was blij toen hij de bedompte geur en sfeer van het afkickcentrum kon verlaten en de warme zon in kon stappen. Zijn hoofd tolde.

Wonderman!

Hij legt zijn handen gewoon op ze, lieverd.

Hij keek om zich heen om te controleren of niemand hem in de gaten hield of schaduwde. Hij liep op een drukke, brede straat met overal uithangborden. Een enorm reclamebord op een kraan speelde een trailer van een film af. Rechts van hem stond het woord MARKET in knipperende lichten, al waren er een paar lampen kapot. Boven een gearceerd deel van de weg hing een klein, bekend geel bordje: PED XING – voetgangersoversteekplaats.

Hij stapte in de schaduw, voerde 'Fairfax Lounge' in Google Maps in, en na een paar seconden verscheen het adres samen met de optie voor een routebeschrijving. Hij drukte op de toets en de route verscheen. Het zou veertien minuten lopen moeten zijn.

Op aanwijzing van zijn telefoon liep hij een boulevard met palmen in, met aan weerskanten hoge appartementengebouwen. Bij de volgende kruising ging hij linksaf een drukke vierbaansstraat in met aan de overkant geparkeerde auto's. Hij kwam langs een koosjere supermarket, een bakkerij, een Starbucks, een hamburgertent, een Duane Reade en een winkel die enge poppen verkocht. Een paar minuten later stond hij op Fairfax, met de instructie om links af te slaan.

Ross liep langs de Farmers Market en bereikte de kruising met Melrose. Hij stak over naar het Fairfax High School-complex, liep langs de school en toen langs de blauwe keet die hij herkende van Google Earth. Aan de andere kant waren een kringloopwinkel, een tassenboetiek en een artsenpraktijk. Toen zag hij het, aan de overkant van een zebrapad, tussen een bakkerij, een delicatessenwinkel en een lampenwinkel met een LEEGVERKOOP-bord in de etalage. Er hing een grote oude neonreclame aan de muur: FAIRFAX LOUNGE. Daaronder, veel kleiner en onverlicht, stond de tekst: ELKE AVOND GOOCHELSHOW!

Ross wachtte tot er een rij auto's was gepasseerd en stak over. De buiten-

Hij zette het zoutvaatje neer,
mer. Twee tellen later bleef de v
en keek ernaar. Hij zag haar me
ken en het terugstoppen in haar

Ze had hem weggedrukt.

kant van het gebouw zag eruit alsof het al een paar decennia geen lik verf meer had gezien en de ramen waren smerig. Ross vermoedde dat het binnen net zo aftands zou zijn.

Hij opende de deur en werd meteen begroet door de ingetrokken geur van verschaald bier. Het duurde even voor zijn ogen aan het schemerlicht gewend waren. Aan de linkerkant was een lange bar waarachter een oude, ongelukkig uitziende vent in een overhemd cocktailglazen stond te poetsen. Rechts waren gebogen bankjes met gebarsten leren bekleding. Een podium aan het eind met een microfoon en een paar speakers. Laaghangende lampen met groene kapjes met kwastjes, de meeste uit. Een nummer van Sinatra was te horen door een slecht audiosysteem. De vloer voelde plakkerig aan.

Naast een groot bord NIET ROKEN aan de muur hing een kleinere, verkleurde poster in een goedkope lijst. In het midden stond een gezicht dat Ross herkende van zijn zoektocht op internet. De flamboyante, langharige man van eind veertig, met stralen studiolicht die een halo-effect om zijn hoofd creëerden. Eronder stond:

MICKEY MAGIC – MAN VAN MYSTERIE!
EEN NIEUWE SERIE VAN ABC FAMILY
ZOMERPREMIÈRE 16 JUNI. ELKE VRIJDAG 21.00 UUR

Ross boog zich zo ver mogelijk over de bar naar voren en maakte een foto met zijn telefoon. Toen wendde hij zich tot de barman. ‘Hoi. Weet je of Mike Delaney hier vanavond is?’

‘Zie ik eruit alsof ik dat weet?’ antwoordde de man zonder op te kijken.

‘Je ziet eruit als de enige die hier is,’ kaatste Ross terug.

‘Misschien wel, misschien niet. Als hij komt, zal het rond cocktailtijd zijn. Happy hour.’

‘Hoe laat is dat hier?’

Hij wees over zijn schouder, en Ross zag het bordje aan de muur. Happy hour was van halfzes ’s middags tot halfacht ’s avonds. Heel happy.

Hij bedankte hem, kreeg een grommend ‘Uh-huh’ als reactie en stapte de straat weer op. Hij had dringend behoefte aan cafeïne en had ook honger. Het was nog vroeg om te lunchen, maar het ontbijt van halfacht was lang geleden. Hij keek om zich heen maar zag nergens een restaurant dat hem aansprak. Toen herinnerde hij zich dat Imogen graag op Melrose Avenue was gekomen toen ze hier samen waren, vanwege de talloze cafés en delicatessenzaken die daar waren. Omdat hij toch meer dan genoeg tijd te doden had, stak hij weer over en liep terug.

Ross pakte zijn telefoon en belde Sally, maar kreeg haar voicemail en sprak een boodschap in. Hij liep in gedachten verzonken door, genietend van de hij: Wat kan mij het schelen. Als ze elkaar tegenkwamen zou dat verrekte interessant zijn, en hij keek uit naar haar verklaring, vooral aangezien ze steeds herhaalde dat ze zo weinig geld hadden. Maar ook weer niet zo weinig dat ze geen vliegticket naar Los Angeles kon betalen?

Hij had nog een paar uur dood te slaan voordat het zin had om naar de Fairfax Lounge te gaan, dus liep hij rond in de Farmers Market, werd verleid door een joekel van een donut, at hem op en had daar onmiddellijk spijt van. Hij verliet de markt en liep naar de Hollywood Hills, met ferme tred tegen de steeds steilere helling op om die verrekte donut te verbranden. Maar anderhalf uur later had hij nog altijd een doffe pijn in zijn buik en het gevoel alsof hij een kanonskogel had doorgeslikt.

Terwijl hij terugliep naar zijn auto, in de hoek van een parkeerplaats bij La Brea, kwam er een berichtje van Sally binnen.

Pas op dat hij je niet rekruteert als een van zijn discipelen. Al denk ik dat een baard en sandalen je hartstikke goed zouden staan LOL ☺ XX

Hij grijnsde en antwoordde.

Ha ha! XX

126

Maandag 20 maart

Ross stapte in zijn auto. Volgens de klok op het dashboard was het tien voor vier 's middags.

Het happy hour in de sombere Fairfax Lounge begon om halfzes. Zou Mike Delaney zich vandaag laten zien?

Er spoelde een golf van vermoeidheid over hem heen. Hij kon wel een dutje gebruiken, maar zijn gedachten tolden te erg.

Imogen was helemaal hierheen gevlogen – terwijl ze geldproblemen hadden – zonder hem dat te vertellen. Was ze van plan hem te verrassen? Nou, dat was dan gelukt.

Hij keek op zijn telefoon naar de lijst van nummers die hij het laatst had gebeld. *Imogen Mob* stond bovenaan. Hij liet zijn vinger boven de beltoets zweven.

Het was middernacht in Engeland. Zou ze opnemen en doen alsof ze uit haar slaap was gewekt? Of weer helemaal niet opnemen? En wat zou hij zeggen als ze wel opnam?

Hij had het nog steeds niet besloten terwijl hij op de toets drukte.

De telefoon ging vier keer over voordat hij haar voicemail kreeg. Een kort, nuchter bericht: 'Hoi, met Imogen, laat een boodschap achter.'

'Met mij,' zei hij kortaf. En toen, sarcastisch: 'Sorry dat het zo laat is. Bel me even.'

De volgende tien minuten besteedde hij aan het checken van de e-mail op zijn telefoon. Er was er een van zijn redacteur met de vraag of hij goed was aangekomen en hoe het ging. Hij keek op Twitter en Facebook, en toen naar Sky News. Er kwam een staking van de metro in Londen aan, en nog een staking van Southern Railways die de treinen naar Brighton zou raken. Hitlers oorlogstelefoon zou worden geveild. Wie wilde er nou zo'n gruwelijke trofee hebben? Bezoekersaantallen in de Church of England waren voor het eerst onder de miljoen per week gedaald.

Geen wonder dat God zich zorgen maakte, dacht Ross.

Het deed hem denken aan iets wat de kwantumfysicus Max Planck, een Nobelprijswinnaar, eens had gezegd: 'De wetenschap schrijdt voort van begrafenis tot begrafenis.'

Verving de wetenschap geleidelijk aan de kerk? Door de lange adem?

Er sloeg weer een golf van vermoeidheid over hem heen, ondanks zijn nerveuze energie, en hij geeuwde. Hij zette de wekker op zijn horloge voor over een uurtje, liet zijn autostoel zo ver mogelijk achterover zakken en deed zijn ogen dicht.

Maar het enige waar hij aan kon denken, en het enige wat hij achter zijn gesloten oogleden zag, was Imogen die over Melrose liep.

Wat deed ze daar?

Ging ze vreemd? Het was eigenlijk vreselijk dat het hem niet eens echt kon schelen als het zo was. Dat zei niet veel goeds over de toestand van hun relatie, wist hij.

Zelfs al was het zo, dan zou ze toch niet zo dom zijn om naar dezelfde stad te vliegen als waar hij was? Behalve als ze hem bespioneerde?

Ze wist waar hij logeerde, maar had geen contact met hem gezocht. Ze had niet opgenomen toen hij haar belde; twee keer. Ze had ook niet teruggebeld.

Toen zijn wekker afging stapte hij nog steeds verwonderd uit zijn auto, sloot hem af en liep terug naar de Fairfax Lounge.

127

Maandag 20 maart

Het was in het afgelopen uur bewolkt geraakt, en de wind die was opgestoken trok hard aan Ross' jack terwijl hij de straat naar de bar overstak. Nu er geen zonlicht op scheen zag de tent er nog somberder en minder uitnodigend uit dan eerder.

Hij duwde de zware deur open en stapte naar binnen. De meeste plafondlampen waren nu aan, maar door de stoffige kapjes verspreidden de zwakke peertjes slechts een vage gloed. Op televisie was weer een honkbalwedstrijd bezig, al keek niemand ernaar, en de stem van Dolly Parton kwam door het krakende geluidssysteem. De chagrijnige oude bartender had zich opgeknapt en droeg nu een scharlakenrode smoking en een vlinderstrikje. Hij leunde met zijn handen op de bar en had blijkbaar niets anders te doen dan kwaad naar de wereld kijken. Een andere bartender van ongeveer dezelfde leeftijd, een kleine, tengere man in dezelfde kleding, roerde met een lange lepel in een zilverkleurige cocktailshaker.

Twee zakenlui zaten in een nis met telefoons tegen hun oor. Allebei hadden ze een martiniglas voor zich staan. De enige andere klanten waren een man van middelbare leeftijd, ook in pak, in het gezelschap van een uitdagend geklede roodharige vrouw. Ze zaten aan de bar en leken geheel in elkaar op te gaan. De man droeg een ring, merkte Ross op; de vrouw had een paar dure stenen om, maar niets om haar ringvinger. Hij vroeg zich af wat het verhaal achter die twee was.

De barman zette een knalgroene cocktail voor de vrouw neer en een biertje bij de man, en toen kwam hij naar Ross toe. 'Ja, meneer, goedenavond, meneer.'

Ross kon wel een stevige borrel gebruiken, maar hij had geen idee hoelang hij zou moeten wachten en wilde niet het risico nemen dat hij nog duffer werd. 'Mag ik een glas water?'

De bartender fronste afkeurend. 'Kraanwater?'

'Nee, een flesje, alstublieft.'

'Plat of met bubbels?'

'Hebt u Evian?'

Dat leek op mysterieuze wijze goed aan te komen, want meteen monterde de oude man op. 'Evian. Jazeker hebben we dat. Schijfje limoen erin?'

'Perfect, dank u.'

'Oké, komt eraan.'

'Weet u toevallig... Komt Mike Delaney vanavond?' vroeg Ross.

'Er zijn er maar twee die daar het antwoord op weten, meneer: Delaney en de Here God Almachtig Zelf.' Hij boog zich naar voren, keek samenzweerderig over zijn schouder naar zijn collega alsof hij zeker wilde weten dat die niet meeluisterde en dempte zijn stem. 'Meneer, als u een goochelshow wilt zien, hoor ik dat de beste plek in de stad daarvoor de Black Rabbit Rose aan North Hudson is. Ik vrees dat onze meneer Delaney... u weet wel... Hij is misschien een beetje tam, naar moderne maatstaven.' Toen raakte hij zijn lippen aan. 'Maar dat hebt u niet van mij, meneer. Oké, meneer, één Evian met een schijfje limoen, komt eraan!'

In het volgende uur druppelde er nog een handjevol klanten naar binnen. Ross kauwde op de pinda's die de bartender bij zijn drankje neerzette, nam nog een Evian en ging naar het herentoilet. Toen hij weer op zijn bankje zat had hij echt moeite om wakker te blijven.

Zijn gedachten gingen naar het etentje straks met Sally. Lekker gezelschap zou hij zijn als hij zich dan nog steeds zich zo voelde. Hij moest wakker worden!

Waar at Imogen vanavond? Met wie? Hoe groot was de kans dat ze naar hetzelfde restaurant zouden gaan?

Dat zou nog eens een interessant gesprek opleveren.

Hij nam een slokje van zijn drankje, en toen hij het glas neerzette zag hij een lange, oudere man met een ietwat kromme rug naar de bar lopen. Hij droeg een rafelig grijs pak, versleten laarzen en een zwart overhemd met strasknopen. De man had een lang gezicht, dunnend grijs haar, een grote neus en wangen met heel veel dunne rode adertjes erin.

Hij liep naar de twee zakenlui toe, die diep in gesprek leken, met hun telefoons voor hen op tafel. Ze waren met hun tweede martini bezig, of misschien wel hun derde. Toen hij bij hen stond waaierde hij in zijn rechterhand een stok kaarten uit. 'Kies een kaart, meneer,' zei hij tegen een van hen. 'Elke kaart die u wilt.' Hij had een beleefde, innemende stem met een Californisch accent.

Een van de stropdassen wuifde de goochelaar achteloos weg. De oude man hief verontschuldigend een hand en liep door naar Ross, met een soepelheid die niet bij zijn leeftijd paste.

128

Maandag 20 maart

Ross begon te trillen, kon zijn zenuwen niet meer de baas. Hij haalde een paar keer diep adem toen tot hem doordrong dat dit het moment was waar misschien wel zijn hele leven naartoe had geleid.

... ik heb onlangs ultiem bewijs gekregen van het bestaan van God, en er was me verteld dat er een schrijver was, een gerespecteerd journalist genaamd Ross Hunter, die me kon helpen serieus genomen te worden.

Hij was zelden sprakeloos, maar nu wel. Toen hij zich net op tijd zijn plan weer herinnerde, hield hij discreet zijn hand boven zijn telefoon en tikte op de Voice Memo-app om de recorder te activeren.

Ondanks zijn verlopen uiterlijk straalde de goochelaar een merkwaardige kracht uit. Ross' huid tintelde toen hij dichterbij kwam. De lichtbruine ogen van de man leken veel jonger dan de rest van hem en ze glansden, vol ijver en magnetisme, achter een bril met een krom montuur.

Van dichtbij zag Ross de gelijkenis met de veel jongere man op de poster aan de muur. Hij zat duidelijk nog in het omhulsel van deze oude man. Alsof hij een pak en een masker droeg, maar vanbinnen iemand anders was.

Ross voelde een merkwaardig, krachtig aura, een gevoel alsof hij een luchtsluis in werd gezogen. Hij betrapte zichzelf erop dat hij voor hem wilde neerknielen.

'Mike Delaney?' vroeg hij; zijn stem klonk hem vreemd in de oren.

'Dat ben ik, meneer,' antwoordde de man terwijl hij met trillende hand een stok kaarten uitwaaierde. Zijn adem rook naar alcohol. 'Mag ik u een truc laten zien?'

Ross zag de jonge ogen twinkelen achter het masker. Twinkelen van humor, van ondeugd. Twinkelen van een gedeeld geheim. Hij voelde de haartjes achter in zijn nek overeind komen. Hij rilde, vol ontzag en opwinding, maar tegelijkertijd met het gevoel dat hij droomde. Dit was niet echt, het kon niet.

Maar hij was hier. Delaney stond voor hem.

De man met het DNA van Jezus Christus.

Delaney bleef glimlachen, en zijn ogen boorden zich in Ross alsof hij zijn gedachten las. Hem aanmoedigde. Bijna zonder het te beseffen werd Ross bekropen door een ongelooflijk gevoel van kalmte. Van welbehagen. Van energie.

'Meneer, mag ik u een truc laten zien?' herhaalde de man.

Die laat je me al zien, wilde Ross zeggen. *Je laat me iets onvoorstelbaars zien.* Maar hij glimlachte terug en wees naar zijn glas Evian. 'Kunt u dat in wijn veranderen?'

Hun blikken kruisten. Ross had het vreemde gevoel dat hij in die ogen werd getrokken, diep naar binnen door de lenzen van zijn bril, diep in zijn pupillen, diep in de ziel van de man. Hij zag zijn beverige glimlach. Ondanks zijn broze, sleetse aanzien straalde hij iets heel vorstelijks en gezagvols uit. De aanwezigheid binnen in het omhulsel, achter het masker.

'Pinot noir of merlot, meneer, of misschien een mooie chablis?'

'Hebt u ze de vorige keer de keus gegeven?' antwoordde Ross.

Delaney fronste kort, en toen glimlachte hij weer, nog warmer. Ross voelde zich goed en totaal op zijn gemak. Al zijn vermoeidheid was verdwenen en hij was zo wakker als maar kon. Toen brak het koude zweet hem plotseling uit en voelde hij zich duizelig, alsof alles om hem heen draaide.

'Heel goed,' zei Delaney goedkeurend. 'Maar ik neem aan dat u niet helemaal uit Engeland bent gekomen voor een gratis glas wijn, toch, meneer Hunter?'

Het verbaasde hem dat Delaney zijn naam kende. Hij glimlachte en schudde zijn hoofd. 'Ik hoopte op wat meer.'

'Ik verwachtte u al zo'n beetje. Die oude man is bij u geweest, toch?'

Ross knikte. De hele kamer leek om hem heen te draaien. 'Doctor Cook.'

'Doctor Harry F. Cook.'

Binnen in de jongeman die het omhulsel van de oude man bewoonde leek een nog jongere man te zitten. En daar weer in een nog jongere man, alsof het ook weer een omhulsel was. Alsof Ross in de zielen staarde van een eindeloos aantal schepsels, allemaal in elkaar als Russische poppetjes. Die hem naar binnen trokken. Hem omhulden. Hem beschermden binnen in deze luchtsluis.

'Waarom hij?' vroeg Ross. Zijn stem bleef in zijn keel steken. 'Waarom hebt u hem gekozen?'

'Waarom niet?' antwoordde Delaney simpelweg.

Het bleef even stil terwijl ze elkaar alleen maar aankeken. Ross voelde zich merkwaardig op zijn gemak. Het leek alsof er op dit moment niemand anders bestond behalve zij tweeën.

'Kunt u even blijven, meneer Delaney, en me iets te drinken voor u laten bestellen?' vroeg Ross.

Delaney kwam naast Ross op het gebogen bankje zitten, een eindje bij hem vandaan. 'Ik kan niet te lang blijven, want daar houden ze niet van, ziet u, ze willen dat ik mijn ronden doe, de tafels langs ga. Maar het is toch vrij rustig, dus we kunnen wel even praten.'

Ross bestelde een Jim Beam voor hem en een biertje voor zichzelf. Toen de bartender wegliep wendde hij zich weer tot Delaney. Ondanks zijn haveloze uiterlijk rook de man schoon, pas gedoucht.

'Ik heb het gevoel dat ik in een soort droom zit,' zei Ross. 'Ik... ik wil... alleen maar vragen...' Hij viel stil, niet zeker hoe hij moest zeggen wat hij wilde zeggen. Er waren zo veel vragen die hij wilde stellen. Over het verleden, over de toekomst.

'Ik weet wie ik ben,' zei Delaney, 'als dat de vraag is.' Hij keek Ross aan. 'Dat is toch wat u wilde vragen?'

Ross staarde gebiologeerd in zijn ogen. 'Waarom Harry Cook?' herhaalde hij. 'Waarom koos u een bescheiden, nederige oude man uit terwijl u ook had kunnen kiezen voor...' Hij zweeg weer, wist het niet meer.

'Terwijl we hadden kunnen communiceren op alle andere mogelijke manieren? Een gewiekster iemand hadden kunnen zoeken? Een mediagenieker iemand? Wie zouden de mensen geloven? Niet de paus, niet de aartsbisschop van Canterbury, geen van de imams, de sikhleiders, de brahmanen van de hindoes, de rabbi's. Die hebben hun geloof allemaal al. Zij wéten. Zij zijn niet degenen die hun geloof moeten hervinden. Zij zullen de mensheid er niet van weerhouden over de rand van de afgrond te gaan.'

De waarschuwende woorden *de Grote Bedrieger* bleven door Ross' hoofd malen. Zat hij hier met een oude oplichter, Meneer Tien-Miljard-Tegen-Eén die toevallig hetzelfde DNA had als Christus?

Of het echte werk?

Hij had moeite om te geloven dat Delaney echt was. Dat het niet alleen maar zijn eigen op hol geslagen verbeelding was. Maar toen hij weer naar de man keek voelde hij het magnetisme. Alsof hij in de eeuwigheid staarde. Alsof hij in de ziel staarde van iedereen die ooit op deze planeet had geleefd.

En hoe weet hij het van Harry Cook? Hoe weet hij mijn naam?

'Dus wie is er dan in staat om – zoals u het zegt – te voorkomen dat de mensheid over de rand van de afgrond gaat, meneer Delaney?' Voordat hij hem de kans gaf om te antwoorden ging Ross door. 'Volgens doctor Cook dacht God dat als ons geloof kon worden herbevestigd, het ons zou terughalen naar een toestand van evenwicht. Maar in de middeleeuwen geloofde bijna iedereen, en toch volgden er vele eeuwen van vreselijke oorlogen, de Holocaust, de kernbommen op Hiroshima en Nagasaki. Waarom zou het nu wel verschil maken?'

Delaney glimlachte mijmerend en veranderde weer even in één persoon, een oude man met rimpels om zijn ogen. 'Misschien omdat te veel mensen luisteren naar een handvol arrogante, invloedrijke lieden. Slimme wetenschappers en connaisseurs, die in hun hoogmoed geloven dat er niets belangrijkers in het heelal kan zijn dan zijzelf. Dezelfde mensen die zo overtuigd zijn, maar nog altijd niet kunnen verklaren hoe de wereld is ontstaan. Ze praten overtuigend over de oerknal, maar kunnen niet uitleggen hoe die echt is gebeurd. Twee stofjes botsten en zetten hem in gang? Maar wie had die stofjes daar geplaatst? Dat is het onderwerp dat ze altijd ontwijken. Samen met de vraag *waarom*. Waaróm had iemand die twee stofjes daar geplaatst? Niemand kan daar antwoord op geven, meneer Hunter, omdat "iemand die groter is dan de mens" het enige mogelijke antwoord is.'

'Iemand of iets?' probeerde Ross.

Delaney hield hem vast met zijn blik. De persoon binnen in hem hield hem ook vast met zijn blik. En de persoon daarbinnen. 'Een hogere intelligentie, meneer Hunter. Misschien is het waar, misschien is het een broodjeaapverhaal, maar in 1899 adviseerde de directeur van het Amerikaanse octrooibureau het Congres om het octrooibureau te sluiten omdat, zo liet hij hun weten, alles wat kon worden uitgevonden nu was uitgevonden en er geen nieuwe ontdekkingen meer zouden worden gedaan. Denk daar maar eens over na. Dat was voordat er ooit een vliegtuig had gevlogen, vóór computers, vóór internet, vóór bijna al het moderne dat er op de wereld is.'

'Een echte visionair, als dat waar is,' zei Ross grijnzend. 'Maar u moet toegeven dat de Kerk niet bepaald bekendstaat om het helpen van wetenschappers. In 1633 werd Galileo schuldig bevonden aan ketterij omdat hij zei dat de aarde om de zon draaide. Heeft de religie te veel haar best gedaan om protectionistisch en antiwetenschap te zijn?'

'Misschien.' Delaney nam een slokje whisky. 'Misschien heeft het christendom te lang geprobeerd vast te houden aan oude overtuigingen en de wetenschap niet omhelsd, maar juist afgestoten. De ironie is dat de wetenschap vragen stelt die alleen de religie kan beantwoorden, maar het accepteren van die antwoorden zou voor wetenschappers betekenen dat ze hun ongelijk erkennen.'

'Welke vragen, specifiek, denkt u?' vroeg Ross.

'Hebt u gehoord van de theorie van de kwantumverstrengeling?'

'Nee.'

'Heel simpel gezegd: als je een subatomair deeltje in tweeën splitst en de ene helft in een lab in Londen houdt terwijl je de andere helft naar een lab aan de andere kant van de wereld stuurt – Sydney bijvoorbeeld – en dan de helft in Londen omdraait, draait de helft in Sydney meteen ook om. Einstein was hierdoor gefascineerd en verzon er een eigen naam voor: *griezelige werking op afstand.*'

Ross glimlachte weer en nam een slok bier. Hij kon nog steeds niet geloven dat dit gesprek echt plaatsvond. Hij voelde zich dieper en dieper in die eindeloze zich herhalende ogen wegzakken.

'Iets anders wat niemand kan verklaren, meneer Hunter, is magnetisme. Niemand kan je echt vertellen waardoor het wordt veroorzaakt. Wetenschappers weten wat het doet, maar dat is alles. Wil je echt verklaren hoe dat werkt, en hoe de kwantumverstrengelingstheorie werkt, op basis van niets meer dan evolutie vanuit de oersoep? Dat lijkt me niet. Natuurlijk bestaat evolutie, maar evolutie is een onderdeel van het bestaan. Het is een gevólg van het leven, geen primaire oorzaak.'

Delaney nam nog een slok whisky en keek Ross recht aan. 'U bent niet zeker van mij, hè?'

'Eerlijk? Als u echt bent wie ik denk dat u bent, snap ik niet waarom u uw aanwezigheid niet eerder kenbaar hebt gemaakt. Waarom hebt u tweeduizend jaar gewacht?'

Delaney zweeg een poosje. Toen vroeg hij heel zachtjes, zo zachtjes dat Ross hem amper kon verstaan bij de muziek en het geroezemoes: 'Vertel dan eens wie u denkt dat ik ben.'

'Uw DNA matcht met een tand waarvan we geloven dat die van Jezus Christus was en met DNA uit wat ik denk dat de Heilige Graal is.'

'Denk je dat dat toeval is, Ross?'

Hij glimlachte toen de man zijn voornaam gebruikte, alsof ze intiemer met elkaar begonnen te worden. 'Nee.'

Delaney glimlachte terug en hun blikken kruisten weer. Ross voelde een elektrische stroom tussen hen. Een wederzijds begrip. Een band.

'Je moet begrijpen dat ik niet de Zoon van God ben,' zei Delaney nog steeds heel zachtjes. 'Ja, ik heb hetzelfde DNA. Ik ben de voorloper, hierheen gestuurd om onopvallend verslag uit te brengen. Om te kijken of de mensheid klaar is voor de Wederkomst.'

'De Geloofsbelijdenis van Nicea-Constantinopel,' antwoordde Ross. 'Jezus Christus is opgevaren naar de hemel, zit aan de rechterhand van de Vader en zal in heerlijkheid weerkomen om te oordelen over de levenden en de doden. En zijn rijk zal geen einde hebben.'

'Klopt woord voor woord!'

'En?'

'Ze zijn er niet klaar voor.'

'Wie bedoelt u met zé?' vroeg Ross.

'Iedereen met zijn of haar eigen gevestigde belangen. Er is in meer dan tweeduizend jaar tijd niets veranderd. IJdelheid, hebzucht en angst zijn over de hele wereld de motivators. Altijd al geweest. Jezus werd gedood om al die redenen. De mensen waren bang voor wat ze vanwege Hem konden verliezen. De joodse religieuze leiders dachten dat als Hij echt de Messias was, Hij een bedreiging zou opleveren voor hun autoriteit. De Romeinen beschuldigden Hem ervan dat Hij beweerde een koning te zijn, en dat was een rechtstreekse uitdaging aan hun keizer. Pontius Pilatus geloofde echt dat Jezus de Zoon van God kon zijn, maar hij was een politicus vol eigenbelang en een zwakke vredestichter. Dus onttrok hij zichzelf aan de verantwoordelijkheid en liet de menigte beslissen, terwijl hij Jezus had kunnen redden.'

Ross staarde hem aan en vroeg zich weer af: Ben jij echt? Is het mogelijk dat je echt bent?

Alsof Delaney zijn gedachten las, vroeg hij: 'Je twijfelt, hè? Je vraagt je af: kan die sjofele ouwe vent echt zijn? Ik heb geprobeerd een normaal leven te leiden; of nou ja, zo normaal mogelijk. Ik weet dat ik anders ben, maar mijn rol is me duidelijk.'

Ross voelde zijn huid tintelen alsof hij statisch geladen was. Het was raar, niet onaangenaam, en gaf hem energie alsof hij onder een hete douche stond. Delaney grijnsde betekenisvol naar hem.

Zo abrupt als het was begonnen, hield het tintelen weer op.

'Misschien moet de wereld eerst wakker geschud worden, denk ik zelf, voordat de Wederkomst kan gebeuren,' zei Delaney. 'Iets waar niemand aan kan twijfelen. Wat geen wetenschapper kan wegverklaren. Iets wat de natuurwetten in het heelal tart.'

Ross fronste zijn voorhoofd en overdacht waar hij die woorden eerder had gehoord. De bisschop van Monmouth, Benedict Carmichael. Hij had hetzelfde gezegd.

'U bedoelt een wonder? Zoals het scheiden van de Rode Zee?' vroeg hij.

'Een wonder dat de hele wereld zal zien en niet kan ontkennen.'

Ross zag een stalen vastberadenheid in Delaneys ogen. Een kracht. Een immense ketel van kracht achter die donkere pupillen binnen in pupillen binnen in pupillen. Het vervulde hem van ontzag, en ook van angst. 'Wat... Wat hebt u in gedachten?'

'Je zult het weten wanneer het gebeurt. De hele wereld zal het weten. Het wordt aangekondigd in de Bijbel, in Genesis 9, toen God zei: "Dit is het teken van het verbond dat Ik geef tussen Mij en u, en alle levende wezens die bij u zijn, alle generaties door tot in de eeuwigheid."'

'Maar hoe brengt u het belang daarvan over aan een grotendeels sceptische en vijandige wereld?'

Delaney hief zijn handen. 'Daarbij heb ik jouw hulp nodig, begrijp je. Dit is waarvoor jij nodig bent, waarom jij bent gekozen.' Hij knikte naar Ross' telefoon op tafel. 'De opname die jij maakt op die telefoon – een toestelletje waarvan het hoofd van het Amerikaanse octrooibureau dacht dat het nooit zou worden uitgevonden – zul je binnenkort nodig hebben. Op die dag zul je de opname kunnen afspelen voor alle ongelovige thomassen.'

Ross voelde een steek van schaamte omdat hij Delaneys toestemming niet had gevraagd om hem op te nemen. Hoe had hij geweten dat de opname liep? Had hij hem het toestel zien inschakelen toen hij kwam aanlopen?

Delaney ging door. 'Het is ook geschreven in Matteüs 24: "De zon zal verduisterd worden en de maan zal zijn schijnsel niet geven en de sterren zullen van de hemel vallen en de krachten van de hemelen zullen heftig bewogen worden. En dan zal aan de hemel het teken van de Zoon des mensen verschijnen."'

Delaney zweeg en bleef even zitten knikken voordat hij met een afwezige blik in zijn ogen doorging. 'Binnenkort, nadat ik ben teruggeroepen, zal dat gebeuren. Jij hebt het oor van de media. Je hebt de opname, Ross. Jij zult bewijs hebben.' Hij dronk zijn glas leeg en stond op. 'Ik moest maar weer eens aan het werk. En jou beschermen zolang het nodig is.'

Ross staarde hem aan. Hij had nog steeds moeite dit allemaal te verwerken. 'Waar... Waar zal dat teken verschijnen?' Er waren nog zo veel vragen die hij hem moest stellen.

'Overal, op precies hetzelfde moment, in elk land, in elke tijdzone. Er is geen ziel ter wereld, geen enkel levend wezen, dat niet het vermogen zal hebben om het te zien.'

Ross pakte zijn telefoon. 'Mag ik een foto van u maken?'

Delaney aarzelde even. 'Oké.' Hij poseerde voor een paar foto's.

Toen vroeg Ross: 'Hoe kan ik contact met u opnemen? Hebt u een kaartje? E-mail?'

'Sorry, ik heb geen kaartjes. En ook geen e-mail meer. Ik ben hier bijna elke avond, behalve op zondag. Je kunt me hier bereiken zolang ik er nog ben. Maar dat zal niet veel langer meer zijn.'

Terwijl Delaney zich omdraaide haalde Ross onopvallend zijn zakdoek tevoorschijn, pakte er het whiskyglas mee op en stopte het in zijn zak. Als hij terug was in Engeland kon het lab er misschien Delaneys DNA af halen. Toen stopte hij de opname en controleerde hem.

Bij het volgende tafeltje hoorde hij Delaneys stem. 'Pak een kaart, meneer, elke kaart die u wilt. Precies, maar niet aan mij laten zien. Schrijf nu uw naam achterop met deze stift.'

Ross bleef nog een paar minuten aangedaan en peinzend zitten en dronk het biertje op dat hij tijdens het gesprek amper had aangeraakt. Hij probeerde te achterhalen wat er nu net was gebeurd. Was Delaney net als Harry Cook; waren ze een gestoord duo?

Er werd gelachen aan het volgende tafeltje. Delaney had een hamertje in zijn hand en sloeg ermee op een ijsblokje.

De voorloper van de Wederkomst?

Hij keek toe terwijl Delaney een opgevouwen speelkaart uit het kapotte ijsblokje haalde, de kaart openvouwde en omhooghield. Ross zag dat er iets op de achterkant geschreven stond.

'Is dit uw kaart, meneer? Uw handschrift?'

Ross hoorde een kreet van verbazing.

129

Maandag 20 maart

Een paar minuten later betaalde Ross zijn rekening, liet een fooi achter en liep verdoofd naar de deur. Toen hij hem met moeite opende, voelde hij een windvlaag. De wind was heel sterk, bijna stormachtig geworden.

Het was inmiddels donker, met een beetje regen, en het was druk op straat. Hij nam even de tijd om zich te oriënteren. Er was een avondwinkel recht aan de overkant, en een café ernaast. Hij moest de vierbaansweg oversteken en links afslaan. Twee straten voorbij Melrose, ergens rechts, stond zijn auto. Wachtend tot het verkeerslicht groen werd haalde hij zijn telefoon uit zijn zak omdat hij Sally wilde vertellen wat er was gebeurd. Hij begon een berichtje naar haar op te stellen om te zeggen dat hij onderweg was en stapte de straat op.

Toen hij halverwege was, nog steeds kijkend op zijn telefoonschermpje, hoorde hij het brullen van een motor. Zag de felle koplampen van een enorme SUV die met hoge snelheid op hem afkwam.

Recht op hem af.

Die zou niet stoppen.

Hij verstijfde.

De wagen kwam dichterbij.

De koplampen werden groter. Feller.

Het leek plotseling alsof de tijd werd vertraagd.

Wat moest hij doen? Naar de overkant rennen? Terugrennen? Hij keek over zijn schouder. En zag Delaney op de stoep voor de deur van de Fairfax Lounge staan.

Een fractie van een seconde later kwam Delaney met uitgestoken armen naar hem toe rennen. Zijn voeten leken de grond amper te raken, alsof hij langs een kabel suisde.

Het gebrul van de SUV was oorverdovend. De lichten verblindden hem.

Hij hoorde een vrouw gillen.

Voordat Delaneys handen hem raakten, voelde hij vanuit het niets een enorme kracht die hem opzij kegelde. Hem de straat over duwde alsof hij op een kussen van lucht reed. Hij raakte de muur van de avondwinkel met een klap die de lucht uit zijn longen perste, die aanvoelde alsof hij alle botten in zijn lichaam had gebroken.

Intussen, alsof het in slow motion gebeurde, zag hij dat de SUV Delaney frontaal raakte. De oude man werd door de lucht gelanceerd en belandde twintig meter verderop op een hoopje.

Het voertuig reed door, nog steeds versnellend, en binnen een paar seconden waren alleen de achterlichten ervan nog te zien.

Nog meer gegil.

Mensen renden naar de oude man toe. Ross, als in een droom, strompelde ook naar hem toe. Onder zijn hoofd verspreidde zich een plas donker bloed over het asfalt. Hij lag stil.

'Heb je dat gezien?' vroeg een man.

'Hij stopte niet eens!' zei een andere.

'Bel een ambulance!' riep iemand anders.

Ross bleef alleen maar staan. In een waas van compleet afgrijzen.

130

Maandag 20 maart

'Wat is er aan de hand met dat belachelijke verkeer?' Ainsley Bloor keek kwaad door het getinte glas in de achterruiten van de limousine. Ze waren al een paar minuten niet meer vooruit gekomen. Er was een Mobil-pompstation aan de overkant, omgeven door opzichtige reclameborden. De limousine kroop naar voren. Hij staarde naar de felgekleurde borden. PLANET HOLLYWOOD. AMOEBA RECORDS. STARBUCKS. WHISKEY A GO GO.

'Kunnen we niet van deze verrekte weg af?' vroeg hij aan de chauffeur.

De man achter het stuur, die geen nek had en eruitzag alsof hij uit een blok graniet was gehouwen, schoof zijn pols uit zijn mouw en liet de wijzerplaat van zijn gouden horloge glinsteren in het neonlicht van een uithangbord. 'Acht uur, maandag. Ik weet niet wat er is, er is zeker weten iets aan de hand, maar dit is LA, je kunt het verkeer hier nooit voorspellen. Sunset is normaal gesproken op dit tijdstip goed te doen.'

'Nou, nu is het niet zo goed te doen, hè? Hoe ver is het nog?'

'Zonder die drukte een minuut of vijf, of misschien tien.'

'Kunnen we niet van deze weg af?'

'Ik dacht dat jullie de stad wilden zien.'

'Wat?' Bloor keek naar Julius Helmsley, die naast hem op de achterbank zat te mailen op zijn telefoon. 'Heb jij hem verteld dat we de stad wilden zien, Julius?'

Helmsley schudde zijn hoofd.

Bloor wendde zich tot de chauffeur. 'Luister, we zijn hier niet om je verrekte stad te zien, oké? We willen de snelst mogelijke route naar de Fairfax Lounge.'

'Dat was niet de boodschap die ik kreeg,' zei de chauffeur. 'Het kantoor zei dat jullie onderweg een kleine tour wilden.'

'Nou, dat is niet wat we willen.' Bloor keek op zijn eigen horloge. 'We zijn al veertig minuten onderweg vanaf het hotel, of eigenlijk vijfenveertig. Breng ons daar gewoon zo snel mogelijk naartoe.'

'Het is helemaal niks, die Fairfax Lounge. Weet u zeker dat u daarheen wilt?'

'Ja.'

'Geloof me, chique lui zoals jullie, die logeren in een duur hotel, jullie willen niet naar zo'n rattengat. Er zijn veel betere bars. Ik kan u –'

'Breng ons godverdomme gewoon naar de Fairfax Lounge, en opschieten!' zei Bloor schril.

Een paar tellen later maakte de limousine een haakse bocht naar rechts; de chauffeur gaf zo veel gas dat de banden piepten. Bloor werd tegen zijn portier gesmeten. Helmsleys telefoon vloog uit zijn handen en hij moest ernaar graaien op de vloer. Twee tellen later werd hij tegen zijn portier gekwakt toen de wagen een net zo wilde bocht naar links maakte.

'Heb je in je vorige leven soms een vluchtauto bestuurd of zo?' vroeg Bloor in een poging tot humor.

'Uh-huh,' was het nietszeggende antwoord.

Een paar minuten later gingen ze wat rustiger rechtsaf bij een verkeerslicht, een vierbaansweg op met aan beide kanten winkels, goedkope restaurants en afhaaltenten. Vloekend remde de chauffeur abrupt toen al het verkeer voor hen vertraagde voor een volgende kruising. 'Blijkbaar is het niet jullie geluksdag.'

Bloor en Helmsley tuurden naar een heleboel flikkerende blauwe en rode zwaailichten. Een politiewagen stond schuin voor de toegang tot het volgende wegdeel, met de zwaailichten aan. Erachter wapperde geel-zwart politielint dat de weg afsloot. Twee agenten stonden ervoor. Een stukje achter hen stond een grote, vierkante ambulance, ook met de zwaailichten aan, en nog een paar andere voertuigen van hulpdiensten. Ze hoorden het gejank van een naderende sirene.

'Waar is de Fairfax Lounge?' vroeg Bloor.

'Recht vooruit, halverwege de straat aan de linkerkant,' zei de chauffeur.

'Wat is er aan de hand?'

'We komen niet dichterbij, dat kan ik je wel vertellen.'

'Ik ga wel kijken.' Bloor opende zijn portier en haastte zich voorovergebogen in de wind naar een van de agenten toe. 'Agent,' zei hij. 'Ik moet naar de Fairfax Lounge.'

'De wat?'

Bloor zag het verlichte uithangbord van de bar een meter of vijftig verderop. Bijna recht ervoor stond een witte sedan met de tekst PATHOLOOG op de deur, en ernaast stond een wit busje met flitsende zwaailichten op het dak. Op de deur stond: PATHOLOOG GEMEENTE LOS ANGELES, en het motto WET EN WETENSCHAP TEN DIENSTE VAN DE SAMENLEVING.

Hij begon een heel naar gevoel te krijgen dat hij niet kon verklaren. 'De Fairfax Lounge, agent – meneer – hij is daar,' zei hij. 'Mag ik erdoor?'

De agent keek hem aan en schudde zijn hoofd.

'Hoe... hoelang... denkt u... hoelang voordat ik erdoor kan?'

'Meneer, er is een dode gevallen. Meer weet ik niet. Ik weet niet hoelang.'

Op dat moment kwam er een andere agent de deur van de Fairfax Lounge uit. Hij was gedrongen en gespierd en beende naar hen toe met een stoer loopje, alsof de stoep van hem was. Hij en de man bij het lint waren duidelijk vrienden. 'We zijn hier nog wel een tijdje,' zei hij zachtjes tegen zijn collega.

'Wat weten we?' vroeg de eerste agent.

'Aanrijding, maar het voertuig is doorgereden. Een heleboel verwarring, het gebruikelijke. Klootzakken die foto's maken met hun telefoon. Ik heb een paar goede getuigen die zeggen dat die ouwe probeerde het leven van een jongere vent te redden. Duwde hem opzij. Zo te horen was die SUV-bestuurder dronken of high. Hij kwam aanscheuren vanuit het niets, stopte niet, reed gewoon door. Hopelijk krijgen we zijn kenteken van een van de camera's aan deze winkels.'

'Weten we al wie het slachtoffer is?'

'Het lijkt erop dat hij Mike Delaney heet. Een van de bartenders in de Fairfax Lounge heeft hem bekeken. Hij werkte daar blijkbaar als een soort huisgoochelaar.'

'Jammer dat zijn toverij vanavond niet werkte,' zei de eerste agent.

'Pardon, zei u *Mike Delaney*?' onderbrak Bloor hen.

'Uh-huh,' antwoordde de agent die het nieuws had overgebracht.

Bloor had het gevoel alsof zijn ingewanden door een liftschacht omlaagduikelden. 'Mike Delaney?' herhaalde hij zwakjes.

Geen van beide agenten antwoordde.

'Ik... Ik was op weg... naar hem toe. Ik... Ik moet hem zien.'

'Hij zal niet erg spraakzaam zijn, meneer,' zei de agent die uit de bar was gekomen.

'Nee... u snapt het niet... Ik... Ik moet hem zien... Ik moet alleen maar even... Kunt u me erdoor laten, een paar minuutjes maar?' Hij klonk wanhopig.

'Ik denk niet dat u me goed hebt gehoord, meneer. Hij is dood. Er is hier niets voor u.'

'Waar... Waar gaan ze... Waar gaan ze hem heen brengen?'

'Bent u familie van de overledene, meneer?' vroeg de agent bij het lint.

'Ja... nou... ja... Hij is mijn... neef,' loog hij improviserend. 'Ik ben vanuit Engeland hierheen gevlogen om hem te ontmoeten. Familiereünie. Mijn lang verloren neef; we hebben pas onlangs weer contact gekregen. Dit is een heel emotionele reis voor me geweest. Waar brengen ze zijn lichaam naartoe?'

'Naar het centrum, naar de gerechtelijk patholoog. Het mortuarium. Geen geweldige plek voor een familiereünie.'

Bloor grimaste. 'Is er maar één mortuarium waar ze hem heen kunnen brengen?'

Sarcastisch zei de agent bij het politielint: 'Luister, vriend, het zijn geen hotels, hè? Als je dood bent, krijg je geen keus in je accommodatie, oké?'

'U begrijpt het niet... wie hij is... wie hij zou kunnen zijn.'

'Ik begrijp het prima,' zei de andere agent. 'Ik denk dat het beter is als u nu gaat, meneer, want we moeten de weg vrijhouden.'

'Nee... nee... alstublieft, u weet het niet!'

'Niemand zal het zeker weten totdat er een formele identificatie is gedaan, meneer.'

'Waar zal dat gebeuren? Bij de patholoog?' vroeg Bloor ter controle. 'In het mortuarium, toch?'

Beide agenten keken hem aan. De eerste knikte.

'Hebt u het adres?'

'Dat staat in de *Good Hotels Guide*,' antwoordde de agent.

Zijn collega grijnsde.

Bloor staarde hen aan. Ze begrepen het niet. Snapten het niet. Ze hadden geen idee wie er dood en gebroken een paar meter achter hun zelfingenomen koppen lag.

Maar terwijl hij terugliep naar de wachtende limousine, schoot hem te binnen dat dit misschien helemaal geen ramp was. Het kon ook een gouden kans zijn.

Hij begon een plan te formuleren.

Terwijl hij weer in de limousine stapte, zei hij tegen de chauffeur: 'We gaan ergens anders heen. Kun je ons naar het centrum brengen, naar de gerechtelijk patholoog?'

'North Mission Road.'

'Is het daar?'

'Uh-huh.'

'Kunnen we daarheen, alsjeblieft?'

'Goeie keus. Liever een avondje daar dan in de Fairfax Lounge.'

131

Maandag 20 maart

Even na tien uur die avond zaten Ross en Sally in het bargedeelte van het Aziatische fusionrestaurant dat haar was aanbevolen. Zij nipte van een margarita; Ross had al een dubbele whisky op en had nu een groot glas tapbier in zijn trillende hand. 'Piano Man' van Billy Joel werd gedraaid.

Er lag een assortiment dimsum voor hen, maar Ross had geen trek. Zijn hele lichaam deed pijn en een paar ribben staken, maar hij merkte het amper. Deels wilde hij Sally alles vertellen en haar de opname laten beluisteren, woord voor woord. Maar hij wist niet goed waar hij moest beginnen en was nog steeds op zijn hoede.

'Hallo!' zei ze, zwaaiend met haar hand voor zijn gezicht. 'Ben je er nog?'

Hij keek haar geschrokken aan. 'Sorry,' zei hij. 'Ik ben...'

Ergens anders, wist hij. Van de wereld. Proberend hier iets van te begrijpen. Dat Imogen in LA was. Dat iemand hem had geprobeerd te vermoorden. Wie hij echt kon vertrouwen.

'Vertel vanaf het begin wat er vanavond is gebeurd, Ross,' zei ze. 'Echt, je ziet eruit alsof je een geest hebt gezien.'

'Misschien is dat ook wel zo.'

'De Heilige Geest?'

Hij glimlachte flauwtjes. 'Ik denk... Ik weet niet... Ik probeer me de volgorde te herinneren. Van wat er is gebeurd. Het was ongelooflijk, Sally. Ik... Het was alsof... Ik kan het niet beschrijven. Iets... bovenaards. Ik weet dat alles wat ik je ga vertellen gestoord zal klinken.'

'Probeer maar.'

Ze wist een dumpling te pakken met haar eetstokjes en hem een paar centimeter op te tillen, maar hij glipte weg en viel terug in het mandje.

'De Chinezen pletten ze eerst en stoppen ze dan in hun mond,' zei Ross hulpvaardig.

'Heel elegant. Zo?' Ze pakte de dumpling met haar vingers, liet hem op haar bord vallen en begon hem te pletten. 'Sorry, ik ben uitgehongerd. Maar ik wil het dolgraag weten. Wat is er nu echt gebeurd, of eigenlijk, wat denk jíj dat er is gebeurd toen je uit de Fairfax Lounge wegliep?'

'Ik stak de weg over, bezig met een berichtje aan jou om met je af te spreken.'

'Niet slim,' zei ze met een verwijtende glimlach. 'Oversteken en sms'en tegelijk. Wil je soms dood?'

'Het was een voetgangersoversteekplaats, en het licht was groen.'

'Ja, nou, ik heb liever dat je een paar minuten later hier aankomt dan vroeg in het hiernamaals!'

Hij grijnsde. 'Heel treffend.'

'Ik ben goed in treffend.'

'Maar goed, ik liep midden op de weg toen die SUV ineens vanuit het niets verscheen en als een razende op me afkwam. Ik hoorde de motor brullen, zag koplampen. Het leek erop dat iemand opzettelijk op me in reed. Ik verstijfde, bleef gewoon als vastgenageld staan. Ik dacht echt dat ik het gehad had. Ik kon nergens heen. Toen gebeurde er iets... Ik weet niet hoe ik het anders kan omschrijven dan als iets mystíéks.'

'Hoe bedoel je?'

'Delaney. Ik zag hem voor de Fairfax staan. Hij moest achter me aan zijn gekomen. Binnen een fractie van een seconde, terwijl die SUV op me afkwam. Misschien ben ik een beetje in shock en zag ik ze vliegen, maar Delaney kwam veel sneller naar me toe dan een mens kan bewegen, helemaal voor een man van zijn leeftijd. Ik voelde dat hij me duwde en werd letterlijk de weg over gelanceerd; het voelde alsof ik op een luchtkussen reed. Heel even dacht ik dat ik dood was, je weet wel, zoals mensen bijna-doodervaringen beschrijven. Ik was ervan overtuigd dat mij dat overkwam. Een beetje zoals toen Ricky overleed. Toen knalde ik tegen de muur van een winkel en lag ik op de grond. Ik...'

Hij zweeg even, probeerde zich nog meer te herinneren. 'Ik zag de auto, een grote SUV, door de straat scheuren en Delaney door de lucht vliegen als... als een lappenpop.'

Ze reikte over de tafel en legde zachtjes haar hand op de zijne.

'Het leek alsof de tijd een fractie van een seconde stilstond.'

'Gebeurt er niet iets vreemds als mensen een bijna-doodervaring hebben? Je hebt me dat ongelooflijke verhaal verteld over je broer, toen die stierf.'

'Dit was anders. Meer als een...'

'Wonder?' opperde ze.

'Het was een wonder. Maar waarom is hij dood? Dat had ik moeten zijn.'

'Denk je dat hij je heeft gered?'

'Misschien.'

'Zijn leven heeft opgeofferd voor het jouwe?'

'Ik weet het niet. Mogelijk. Maar waarom?'

Ze staarde hem doordringend aan en haar ogen lichtten op alsof ze het volkomen begreep. 'Omdat je een missie uit te voeren hebt?'

'Ik weet het niet,' antwoordde Ross. Hij nam nog een slok bier. 'Ik kreeg het gevoel dat hij wist dat zijn dood dichtbij was; daar zinspeelde hij op in de bar. Een van de laatste dingen die hij tegen me zei was: "Binnenkort, nadat ik ben teruggeroepen, zal dat gebeuren. Jij hebt het oor van de media. Je hebt de opname, Ross. Jij zult bewijs hebben."'

'Hoe was het om hem te ontmoeten?' vroeg Sally. 'Met hem te praten?'

'Het was... Ik kan niet eens beginnen het te beschrijven.' Hij dacht even na. 'Heel vreemd. Onvoorstelbaar. Ik voelde steeds zo'n energie van hem af komen, als statische elektriciteit of zo. Als iets bovennatuurlijks.' Hij haalde zijn schouders op. 'Misschien verbeeldde ik het me maar.'

'Misschien ook niet.' Ze boog zich naar voren en bekeek hem aandachtig. 'Je zei dat hij het over een teken had?'

'Hij citeerde uit Genesis. Ik heb alles opgenomen.'

'Mag ik het horen?'

'Zeker.'

'Misschien na het eten?'

Hij knikte. 'Hij verwees ook naar Matteüs, vers 24, geloof ik. Over de zon en de maan die donker werden, de sterren die uit de hemel vielen, en dat er dan een teken van God kwam. Dat teken zou overal zijn, op precies hetzelfde moment, in elk land, in elke tijdzone.'

'En mensen die slapen dan, of die blind zijn?'

'Hij zei dat er geen ziel ter wereld zou zijn, geen enkel levend wezen dat niet het vermogen zou hebben om het te ervaren.'

Ze staarde hem een poosje zwijgend aan. 'Als dit echt is... Ik bedoel, als híj echt is, dan is dat...'

'Behoorlijk interessant?'

Ze grijnsde. 'Ja, behoorlijk interessant. Is dat het understatement van het jaar of van de afgelopen tweeduizend jaar?'

Ross klopte op zijn zak en hoorde geknars van gebroken glas; het glas van Delaney, dat was gebroken toen hij tegen de muur was gekwakt. 'Het glas waaruit hij heeft gedronken. Misschien kan ik het daarmee natrekken.'

'Slim!' zei ze. 'Maar ik zou jou nooit voor een kleptomaan hebben aangezien.'

'Op een dag ga ik terug en betaal voor dat glas.' Hij glimlachte.

'En wat was het allerlaatste wat hij tegen je zei?' vroeg Sally.

'Delaney dronk zijn glas leeg, stond op en zei: "Ik moest maar weer eens aan het werk. En jou beschermen zolang het nodig is." Ik vroeg hem wanneer en waar het teken zou verschijnen. Hij zei dat het zou gebeuren kort nadat hij was teruggeroepen... naar de hemel, denk ik. Hij zei ook dat ik hem in de bar kon bereiken zolang hij er nog was, maar dat dat niet heel lang meer zou zijn. Toen ging hij naar het volgende tafeltje en deed zijn kaarttrucs. Ik heb betaald en ben vertrokken.'

'En de volgende keer dat je hem weer zag was buiten, en toen werd hij aangereden door die auto?'

'Ja.'

'Denk je dat het opzet was? Die bestuurder? Dat hij probeerde jou of Delaney te vermoorden?'

'Nou, een tijdje later werd ik achter in een politiewagen gezet om een verklaring af te leggen. Een agent had een van de bartenders gesproken, die zei dat Delaney een paar avonden eerder zijn goocheltrucs ook had gedaan bij een van hun klanten. Blijkbaar heeft hij ook een zakkenrolroutine. Hij had de portemonnee van die klant gerold, en toen hij hem teruggaf beschuldigde die vent hem ervan dat hij er vijftig dollar uit had gehaald. Het werd onaangenaam en de politie werd gebeld. Ze namen Delaney mee naar een achterkamer en fouilleerden hem, maar hij had geen briefje van vijftig. Maar die klant was niet tevreden en zei dat hij terug zou komen om wraak op Delaney te nemen. Daar richten ze hun onderzoek nu op.' Hij zweeg even. 'Maar...'

'Maar?'

Ross dacht aan zijn reis tot nu toe, aan alles wat er was gebeurd, speculerend wie had geprobeerd hem te vermoorden. Nu Wenceslas dood was, waren de mensen van Kerr Kluge zijn hoofverdachten.

'Ross, je vriend de bisschop van Monmouth, Benedict Carmichael, waarschuwde je dat als iemand zou beweren dit bewijs te hebben, hij het risico liep vermoord te worden. Je hebt die ervaringen gehad in Glastonbury en daarna Egypte, en nu mogelijk dit. Misschien had hij gelijk,' zei Sally.

'Misschien.'

'Het zal je niet tegenhouden, hè, Ross?'

'Nee.'

'Daar ben ik blij om. Ik wil niet dat je iets overkomt, maar ik bewonder je principes. Maar je hebt wel geweldig materiaal voor je verhaal. Wanneer ga je het schrijven?'

'Ik ben al begonnen.'

'En je krant zal je serieus nemen vanwege wie je bent?'

'Ik hoop het,' zei Ross. 'Maar bij elk verhaal dat je indient bestaat het risico dat het uitkomt op een dag van grote nieuwsfeiten en dat je artikel van twee pagina's wordt teruggesnoeid tot een paar regels.'

'Jouw verhaal ís dat grote nieuwsfeit. Dit verhaal zal alles wat die dag verder nog in de krant staat irrelevant maken.'

'Ik hoop het, Sally, echt waar. Ik heb hier heel veel voor geriskeerd. Maar ik heb ook een paar geweldige mensen ontmoet.' Hij staarde haar veelbetekenend aan. Hun blikken kruisten en ze knikte.

Hij probeerde zelf ook een dimsum te pakken met zijn eetstokjes, een dumpling met garnaal. Na een paar mislukte pogingen doorboorde hij hem met het stokje en stak hem in zijn mond. Toen hij de hap doorslikte merkte hij ineens hoe weinig energie hij had en nam er meteen nog een, in gedachten verzonken.

'Geloof je echt wat Delaney zei, Ross?'

'Ik weet het niet. Ik weet niet wat ik moet geloven. Er gebeuren zo veel rare dingen. Dingen die ik je nog niet eens heb verteld.'

'Wat dan?'

Hij dacht terug aan de Fairfax Lounge. Het leek wel een droom. Had hij zich die jongeman binnen in Delaney alleen maar verbeeld? En de jongere man daar weer binnenin? Alle lagen binnen in lagen?

'Hallo!' zei ze. 'Je bent weer weg!'

Hij keek haar aan en aarzelde verward. Waar hadden ze het over gehad?

'Je zei dat er dingen waren die je me nog niet had verteld.'

'O ja.' Hij was er weer bij. 'Zoals dat mijn vrouw hier in LA is.'

'Wat?' Ze keek hem ontdaan aan. 'Imogen?'

Hij vertelde haar wat er was gebeurd.

'En je had geen idee dat ze hier zou zijn? Ze weet waar je logeert, maar ze heeft niet geprobeerd om contact met je op te nemen? En ze drukte je telefoontjes weg?'

'Ja.' Hij knikte. 'En dat terwijl we zo weinig geld hebben. Snap dat maar eens.'

'Ik zou denken dat ze vreemdging.'

'Dat zou niet voor het eerst zijn,' zei hij.

'O?'

'Ze is een intelligente vrouw, Sally. Verplaats je eens in haar. Stel je voor dat je met mij getrouwd was en wist dat ik naar LA was gegaan. Zou je dan echt op hetzelfde moment hierheen gaan met je minnaar?'

'Alleen als ik gesnapt wilde worden. Als ik wilde scheiden.'

Hij staarde haar zwijgend aan. 'Daar had ik nog niet aan gedacht,' zei hij uiteindelijk.

'De menselijke geest werkt soms op ondoorzichtige manieren, Ross.'

'Ik denk niet dat Imogen zo vals is.'

Ze hield haar hoofd schuin. 'Je zegt dat ze slim is. Nou, dat moet wel, als ze met jou is getrouwd!'

'Dank u wel, mevrouw!'

'Ik heb in de loop der jaren een behoorlijk aantal criminelen geïnterviewd,' zei ze. 'Eén ding dat ik van hen heb geleerd is dat de beste schuilplaats recht onder je neus is.'

'Dat is een goede theorie. Maar in dit geval geloof ik dat niet.'

'Heb jij een betere?'

'Nee. Mijn theorieën zijn op. Maar ik geloof één ding, en daar zal ik aan vasthouden, hoe klein de kans ook mag zijn. Dan zullen we het zeker weten, hoe dan ook.'

'Het teken dat Delaney heeft beloofd?'

'Ja.'

'En als het niet komt?'

'Martin Luther had een mooie uitspraak. Iets van: "Zelfs als ik zou weten dat de wereld morgen verging, zou ik nog steeds een appelboom planten."' Hij keek haar aan. 'Weet je, zo voel ik me door jou. Sorry als dat afgezaagd klinkt, maar het is zo.'

'Het is inderdaad vrij afgezaagd.' Ze grijnsde. 'Maar dat geeft niet. Ik hou wel van afgezaagd.'

Er werd nu een nummer van Van Morrison gespeeld: '*Have I told you lately that I love you?*'

Ross grijnsde terug. 'Wat zei Noel Coward ook alweer over de kracht van goedkope muziek?'

Ze hield haar hoofd schuin. 'Nou?'

132

Maandag 20 maart

'We zijn er,' zei de chauffeur lijzig toen ze bij het mortuarium aankwamen. 'Ik vrees dat we het happy hour hebben gemist.'

Het was even na halfelf 's avonds toen de limousine rustig door de openstaande poorten reed, langs een opvallend bord met de tekst GEMEENTE LOS ANGELES, PATHOLOGISCHE DIENST.

In het licht van de koplampen zag Bloor een rij geschakelde, modern uitziende gebouwen van twee verdiepingen, elk met een nummer erop. Op de muren stonden mededelingen in grote blauwe letters.

PATHOLOGISCHE DIENST, FORENSISCHE LABORATORIA

PATHOLOGISCHE DIENST, BESTUURLIJKE EENHEID

Buiten stond een rij identieke witte sedans, elk met hetzelfde embleem en de tekst PATHOLOOG op de deur.

Terwijl de chauffeur stopte voor de hoofdingang zei hij: 'Het feestje begint hier.'

Bloor negeerde dat, stapte uit en liet Helmsley achter, nog steeds bezig met zijn e-mail.

Hij liep door de gierende wind naar de dubbele glazen voordeur, zich ervan bewust dat er een camera op hem gericht was. Een bordje op het glas meldde: GEEN PUBLIEKE TOEGANG. Hij tuurde naar binnen en zag een kleine wachtruimte met een paar functioneel uitziende bankjes, een handenontsmettingsapparaat en een staande kast vol ingelijste certificaten.

Er kwam een man de hoek om. Hij was van middelbare leeftijd, met een grijzend Beatle-kapsel en een snor, in een paars overhemd zonder stropdas en met een stapel foto's in zijn handen.

Bloor klopte op het glas. De man keek om, schudde zijn hoofd, haalde zijn vinger over zijn keel en wees langs hem heen. Bloor keek verwonderd om. Toen de man nog een keer wees, haalde Bloor zijn schouders op. Uiteindelijk kwam de man aanlopen en deed de deur open. Zodra hij openzwaaide rook Bloor een sterke geur van schoonmaakmiddelen.

'Kan ik u helpen, meneer?' Hij had een vriendelijke, efficiënte uitstraling. Er zat een telefoon in zijn borstzakje en aan een koordje om zijn hals hing

135

Dinsdag 21 maart

Het was bijna zes uur 's avonds. Broeder Pete vloekte. Hij was in Sussex in de verkeerde trein gestapt. Hij had die naar Victoria moeten nemen, maar, vertelde een hulpvaardige medepassagier hem, deze ging naar London Bridge. Hij zou er weer uit moeten en overstappen.

Regendruppels gleden over de ruiten van de wagon en een koude wind blies in zijn gezicht. Ze reden door een grijs stadslandschap. Alles was nu verwarrend. Hij voelde een diepe neerslachtigheid. Een tijdje geleden had zijn plan hem het juiste geleken, maar nu twijfelde hij. Zijn bijbel lag op zijn schoot, de hele tocht nog niet geopend.

Hij had zich voorgenomen om niet terug te gaan naar Oros Athos. Voorlopig niet, in elk geval. Hij wilde meer van de wereld zien en zijn geloof op de proef stellen. Kijken of zijn geloof hem terugtrok. Hij wilde iets diep in zijn ziel begrijpen. Was het zijn geloof dat hem in het klooster hield, of alleen de manier van leven daar? Een manier van leven waarbij hij met rust werd gelaten door de rest van de wereld, het enige wat hij ooit echt had gewild?

Zijn neef Angus had hem een keer verteld dat het hem meer dan veertig jaar had gekost om te beseffen wat zijn doel in het leven was: de Heer dienen, alleen en in eenzaamheid. Pete had eerder vanmiddag geholpen zijn kist naar de vredige, eenvoudige begraafplaats met de rijen simpele houten kruisen te dragen.

Hij was droevig vanwege de oude man, maar ook blij voor hem, omdat Angus anders dan zo veel andere mensen vrede en tevredenheid leek te hebben gevonden in zijn eenvoudige leven. Maar nu, terwijl Pete met zijn tas tegen zijn zij gedrukt in de trein zat, wist hij niet meer goed wat hij moest doen. In de tas zat het pakje dat de prior hem had meegegeven. Voorwerpen waarvan Angus had gewild dat ze tot in alle eeuwigheid veilig werden bewaard. Op Oros Athos zouden ze veilig zijn.

In zijn hart gonsden de twijfels.

Als hij terugkeerde naar Athos mocht hij misschien nooit meer weg. Er was geen andere manier om van het schiereiland te komen dan met de boot, en alleen de abt kon je er een kaartje voor geven.

Een uitgeput uitziende vrouw zat tegenover hem, met op schoot een krijsende baby met snottebellen. Een petieterig mensje. Naast hem zat een ineengedoken tiener met veel te harde muziek op zijn koptelefoon. Pete hoorde het constante, irritante *tsh-tsh-tsh-tsh-tsh* terwijl het onnozel uitziende type meeknikte met de beat. Een ouder stel zat aan de andere kant van het gangpad in stoelen tegenover elkaar. Ze staarden allebei voor zich uit, niet uit het raam, maar nergens naar. De man had een wandelstok in zijn benige hand, de vrouw was mollig en had een onderkin.

'Ik verveel me,' zei de man.

'Ik ook,' antwoordde de vrouw.

'Hoelang nog?' vroeg hij.

'Weet ik niet,' antwoordde ze.

De trein kwam bij een station aan. Broeder Pete zag een bordje met de tekst EAST CROYDON. Het station waar hij kon overstappen naar Victoria.

Hij stond op toen de trein stopte en stapte naar buiten, opgelucht dat hij weg kon komen uit die claustrofobische omgeving. Thuis op Athos had hij ruimte. Hij hoefde niet naar baby's met snotneuzen te kijken of iemand anders zijn afgrijselijke muziek te doorstaan. Hij miste de eenzaamheid, besefte hij voor het eerst sinds hij was vertrokken.

Navigerend over de doolhof van perrons in de stromende regen vond hij uiteindelijk het perron voor Victoria. Een elektronisch bord gaf aan dat de volgende trein over veertien minuten zou komen. Hij ging op een leeg bankje onder een afdakje zitten, pakte zijn bijbel weer uit zijn tas en begon te lezen.

Even later voelde hij een groep mensen om hem heen komen staan, zich om hem heen verdringen. Hij rook alcohol en sigarettenrook. Een sarrende stem vroeg: 'Wat ben je daar verdomme aan het lezen? Is dat de Koran?'

Hij keek op. Het waren vier jongemannen met tatoeages, twee van hen met kaalgeschoren hoofden, een met een hanenkam en de andere met neus- en lipringetjes en piekerig groen haar. Ze droegen hoodies, joggingbroeken en gympen en hadden allemaal een blikje bier in hun hand. Drie van hen rookten.

'Dit is de Bijbel,' zei hij beleefd.

'O ja?' vroeg een van hen.

Hij knikte.

De trein kwam eraan. Hij stopte het boek weer in zijn tas en stond op. Ze keken allemaal naar hem met domme haat in hun ogen.

Hij negeerde ze en stapte in een lege wagon. Tot zijn opluchting stapten de jongelui ergens verderop in een andere wagon. Hij ging zitten, ontdaan door de ontmoeting. Waarom was er toch zo veel vijandigheid op de wereld? Misschien was het de manier waarop God allen beproefde, net zoals Hij de woede in Petes hart had gestopt. Woede die soms onbeheersbaar de kop opstak.

Vlak nadat de trein vertrok kwam er regen naar binnen door het geopende bovenste gedeelte van het raam naast hem. Hij wilde net opstaan om het dicht te doen toen hij achter zich een deur open en dicht hoorde gaan. Er kwam een vlaag sigarettenrook langs. En toen hoorde hij een stem.

'Ben je zo'n verrekte terrorist of zo?'

Hij keek op en zag tot zijn wanhoop dat de vier jongelui in het gangpad stonden. Een van hen hield een sigaret tussen zijn wijsvinger en duim en zoog eraan.

'Je mag hier niet roken,' flapte broeder Pete eruit toen er weer een flits van die onbeheersbare woede bij hem bovenkwam.

'Er mogen hier ook geen moslims komen, maat,' zei de hanenkam.

'Ik ben geen moslim.'

'Wat ben je dan, met die sik en je zwarte ochtendjas?'

'Ik ben een Grieks-orthodoxe monnik,' antwoordde Pete, en hij glimlachte in de hoop dat hij hen kon sussen.

'O ja? Hoe moeten wij weten dat je verdomme geen terrorist bent? Heb je een bom in die tas zitten?'

'Ik ben monnik.'

'Oké, laat dan maar zien.' De jongen met het groene haar dook op zijn tas af.

Pete haalde defensief uit met zijn linkerarm en duwde hem weg. Toen greep hij de tas bij de riemen en zwaaide ermee naar hen, schreeuwend: 'Laat me met rust! Ik ben monnik! Ik ben geen terrorist!' Hij zwaaide nog eens woest met de tas, miste hen allemaal en raakte het raam.

Ze keken alle vier naar hem.

'Je bent verdomme gestoord,' zei de hanenkam.

De jongen met het groene piekhaar stompte Pete op zijn neus.

Met ogen die traanden van pijn zag hij dat de jongen zijn tas greep en die door het open raam naar buiten duwde. 'Nee!' schreeuwde broeder Pete. 'Nee, nee, nee!'

'Nu zijn we verdomme eindelijk veilig in deze trein. We hebben de bom het raam uit gesmeten!'

Brullend van het lachen liepen ze door.

Pete stond op en tuurde uit het raam, waarbij wind en regen zijn gezicht geselden. De tranen stroomden over zijn wangen terwijl de trein bleef versnellen.

136

Dinsdag 21 maart

Een paar minuten voor tien draaide de taxi de imposante oprit van het Serena Hotel op. Ross werd een beetje kwaad toen hij zich afvroeg hoeveel een overnachting hier kostte. Natuurlijk zou Imogen niet in een goedkoop motel gaan slapen, hè? Het ene moment las ze hem de les over hun behoefte om geld te besparen voor als zij stopte met werken om de baby te krijgen en ze alleen van zijn inkomen afhankelijk zouden zijn, het volgende vloog ze naar Los Angeles en nam ze een kamer in een van de chicste hotels van de stad.

De taxi reed een paar honderd meter over een gebogen oprit met palmen erlangs en stopte voor de zuilen bij de ingang van het hotel. Overal zag Ross personeel in uniform en dure limousines, sportwagens en SUV's.

Een jonge, knappe en overdreven vriendelijke jongeman opende zijn portier. 'Welkom bij het Serena, meneer!'

Ross betaalde de chauffeur, gaf hem een fooi en liep langs bronzen standbeelden van beroemde Hollywoodfiguren naar de ingang. Hij herkende John Wayne, zittend op een bankje. Marilyn Monroe, lachend en met een sigaret in de hand. Rock Hudson, leunend tegen een muur, droogjes glimlachend.

De deuren gingen meteen open en hij stapte een gigantisch wit atrium in. In het midden was een grote ronde vijver met een fontein met daarin drie gouden engelen. Overal langs het water stonden leunstoelen en bankjes gegroepeerd.

Terwijl hij om zich heen stond te kijken zag hij Imogen naar hem toe komen, gekleed in een chic tweedelig pak alsof ze naar een zakelijke bespreking ging.

Ze werd geflankeerd door twee mannen van middelbare leeftijd in pak, geen van beiden erg knap om te zien. Een van hen was slank en van gemiddelde lengte, met glad zilvergrijs haar, een havikachtig gezicht en een zelfingenomen glimlach. De andere was lang en mager, met een rood brilletje dat je eerder bij een student van de kunstacademie zou verwachten. Hij liep er volslagen mee voor gek, vond Ross.

Hij herkende hen nu van hun bedrijfswebsite. Als het kwaad een geur had, zouden deze mannen stinken.

Alsof er een onhoorbaar bevel was gegeven, bleven zij staan en liep Imogen het laatste stukje alleen door.

Hoe dichterbij ze kwam, zonder een glimlach, hoe meer ze een vreemde voor hem was.

'Hallo, Ross,' zei ze toen ze op ruime afstand van hem bleef staan.

Zijn natuurlijke ingeving was om naar voren te stappen, haar te omhelzen en kussen, maar haar lichaamstaal hield hem tegen. Het was net een barrière.

'Wat doe je hier, Imo? Je neemt niet op als ik je bel. Ga je me nog vertellen wat er aan de hand is? Ik werd gek van bezorgdheid.'

'O ja, en ik niet? De afgelopen weken? Sinds jij besloot ons allebei in gevaar te brengen?'

'Ik doe mijn werk.'

'Mensen doen werk om géld te verdienen, Ross,' kaatste ze terug.

'Wie zijn je lakeien?' Hij knikte naar de mannen achter haar. 'Je wordt wel heel poenig. Naar LA vliegen, in dit hotel logeren, lijfwachten inhuren.'

'Het zijn geen lijfwachten; zij betalen alles. En ze bieden ons een heleboel geld, veel meer dan de krant je ooit voor dat artikel zal betalen.'

Hij dempte zijn stem zodat alleen Imogen hem kon horen. 'O ja? Dit zijn de smeerlappen die me probeerden te vermoorden in Egypte.'

'Nee, dat heb je mis. Ze wilden je niet vermoorden, ze wilden hebben wat jij had. Maar nu bieden ze een heel goede deal, veel beter dan het Vaticaan. Kunnen we ergens rustig praten?'

'Het is hier rustig.' Hij staarde haar aan en vroeg zich af: Ken ik jou nog wel?

'Laten we dan in elk geval even gaan zitten.'

De twee mannen volgden toen ze naar een groepje banken en leunstoelen rondom een salontafel liep, dicht bij het water en ver genoeg bij het volgende zitgedeelte vandaan om niet te kunnen worden afgeluisterd.

'Ross,' zei Imogen, 'dit zijn Ainsley Bloor en Julius Helmsley.'

Hij schudde met tegenzin de hand van de man met het havikgezicht en de man met de stomme bril, en ze gingen zitten.

'Heel aangenaam om kennis te maken, meneer Hunter,' zei Bloor. Zijn stem klonk scherp, overdreven vriendelijk en totaal onoprecht. 'Wilt u misschien thee of koffie?'

'Koffie verkeerd.'

Bloor knipte met zijn vingers, en een ober in een beige jasje haastte zich naar hen toe.

'Wilt u ook iets eten?' vroeg Bloor. 'Hebt u al ontbeten?'

'Niet nodig.'

Ze bestelden hun drankjes. Toen vroeg Ross: 'Hebben jullie ook visitekaartjes, heren?'

'Natuurlijk.' Bloor viste een duur zilveren visitekaarthoudertje uit zijn zak en gaf hem er een.

'Kerr Kluge?'

'Inderdaad.' Bloor glimlachte naar hem zoals een leraar naar een klein kind glimlacht.

'U bent de chief executive officer?'

'Ja. En Julius is onze chief operating officer.'

Ross zei niets. Imogen keek ongerust naar hem.

'Misschien heeft uw vrouw al uitgelegd waarom we hier zijn?'

'Nee, ik heb geen idee.'

'Ah, oké,' ging Bloor op dat neerbuigende toontje door. 'We hebben begrepen dat u naar Los Angeles bent gekomen om ene Mike Delaney te ontmoeten. Volgens onze gegevens zou hij mogelijk Jezus Christus kunnen zijn, die terug is op aarde; hoe onwaarschijnlijk dat ook klinkt.'

'Van wie had u dat begrepen?'

'Van uw vrouw,' antwoordde Bloor met ontwapenende eerlijkheid.

'Ja, dus we zijn behoorlijk goed op de hoogte, meneer Hunter,' zei Julius Helmsley.

Ross keek fronsend naar Imogen. En toen naar de twee mannen. 'O ja? Jullie zijn je ervan bewust dat hij gisteravond is doodgereden? Daar hadden jullie niets mee te maken?'

'Ross!' zei Imogen boos.

'Wij?' vroeg Bloor nog steeds alsof hij een klein kind tegenover zich had. 'We zijn hierheen gekomen in de hoop meneer Delaney te ontmoeten, niet om hem te vermoorden. Kerr Kluge is een zeer gerespecteerd bedrijf, zoals u vast weet. Mensen vermoorden is niet ons ding.'

'Behalve mij in Egypte en arme mensen in Afrika?' vroeg Ross.

'Pardon?' vroeg Helmsley gekrenkt.

'Jullie bedrijf is meerdere keren bekritiseerd omdat jullie oudbakken medicijnen verkopen op het Afrikaanse continent.' Ross negeerde de kwade blikken van zijn vrouw.

'Meneer Hunter,' zei Helmsley, 'er zit een ruime veiligheidsmarge ingebouwd in de datumstempels op al onze farmaceutische producten. Ze mogen dan over de datum zijn voor onze retailers in Europa en de VS, maar het zijn nog steeds prima producten. Als we armere landen helpen door ze tegen gereduceerd tarief te verkopen, dan moet dat toch een goede zaak zijn?'

'U doet alsof u een heilige bent, meneer Helmsley,' zei Ross.

'Nou, ik vind dat mensen de farmaceutische industrie vaak demoniseren.'

'O echt? Hoe zou dat toch komen?'

'Ross!' siste Imogen.

'Luister, meneer Hunter,' zei Bloor, 'ik zal er niet omheen draaien. We willen graag hebben wat we denken dat u hebt, en we zijn bereid er gul voor te betalen.'

'Wat u dénkt dat ik heb? Jullie hebben mijn huis toch afgeluisterd? Jullie wéten wat ik heb.'

Bloor kleurde een beetje.

'Sinds jullie je mensen de boel hebben laten bekladden, hè? Onder het mom van religieuze fanatici. Heel slim.'

Bloor zei niets.

'Hebben jullie mensen ook die arme Harry Cook en zijn notaris vermoord?'

'Er zitten een heleboel mensen achter de dingen aan die jij hebt, Ross, niet alleen wij.'

'O ja?'

'Ik denk dat je dat wel weet.'

'Net zo meedogenloos als jullie? Mensen die bereid zijn om op me te schieten in Egypte? Te proberen me te verdrinken in een put?'

'Een hoge opbrengst vraagt altijd om een hoog risico,' zei Bloor cynisch. 'Soms moeten mensen de ultieme prijs betalen. Zo werkt de wereld. Zo is het altijd geweest. Jij hebt iets wat de wereld zou kunnen veranderen. Een flesje vloeistof dat zeer waarschijnlijk het oorspronkelijke DNA van Jezus Christus bevat, verkregen door het vermalen van een tand. Stel je voor dat dat in de verkeerde handen valt.'

Ross keek Imogen aan, volkomen paf. 'Heb je die lui over het flesje verteld? Die slijmballen?'

'Ze zijn geen slijmballen, Ross. Dit zijn goede mensen die goede research doen en goed werk doen voor de wereld.'

'O ja?' Hij keek ziedend naar beide mannen toen een ober hun drankjes bracht en er een bordje koekjes bij zette.

Zodra de ober weer wegliep vroeg hij: 'Kunnen jullie me vertellen, heren, waarom het DNA van Jezus Christus zo belangrijk voor jullie is? Ik weet dat jullie grote spelers zijn op het terrein van genetica; zijn jullie van plan hem te klonen? Of ben je bang, Bloor, dat iemand anders het misschien zal proberen? Dat er dan straks hordes wonderenverrichters rondlopen die mensen genezen en jullie bedrijf failliet zal gaan?'

'Ik ben atheïst, Ross.' Bloor glimlachte. 'Het is heel simpel. We zijn, zoals je terecht opmerkt, een grote speler op het gebied van genetisch onderzoek. Ik geloof niet dat Jezus Christus de Zoon is van God, dat hij kan genezen en al dat soort onzin. Maar er zijn meer dan twee miljard praktiserende christenen op de wereld, en velen van hen kopen de producten van mijn bedrijf. Dit draait om marketing, puur en simpel.'

'Wat?' vroeg Ross. 'Dat kan ik niet volgen.'

Bloor trok dat neerbuigende gezicht weer. 'Heel simpel gesteld: als consument kun je kiezen uit verschillende producten. Welk product zou een christen met hoofdpijn of een verkoudheid kiezen, aangenomen dat de prijs hetzelfde is? Het product van een bedrijf waar hij niets van weet, of van een bedrijf dat het DNA van Jezus Christus heeft?'

Ross zweeg even en liet dat op zich inwerken. Uiteindelijk schudde hij zijn hoofd. 'Dat is zo ongelooflijk cynisch.'

Bloor ging glimlachend door. 'Dat noemen ze *business*, Ross.'

Ross wendde zich tot zijn vrouw. 'Wat hebben ze je geboden, Judas? Sorry... Imogen. Dertig zilverstukken?'

'Ross,' zei Imogen. 'Ze bieden aan om onze hele hypotheek af te lossen, al onze schulden, en meer.'

'We zijn bereid een heel grootmoedig aanbod te doen,' viel Helmsley haar bij.

Ross keek weer naar zijn vrouw. 'Ongelooflijk. Ik heb een kans om iets voor de mensheid te doen, maar jij bent bereid mijn huid te verkopen? Eerst Silvestri, en nu kom je helemaal hierheen met die smeerlappen?'

'Ja, Ross, oké. Ik doe dit niet voor de rest van de wereld, ik doe het voor ons.'

'Je bent christelijk, Imogen!'

'Nou, misschien laat ik praktische overwegingen soms voorgaan boven mijn geloof.'

Ross keek de mannen aan. 'Over wat voor bedrag hebben we het?'

'Voordat we met nadere onderhandelingen beginnen moeten we totaal zeker zijn van de herkomst van de artikelen,' zei Helmsley.

Ross haalde zijn portemonnee uit zijn borstzakje en stak hem omhoog. 'De herkomst?'

De ogen van Bloor en Helmsley lichtten op.

Hij greep het randje van de voering en scheurde die open. Toen haalde hij er het kleine flesje met het etiket van ATGC Forensics uit en stak het omhoog. 'Jullie willen de herkomst hiervan weten?'

Hij zag schrik in Imogens ogen.

'Inderdaad,' antwoordde Helmsley. 'We moeten onze directieleden tevredenstellen.'

'Maar jullie directieleden zijn toch vast al op de hoogte van de herkomst?'

'Ik begrijp het niet,' antwoordde Helmsley.

'O nee? Wil je zeggen dat ze niet van de herkomst hiervan weten? Jullie hebben geprobeerd me te vermoorden toen ik naar Egypte ging om het te halen.'

'Dat is bespottelijk!' protesteerde Bloor.

'Jullie weten dat het de waarheid is, heren.' Hij staarde naar het flesje. 'En weet je wat? Dit dingetje hier lijkt echt de oorzaak van een heleboel problemen.'

'Ross!' waarschuwde Imogen.

Hij hield het flesje in zijn linkerhand, draaide met zijn rechter de kurk eraf, stond op en liep naar de vijverrand.

'Neeee!' gilde Bloor zo luid dat mensen omkeken.

'Meneer Hunter!' riep Helmsley smekend.

'Ross! Niet doen!' beval Imogen.

Hij gooide het flesje zo hard als hij kon naar de fontein toe. Terwijl het ding door de lucht vloog, vielen er druppels uit. Even later verdween het flesje onder water.

Ross draaide zich weer om naar de geschokte gezichten van de twee farmaceuten. 'Snel, heren, grijp een emmer! Cadeautje van mij. Wijwater, gratis en voor niets!'

137

Dinsdag 21 maart

'Alles goed?'

Naast hem in het vliegtuig zag Sally bleek, maar ze knikte. 'Ja, bedankt. Maar dit is het gedeelte dat ik niet leuk vind: het opstijgen en landen.'

'Ik heb liever landen dan het alternatief.'

'Niet doen!'

Ze waren naar de startbaan getaxied en wachtten nu in de rij. De aanwakkerende storm beukte tegen het vliegtuig, en ze voelden het schudden.

Ross keek op zijn horloge. Het was 18.20 uur. Ze zouden morgen om twaalf uur op Heathrow landen.

'Hoe hard moet het waaien voordat vliegtuigen niet meer kunnen opstijgen, Ross?' vroeg ze.

'Dan moet het vrij erg zijn; die dingen hangen aan haken in de lucht!'

'Jammer. Ik hoopte eigenlijk een beetje dat de vlucht zou worden geannuleerd en we zouden moeten uitstappen. Dat we dan nog een avond in LA zouden hebben.'

Hij bekeek haar gezicht terwijl de motoren brulden en het vliegtuig nog harder schudde. 'Ik ga je een vraag stellen, en ik wil dat je eerlijk antwoord geeft, oké?'

Ze grijnsde. 'Ik zal het proberen.'

'Moest je echt hierheen, of was dat bullshit?'

'Ben ik zo doorzichtig of oppervlakkig?'

'Geen van beide, maar ik heb wel het donkerbruine vermoeden dat je de kluit een klein beetje aan het belazeren bent.'

'Meneer Ross Hunter!' riep ze zogenaamd verontwaardigd. 'Hoor je zoiets wel te zeggen tegen een dame?'

'Ik ben verslaggever, het is mijn werk om vragen te stellen. En jouw werk trouwens ook.'

'Nou, oké, ik zal bekennen. Deze tocht heb ik zelf betaald. Je intrigeert me. Die missie van je fascineert me. Ik wilde erbij zijn om te zien wat je vond, en hopelijk om je te steunen.'

Het vliegtuig begon te rijden. Sally kneep hard in zijn hand, zette haar nagels erin en deed haar ogen dicht.

Ze maakten vaart op de startbaan, sneller en sneller, de wielen bonkten onder hen en de wind liet hen schudden. Nog steeds op de startbaan. Sneller en sneller. Hotsend. Schuddend. Ross begon ook ongerust te worden. Shit, gingen ze ooit nog opstijgen?

Toen waren ze plotseling in de lucht en werd het hotsen erger. Haar nagels groeven harder in zijn vel. Ze maakten hoogte. Schuddend. Trillend. Schommelend. Ze schrokken allebei van een luide klap pal achter hen. Toen kalmeerden ze weer. Het waren alleen maar spullen die bewogen in de achterste pantry.

Door het raampje naast Sally zag Ross de lichtjes van de stad beneden. Wolkenflarden. Plotseling verdwenen de lichtjes. Ze gingen steil omhoog. Hotsend. Schuddend.

'Je kunt je ogen weer opendoen.'

Ze keek hem aan, nog steeds doodsbleek, en glimlachte flauwtjes van opluchting.

'Dank je,' zei hij.

'Waarvoor?'

'Dat je eerlijk tegen me bent.'

'Altijd.'

138

Dinsdag 21 maart

Twee uur nadat de vlucht van Ross en Sally van LAX was vertrokken, taxiede de Gulfstream die Ainsley Bloor en Julius Helmsley naar Engeland terug zou brengen over de startbaan van het vliegveld van Santa Monica, een paar kilometer verder naar het noorden.

De kleine jet schudde in de wind, die de hele avond al in kracht toenam.

Beide mannen waren woedend. De piloot had hun afgeraden vanavond te vliegen vanwege de weersomstandigheden, maar Bloor was niet in de stemming om zich de wet te laten voorschrijven.

Hij dronk zijn tweede glas champagne leeg en vroeg voor de derde of vierde keer: 'Zeg op, Julius: hoe wist die etterbak van een Hunter dat wij dat waren, in Egypte?'

'Weet ik niet. Dat heb ik je al verteld, Ainsley. Ik weet het niet.'

'Iemand heeft hem in staat gesteld het verband te leggen. Iemand moet het hem verdomme hebben verteld.'

'Ik heb het de piloten al gevraagd.'

Zowel de piloot als de copiloot van de Gulfstream had in de helikopter gezeten in Egypte, met assistentie van een piloot uit Luxor voor het navigeren.

Bloor staarde uit het raampje. Hij kon de lichten van de startbaan amper zien. Het leek wel alsof er mist langswervelde.

De stem van de piloot kwam knetterend over de intercom. 'Er komt een zandstorm aan, heren. Het zal een heel oncomfortabele rit worden. Mijn advies is om om te keren en te kijken hoe het weer morgenochtend is.'

Bloor pakte de microfoon in zijn armleuning en sprak erin. 'Ga gewoon, oké? Ga nú, voor die klotestorm uit. Jij zei dat we hem voor konden blijven als we nu gingen.'

'Oké, u bent de baas. Het wordt onrustig.'

'Het wordt nog onrustiger voor jou als we niet gaan.'

'Uw geld, uw beslissing.'

De motoren brulden en het vliegtuig maakte vaart.

'Weet je dit zeker, Ainsley?' vroeg Helmsley nerveus.

'Die kerel heeft iets van honderdtien missies in Irak gevlogen. Daar hebben ze pas echte zandstormen. Hij weet wat hij doet. Dit is een eitje voor hem.'

Terwijl het vliegtuig opsteeg schudde het heftig opzij, en toen duikelde het naar beneden.

Helmsley schreeuwde.

Ze maakten weer hoogte.

Doken opnieuw omlaag.

Bloor verbleekte.

Ineens leek het alsof ze in een cocktailshaker zaten. Het vliegtuig steeg bijna verticaal op, dook net zo verticaal een paar seconden omlaag en kwam weer rechtop. Toen voelde het alsof ze opzij werden gesmeten. Spinnend.

'Jezus!' brulde Bloor.

Helmsley gaf over.

139

Woensdag 22 maart

De stem van de piloot kwam door de intercom en wekte Ross uit een lichte, onrustige slaap in de krappe stoel. Sally sliep nog, met haar gezicht vlak bij het zijne, tegen een kussentje gedrukt. Hij hoorde het kletteren van een trolley en rook warm eten.

'Nou, mensen, sorry voor de onrustige nacht, maar het goede nieuws is dat de staartwind ons een handig zetje heeft gegeven en dat we bijna een uur eerder dan verwacht op Heathrow zullen aankomen. Het is in Londen een milde veertien graden en de zon schijnt. Ik kom straks bij u terug voor een update.'

Sally opende haar ogen en glimlachte naar hem.

'Heb je een beetje geslapen?' vroeg hij.

'Ja, je weet wel: zoals je slaapt op een trampoline vol kleine kinderen.'

Hij glimlachte, en voor hij besefte wat hij deed, kuste hij haar lichtjes op het voorhoofd.

Ze richtte haar blik op hem. Heldere, diepblauwe, vertrouwende ogen. Glimlachende ogen. Ze geeuwde. 'Dus ik zie je wel weer een keer?'

'Snel, hoop ik.'

'Ik ook,' zei ze. 'Het liefst heel snel!'

Later, toen Ross van lang parkeren op Heathrow wegreed, overdacht hij alles wat er de afgelopen twee dagen was gebeurd.

Hij miste Sally's gezelschap nu al.

Ze begon onder zijn huid te kruipen.

Maar hij moest haar uit zijn hoofd zetten, zijn artikel voor *The Sunday Times* afmaken en op de een of andere manier een weg vooruit zoeken met Imogen. Hij begon weer boos te worden. Wat een kreng. Hij snapte het niet. Begreep niet hoe ze dacht. Ze had het gehad over het gevaar waarin ze verkeerden, was overstuur en doodsbang geweest, maar ineens draaide het allemaal om geld.

Eerlijk was eerlijk, ze had wel een punt. Misschien had zij gelijk gehad en was hij degene die stom deed. Koppig. Onrealistisch.

Was het onrealistisch om te proberen de wereld terug te halen van de rand van de afgrond?

Of was hij ontzettend misleid? Had hij de kans weggegooid om serieus geld te verdienen aan deze hele toestand? Het was nog steeds een optie. Broeder Angus had de kelk en het flesje met DNA. Ross kon de situatie nog herstellen als hij dat wilde.

Het radiojournaal begon.

Er woedden idioot harde stormen langs de westkust van de VS, waarbij het zuiden van Californië het zwaarst werd geraakt. De luchthaven van Los Angeles was gesloten. Ze hadden geluk dat ze nog op tijd waren weggekomen.

Misschien, dacht hij, waren de goden vertoornd vanwege Mike Delaneys dood.

Of misschien alleen God?

Zijn telefoon piepte: een berichtje. Een paar minuten later piepte hij weer. Ross negeerde het. Imogen gaf hem altijd op zijn kop als hij in de auto op zijn telefoon keek, en een paar maanden geleden had hij een stuk geschreven over dodelijke verkeersongelukken veroorzaakt door telefoongebruik onder het rijden. Een verkeersagent van de politie van Sussex had hem verteld over twee afzonderlijke fatale ongelukken doordat de bestuurders, de een een vrouw en de andere een man, ineens de weg over waren gezwenkt op het pad van een tegemoetkomende vrachtwagen. Pas later vond de verkeerspolitie sms'jes op de telefoons van de slachtoffers, verstuurd op het moment van de botsing.

Uiteindelijk, even na halfdrie 's middags, moe en hongerig en met een heel dringende behoefte aan koffie, reed Ross zijn lege oprit op. Hij zette de motor af en bekeek zijn berichtjes.

Het eerste was van Sally.

> Hé, sorry als ik een beetje stalkerig overkom. Ik vind je echt leuk, maar ik snap dat je getrouwd bent en zou niets willen doen om je in de problemen te brengen. Been there, done that, heb de littekens er nog van. Dus, allerbeste vrienden? Succes met het artikel, laat me weten wanneer het uitkomt, kan niet wachten om het te lezen! XXX

Hij glimlachte mijmerend. Stuurde toen een antwoord.

> Veilig thuis, mijn nieuwe allerbeste vriendin. XXX

Toen keek hij naar het volgende berichtje. Het was van Imogen, en het was lang.

Ross, ik weet niet zeker waar je zit. Ik weet niet of je het gehoord hebt, maar Bloor en Helmsley zijn gisteravond verongelukt. Hun jet is neergestort. Het is hier constant op het journaal. Ik blijf nog een paar dagen in Amerika, ga op bezoek bij een oude vriendin. Ik kon het je niet vertellen toen ik je gisteren zag, maar helaas heb ik een miskraam gehad. Dit is niet gemakkelijk om te schrijven, maar ik vrees dat ik jou ook kwijt ben, of eigenlijk dat we elkaar zijn kwijtgeraakt. Ik weet gewoon niet meer wie je bent. Je houdt meer van je werk dan je ooit van mij zult houden. Ik denk dat het beter is als we uit elkaar gaan – dat is vast geen verrassing voor je. Het spijt me en ik hoop dat dit nuchtere berichtje niet te kwetsend is. Ik heb heel lang van je gehouden, echt waar, en ik weet dat jij ook van mij hield. X

Terwijl hij het nog een keer doorlas, schoten zijn emoties alle kanten op en vocht hij tegen tranen. Hij was zijn kind en zijn vrouw kwijt. Had dit verhaal hen uiteengedreven, of was dat gewoon de laatste nagel in een verbrokkelende relatie geweest? Hij wist zeker dat ze vreemd was gegaan. Was de baby überhaupt wel van hem geweest?

Hij stuurde terug:

Is er iemand anders?

Er kwam bijna meteen een antwoord.

Maakt dat uit?

Het leven zat wel vol verrassingen, overdacht hij cynisch.

Zijn telefoon ging en onderbrak zijn gedachtegang. Hij nam op, tranen wegknipperend, en hoorde een Birminghams accent.

'Meneer Hunter?'

'Spreekt u mee.'

'Met hoofdrechercheur Starr van de afdeling Zware Criminaliteit in Birmingham.'

'Ja, hallo.'

'Komt dit gelegen?'

Aarzelend zei hij: 'Ja hoor.'

'Nou, alleen maar een paar dingen te melden, meneer. De lijkschouwer heeft het lichaam van doctor Cook vrijgegeven en de begrafenis staat gepland voor aankomende vrijdag. Ik vroeg me af of u erheen ging.'

'Ik kom letterlijk net uit een vliegtuig vanuit Amerika, dus ik zal eerst in mijn agenda moeten kijken. Maar ik denk dat ik wel kan.'

'Ik vroeg me af, meneer, als u daarheen komt, of ik mogelijk een formelere verklaring van u kan krijgen als u toch in de buurt bent?'

'Natuurlijk. Ik zal in mijn agenda kijken en u terugbellen.'

Starr gaf hem het nummer waarop hij het best te bereiken was en bedankte hem.

Ross stapte uit de auto, haalde zijn koffer en laptoptas uit de kofferbak en liep naar zijn huis. Hij was te moe om op te letten of niemand hem gadesloeg. Het kon hem ook niet schelen.

140

Vrijdag 24 maart

Ross reed over Spaghetti Junction. Het was amper te geloven dat het nog maar tien dagen geleden was dat hij voor het laatst over deze nachtmerrieweg had gereden.

En op de een of andere manier leek het ongepast dat het zulk mooi, zonnig weer was bij een begrafenis.

Alsof ze zijn gedachten las, zei Sally, die naast hem in de Audi zat: 'Ik dacht dat het altijd rotweer hoorde te zijn bij begrafenissen. Bij alle begrafenissen waar ik ben geweest motregende en waaide het.'

'Ik ook.'

'Hoe laat is je afspraak met die rechercheur morgen?'

'Halftwaalf.'

'Mooi,' zei ze goedkeurend.

'Ik heb het opzettelijk niet te vroeg gepland.'

Ze hield haar hoofd schuin. 'Wat zou daar eens de reden voor kunnen zijn?'

'Nou, het is een prachtig plattelandshotel. Ik dacht dat we misschien gebruik zouden willen maken van de faciliteiten.'

'Misschien!' Ze bleef even glimlachend naar hem kijken. Toen richtte ze haar aandacht weer op de navigatie-app op haar telefoon en stuurde hem een paar lastige kruisingen over. Pas toen ze zeker wist dat ze op de juiste weg zaten, zei ze: 'Weet je, ik heb nagedacht over wat je hebt gedaan, dat je dat flesje in die fontein gooide. Er is iets...' Ze liet haar stem wegsterven.

'Iets?' spoorde hij haar aan.

'Ik kan het niet goed uitleggen. Nu nog niet in elk geval. Maar ik denk dat je er goed aan hebt gedaan.'

'Misschien.' Hij knikte. 'Ik weet waar de back-up is, als ik ooit van gedachten verander.'

Hij dacht even na en voelde zich droevig omdat hij pas over de dood van Angus had gehoord toen hij uit Los Angeles terug was. Hij had graag naar zijn begrafenis gewild, als dat had gemogen.

'Persoonlijk hoop ik niet dat je je bedenkt. Het is maar intuïtie, maar... volgens mij is er iets heel gevaarlijks aan,' zei ze.

'Dat het in de verkeerde handen valt?'

'Zoals zou zijn gebeurd bij Kerr Kluge.' Ze legde haar hand op zijn arm en kneep zachtjes. 'Hoe voel je je?'

Hij dacht daar even over na. Sinds Imogens berichtje had hij allerlei emoties gevoeld. Het was een schok geweest. Aan de andere kant, hij kon niet verklaren waarom, had hij sinds de dag dat ze hem had verteld dat ze zwanger was twijfels gehad of hij wel de vader was. Hij had droevig moeten zijn – of misschien zelfs verpletterd – omdat ze de baby had verloren, maar dat was hij niet. Het enige wat hij nu echt voelde, hoe verkeerd het ook mocht zijn, was opluchting.

Eigenlijk voelde hij zich meer op zijn gemak dan in een hele poos. Sally zag er prachtig uit, helemaal in het zwart. Het voelde alsof ze altijd op de stoel naast hem had gezeten, alsof ze daar thuishoorde. Hij wist dat hij zich schuldig zou moeten voelen ten opzichte van Imogen, maar hij voelde niets. Nul. Alleen maar een merkwaardige bevrijding, op een manier die hij niet kon verklaren.

'Het is super dat je met me mee bent gekomen,' zei hij.

'Ik hou wel van reizen met jou, meneer Hunter. Niet veel mensen kunnen een begrafenisbezoek in een avontuur veranderen. Ik heb hem nog nooit ontmoet, maar toch heb ik het gevoel dat ik Harry Cook behoorlijk goed ken.'

'Ik ben hem veel verschuldigd, denk ik.'

'En misschien niet alleen jij? De hele wereld?'

'Daar komen we zondag achter.'

'Dus ze gaan het zeker plaatsen?'

'Mijn redacteur is er weg van. Eerst vroeg ze me het verhaal in te korten tot twee pagina's, maar toen zei ze dat haar baas het zo goed vond dat hij het wilde uitbreiden naar drie of misschien wel vier pagina's!'

Sally keek hem stralend aan. 'Dat is geweldig, en je verdient het!'

'Ja, maar ik maak mezelf nog niet al te blij, voor het geval er een belangrijker verhaal langskomt. Ik heb het eerder meegemaakt.'

'Wat kan er nou belangrijker zijn?'

'Een grote vliegramp. Een aanslag op de president van de VS. Een sterfgeval in de koninklijke familie.'

'Wat gebeurt er dan?'

'Nou, als ik geluk heb wordt mijn verhaal een week uitgesteld. Als ik pech heb, zoals ik eerder al zei, wordt het teruggesnoeid tot een paar centimeter. En als ik echt pech heb, gaat het de ijskast in.'

'En dat betekent?'

'Dan gebeurt er niks mee.'

'Dat mag niet gebeuren, Ross!'

'Welkom in de heerlijke wereld van de journalistiek.'

'Je gaat een wereldwijde sensatie veroorzaken met dit verhaal, ik weet het zeker. Ik geloof in je.' Ze boog zich opzij en kuste hem op zijn wang.

141

Vrijdag 24 maart

Veertig minuten later kwamen ze bij de charmante Normandische dorpskerk aan. Het was maar een paar kilometer van de plek waar Ross een maand eerder naartoe was gereden om op bezoek te gaan bij Harry Cook, en hem dood had aangetroffen.

Er stonden een paar auto's buiten. Ross parkeerde erachter. Hij trok zijn zwarte stropdas uit zijn zak en kreeg met behulp van de binnenspiegel bij de derde poging de knoop goed.

Het was 11.40 uur.

Ze stapten uit de Audi in het lenteachtige weer. De zon straalde terwijl ze naar de kerk liepen, en Ross voelde zich opgelaten in zijn marineblauwe pak. Hij was altijd veel meer op zijn gemak in casual kleding.

Bij binnenkomst pakten ze een programma aan, liepen een stukje door het middenpad en gingen achter een groepje voornamelijk oudere mensen zitten. Een stel van middelbare leeftijd met twee pubers, een jongen en een meisje, zat op de eerste rij.

Ross bekeek het programma en zag op de voorkant een foto van een veel, veel jongere Harry Cook dan die hij had ontmoet. Hij was begin twintig, hooguit, in een RAF-uniform, met een snor en een heel trotse glimlach.

De dienst werd geleid door een dominee met een witte Kerstmanbaard, die Cook overduidelijk goed had gekend. Hij beschreef hem als een toegewijd familieman, die was verpletterd door de dood van zijn zoon in Afghanistan, en moeite had gehad om zich neer te leggen bij de recente dood van zijn geliefde vrouw Doreen. Hij aanbad zijn nichtje Angela en haar twee kinderen Alice en Robert. De gerespecteerde hoogleraar had vele jaren lang een eindeloos geduld aan de dag gelegd als hij zijn liefde en harstocht voor kunstgeschiedenis overbracht aan zijn studenten.

'Iedereen hier die Harry kende,' zei de dominee, 'zal ervaring hebben met zijn oprechtheid en humor. Een paar jaar geleden vroeg een krant hem wat hij had geleerd over de evolutie van de menselijke aard zoals bekeken door de ogen van een kunsthistoricus. Hij vertelde me wat hij daarop had gezegd. "Don," zei hij tegen me, "ik zal je één ding vertellen dat ik heb geleerd. Koop aandelen in voedsel en munitie. Mensen moeten altijd eten, en ze zullen elkaar altijd blijven vermoorden."'

Er werd nerveus gelachen.

'Ik zei tegen hem dat ik als dominee geen geld had om te speculeren op de aandelenmarkt, maar dat ik zijn advies zou onthouden. Hij was analytisch en gepassioneerd over de dingen waarin hij geloofde. En bovenal gaf hij om onze wereld. Met zijn verscheiden verliezen we een goed mens, maar nu zal hij in de hemel worden herenigd met zijn geliefde Doreen en zijn zoon.'

Er werd uit de Bijbel voorgelezen door Cooks neefje, en zijn nichtje droeg een gedicht voor. Uiteindelijk liepen ze naar buiten, waar de hemel nog steeds onbewolkt was. Ross en Sally, die zich bijna indringers voelden, volgden de groep op een afstandje over de begraafplaats. Het was een idyllische omgeving, vond Ross. Achter de ommuurde begraafplaats lagen glooiende heuvels met schapen; ze hoorden het geblaat in de verte.

De dominee begon met: 'Ik ben de wederopstanding en het leven, zo zeide de Heer.'

Plotseling leek het alsof er een wolk voor de zon was geschoven.

Ross keek omhoog.

Er waren geen wolken. Alleen maar eindeloze blauwe lucht.

'Wie in mij gelooft zal leven, ook wanneer hij sterft, en ieder die leeft en in mij gelooft zal nooit sterven,' verklaarde de dominee.

De hemel werd donkerder. Binnen een paar seconden ging de kleur van fel kobaltblauw naar marineblauw. Ross keek fronsend omhoog.

'Ik ben ervan overtuigd dat noch de dood, noch het leven, noch engelen, nog heersers, noch zaken in het heden, noch zaken die nog zullen komen, noch machten, noch hoogte, noch diepte, noch al het andere in de schepping, ons zal kunnen scheiden van de liefde van God in Jezus Christus onze Heer.'

Het leek wel alsof het nacht werd.

Een paar andere mensen keken nu ook verwonderd omhoog.

De hemel werd nog donkerder.

Een zwerm spreeuwen suisde omlaag en landde op het dak van de kerk.

Ross en Sally keken elkaar verwonderd aan.

Het leek wel alsof er een zonsverduistering begon.

Ross had nog maar één keer een totale eclips gezien en had gefascineerd door een veiligheidsbrilletje gekeken toen de maan voor de zon was geschoven. Maar hij zag de vage schijf van de maan nu nog, een heel eind van de steeds gedimdere gloed van de zon.

'Wat gebeurt er?' fluisterde Sally. 'Is er vandaag een zonsverduistering?'

De stem van de dominee haperde en hij bleef afgeleid omhoogkijken.

'Zoals we geloven dat Jezus is gestorven en weer opgestaan, zo ook, via Jezus, zal God diegenen die zijn gestorven met zich meebrengen. Zodat we voor altijd bij de Heer zullen zijn. Probeer elkaar aan te moedigen met die woorden.'

Het was nu bijna pikkedonker.

'Want het heeft de Almachtige God in Zijn grote genade behaagd om de ziel van onze geliefde broeder Harry naar zich toe te roepen, en daarom zullen we nu zijn lichaam...'

Plotseling, alsof er een schakelaar was omgezet in de hemel, verscheen er in het diepe zwart boven hen een schitterende, fonkelende regenboog.

Maar er klopte iets niet aan, dacht Ross.

De dominee zweeg. Het werd doodstil. Iedereen staarde omhoog. Naar de regenboog.

Hij overbrugde het hele niets boven hen, en de uiteinden raakten de glinsterende, verre en wazige horizon.

En terwijl Ross ernaar keek herinnerde hij zich het rijmpje dat hij ooit had geleerd om de volgorde van de kleuren in de regenboog te onthouden: de enige mógelijke volgorde, de volgorde waarin de kleuren van alle regenbogen die ooit hadden bestaan was verschenen. *Roddelen Over Gekke Grote Broer Is Vals.*

Rood, oranje, geel, groen, blauw, indigo, violet.

De kleuren van deze regenboog waren verkeerd om. Omgedraaid.

Violet, indigo, blauw, groen, geel, oranje, rood.

Toen herinnerde hij zich Mike Delaneys woorden in de bar in Los Angeles. *De zon zal verduisterd worden en de maan zal zijn schijnsel niet geven en de sterren zullen van de hemel vallen en de krachten van de hemelen zullen heftig bewogen worden. En dan zal aan de hemel het teken van de Zoon des mensen verschijnen.*

Was dit het teken?

142

Vrijdag 24 maart

Big Tony zat op het gele kussen in zijn vensterbank, rookte een sigaar en dronk whisky en genoot van het zonlicht dat door het raam achter hem naar binnen stroomde. Hij had meer gedronken dan normaal deze week, sinds hij was teruggekomen uit Los Angeles.

Grote puinzooi in Los Angeles.

Grote puinzooi van Big Tony.

Hij voelde zich een tikkeltje dronken. Normaal gesproken raakte hij nooit voor zes uur 's middags drank aan; behalve op de dag dat hij eindelijk was vrijgelaten uit de gevangenis. Die dag was hij een beetje doorgeslagen. Maar dat zou iedereen hebben na zo'n lange tijd in de bak.

Buiten leek een wolk voor de zon te zijn geschoven, maar hij merkte het amper. Hij dacht terug aan afgelopen maandag, probeerde te achterhalen wat er was gebeurd.

Ofwel hij verloor zijn scherpte, ofwel...

Ofwel?

Die gestoorde ouwe op de stoep was veel te snel geweest, sneller dan een atleet had kunnen sprinten. En hij duwde Ross Hunter ook helemaal niet, kwam nooit zo dicht bij hem in de buurt, want hij was nog meters bij hem vandaan toen Hunter opzij werd gelanceerd.

En toen had die ouwe recht voor hem gestaan. Verlicht door zijn koplampen.

Geen kans om hem te ontwijken.

Hij zag nog steeds het oogwit van die man voor zich. Zijn hele gezicht. Hij toonde geen angst. Hij glimlachte. Als een gestoorde, als iemand die dood wilde, die klaar was om te sterven.

Alsof hij zichzelf opofferde.

Tony was zich de pestpokken geschrokken. Hij was twintig straten doorgereden voordat hij de auto had geparkeerd, de kentekenplaten had verwisseld en in een wachtend voertuig was overgestapt. Toen had hij vier uur naar Vegas gereden, naar de vriend die de wagens voor hem had geregeld, en had de hele nacht met hem zitten pokeren. Hij had zwaar verloren, was te afgeleid geweest om zich te concentreren.

Het begon te schemeren. Het werd donker in de kamer. *Wat?* Hij keek op zijn horloge. 13.25 uur. Was zijn horloge stuk? Hij schudde ermee en keek toen naar het klokje van zijn dvd-speler. 13.25 uur.

Hij keek naar buiten. Zag de knipperende lichtjes van een afdalende helikopter die net langs zijn raam kwam. Het was pikkedonker. Donker als de nacht. Hij keek omhoog. 'Wat krijgen we...'

Hij sprong overeind, liep naar de openslaande ramen en stapte het balkon op.

En kon zijn ogen niet geloven. Hoeveel had hij gedronken?

Hij staarde naar de regenboog die de inktzwarte hemel overspande.

Er klopte iets niet met die regenboog. Het duurde even voor hij erachter was: de kleuren zaten verkeerd om. Violet, indigo, blauw, groen, geel, oranje, rood.

Hij bleef staren, half in ontzag, half in duistere, ondefinieerbare angst. Wat was hier verdomme aan de hand? Was het een invasie van buitenaardse wezens? Het begin van het einde van de wereld?

Hij pakte zijn mobiele telefoon en liep naar de conciërge beneden om te vragen of hij wist wat er aan de hand was.

Dat wist de Fransman niet. Hij was net zo verbaasd.

Big Tony nam de lift terug naar zijn appartement. Binnen haastte hij zich weer naar de balkondeuren en stapte naar buiten. Boven en beneden hem zag hij andere mensen ook op het balkon staan, kijkend en foto's makend van het fenomeen.

143

Vrijdag 24 maart

De deur naar Hussam Udins werkkamer op de eerste verdieping van zijn huis vloog open.

'Hussam!'

Het was zijn vrouw Amira, en haar stem klonk dringend en gealarmeerd.

Hij zat achter zijn bureau met zijn gebruikelijke kop koffie en een smeulende sigaret in de asbak. Al de hele ochtend wisselde hij e-mails uit met ene Hilary Patel. Het was een omslachtig proces, waarbij zijn machine elke e-mail woord voor woord aan hem voorlas. Hilary was de teamleider van Geloofsrelaties bij de Dienst Gemeenschappen en Lokale Overheid. Hij wist niet helemaal zeker wat haar titel betekende, maar ze was een heel aardige en enorm behulpzame vrouw. Ze bracht hem in contact met een aantal belangrijke religieuze leiders die hem hielpen bij zijn huidige boek over de overeenkomsten tussen veel religies en geloofsgroepen op de wereld.

'Hussam! O god, kon je dit maar zien!' riep Amira.

'Ja, schat, vertel eens?'

'Het is donker geworden buiten, pikkedonker. Maar het is nog niet eens halfeen. Zoals bij een totale zonsverduistering! Overal op straat staan mensen te kijken. Alle auto's zijn gestopt, alle bestuurders zijn uitgestapt en kijken ook. Mensen maken foto's met hun telefoons, camera's, tablets!'

Udin tikte op de telefoon die hij om zijn pols droeg en die de tijd voor hem uitsprak.

'Twaalf uur zevenentwintig,' zei het apparaatje.

'En in de lucht, Hussam,' ging zijn vrouw door, 'er is een regenboog langs de hele hemel te zien!'

Heel zachtjes antwoordde hij: 'Ik zie hem ook, liefste. In mijn hoofd. Maar zeg eens: heb ik gelijk dat de kleuren verkeerd om staan?'

144

Vrijdag 24 maart

Broeder Petes terugkeer naar Oros Athos was niet gemakkelijk geweest. God had hem beproefd, wist hij. Zijn geloof beproefd.

Twee dagen lang had hij als een dolle langs de spoorlijn ten noorden van East Croydon gelopen, zoekend naar zijn tas. Uiteindelijk had hij hem gevonden, kletsnat tussen het onkruid in een greppel. Kletsnat en leeg.

Alles had in die tas gezeten: zijn karige spaargeld dat hij had meegenomen als onderdeel van zijn plan om een nieuw leven te beginnen in Engeland, zijn paspoort en de kostbare voorwerpen die hem door Angus waren toevertrouwd.

Allemaal weg.

Hij was in wanhoop op zijn knieën gevallen en had het enige gedaan wat hij kende, namelijk bidden om hulp.

Toen hij almaar wanhopiger was geworden, liftend langs de weg, had God zijn gebeden verhoord. Nat, verkild, dorstig en hongerig had hij een redder gevonden die hem een lift had gegeven naar de Griekse ambassade in Londen.

Nu, eindelijk, om 14.25 uur, zat hij op de ferry van Thessaloniki terug naar Athos. Net was het nog een mooie, zonnige dag geweest, maar nu begon de hemel merkwaardig, onheilspellend donkerder te worden.

Kon het een zonsverduistering zijn?

Binnen een paar minuten leek het wel nacht.

Een regenboog, maar met de kleuren omgekeerd, verscheen in de hemel boven hem. Stralend van het licht. Stralend van warmte. Stralend van liefde.

Een teken.

Net als alle andere monniken en pelgrims op het open dek om hem heen viel hij op zijn knieën.

145

Vrijdag 24 maart

Ainsleys stomme apen! dacht Cilla Bloor.

Even na een uur 's middags, toen de vreemd gekleurde boog vervaagde in het terugkerende zonlicht en de lichter wordende hemel, klonk het alsof de hel was losgebroken in de kooien.

Rouwend en nog altijd in shock na het telefoontje uit Los Angeles met de mededeling dat de jet van haar man kort na het opstijgen was neergestort, was ze de hele week amper het huis uit geweest. Allebei haar kinderen waren naar huis gekomen; hun negentienjarige dochter Lucy, die een tussenjaar aan het backpacken was in Europa, en hun zoon Jake, die biologie studeerde aan Oxford. De twee waren eerder vandaag samen naar de Amerikaanse ambassade gegaan om de repatriëring van het lichaam van hun vader te bespreken, zodra dat werd vrijgegeven door de patholoog in Los Angeles.

Cilla was te overstuur geweest om mee te gaan. Hadden Lucy en Jake het allebei gezien? Die buitengewone, niet-voorspelde zonsverduistering, of wat het ook was geweest, en die ongelooflijke kleurenboog aan de hemel? Ze had hen nog niet gebeld.

Het gekrijs werd luider.

Hou je kop, stomme apen, in hemelsnaam!

Het klonk alsof ze elkaar afmaakten. Verschrikkelijke geluiden. Waar was Frank, hun hoofdtuinier? Waarom bekommerde hij zich niet om die beesten?

Cilla had zich nog niet gedoucht of aangekleed. Ze liep naar buiten, zich ervan bewust dat ze er niet uitzag maar er niet mee zittend, en liep in haar ochtendjas en fluwelen pantoffels over het vochtige gras naar de oranjerie.

Het gekrijs werd nog luider toen ze dichterbij kwam.

Zodra de begrafenis achter de rug was, had ze besloten, zou ze die beesten allemaal wegdoen. Ze naar een dierentuin sturen, of een apenopvang, of wat voor organisatie dan ook die blij zou zijn met zes lawaaiige apen die niet konden typen.

Ze opende de deur van de fraaie roodbakstenen victoriaanse oranjerie en stapte naar binnen, waarbij ze zo weinig mogelijk probeerde in te ademen. Het gekrijs was oorverdovend.

Cilla liep langs de eerste vijf kooien. Tot haar verbazing waren alle apen daar rustig. Een ervan, Jefferson, had een pinda in zijn handjes en keek ongeinteresseerd naar haar. De volgende, Gwendolyn – hoe was haar man op die belachelijke namen gekomen? – zat op een hoge tak en leek een beetje getraumatiseerd. Haar laptop was bijna bedolven onder de poep.

Het was Boris, aan het einde, die al dat lawaai maakte. Hij sprong als een gestoorde door zijn kooi, van tak naar vloer, van de tafel met zijn computer erop naar de tralies. Hij schudde eraan en krijste, krijste, krijste.

Toen hij haar zag opende hij zijn bekje, ontblootte zijn tanden, krijste weer en maakte een haast onmogelijke sprong naar de tak die drie meter hoger hing.

'Wat is er, Boris?' vroeg ze.

Hij krijste weer, sprong op de tafel, sprong op het toetsenbord en terug naar de hoge tak.

Hij wilde haar iets laten zien, begreep ze.

Toen zag ze dat er een stuk papier uit de printer stak en dat er tekst op stond.

Ze stapte behoedzaam de kooi in en liep ernaartoe.

Staarde ernaar.

Keek omhoog naar Boris en terug naar het vel papier.

Ze moest nog twee keer kijken om zeker te weten dat haar ogen haar niet bedotten. Ze tuurde omhoog naar de aap en had durven zweren dat hij naar haar grijnsde.

Op het vel A4-papier, in grote, vette letters zonder één spelfout, stond één woord, met een uitroepteken erachter:

REGENBOOG!

146

Zondag 26 maart

De media waren de afgelopen twee dagen vol geweest van bijna niets anders. Astronomen en meteorologen waren allemaal aan het orakelen. Sommige krantenkoppen voorspelden het Armageddon. Wat was het precies dat er was gebeurd om 12.25 uur Greenwich Mean Time en tegelijkertijd in alle andere tijdzones op de wereld?

Hoe kon er een regenboog verschijnen terwijl het niet regende? Hoe kon hij verschijnen aan een pikdonkere nachthemel?

En met de kleuren omgedraaid?

De sociale media barstten uit hun voegen van de theorieën en speculaties. Elke televisiezender zond interviews met ooggetuigen uit. Ross had twee jonge backpackers gezien die bij het Sydney Opera House stonden, bijna ademloos pratend over de buitengewone, fonkelende regenboog met omgekeerde kleuren aan de nachthemel. Het had iets heel mystieks gehad, zeiden ze.

Een herder op een afgelegen vlakte in de Andes had geprobeerd te beschrijven wat hij had gezien. Een arbeider op een olieboorplatform in het poolgebied bevestigde het fenomeen. De bemanning van een Japanse walvisvaarder. Een soldaat bij het Kremlin. Mensen die knielden op het Sint-Pietersplein voor het Vaticaan. Marktkooplui in Irak. Een imam in Bagdad. Een meteoroloog in Hawaii, die zei dat wat hij en zijn collega's hadden gezien gewoon niet mogelijk was. Een soort verstoring door een onverwachte elektrische ruimtestorm was het beste wat hij kon verzinnen.

Wat al even buitengewoon was, was dat geen enkele foto of video-opname van de regenboog, van alle miljoenen die er overal ter wereld waren gemaakt, het leek te hebben overleefd. In alle gevallen was het beeld gewoon niet opgenomen of op de een of andere manier naderhand gewist.

Het leek erop dat elke wetenschapper op de wereld, in China, Rusland, de VS, Afrika, Australië, Nieuw-Zeeland, China, Japan, Europa, India en elders, perplex stond.

De religieuze leiders van de wereld hadden hun eigen inzichten gedeeld. De paus had gezegd dat het een wonder was, een teken van God. De aartsbisschop van Canterbury was omzichtiger. Hij had verklaard dat er iets was gebeurd wat al onze wetenschappelijke kennis tartte. Hij riep wetenschappers overal op om te overleggen en met een verklaring te komen die beter was dan zijn eigen idee, namelijk dat dit een goddelijke inmenging in de fysieke wereld was.

Op zaterdag was Ross naar Monmouth gereden om zijn vriend Benedict Carmichael de achtergronden van het fenomeen te vertellen zoals hij die kende. En om hem te herinneren aan zijn eerdere uitspraak dat bewijs van God iets vereiste wat de natuurwetten in het heelal tartte.

'Laten we afwachten waar de wetenschappers mee komen,' had Carmichael tactisch en iets ontwijkender dan Ross lief was geantwoord.

In het harde eenpersoonsbed op de logeerkamer van Sally's flat deed Ross die hele zaterdagnacht bijna geen oog dicht. Hij keek naar de klok die de uren wegtikte. 3.00 uur. 4.00 uur. 5.00 uur. 6.00 uur. 6.15 uur.

Kiosken gingen vroeg open. Hoe vroeg? Halfzeven 's morgens?

Toen hij weer op de klok keek, was het 7.20 uur.

Hij glipte uit bed en stapte bijna op Monty, die op het witte kleed op de houten vloer naast hem lag te slapen.

Ross gooide wat water in zijn gezicht, poetste zijn tanden, trok een T-shirt en joggingpak en een paar gympen aan en stopte zijn portemonnee in zijn zak.

De hond sprong op en jankte.

'Ssssst!'

Hij hoorde Sally roepen vanuit haar kamer.

Hij deed haar deur op een kiertje open en zei: 'Ik ga alleen even kranten halen.'

'Kom snel terug!' mompelde ze.

'Ga weer slapen, ik ben zo terug.'

Ross wilde een exemplaar van *The Sunday Times* bemachtigen om zijn artikel te lezen. Hij keek er altijd naar uit om zijn werk in de krant afgedrukt te zien, maar nooit zo veel als vandaag. Hij kon niet wachten om te zien hoeveel ruimte ze hem hadden gegeven. De vier pagina's waarop de baas van zijn redacteur had gezinspeeld? Dat zou geweldig zijn!

Drie trappen lager deed hij Monty zijn riem om, controleerde of hij een poepzakje en de sleutels in zijn zak had, opende de voordeur en stapte de frisse ochtendlucht in de elegante Georgian straat in Bristol in. Het was al bijna helemaal licht.

Hij begon te rennen, en een stukje draafde Monty blij met hem mee. Toen bleef de hond ineens met een harde ruk aan de riem staan om aan een lantaarnpaal te snuffelen.

'Nee!' zei Ross streng. 'Straks.'

Ze renden een heuvel af naar een rij winkels. Een ervan, tot zijn vreugde, was een kantoorboekhandel, en hij was al open. Ross maakte Monty vast aan een beugel buiten en kocht een exemplaar van alle landelijke zondagskranten die ze hadden.

De voorpagina van *The Sunday Times* was natuurlijk het verhaal over de wereldwijde totale zonsverduistering van afgelopen vrijdag en de vreemde regenboog.

DE WERELD IN DUISTERNIS GEHULD

Ter nadruk was de hele voorpagina zwart, met een artistieke weergave van de regenboog.

Tot teleurstelling van de hond haastte Ross zich meteen terug naar Sally's flat.

'Maak je geen zorgen, jochie, we gaan straks nog een langere wandeling maken, beloofd.'

Monty schonk hem een blik die in hondentaal zoiets zou betekenen als: *Ja, tuurlijk, het zal wel.*

Toen Ross terugkwam was Sally wakker en had ze de tv in haar slaapkamer op Sky News staan, met het geluid gedempt.

'Hé, knapperd!' zei ze. 'Sta je erin?'

'Ik wil net gaan kijken.'

'Super! Om negen uur begint *The Andrew Marr Show*. Ik ben benieuwd wat hij en zijn gasten te zeggen hebben. Het is vast zijn hoofdonderwerp.'

Ross dumpte alle kranten op de ronde tafel van de eethoek bij Sally's keuken en begon door *The Sunday Times* te bladeren. De ene na de andere pagina was gevuld met het verhaal over de duisternis die de wereld vrijdag had overspoeld. De glinsterende, fonkelende, stralende, mysterieuze omgekeerde regenboog.

Theorieën van wetenschappers overal ter wereld.

Van onthutste politici.

Pas op pagina 23 vond hij zijn verhaal.

Het was teruggesnoeid tot slechts één korte kolom.

Hij staarde ernaar, kon zijn ogen amper geloven.

Volgens onze verslaggever Ross Hunter voorspelde Mike Delaney, een oudere ex-goochelaar en illusionist, dat God de wereld een teken zou geven als bewijs van de Wederkomst van Christus. Delaney, die beweerde een boodschapper te zijn van Christus, had in de jaren negentig een eigen tv-programma op ABC: *Mickey Magic Man of Mystery*. In 2014 werd Delaney veroordeeld voor rijden onder invloed. Hij kwam vorige week om het leven toen hij in West Hollywood werd aangereden.

Briesend, zijn woede amper beheersend – en gekwetst – liep Ross met de krant naar de slaapkamer en liet hem aan Sally zien.

'Wat?' vroeg ze toen ze het had gelezen. 'Wat flikken ze nou? Je hebt het geweldigste verhaal van misschien wel de afgelopen tweeduizend jaar, en dit is wat ze plaatsen? Dat kunnen ze je niet aandoen!'

'Toch hebben ze dat gedaan. Ik zei het toch,' zei hij, verpletterd toen de realiteit tot hem doordrong. 'Stomme kranten.'

Toen schoot hem iets te binnen. Had die Stuart Ivens van MI5, die hem bijna twee weken geleden had benaderd in het wegrestaurant, hier iets mee te maken? Ross had nooit meer contact met de man opgenomen na zijn verzoek om zijn artikel te laten lezen voordat het zou worden gepubliceerd.

Hij pakte zijn telefoon en belde het nummer van zijn redacteur. Ze nam bijna meteen op. Hij drukte op de speakertoets, zodat Sally kon meeluisteren.

'Ross, hallo?'

'Sorry dat ik zo vroeg bel, Natalie.'

'Geeft niet, ik ben wakker.'

'Wat is er verdomme met mijn artikel gebeurd?'

'Hoe bedoel je?'

'Je zei dat ik vier pagina's zou krijgen, en waarschijnlijk een voorpagina!'

'Ja, en zo heb ik het ook ingediend. Iedereen was er heel enthousiast over. We zitten nu op het platteland, en de kranten zijn hier nog niet binnengekomen.'

'Zijn jij of je baas benaderd door MI5?'

'MI5?'

'Ene Stuart Ivens.'

'Nooit van gehoord, Ross.'

'Weet je dat zeker?'

'Absoluut. Hoezo, is er een probleem?'

'Een probleem? Eigenlijk wel.'

Een paar minuten later hing hij op. Natalie McCourt was net zo verbaasd als hij. Hij wendde zich tot Sally. 'Er is iets heel, heel vreemds aan de gang.'

'Misschien weet ik wel wat,' antwoordde ze.

'O?'

'Alles wat je is overkomen. De waarschuwing die je kreeg van je vriend de bisschop. Dat als iemand echt bewijs had van Gods bestaan, hij waarschijnlijk vermoord zou worden. Misschien is Delaney tussenbeide gekomen... om jou te beschermen.'

Hij keek haar bevreemd aan.

'Ik meen het, Ross. Wat er is gebeurd, is nu gebeurd. Het is in de openbaarheid. Dus jij krijgt er geen credits voor. Maar in elk geval ben je veilig. Is dat niet een vrij goede ruil?'

Hij staarde glazig voor zich uit en probeerde dat te verwerken. 'Ik denk... In elk geval ligt het DNA nog veilig bij die monnik op Oros Athos,' zei hij. 'Misschien, niet nu, maar ooit, als...'

Sally raakte zachtjes zijn arm aan om hem te onderbreken en knikte naar de tv. *The Andrew Marr Show* begon. Ze pakte de afstandsbediening en zette het geluid harder.

De beroemde interviewer met zijn nette korte kapsel, in een donkergrijs pak en een zalmroze stropdas, zat voor een decor van de Theems, de London Eye en de Houses of Parliament. Op tafel voor hem lagen alle landelijke zondagskranten uitgewaaierd.

'En het grote verhaal deze week,' zei Marr, 'is de buitengewone wereldwijde zonsverduistering van vrijdag 24 maart... als het dat inderdaad was. Om twaalf uur vijfentwintig Greenwich Mean Time, in elke tijdzone van de wereld waar het licht was, werd het donker en verscheen er een omgekeerde regenboog. In de tijdzones waar het al donker was verscheen op datzelfde moment dezelfde regenboog. Miljoenen – miljarden – mensen waren getuige van het fenomeen. Astronomen en meteorologen zijn totaal overrompeld en staan versteld. Dat waar de wereld getuige van was, was niet alleen maar een niet-voorspelde totale zonsverduistering, maar een onmogelijke regenboog; onmogelijk althans binnen de natuurwetten die wij momenteel kennen en begrijpen! Bij mij in de studio zijn doctor Susan Meyer, hoogleraar meteorologie aan de University of Leeds, hoogleraar Sir Quentin Ferlinger, astronoom, en kolonel Jeff Hawke van NASA.'

Hij somde de rest van zijn gasten op, inclusief een folkband.

Toen kwam het journaal.

Terwijl zijn gedachten alle kanten op schoten ging Ross op het bed naast Sally zitten en bladerde door de rest van *The Sunday Times*, gewoon voor het geval er nog een deel van zijn verhaal was afgedrukt in een supplement. Maar hij kon niets vinden.

Na het journaal verscheen Andrew Marr weer, op een abrikoosroze draaistoel tegenover twee mannen en een vrouw op een bijpassende bank. Een van de mannen was eind zestig, in een grijs pak, met lang, warrig grijs haar, de ander was tien jaar jonger en had een militaire uitstraling. Hij had kort stekelhaar en droeg een vormeloos beige jasje, een overhemd en stropdas. De vrouw, van eind veertig, was keurig gekleed, had kort rood haar en een klein rond brilletje, en ze keek nogal fel uit haar ogen.

'Welkom, doctor Susan Meyer, hoogleraar meteorologie aan de University of Leeds, hoogleraar Sir Quentin Ferlinger, astronoom, en kolonel Jeff Hawke, directeur ruimteonderzoek bij NASA. De eerste vraag die ik u alle drie wil voorleggen, met betrekking tot de gebeurtenis van afgelopen vrijdag, is heel simpel deze: u en talloze andere experts zijn allemaal naarstig op zoek naar een wetenschappelijke theorie voor wat er is gebeurd. We hebben gehoord over de mogelijkheid van uitzonderlijke meteorologische omstandigheden. Misschien een onvoorziene astronomische gebeurtenis. Een meteorenregen. Of een buitenaardse poging om met ons te communiceren. Is er mogelijk niet een veel simpeler verklaring voor wat – of wíé – er verantwoordelijk zou kunnen zijn, die niemand wil accepteren?'

'Zoals?' vroeg Susan Meyer.

'God?'

Epiloog

Zondag 26 maart

Later die middag keken Ross en Sally weer naar *The Andrew Marr Show*. Terwijl het debat in het programma almaar geanimeerder werd stompte Ross met zijn vuist in de bank, briesend van frustratie. 'Ik had het ze kunnen vertellen!' zei hij. 'Ik zou daar moeten zitten, ik zou kunnen –'

Zijn telefoon ging, maar zonder bellernummer. Hij keek Sally aan.

Ze pakte de afstandsbediening en drukte op de pauzeknop. 'Neem op,' zei ze.

'Ross Hunter,' meldde hij zich.

Een Noord-Atlantisch accent antwoordde: 'Meneer Hunter, u spreekt met Jim Owen van Owen Media. Hebt u even?'

Hij fronste zijn voorhoofd. Owen was de machtigste publiciteitsagent in de mediawereld, gespecialiseerd in opvallende verhalen.

'Ja, oké,' zei Ross aarzelend, zich afvragend wat er zou komen.

'Uw verhaal in *The Sunday Times* van vandaag... Ik heb informatie dat u nog veel meer hebt over dit buitengewone onderwerp, gerelateerd aan de recente buitengewone gebeurtenis. Heb ik dat goed?'

'Ja, dat hebt u goed.'

'Ik heb al te maken met een biedoorlog tussen kranten overal ter wereld. Nu al is één krant hier bereid drieënhalf miljoen pond te betalen, maar ik denk dat ik nog heel wat meer voor je kan krijgen. Zou je er belangstelling voor hebben als ik je als cliënt aanneem?'

Ross antwoordde: 'Is de paus katholiek?'

Dankwoord

Dit boek begon met een onverwacht telefoontje in 1989, van een al wat ouder klinkende heer die vroeg of ik Peter James de auteur was. Hij beweerde ultiem bewijs te hebben ontvangen van Gods bestaan en verklaarde ook te hebben gehoord dat er een auteur met mijn naam bestond die hem zou helpen serieus genomen te worden.

Dat telefoontje was het begin van een reis van achtentwintig jaar om te verkennen wat inderdaad zou kunnen worden beschouwd als *ultiem bewijs*, en wat de gevolgen daarvan zouden kunnen zijn. In die tijd heb ik mensen van vele geloven gesproken, in een Griekse kloostergemeenschap gelogeerd in een poging het ware geloof te ontdekken dat een monnik moet hebben, en veel waardevolle gesprekken gevoerd met wetenschapers, academici, theologen en geestelijken van alle niveaus.

De afgelopen vier jaar hebben mijn vrouw Lara en ik met talloze mensen gesproken, onder hen veel eminente wetenschappers en theologen, en hun allemaal dezelfde twee vragen voorgelegd: wat zouden zij zien als ultiem bewijs van Gods bestaan, en wat zouden de gevolgen van zulk bewijs kunnen zijn? We hebben precies dezelfde vragen voorgelegd aan hardcore atheïsten, gevraagd waardoor ze zich zouden bedenken, of wat in elk geval een deuk zou slaan in hun overtuigingen, net zoals de hardcore atheïst Antony Flew op beroemde wijze van gedachten veranderde in 2004.

Ik heb zo veel mensen te bedanken omdat ze me hun tijd hebben geschonken en het debat zijn aangegaan. In het bijzonder drie mensen die me echt hebben geholpen dit boek te realiseren. De eerste is Dominic Walker, OGS, voormalig bisschop van Reading en Monmouth, die onbedoeld het idee liet ontspruiten om dit boek te schrijven, en de tweede is mijn vriend Ken Owen, die me op zo veel manieren heeft geholpen dat ik ze gewoonweg niet allemaal kan opsommen. En ten derde David Gaylor, wiens onvermoeibare werk en oog voor detail van onschatbare waarde zijn geweest.

Bovenal bedank ik mijn vrouw Lara, die van het allereerste begin in dit boek geloofde. Ze is een constante bron van wijsheid en heeft me aangespoord met haar eindeloze enthousiasme voor dit project. Dit was ongetwijfeld het moeilijkste boek dat ik ooit heb geschreven, vanwege de enorme reikwijdte van het onderwerp, maar ook het boek waar ik het meest van heb geleerd. Ik ben haar en alle anderen die ik heb genoemd immens dankbaar; en vergeef me eventuele omissies.

Voor alle theologische hulp veel dank aan:

Dr Denis Alexander, het Faraday Institute for Science and Religion; Zijne Hoogwaardigheid Bisschop Angealos; Qari Muhammad Asim MBE, hoofdimam, Makkah Masjid; De abt en monniken van Oros Athos; Professor Andrew Briggs; Professor Simon Conway Morris FRS; Andrew Gosler FLS, FRSB; Hoogeerwaarde Paul Hackwood; Professor Rumy Hasan; Roger Homan; Professor Sir Colin Humphreys; Eerwaarde Ish and eerwaarde Irene Smale; Hoogwaardige Excellentie Richard Jackson, bisschop van Lewes; Vader John O'Leary; Rabbi Natan Levy; Professor John Lennox; Professor Ard Louis; Alister McGrath FRSA; Professor Abid Nasir, Emirates University; Amy Orr-Ewing Zacharias Trust; Nitin Palan MBE, Trustee, Swaminarayan Neasden-tempel; Jack Palmer-White, adviseur sociale & publieke zaken van de aartsbisschop van Canterbury; Hilary Patel; Eerwaarde Dr John Polkinghorne KBE, FRS; Michael Ramsden, internationaal directeur, Ravi Zacharias International Ministries en mededirecteur van het Oxford Centre for Christian Apologetics; Vader Raphael, St Hugh's Charterhouse-klooster; David Ryall; Jasvir Sing, City Sikhs; Rio Summers; Professor Lionel Tarassenko; Eerw. Mark Townsend; Chloe Trotman; Hoogwaardige Excellentie Dr Martin Warner MA, PhD, bisschop van Chichester; Hoogwaardige Excellentie Justin Welby, aartsbisschop van Canterbury; Professor Bob White.

Voor de waardevolle algemene research en het redactiewerk dank aan:

Susan Ansell, Ross Bartlett, Maria O'Brien, Mark en Debbie Brown, Danielle Brown, Linda Buckley, Rob Cohen, Tiffany Britt Darling, Jane Diplock, Martin Diplock, Jason Edge, Peter Faulding, Larry Finlay, Annabel Galsworthy, David Gaylor, Jack Gaylor, Jane Greenbank, Anna-Lisa Hancock, Christopher en Gill Hayes, James Hodge, Tom Homewood, Mark Johnson, Peter Johnson van LGC Forensics, Rachel Kenchington, Richard Kerbajr, Patrick Lahaise, Kitty Logan, Nick Lom, Sarah Middle, De verscheiden Sir Patrick Moore, Susan Opie, Ken Owen, Ray Packham, Julian Quigley van LGC Forensics, Andrew Reeds, Daniel Salter, Susan Sandon, Helen Shenston, James Simpson, James Stather, Guy Swayland, Jolene Thomas van LGC Forensics, Matt Wainwright, Martin Walsh, Arnie Wilson.

Dank aan mijn geniale agenten en uitgevers:

Emanuela Anehcoum, Sarah Arratoon, Jonathan Atkins, Anna Bond, Wayne Brookes, Isobel Dixon, Geoff Duffield, Stuart Dwyer, Claire Evans, Anthony Forbes Watson, Julian Friedmann, Hattie Grunewald, Lucy Hines, Kate James, Daniel Jenkins, Sara Lloyd, Natalie McCourt, James Pusey, Alex Saunders, Jeremy Trevathan, Charlotte Williams, Conrad Williams.

De volgende boeken heb ik o.a. geraadpleegd:
In God We Doubt – John Humphrys
The Blind Watchmaker – Richard Dawkins
The God Delusion (*God als misvatting*) – Richard Dawkins
Who Made God? – Ravi Zacharias & Norman Geisler
Who Made God? (*Wie heeft God gemaakt?*) – Edgar Andrews
God's Undertaker – John C. Lennox
God & Stephen Hawking – John C. Lennox
There Is a God – Antony Flew
Why God Won't Go Away – Alister McGrath
Inventing the Universe – Alister McGrath
Darwin & God – Nick Spencer
De Bijbel
The God Particle (*Het goddelijke deeltje*) – Leon Lederman & Dick Teresi
Does God Exist? – Hans Küng & E. Quinn
The Book Your Church Doesn't Want You to Read – Tim Leedom
Unapologetic (*Dit is geen verdediging*) – Francis Spufford
The Mystery of the Last Supper – Colin Humphreys